日本100名城と続日本100名城めぐりの旅

萩原さちこ

ONE PUBLISHING

はじめに

「日本100名城」と「続日本100名城」めぐりの世界へようこそ。

この本は、既刊「日本100名城めぐりの旅」と「続日本100名城めぐりの旅」を、加筆・情報更新して1冊にまとめたものです。48城を選りすぐり、新たに9城を追加しています。コラムも書き下ろしました。


城の魅力は、2つあります。ひとつは、十人十色の楽しみ方ができること。もうひとつは、同じものがない個性的なものであることです。

その魅力を実感するためには、まず自分なりの楽しみ方を見つけるのがポイントです。「天守」や「石垣」に絞るもよし、「軍事的工夫」や「設計」、「立地や地形」に着目するもよし。「歴史的な舞台に立つ」「戦国時代の山城を歩く」「絶景の城をめぐる」「雰囲気のよい城下町を散策する」など、テーマを決めるのもいいですね。

こうした自分好みのツボを見つけて城を鑑賞すると、きっと満足度が高まります。次に訪れる城を決めるときにも役立つでしょう。そして、同じ見地からいくつかの城を見比べるうちに、共通項や類似性もありながら、2つとして同じものがない個性的なものだと気づけるはずです。

かつて3～4万もあった城の中から選ばれた日本100名城と続日本1

00名城は、いわばお城界のエリートです。聞いたことのない城でも、専門家が太鼓判を押すだけの根拠が必ずあります。とはいえ、ふらりと訪れたところで、魅力や価値がまったく理解できないことも少なくないでしょう。
建物が残っていない城では、「目に見えるものを確かめる」のではなく、「目に見えないものを感じ、妄想する」という心づもりが必要なこともあります。

みなさんが想像の羽を広げて城を歩けるよう、この本では9つのキーワードを挙げ、それぞれいくつかの城をセレクトしてご紹介しています。見どころやポイント、立ち止まって感じていただきたいスポットを中心に綴っています。それぞれの楽しみ方を見つけるきっかけになり、すばらしい城めぐりの旅へとエスコートできればうれしく思います。

城歩きに必要なのは、想像力と妄想力です。城を歩いている時間こそ、とっておきの贅沢。かつての情景や人々の心の動きに思いを馳せ、先人の知恵と美意識に触れる時間は、心を豊かにしてくれます。
城めぐりという時空旅行が、少しでも充実したものになりますように。気軽に、自由に、城めぐりの旅を楽しみましょう！

2022年9月
萩原さちこ

目次

城の楽しみ方② 石垣を楽しむ

■は日本100名城の番号、■は続日本100名城の番号です。

城の楽しみ方④

設計(縄張)を楽しむ

城の楽しみ方⑤

戦国の山城を楽しむ

城の楽しみ方6 城の変遷を楽しむ

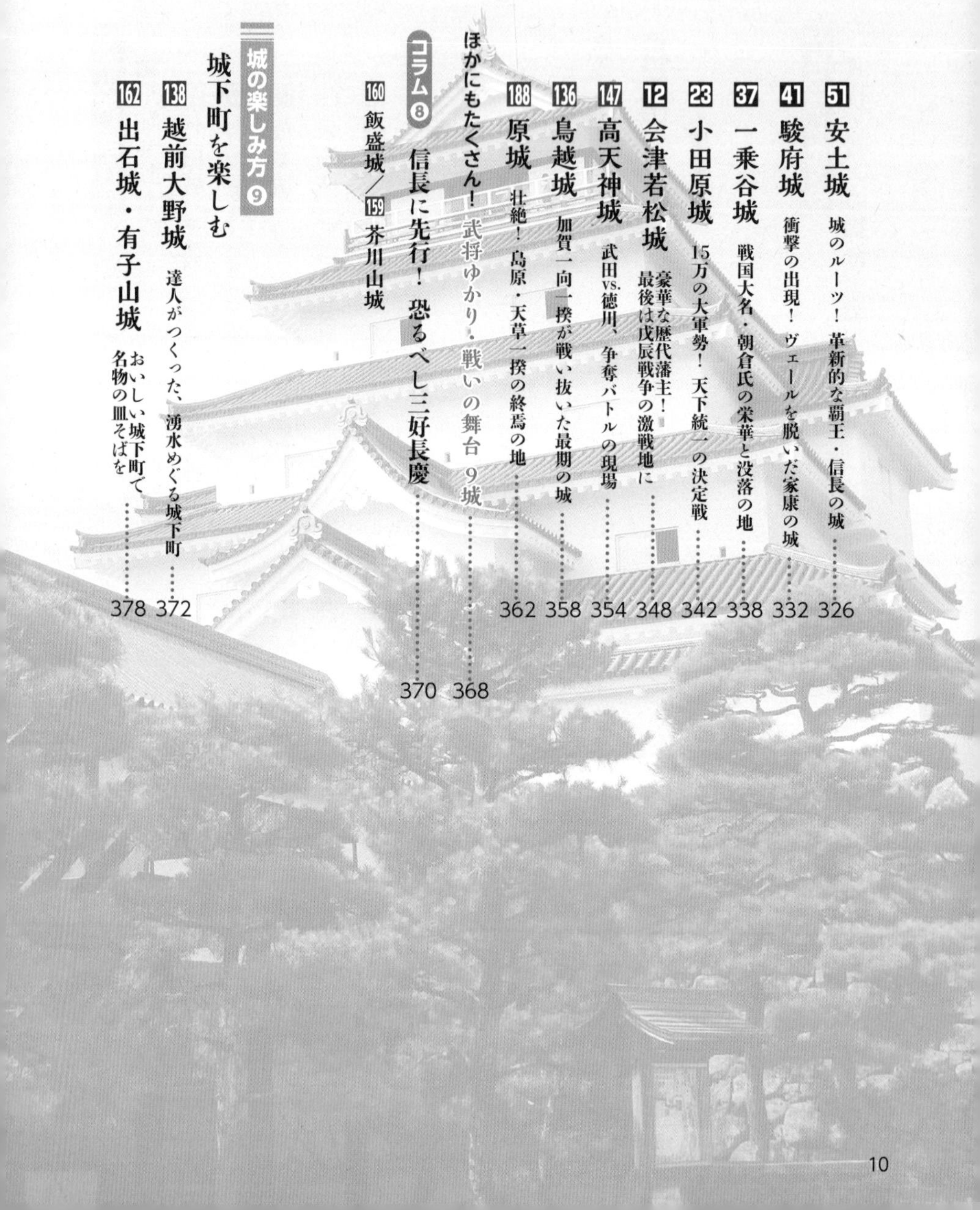

城の楽しみ方9

城下町を楽しむ

※この本に記載されている城の呼称やデータは、公益財団法人日本城郭協会監修『日本100名城公式ガイドブック』『続日本100名城公式ガイドブック』（小社刊）に準じています。
※市区町村名およびに各城郭に関する情報は、2022年9月現在のものです。

地震や豪雨による災害の状況によっては、城の見学ができなかったり、見学区域が制限されていることがあります。修復・改修工事や発掘調査中は、足場が組まれて天守の外観が見られない、石垣や櫓に近づけないといったこともあります。お出かけの際は、事前に城や自治体のホームページなどで確認しましょう。関連施設の休館日や開館時間もチェックしておくといいですね。

また、本書に掲載されている写真は特別な許可を得て撮影・掲載しています。立ち入り禁止区域に入ったり、撮影禁止の場所で撮ったりしないよう、必ず現地の案内に従ってください。

マナーとルールを守って、楽しく城めぐりをしましょう！

出口
Exit

日本100名城マップ

北海道・東北

1 根室半島チャシ跡群(北海道)→35
2 五稜郭(北海道)→35、182
3 松前城(北海道)→35、187、194
4 弘前城(青森県)→83、150
5 根城(青森県)→155
6 盛岡城(岩手県)→27、130、155
7 多賀城(宮城県)→17
8 仙台城(宮城県)→31、291
9 久保田城(秋田県)→31、166
10 山形城(山形県)→368
11 二本松城(福島県)→352
12 会津若松城(福島県)→26、27、348
13 白河小峰城(福島県)→352

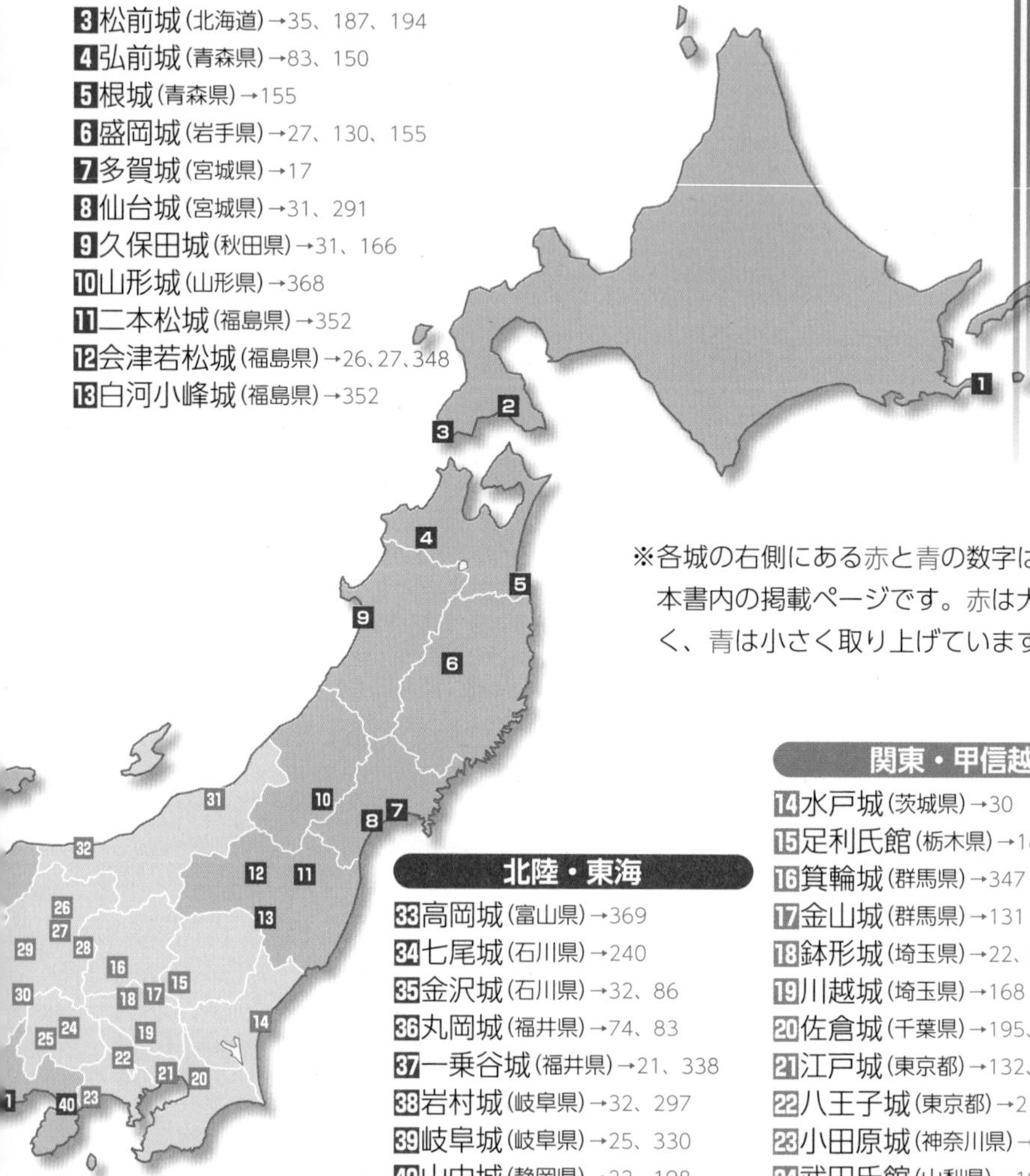

※各城の右側にある赤と青の数字は、本書内の掲載ページです。赤は大きく、青は小さく取り上げています。

関東・甲信越

14 水戸城(茨城県)→30
15 足利氏館(栃木県)→18
16 箕輪城(群馬県)→347
17 金山城(群馬県)→131
18 鉢形城(埼玉県)→22、347
19 川越城(埼玉県)→168
20 佐倉城(千葉県)→195、347
21 江戸城(東京都)→132、188
22 八王子城(東京都)→215
23 小田原城(神奈川県)→22、342
24 武田氏館(山梨県)→19、21、280
25 甲府城(山梨県)→280
26 松代城(長野県)→369
27 上田城(長野県)→26、346
28 小諸城(長野県)→28、167
29 松本城(長野県)→50、83、84
30 高遠城(長野県)→369
31 新発田城(新潟県)→91、164
32 春日山城(新潟県)→20、21、241

北陸・東海

33 高岡城(富山県)→369
34 七尾城(石川県)→240
35 金沢城(石川県)→32、86
36 丸岡城(福井県)→74、83
37 一乗谷城(福井県)→21、338
38 岩村城(岐阜県)→32、297
39 岐阜城(岐阜県)→25、330
40 山中城(静岡県)→22、198
41 駿府城(静岡県)→26、29、332
42 掛川城(静岡県)→29、31、67、168
43 犬山城(愛知県)→83、323
44 名古屋城(愛知県)→30、35、140
45 岡崎城(愛知県)→337
46 長篠城(愛知県)→195
47 伊賀上野城(三重県)→30、130
48 松阪城(三重県)→167

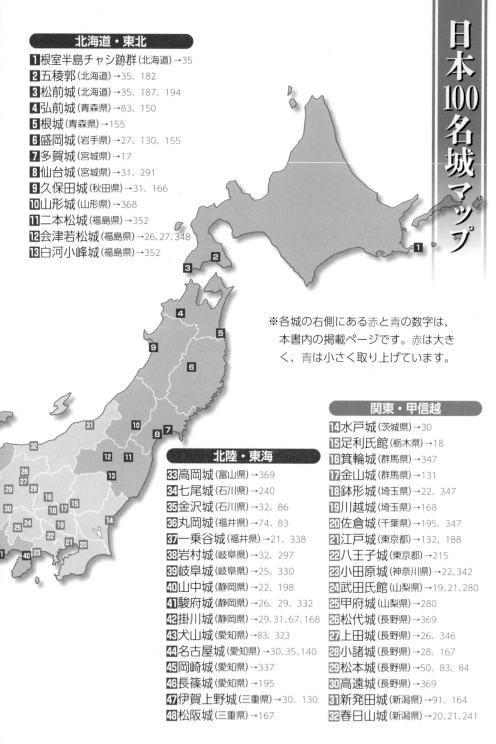

九州・沖縄

中国・四国

近畿

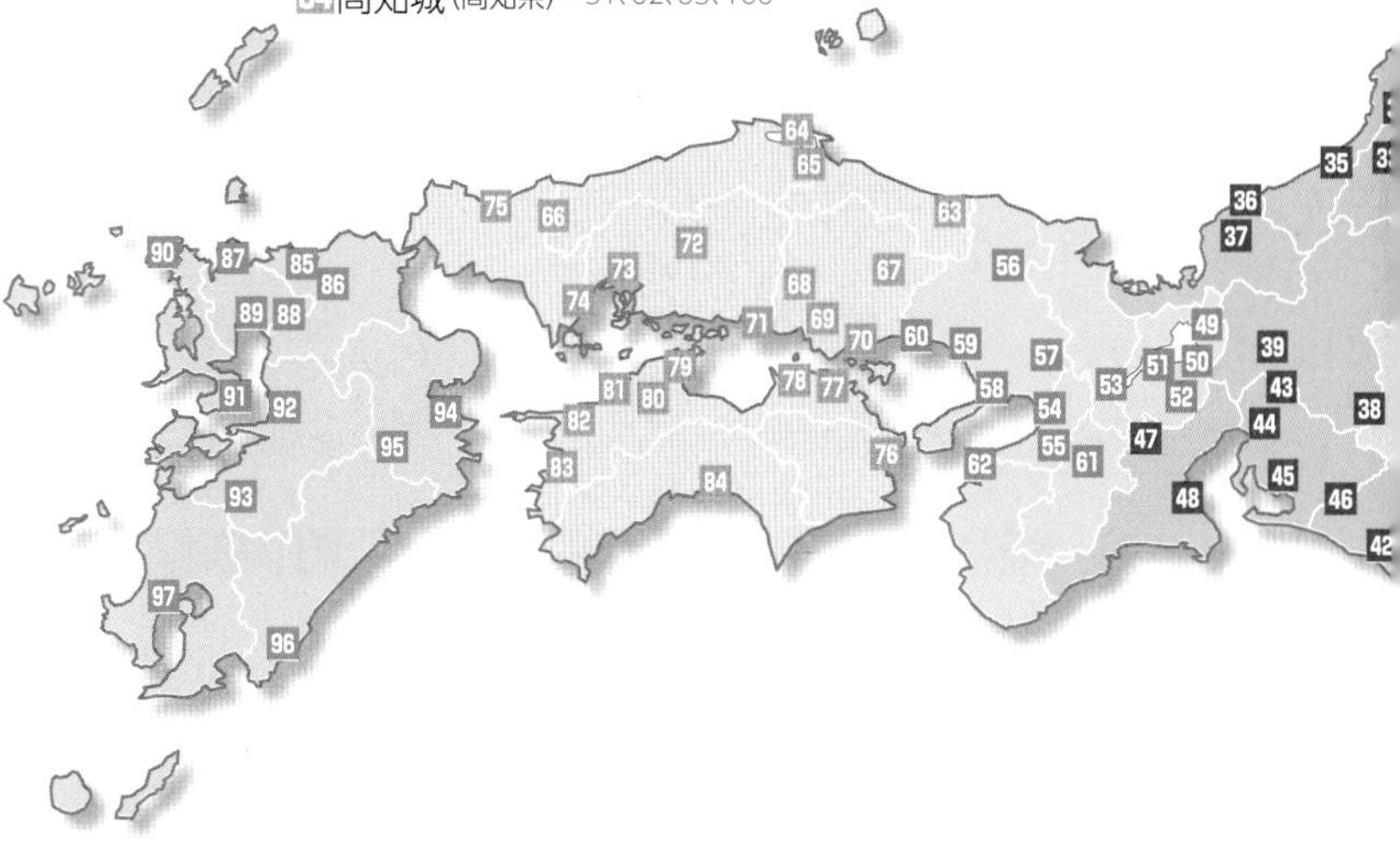

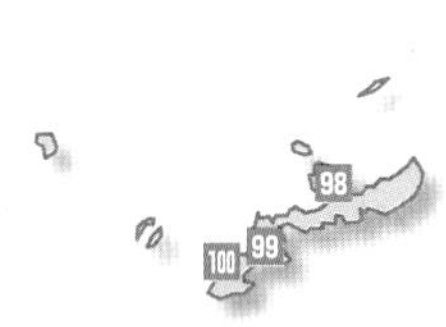

【日本100名城と続日本100名城について】

公益財団法人日本城郭協会が、文部科学省・文化庁の後援を得て企画。2006年に「日本100名城」を、2017年に「続日本100名城」を選定しました。

いずれも城郭愛好家からの推薦、専門家による選定委員会を経て選定されています。

選定基準は、(1)優れた文化財・史跡であること、(2)著名な歴史の舞台であること、(3)時代・地域の代表であることです。

詳しくは日本城郭協会のHP（http://jokaku.jp/）をご覧ください。

続日本100名城マップ

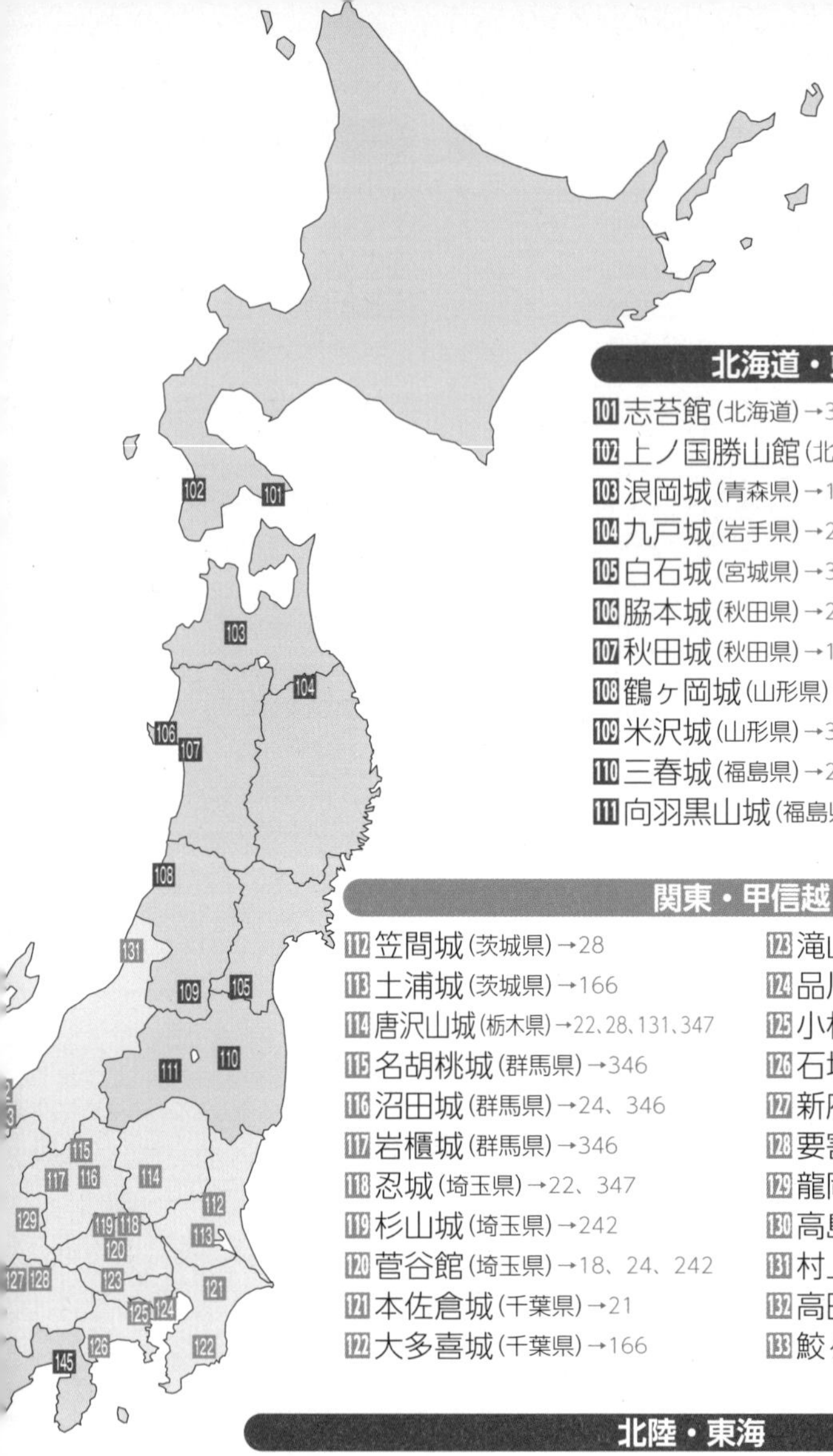

北海道・東北

101 志苔館（北海道）→35
102 上ノ国勝山館（北海道）→35
103 浪岡城（青森県）→155
104 九戸城（岩手県）→27、155、195
105 白石城（宮城県）→33、165、352
106 脇本城（秋田県）→20、323
107 秋田城（秋田県）→17、167
108 鶴ヶ岡城（山形県）→32
109 米沢城（山形県）→369
110 三春城（福島県）→27
111 向羽黒山城（福島県）→24、228

関東・甲信越

112 笠間城（茨城県）→28
113 土浦城（茨城県）→166
114 唐沢山城（栃木県）→22、28、131、347
115 名胡桃城（群馬県）→346
116 沼田城（群馬県）→24、346
117 岩櫃城（群馬県）→346
118 忍城（埼玉県）→22、347
119 杉山城（埼玉県）→242
120 菅谷館（埼玉県）→18、24、242
121 本佐倉城（千葉県）→21
122 大多喜城（千葉県）→166
123 滝山城（東京都）→22、210
124 品川台場（東京都）→35、186
125 小机城（神奈川県）→22、347
126 石垣山城（神奈川県）→27、108
127 新府城（山梨県）→21、280
128 要害山城（山梨県）→19、280
129 龍岡城（長野県）→187、194
130 高島城（長野県）→323
131 村上城（新潟県）→32、384
132 高田城（新潟県）→323
133 鮫ヶ尾城（新潟県）→369

北陸・東海

134 富山城（富山県）→91
135 増山城（富山県）→240
136 鳥越城（石川県）→21、358
137 福井城（福井県）→30、32、77
138 越前大野城（福井県）→26、372
139 佐柿国吉城（福井県）→24
140 玄蕃尾城（福井・滋賀県）→216
141 郡上八幡城（岐阜県）→390
142 苗木城（岐阜県）→292
143 美濃金山城（岐阜県）→26、297、324
144 大垣城（岐阜県）→26、30
145 興国寺城（静岡県）→195
146 諏訪原城（静岡県）→25、274
147 高天神城（静岡県）→25、354
148 浜松城（静岡県）→29、336
149 小牧山城（愛知県）→24、25、330
150 古宮城（愛知県）→222
151 吉田城（愛知県）→29、131、165
152 津城（三重県）→30、32
153 多気北畠氏城館（三重県）→19
154 田丸城（三重県）→19
155 赤木城（三重県）→126

中国・四国

168 若桜鬼ヶ城（鳥取県）→27、120
169 米子城（鳥取県）→29、31、32、130、298
170 浜田城（島根県）→34
171 備中高松城（岡山県）→23
172 三原城（広島県）→21、394
173 新高山城（広島県）→21、397
174 大内氏館・高嶺城（山口県）→18、19、268
175 勝瑞城（徳島県）→18
176 一宮城（徳島県）→22、28
177 引田城（香川県）→22、28、97
178 能島城（愛媛県）→310
179 河後森城（愛媛県）→23
180 岡豊城（高知県）→368

九州・沖縄

181 小倉城（福岡県）→26、32
182 水城（福岡県）→17
183 久留米城（福岡県）→22、28
184 基肄城（福岡・佐賀県）→17
185 唐津城（佐賀県）→291、322
186 金田城（長崎県）→17、262
187 福江城（長崎県）→35
188 原城（長崎県）→34、362
189 鞠智城（熊本県）→17
190 八代城（熊本県）→33
191 中津城（大分県）→196
192 角牟礼城（大分県）→28
193 臼杵城（大分県）→165
194 佐伯城（大分県）→32
195 延岡城（宮崎県）→131
196 佐土原城（宮崎県）→26
197 志布志城（鹿児島県）→234
198 知覧城（鹿児島県）→31、234
199 座喜味城（沖縄県）→316
200 勝連城（沖縄県）→316

近　畿

156 鎌刃城（滋賀県）→23
157 八幡山城（滋賀県）→26、28、131、323
158 福知山城（京都府）→26、119
159 芥川山城（大阪府）→21、25、370
160 飯盛城（大阪府）→21、25、370
161 岸和田城（大阪府）→195
162 出石城・有子山城（兵庫県）→32、378
163 黒井城（兵庫県）→26、130
164 洲本城（兵庫県）→29、304
165 大和郡山城（奈良県）→22、26、27、29、114
166 宇陀松山城（奈良県）→21、22
167 新宮城（和歌山県）→33、129

※各城の右側にある赤と青の数字は、本書内の掲載ページです。赤は大きく、青は小さく取り上げています。

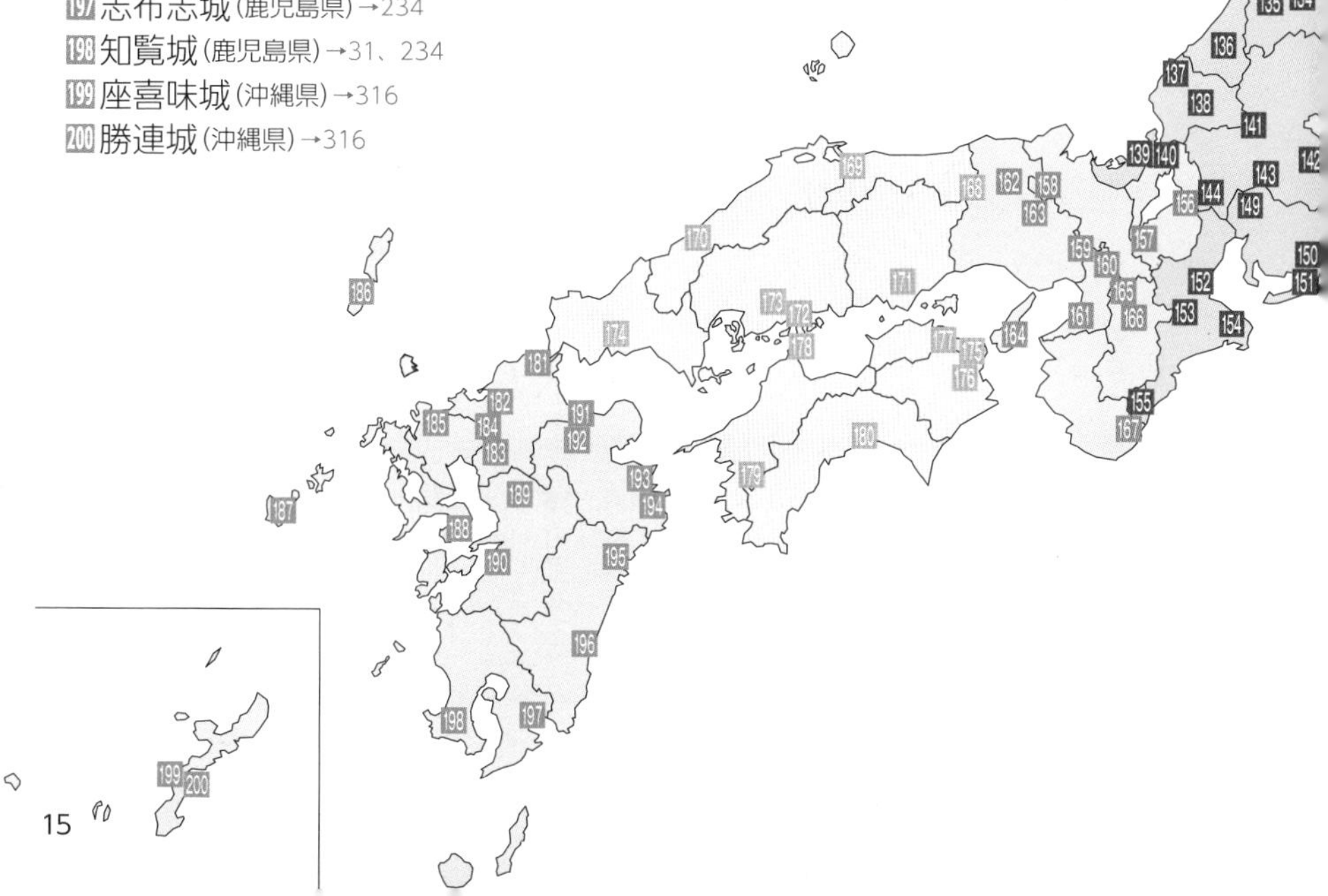

ちょっと知れば、がぜんおもしろくなる！

日本100名城 & 続日本100名城を 10倍楽しむための基礎知識

予備知識をざっと頭のなかに入れておくだけで、
城がぐっと身近に感じられ、いいところがたくさん見えてくるはずです。

■は日本100名城の番号、■は続日本100名城の番号です。

日本100名城と続日本100名城は、さまざまな観点からバランスよく選出されているのが特徴です。

城は築かれる時期によって、姿や規模、築かれる場所が変わります。ですから、いつの時代の城なのか、その時代にはどんな城が主流だったのかを把握しておくと、なんとなくその城の本質に気づけます。とくに、天守や櫓などの建物がない続日本100名城では、目に見えない知恵や工夫をどれだけ感じられるかが、楽しむためのコツになります。

まずは城の歴史と種類を、時系列を追って簡単に確認しておきましょう。

城のはじまりと古代山城

城のはじまりは、縄文時代（紀元前1万年～紀元前3世紀）の環濠集落《かんごうしゅうらく》や、88吉野《よしの》ヶ里《がり》など弥生《やよい》時代（紀元前3世紀～3世紀）の環濠集落まで遡ります。ムラやクニと呼ばれる集落を外敵から守るため、柵や堀で囲み、掘った土《ど》を盛って土塁《るい》という土壁をつくる、防御施設としての発想がみられます。

飛鳥《あすか》時代（6世紀末～7世紀初め）から奈良時代（8世紀）には、九州北部から西日本にかけて古代山城《こだいさんじょう》と呼ばれる城がつくられました。663年（天智2）に白村《はくそん》江《こう》の戦いで唐《とう》・新羅《しらぎ》連合軍に大敗したヤマト朝廷が、連合軍の侵攻を恐れてつくった国防目的の城です。日本と同盟を組んだ百済の貴族による技術であることから、朝鮮式山城《ちょうせんしきやまじろ》とも呼ばれます。

88 吉野ヶ里

86 大野城

189 鞠智城

ヤマト朝廷の九州の拠点だった太宰府を守るために築かれたのが、86大野《おおの》城、182水城《みずき》、184基肄《きい》城、189鞠智《きくち》城などです。朝鮮半島の最前線に位置する対馬には186金田《かねだ》城が築かれ、防人《さきもり》(兵士)が招集されて警護にあたりました。

古代山城の特徴は、土塁や石塁《せきるい》(石垣)が、谷を囲むように山の峰や斜面にめぐっていることです。まるで万里の長城のような長大な城壁で、大野城の城壁は全長約8㎞に及びます。

大野城と大宰府政庁を挟んで対峙する基肄城も、総延長約4㎞の石塁や土塁で基山とその東峰を囲んでいました。谷を塞ぐように城門が置かれ、現在も南門跡には高さ8・5m、長さ9・5mの石塁、幅1m、高さ1・4mの巨大な水門跡が残っています。

69鬼ノ《きの》城も古代山城です。全長約2・8㎞もの城壁が4つの谷を取り込みながら延々と続きます。朝鮮式山城とは異なり、鬼ノ城など『日本書紀』などの文献に記載のない城は「神籠石《こうごいし》系山城」と区分されます。

東北地方の古代城柵

飛鳥時代から平安時代、7~11世紀に東北地方に構築されたのが、7多賀《たが》城や107秋田《あきた》城などの城柵《じょうさく》(柵)です。

城柵は、ヤマト朝廷が反勢力である蝦夷《えみし》を支配し、律令国家体制を確立させるための軍事・行政施設でした。やがて、政庁としての役割が色濃くなりました。

107 秋田城

秋田城は、733年(天平5)に出羽柵《でわのき》として遷《うつ》され、760年(天平宝字4)に移設された最北の城柵です。奈良時代には国府が置かれ、津軽・蝦夷のほか渤海《ぼっかい》(中国東北地方の国家)などの北方交易・交流の拠点にもなっていたとみられます。

内側(政庁域)と外側(外郭線)の2区画から構成され、外郭線の東西南北に門があったと考えられています。外郭線は2・2kmにも及び、すべて築地塀で覆われていたようです。創建時の政庁、東門、築地塀などが復元されています。

724年(神亀元)に創建し11世紀中頃まで機能した多賀城は、奈良・平安時代に陸奥の国府が置かれ、奈良時代には鎮守府も置かれて古代東北の中心地になりました。奈良の平城京、西の太宰府、東の多賀城が古代の三大史跡とされます。約900m四方の範囲が築地塀で囲まれ、東・西・南側に門が開かれていました。中央には政庁などがあり、その外観や構造はまさに平城京です。

15 足利氏館

平安時代～南北朝時代の居館

有力者の屋敷である居館《きょかん》は、平安時代後期頃に地方豪族の武士化に伴い、領主支配の中核となりました。

15足利《あしかが》氏《し》館《やかた》は、平安時代末期から鎌倉時代初期に足利氏2代・足利義兼が築いたとされる、中世地方武士の居館です。堀と土塁で囲まれた、方形《ほうけい》館(方形居館)の様相が残ります。

鎌倉時代(12～14世紀)の御家人も、土塁や堀に囲まれた居館に住んでいました。120菅谷《すがや》館は、鎌倉幕府初期の有力御家人であった畠山重忠の居館が発祥です。

鎌倉時代末期から南北朝時代、全国的な戦闘が行われるようになると、山を城地にした山城《やまじろ》が築かれるようになります。

一方で、在地に密着した領域的支配への変化とともに、居館はより防御性を増しました。居住空間と政庁機能を中心として防御機能を併せ持つ、居館と城の中間的な存在の城も築かれました。

室町時代になると、守護は幕府の花の御所に似た守護所という居館を築きます。周防・長門守護の174大内《おおうち》氏《し》館や、阿波守護の細川氏の館(175勝瑞《しょうずい》城)などが、守護所の例です。勝瑞城は勝瑞館と勝瑞城から構成され、16世紀半ばに細川氏に代わって実権を握った家臣の三好実休が引き続き勝瑞館を本拠とし、やがて長宗我部氏の侵攻に備えて館の北東に勝瑞城を構築しました。勝瑞館は巨大な水堀をめぐらせた不整方形で、庭園や会所もあり

153多気北畠氏城館

ました。

153多気《たげ》北畠《きたばたけ》氏《し》城館は、1338年（延元3）に伊勢国司となった北畠顕能《あきよし》が、1342年（興国3・康永元）に154田丸《たまる》城から逃れた後に築いたと伝わる居館と山城です。三段構造の居館の上段には、1521年（永正18）頃の築造とされる池泉回遊式の庭園があり、文化都市的な色彩もうかがえます。

やがて、守護に代わって権力を持った守護大名も、守護所と同じ構造の館を築くようになります。

南北朝時代の山城

城が戦いの舞台として登場し、飛躍的に発展するのは南北朝時代です。55千早《ちはや》城が舞台となった1332年（元弘2・正慶元）の赤坂城・千早城の戦いを機に、源平合戦以来の野戦に代わり、要害の地に籠り地形の利を生かして戦う戦術が生まれ、本格的な山城が誕生しました。

南北朝時代の山城は、地形を改変して防御機能を高めるというより、急峻な山岳地形に占地しただけに近い印象です。この時期の山城は臨時の砦《とりで》で、戦いが終われば廃《はい》されるのが一般的。日常的な地域支配拠点ではありませんでした。

山岳寺院を改造するケースも多くみられます。もともと密教《みっきょう》寺院との関係が深かった南朝勢力が密教勢力と結びつき、山岳寺院を取り込んで城塞化したのです。

南北朝の争乱が収まると、国人《こくじん》や土豪《どごう》は平地の居館を構えて落ち着きましたが、24武田《たけだ》氏《し》館を本拠とした武田氏が128要害山《ようがいやま》城を築いたように、万が一に備えて「詰城《つめのしろ》」と呼ばれる籠城用の山城をセットで持つケースも多くありました。

153多気北畠氏城館も、山麓の北畠氏館と背後の山上に築かれた霧山城で構成されます。174大内氏館を本拠とした大内氏も、1556年（弘治2）に174高嶺《こうのみね》城を詰城として築いています。近江守護の佐々木六角氏のように、平地の居館から52観《かん》

174高嶺城

128要害山城

32 春日山城

72 郡山城

65 月山富田城

音寺《のんじ》城に本拠を移す守護もいました。山岳寺院の観音正寺を利用した臨戦的な城を継続利用し、居城としたようです。

戦国時代の山城の発展

1467〜77年(応仁元〜文明9)の応仁・文明の乱を機に、国人や土豪たちは防御性の高い山城を築きはじめます。南北朝時代の山城とは異なり、恒久的な建物が建つ、防御機能を伴った山城が誕生しました。

地形を生かすだけでなく、土木工事によって山を要塞化するのが戦国時代の山城の特徴です。戦国大名が台頭し中央集権化されると、山城も巨大化。毛利元就の72郡山《こおりやま》城や上杉謙信の32春日山《かすがやま》城、浅井長政の49小谷《おだに》城、尼子氏の65月山富田《がっさんとだ》城などの、居館を取り込んだ巨大な山城が誕生しました。

出羽で勢力を伸ばし戦国大名に台頭した安東愛季《ちかすえ》が居城とした106脇本《わきもと》城も、城主の居館が置かれた地区を含む3つの区

166宇陀松山城

106脇本城

域で構成される広大な山城でした。城内には家臣団屋敷も取り込まれていたと考えられています。大和の有力国人であった秋山氏が築いた166宇陀松山《うだまつやま》城も、後に改変されるまで、生活空間を含む多数の曲輪《くるわ》が配された巨大な山城でした。

159芥川山《あくたがわさん》城は、摂津守護・細川氏の守護所に準じた場所として機能し、やがて細川氏を倒した三好長慶が拠点とした山城です。首都のような存在で、最高権力者の城として威容を誇っていたようです。160飯盛《いいもり》城も三好長慶が拠点とした城で、面積は南北約650m×東西約400m超、最盛期には大小70の曲輪が並べられた、近畿地方最大規模の城でした。水陸交通に恵まれた立地で、畿内の中心地にふさわしい大城郭でした。

各地で、寺院の城郭化も進みました。村人たちが逃げ込む村の城が存在した一方、本願寺《ほんがんじ》派は門徒が加賀一向一揆の拠点として築いた136鳥越《とりごえ》城のような、宗教勢力による城も築かれました。

173新高山城

127新府城

会社組織のような本城と支城

織田信長の51安土《あづち》城や豊臣秀吉の54大《おお》阪《さか》城のように、領主が拠点としている居城を「本城《ほんじょう》」といいます。毛利元就の72郡山城、上杉謙信の32春日山城、浅井長政の49小谷城、尼子氏の65月山富田城、武田信玄の24武田氏館、武田勝頼の127新《しん》府《ぷ》城、朝倉義景の37一乗谷《いちじょうだに》城、小早川隆景の173新高山《にいたかやま》城や172三原《みはら》城、下総守護・千葉氏の121本佐倉《もとさくら》城も本城です。

121本佐倉城

125小机城

40山中城

本城のほかに、領国内には「支城《しじょう》」という本城をサポートする城が多く築かれました。本城を会社組織の本社とするならば、領国内の要所に置かれる支城は、支社や営業所といったところ。支城はさらに枝分かれし、会社組織のようなピラミッド構造で領国を支配していました。

たとえば、40山中《やまなか》城、18鉢形《はちがた》城、123滝《たき》山《やま》城、118忍《おし》城、125小机《こづくえ》城、114唐沢山《からさわやま》城などは、23小田原《おだわら》城を本城とする北条氏の支城です。

166宇陀松山城は、1585年(天正13)に羽柴(豊臣)秀長が165大和郡山《やまとこおりやま》城に入った後は、東国に対する最前線となる重要な支城として機能しました。

176一宮《いちのみや》城は、阿波守護・一宮氏の本城でしたが、長宗我部元親が制圧すると家臣が置かれ、1585年(天正13)に羽柴(豊臣)秀吉が四国を平定し家臣の蜂須賀家政が76徳島《とくしま》城を新築して本城とすると、その後は支城となりました。

177引田《ひけた》城も、1587年(天正15)に生駒親正が讃岐に入り聖通寺《しょうつうじ》城(香川県綾歌郡宇多津町)へ移った後は、国境を警備する支城となった城です。その後、親正は77高松城を本城とし、西讃岐の78丸《まる》亀《がめ》城、東讃岐の引田城を重要な支城に位置付け支配体制を固めたとみられます。

183久留米《くるめ》城は、秀吉の九州平定後に入った毛利秀包《ひでかね》が1587年(天正15)に築いた城ですが、関ヶ原の戦い後には田中吉政が入った柳川《やながわ》城(福岡県柳川市)の支城となっています。

177引田城

156鎌刃城

179河後森城

誰の勢力下に置かれたどんなポジションの城なのかを知ることは、その城の本質に迫る手がかりになります。

城は役割と変動がポイント

課せられた役割に注目することも、城を見る上での大きなカギです。「繋《つな》ぎの城」「伝えの城」など、支城といっても築城の目的はさまざまです。目的に応じて最適な場所が選ばれ、任務をスムーズかつ確実に果たすべく、機能性を追求しながら城がつくられます。

領国や勢力の境に置かれた「境目《さかいめ》の城」では、激しい攻防が繰り広げられました。179河後森《かごもり》城は、伊予と土佐の国境にある城。軍事拠点としての役割を終えた後でも機能し、1594年(文禄3)に入った藤堂高虎は、板島(83宇和島《うわじま》城)・大洲(82大洲《おおず》城)とともに南予支配の三大拠点としました。1614年(慶長19)に宇和島伊達藩が立藩した後も、家老の桑折氏が居城としています。

156鎌刃《かまは》城は北近江と南近江の境にあり、中山道の間道を見下ろす要衝でした。戦国時代に北近江守護の京極氏と南近江守護の佐々木六角氏の抗争が始まると、鎌刃城主だった有力国人の堀氏は両氏の間で揺れ動くことに。その後は北近江で勢力を拡大した浅井氏に臣従しますが、織田信長が美濃から近江に侵攻するとやはり勢力の境目の城として板挟みとなり、織田氏に降伏しています。

秀吉による水攻めで知られる171備中高《びっちゅうたか》

171備中高松城

松《まつ》城は、毛利氏が領国防備のために7つの支城で構成した「境目七城」と呼ばれる防衛ラインのひとつでした。西進してくる秀吉軍に対し、南北に並んだ支城網で対抗したのです。

約10年の朝倉氏の攻撃に耐えた〝難攻不落の城〟で知られる139佐柿国吉《さがきくによし》城は、若狭守護・武田氏の本城である後瀬山《のちせやま》城(福井県小浜市)と連携する、若狭と越前の国境を守る最前線の支城です。腰越坂と椿坂を喉元に押さえる山上に築かれ、眼下には越前から若狭に通じる丹後街道が通る要所です。山上からは、国境となる関峠がはっきりと見えます。

139佐柿国吉城

第一次上田合戦の火種となった116沼田《ぬまた》城は、戦国時代には北条・上杉・武田氏が領有権をめぐって三つ巴の戦いを繰り広げた城でした。越後に通じる北上野《こうずけ》の要衝であり、山間部を通って信濃とを結ぶ要地でもあるため、領土を広げたい3氏には恰好の地でした。

武田家臣の真田昌幸が攻略するも、武田氏は滅亡。すると真田氏と北条氏による支配権争いが勃発します。この争いは第一次上田合戦につながり、やがて北条氏滅亡の火種にもなりました。

侵攻先で、戦いのためだけに築かれる城もありました。奪った城を改造したり、もともとあった城を部分的に強化して再利用するケースもたくさんあります。

ほとんどの城は改造されていくことも、大きなポイントです。99%の城が、何かしら改変されているといっても過言ではないでしょう。時代とともに城の様式が変わるのはもちろん、情勢に応じて城を強化する必要があったからです。

畠山氏の居館だった120菅谷館は、1488年(長享2)に山内上杉家によって菅谷城として生まれ変わったと考えられます。蘆名氏の居城として語られる111向羽《むかいは》黒山《ぐろやま》城も、現在残る竪堀《たてぼり》や堀切は、上杉景勝が1598年(慶長3)以降に大改修した可能性が考えられます。織田信長の居城であった149小牧山《こまきやま》城も、1584年

120菅谷館

146諏訪原城

（天正12）の小牧・長久手の戦いの際は徳川家康の陣として大改修されています。

とりわけ争奪戦が行われた城では、奪還されないように改変がされました。武田勝頼が徳川家康との戦いの中で築いた146諏訪原《すわはら》城は武田の城の代名詞ともいわれてきましたが、近年の発掘調査によって家康が勝頼から争奪した後の改修が大部分を占めることが濃厚になっています。147高天神《たかてんじん》城は、家康から奪取した勝頼による部分的な改修が推定できます。

信長による天守と石垣の誕生

1576年（天正4）、織田信長が築いた51安土《あづち》城で日本初の天主（天守）が建造されました。信長は、私たちが一般的にイメージする城の開発者。権力と財力の象徴である絢爛豪華な天守がそびえ、城全体が高い石垣と水堀で囲まれる、戦国時代の土づくりの城とは異なる、新発想の城を生み出しました。

中世の城にも石積や石垣は存在しますが、基本的には土留めなど部分的なものがほとんどです。ただし、三好長慶の159芥川山城や160飯盛《いいもり》城、佐々木六角氏の52観音寺城など、信長に先立つ総石垣の城も確認されています。

信長による新時代の城づくりは安土城から一変したとされていましたが、定説は覆り、近年は1567年（永禄10）から築かれた39岐阜《ぎふ》城、さらに1563年（永禄6）から築かれた149小牧山城まで遡ることが判明しつつあります。しかし、信長により城の外観や存在意義が一変し、現在一般的にイメージされる城の概念が生まれたことは間違いなさそうです。信長は、城の外観を刷新しただけでなく、見せる要素を追加し、〝強く美しい城〟へと刷新。城下町と一体化した都市構想も確立させ、新しい社会体制を推し進めました。

信長の城づくりの基本理念が豊臣秀吉、徳川家康に受け継がれ、それぞれアレンジされながら多くの城が築かれました。

52 観音寺城

51 安土城

149 小牧山城

157八幡山城

144大垣城

70 岡山城

27 上田城

196佐土原城

信長と秀吉、その家臣により築かれた織《しょく》豊《ほう》期の城を織豊系城郭と呼びます。

信長と秀吉は、天守に金箔《きんぱく》を貼った瓦《かわら》を採用。信長が一族にしか使用を許可しなかったのに対し、秀吉は家臣の城にも許可するなど、城に政治的な側面をより強く持たせていったとみられています。

金箔瓦は、秀吉の甥・羽柴秀次の157八《はち》幡山《まんやま》城、弟・羽柴秀長の62和歌山《わかやま》城と165大和郡山城、甥・秀勝の144大垣《おおがき》城、宇喜多秀家の70岡山《おかやま》城といった一門衆の城をはじめ、蒲生氏郷の12会津若松城、真田昌幸の27上田《うえだ》城、中村一氏の41駿府城、毛利勝信の181小倉《こくら》城、島津家久の196佐土《さど》原《はら》城など15城で発見されています。

石垣づくりの城への変貌

信長と秀吉、またその家臣によって、天守のある石垣づくりの城が築かれていきました。

138越前大野《えちぜんおおの》城は、信長が越前一向一揆を平定した後に大野を拝領した、家臣の金森長近が1576年(天正4)から築いた城です。143美濃金山《みのかねやま》城も、1565年(永禄8)に信長家臣の森可成が烏峰《うほう》城から金山城と改称して石垣づくりの城に改変しています。

158福知山《ふくちやま》城は、1579年(天正7)に丹波を平定した明智光秀が築城を開始した城で、163黒井《くろい》城も光秀の丹波攻めで攻略された後に、斎藤利三や堀尾吉晴に改修されました。

104九戸城

163黒井城

6 盛岡城

168若桜《わかさ》鬼ヶ《おにが》城の石垣は、信長の命によって1577年(天正5)から秀吉が行った但馬攻めで攻略後、秀吉家臣の木下重賢とその後に入った山崎家治が改修を行い築いたものです。

1590年(天正18)の小田原攻めで秀吉が本陣とした126石垣山城で、関東初の総石垣の城が出現。その後、秀吉の奥州仕置によって会津に配置された秀吉家臣の蒲生氏郷により、東北にも総石垣の城、12会津若松城が誕生しました。秀吉に反発し九戸政実の乱の舞台となった104九戸《くのへ》城に残る石垣も、蒲生氏郷が乱を鎮圧した後に築いたもの。南部信直が築いた6盛岡《もりおか》城は、氏郷とともに乱を平定した秀吉家臣の浅野長吉から指南を受けたとされています。110三春《みはる》城にも、氏郷により改修された石垣が残ります。

秀吉の家臣たちにより、続々と石垣づくりの城が誕生しました。毛利輝元は73広島《ひろしま》城を築いて72郡山城から移転、大和に入った豊臣秀長が165大和郡山城を、近

176一宮城

江に入った豊臣秀次が157八幡山城を築いて新たな拠点としています。

阿波に入った蜂須賀家政は176一宮城を、讃岐に入った生駒親正は177引田城を石垣づくりの城へと改修しました。183久留米《くるめ》城は、1587年(天正15)に秀吉が九州を平定した後、13万石で入った毛利秀包が大改築。二の丸に全長約100mの壮大な石垣が残る192角牟礼《つのむれ》城も、改易《かいえき》された大友義統《よしむね》に代わり入った毛利高政が1594年(文禄3)から改修しています。

183久留米城

192角牟礼城

28小諸《こもろ》城は、武田信玄の重臣・山本勘助と馬場信房が改変し、武田氏の滅亡後は信長、家康の支配下に置かれた城です。しかし、石垣づくりの城に改修したのは、秀吉の家臣・仙石秀久です。中世の山城の面影を残しながら、秀久により変貌を遂げた、その融合が見もの。高さ約6mの石垣で囲まれた本丸の北西にせり出す圧巻の天守台は、当時の威容を伝えます。技巧的な枡形虎口、幅の狭い通路、曲輪の配置などにも秀吉流の城の特長がみられます。

28 小諸城

112笠間《かさま》城は、代々の笠間氏の城を、1598年(慶長3)年に城代となった蒲生郷成が大改修。本丸北東側に独立した天守曲輪がつくられ、現在も高さ約4mの立派な石垣が残っています。

56竹田《たけだ》城、95岡《おか》城、61高取《たかとり》城、114唐沢山城などのように、山城が石垣づくりの城に大改変されるケースもありました。

岡城は、台地の標高325m地点にある山城。豊薩戦争で島津義弘の大軍を撃退した難攻不落の堅城として知られ、1594年(文禄3)に城主となった中川秀

95 岡城

61 高取城

成が大改修しました。とくに、二の丸〜三の丸北側の高石垣が圧巻。足がすくむほどの断崖に、高さ20mはあろうかという石垣が岩盤上に直接そそり立ちます。

高取城は、標高583・9mの高取山の山頂に築かれた、広大な総石垣の山城です。165大和郡山城の豊臣秀長が詰城として家臣の本多正俊に改修させたとみられます。唐沢山城は秀吉家臣の富田氏の子で養子に入った佐野信吉により、石垣の城へと生まれ変わっています。

秀吉は城を政治的に活用し、関東へ封じた家康の旧領である東海地域には自分の家臣を置き、東海道沿いに城を築かせました。151吉田《よしだ》城は、秀吉の家臣だった池田輝政が石垣づくりの城へと大改修して城下町を整備。同じように、41駿府城は中村一氏、148浜松《はままつ》城は堀尾吉晴、42掛川《かけがわ》城は山内一豊がそれぞれ築きました。

151 吉田城

164 洲本城

朝鮮出兵と城の発展

秀吉が明国の征服を目指した1592年(文禄元)からの文禄・慶長の役(朝鮮出兵)は、全国の大名が秀吉流の城を目の当たりにし、築城技術を会得する機会になったようです。諸大名は、秀吉が築いた87名護屋《なごや》城に結集。出兵先の朝鮮半島で日本軍が築いた倭城《わじょう》でも、築城技術の発展がみられます。

秀吉が1598年(慶長3)に没すると、朝鮮半島から帰国した諸大名は領国の防衛に力を入れ、城を強化しました。169米子《よなご》城や164洲本《すもと》城に構築されたと思われる「登り石垣」もこの時期に構築されたと考えられます。1600年(慶長5)の関ヶ原の戦いの勃発まで、秀吉亡き後の国内はかなり緊張感に包まれていたようです。

家康の「大坂包囲網」

関ヶ原の戦い後、勝利した家康は豊臣家との決戦を見据えて、豊臣秀頼の54大阪城を包囲するように、大坂に通じる主要な街道上の城を整備・強化した傾向があります。1601年(慶長6)から膳所《ぜぜ》城(滋賀県大津市)を築き伏見《ふしみ》城(京都府京都市)を改修して京都を固めると、徐々に包囲網を拡大。幕命により全国の諸大名が行う「天下普請《てんかぶしん》」で築かれるケース

47 伊賀上野城

57 篠山城

44 名古屋城

が多く、既存の城を大改修するケース、城主を取り込むケースもありました。50彦根《ひこね》城、137福井《ふくい》城、57篠山《ささやま》城、47伊《い》賀《が》上野《うえの》城、70岡山城、59姫路《ひめじ》城、152津《つ》城、144大垣城なども、包囲網のひとつとみられる城。包囲網の総仕上げが、44名古屋《なごや》城と考えられます。

伊賀上野城は、1611年(慶長16)に藤堂高虎が大改修。前身の筒井氏時代の城が大坂を守るべく大和街道を押えつつ西に背を向けていたのに対し、高虎は大坂と対峙する西向きへと大改変しているのがおもしろいところです。日本で高さ1、2位を争う本丸西側の石垣は、まさに大坂に向けた鉄壁でした。

空前の築城ラッシュ

関ヶ原の戦い後は、空前の築城ブームが到来しました。家康による大名の配置換えが行われ、各大名が新たな領地で支配拠点となる城を築いたからです。

常陸の14水戸《みと》城から出羽へ移った佐竹

85 福岡城

92 熊本城

義宣は9久保田《くぼた》城を、初代仙台藩主となった伊達政宗は8仙台《せんだい》城を、遠江の42掛川城から土佐に移った山内一豊は84高知《こうち》城を、筑前へ移った黒田孝高・長政親子は85福岡《ふくおか》城を築城。加藤清正も、92熊本城の築城を本格化します。

関ヶ原の戦いで西軍の総大将を務め、中国地方8か国112万石から周防・長門2か国36万石に大減封となった毛利輝元は、新たに75萩《はぎ》城を築きました。169米子城から岩国へ移った吉川広家が築いた74岩国《いわくに》城が、毛利家一門の東の拠点と位置付けられたようです。

74 岩国城

島津家久は97鹿児島《かごしま》城を築城。城山山頂の上山城と麓の居館で構成されましたが、後に居館だけが残されました。薩摩藩は外城制《とじょうせい》という軍事・地方行政が一体化した独自の領国支配体制を取っており、113の支城のような地方支配拠点（外城）を置いて武士を分散させ、地頭を中心として「麓《ふもと》」をつくり統治させていました。198知覧《ちらん》城の麓に置かれた知覧麓はその代表例です。

97 鹿児島城

知覧麓
（198 知覧城）

ちょうど近世の城への転換期にあたり、城地ごと移転するケースが多くみられます。井伊家は戦国時代から地域の拠点だった佐和山城を廃して1604年（慶長9）から50彦根城を新築。堀尾家も65月山富田城に入り改修した形跡がありますが、64松江《まつえ》城を築いて移転しています。

城地内で構造や外観が大変貌するケースも珍しくはありません。徳川秀忠は、秀吉が築いた54大阪城を埋め立ててその上に新たな大阪城を完全リニューアル。89佐賀《さが》城は、龍造寺隆信の家臣だった鍋島直茂と、その子で初代佐賀藩主の鍋島

89 佐賀城

137 福井城

勝茂が、龍造寺氏の村中城を拡張。勝茂が1608年（慶長13）から本格的に築いて居城としました。

大宝寺《だいほうじ》城は、関ヶ原の戦い後に最上義光の所領となって108鶴ヶ岡《つるがおか》城へと改称。137福井《ふくい》城は家康次男・結城秀康が入り、柴田勝家の北ノ庄《きたのしょう》城を取り込む形で大城郭へと変貌しています。

181 小倉城

152 津城

194 佐伯城

かつて毛利勝信が大改修した181小倉《こくら》城には1602年（慶長7）に細川忠興が入り、現在の姿に様変わり。152津城も、藤堂高虎によって大改修されました。

194佐伯《さいき》城は、豊後佐伯に移った毛利高政が、1602年（慶長7）から4年がかりで築いた城です。関ヶ原の戦い後に築かれた城としては珍しい山城ですが、三重天守が建ち、5棟の二重櫓が建つ見事な城でした。

このように、関ヶ原の戦いは城にとっても大転機となり、戦国時代の城の多くは江戸時代になり新たな城主によって改変されました。131村上《むらかみ》城や162出石《いずし》城・有子山《ありこやま》城、38岩村《いわむら》城などでは、時代の移り変わりに応じた城の変化を見ることができます。

一国一城令と特例の城

築城ブームは、わずか15年ほどで終わりを告げます。1615年（慶長20）に江戸幕府が発布した一国一城令《いっこくいちじょうれい》により、全国の城は約3000から約170に激減。また同年の武家諸法度《ぶけしょはっと》公布により、城の改修や修繕に厳しい規制がかかりました。部分的な修復でも城全域の絵図を描き起こし、破損状況や修繕箇所を細かに図示して幕府に届け出をする必要が生じて、築城技術は衰退の一途を辿ります。

一国一城令は、一国に一城のみ存続を許し、そのほかは廃城とする法令です。一国を複数の大名で分割統治している場合は大名ごとに1城とし、ひとりの大名が複数の領国を領有している場合は、国ごとに1城が残されました。実際には柔軟に適用されていたようで、幕府との関わりにより2城や3城が存続するケースもありました。

金沢藩の前田家が加賀・能登・越中の3国で35金沢《かなざわ》城と小松城の2城、萩藩の毛利家が周防・長門で75萩《はぎ》城1城のみだったのに対し、鳥取藩の鳥取池田家は、因幡・伯耆で63鳥取城、169米子城、倉吉城の3城が存続しています。徳川将軍家と親戚であることから信頼が厚く、毛利家の備えとして3城を許されたものと考えられます。仙台藩伊達家の家臣である片倉氏の105白石《しろいし》城のように、幕府に功績のあった大名の家臣の城が例外として存続するケースもありました。

一国一城令後に新築された城も厳密には40城前後ありますが、いずれも幕府の思惑による特例です。71福山《ふくやま》城は西国経営の拠点として1619年(元和5)から、58明石《あかし》城も西国諸大名に対する監視のため1619年(元和5)から徳川秀忠の命により築かれました。1624年(寛永元)に完成した91島原《しまばら》城は、キリシタンに対する牽制と九州・四国の諸大名への押さえとして特別に築城が許可されたようです。

190八代《やつしろ》城は、一国一城令による廃城後に支城として復活した珍しい例です。もともとは加藤氏が92熊本《くまもと》城の支城として築いた城でした。

肥後は熊本城のほかに麦島《むぎしま》城の存続も例外的に認められましたが、麦島城は1619年(元和5)の大地震で倒壊。すると幕府は代わりに八代城の改修を許諾したのです。隣接する薩摩の島津氏を牽制するため、キリシタンおよび小西行長の旧家臣や異国船への備え、そして秀吉恩顧の加藤氏の財政を逼迫させることなどが理由と思われます。

167新宮《しんぐう》城も、一国一城令で廃城となった後に復活して築かれた城です。62和歌山城の浅野幸長が家老の浅野忠吉に任せ

75 萩城

105 白石城

63 鳥取城

190 八代城

167 新宮城

170 浜田城

188原城

78 丸亀城

た地で、1618年(元和4)に再び築城工事が開始されています。紀州藩の南の要とすべく、といったところでしょう。浅野家の転封により水野氏が入り、1633年(寛永10)に完成しました。

170浜田《はまだ》城は、長州藩に接する山陰側の押さえの最前線の要地である上に城が存在しなかったため、1620年(元和6)からの新規築城が特例で許されました。

一国一城令で廃城になった城の多くは、1637年(寛永14)の島原・天草一揆の後に本格的に破却されたようです。約3万7000の一揆軍が廃城となっていた188原《はら》城に籠城したことから、幕府は反逆の拠点として再利用できないように全国の城を徹底的に破却させたようです。

1641年(寛永18)に丸亀藩が立藩したことで復活した78丸亀《まるがめ》城が、幕府の資金援助と参勤交代の免除を受けて1643年(寛永20)から大改修されているのも、瀬戸内の島々にいるキリシタンの蜂起を警戒したためと考えられます。

2 五稜郭

124品川台場

幕末の城と明治の廃城令

時は過ぎ幕末になると、1853年（嘉永6）のペリー来航などを機に、沿岸地域に800〜1000か所の台場（砲台）が置かれるなど、海防強化のための城が築かれました。2五稜郭《ごりょうかく》や3松前《まつまえ》城などです。松前城は、松前藩が江戸幕府の命令を受けて築城。海に面した三の丸に7つの砲台を設けるなど、完全なる海防の城でした。124品川台場《しながわだいば》は、江戸幕府が構築した台場（砲台）のひとつです。

187福江城

187福江《ふくえ》城は、1863年（文久3）に完成した、海防を目的に特例で許可された福江藩主・五島氏の城です。小藩のため築城は許されていませんでしたが、幕末に外国船の来航が頻繁になったことで海防論が隆盛になり、築城の追い風となったようです。海に突き出す海城で、三の丸東隅部には現在も直接海に出られる舟入が残っています。

明治になると、城は役割を終えます。1871年（明治4）の廃藩置県から2年後の1873年（明治6）、太政官から陸軍省に廃城令（正式名称は「全国城郭存《ぞん》廃《ぱい》ノ処分並《ならびに》兵営地等撰定方《せんていかた》」）が通達されたことで、陸軍省所管財産であった城の土地や建物は、存城処分として陸軍省所管の行政財産とするか、廃城処分として大蔵省所管の普通財産にして売却処分するかに分けられました。これにより、43城1要害が存城処分として残り、そのほかの城のほとんどは廃城とされました。

存城処分といっても、あくまで陸軍用地としての利用が目的。城は無用の長物となり、建物や石垣は次々に破却され、堀は埋め立てられました。

やがて史跡保護の概念が生まれると、運よく救いの手が差し伸べられた天守や櫓などは残りました。しかし、太平洋戦争の空襲で7棟の天守のほか44名古屋城の本丸御殿などが焼失・倒壊。現在、天守は12棟、御殿は4棟が現存しています。

◆北海道のチャシと館

チャシは、アイヌ語で「山の上に柵をめぐらせた施設」。江戸時代前期のシャクシャインと和人との争いの中でアイヌ民族が築いたとみられますが、祭祀の場として使われるなど用途はさまざまです。確認されている約500のチャシの多くが、道央から道東に分布。根室市内の32か所のうち24か所が1根室《ねむろ》半島チャシ跡群として国史跡に指定されています。

北海道の101志苔館《しのりだて》は14世紀末頃に津軽安藤氏が築いた拠点「道南十二館」のひとつ。102上ノ国《かみのくに》勝山館《かつやまだて》は、後の松前氏の祖である武田信廣が築き一大拠点としました。

29 松本城

驚くほど個性的！

天守 基本の「き」

城の顔ともいえる天守は、
大きさも色も装飾もデザインも
さまざまで、その違いには
城主の社会的立場や情勢、センス、
財力などが如実に反映されます。
違いに注目すると、
鑑賞がぐっと楽しくなりますよ。

天守の型

建築上、2種類に分かれます。「望楼《ぼうろう》型《がた》」は、大きな入母屋造《いりもやづくり》の建物の上に望楼を乗せた天守。2つの建物が組み合わさったような構造です。「層塔型《そうとうがた》」は、重塔のように各階が積み上がるタワー式。最上重の屋根だけに入母屋屋根があるため、デザインに統一感が生まれます。

望楼型

36 丸岡城

層塔型

4 弘前城

天守の構成

単純な独立式から複合式へと進化し、さらに連結式や連立式へと複雑化したといわれますが、厳密には付櫓《つけやぐら》を天守入口とした複合式も初期のもののようです。1600年（慶長5）前後を境に防御力を上げるべく複雑化し、延焼防止のため再び独立式へと移行したと思われます。

独立式

天守が単独で立つ。丸岡《まるおか》城、宇《う》和島《わじま》城など。

石垣
天守

複合式

天守に付櫓《つけやぐら》または小天守《こてんしゅ》が付属する。犬山《いぬやま》城、松江《まつえ》城、彦根《ひこね》城など。

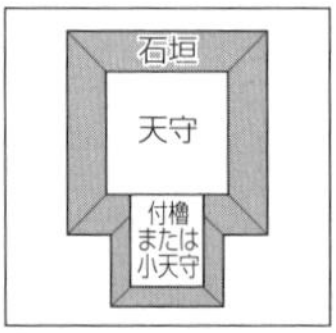
石垣
天守
付櫓または小天守

連結式

天守と小天守または櫓が渡櫓《わたりやぐら》でつながる。熊本《くまもと》城、名古屋《なごや》城、広島《ひろしま》城など。

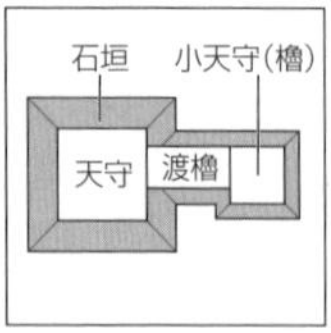
石垣
小天守（櫓）
天守
渡櫓

連立式

天守と複数の小天守または櫓が渡櫓で口の字形につながり、中庭を囲む。姫路《ひめじ》城、松山《まつやま》城など。

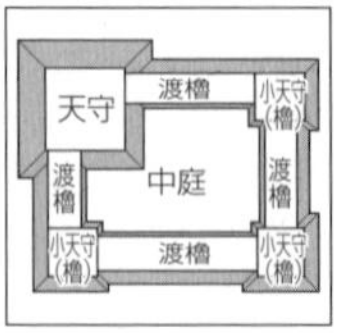
天守
渡櫓
小天守（櫓）
渡櫓
中庭
渡櫓
小天守（櫓）
渡櫓
小天守（櫓）

天守の装飾

妻飾《つまかざり》

塗籠

銅板張

木連格子

壁や破風の中にできる「妻壁」を飾る意匠のこと。「塗籠《ぬりごめ》」「銅板張《どうばんばり》」「木連格子《きつれごうし》」などがある。

破風《はふ》

壁面を飾る、出窓のような三角形の屋根の部分。破風板と妻壁とで構成される。意匠性を高めるために破風板を取り付けた。耐風性の向上が目的で、防火にも役立ち、雨漏りなどから壁面を保護する効果もある。「入母屋《いりもや》破風」「千鳥《ちどり》破風」「切妻《きりつま》破風」「唐《から》破風」の4種類が用いられる。

廻縁《まわりえん》・高欄《こうらん》

天守最上階のまわりに設けられた、バルコニーのような回廊を「廻縁／回縁」、廻縁につけられた欄干《らんかん》または手すりを「高欄」という。高欄は、隅で直交している「組《くみ》高欄」、隅が反《そ》る「刎《はね》高欄」、頂部に擬宝珠《ぎぼし》をつけた「擬宝珠高欄」などがある。

鯱
廻縁・高欄
妻飾
破風
華頭窓
下見板張
漆喰塗籠
50 彦根城

鯱《しゃち》

天守や櫓《やぐら》などのてっぺんに火除けとして飾られる、2体の魚形の瓦《かわら》。頭が虎で胴が魚という架空の生きもの。

入母屋破風
千鳥破風
唐破風
59 姫路城

華頭窓《かとうまど》

寺社建築に見られる、上部が火炎形や花形になった装飾性の高い窓。天守の最上階に用いられる。火灯窓、花頭窓とも。

切妻破風

蟇股
懸魚

蟇股《かえるまた》

カエルの股のような形をした、建築部材のひとつ。大きく厚い板に曲線を施しただけのものは「板蟇股」、板の内部をくりぬいて透かせたものは「本蟇股」。

懸魚《げぎょ》

破風の頂点につける装飾。破風の大きさによって「梅鉢《うめばち》懸魚」「蕪《かぶら》懸魚」「三花《みつばな》蕪懸魚」などがつけられる。

下見板張《したみいたばり》と漆喰塗籠《しっくいぬりごめ》

外壁の仕上げ方。土壁の上に黒い板を張る「下見板張」と、全面に白い漆喰を塗る「塗籠」に大別される。防火性はほぼ同じだが、耐水性は下見板張が勝る。

唐《から》破風

格式の高い破風。屋根の軒先のみを丸く持ち上げたものを「軒唐破《のきからは》風《ふ》」、屋根全体を丸くしたものを「向唐破風《むかいからはふ》」という。

五重六階は何階建て？

屋根の数を重《じゅう》、内部の床の数を階《かい》と数えます。五重六階の場合、外観は5階建てで内部は6階建てです。

155 赤木城

石の壁はこんなに奥深い！

石垣の見方 基本の「き」

城の土台である石垣は、
築城年代や築城の背景を知る手がかり。
石材と地形の特性をマッチさせた
芸術品でもあります。
積み方や石材の違いに注目すると、
「石垣しか残っていなくてつまらない」
なんて、思えなくなるはずです。

石垣の積み方

石垣を見るときのポイントは、積み方のバリエーションです。３種類の加工と２種類の積み方が代表的で、これらを組み合わせた6パターンに大別されます。

表面の加工は時代とともに進化します。もっとも古いのが、自然の石をほぼそのまま使う「野面積《のづらづみ》」。粗雑に見えても頑丈《がんじょう》で、排水性にもすぐれています。そのため、時代が下っても用いられることがあります。石を砕いて表面を平らに整え、隙間を減らすのが「打込接《うちこみはぎ》」。パズルのようにぴったり隙間《すきま》をなくして積むのが「切込接《きりこみはぎ》」です。

大小さまざまなサイズの石を自由に積むのが「乱積《らんづみ》」、横にラインを通すの「布積《ぬのづみ》」です。そのほか、亀の甲羅《こうら》のように六角形に加工した石を積む「亀甲積《きっこうづみ》」、斜めに積む「落積《おとしづみ》（谷積《たにづみ》）」など、変則的な積み方もいろいろあります。

	野面積	打込接	切込接
乱積	 ほぼ加工していない天然の石を、そのまま積み上げる。	 打ち砕いて表面を平らにした石を積み、隙間に小石を詰めて整える。	 完全に加工したサイズや形の違う石を、パズルのように隙間なく積む。
布積	 ほぼ加工していない天然の石を、横にラインが通るよう積む。	 打ち砕いて表面を平らにした石を、横にラインが通るよう積む。	 完全に加工した石を、横にラインを通しながら隙間なく積む。

163 黒井城

131 村上城

21 江戸城

転用石《てんようせき》・刻印石《こくいんせき》

「転用石」は、石材の不足を補うために石仏や墓石などを寺院から集めて転用したもの。「刻印石」は、石や岩の表面に石材の盗難を防ぐチームロゴ、所有者のサインを彫り込んだもの。家紋やマーク、記号のほか、積む順番を記したものや呪術的なものもあります。

転用石／158 福知山城

刻印石／21 江戸城

石材

石材の多くは地元産。城地《じょうち》の岩盤を切り崩して使用します。花崗岩《かこうがん》、御影石《みかげいし》、安山岩《あんざんがん》、堆積岩《たいせきがん》、火成岩《かせいがん》、石灰岩《せっかいがん》、変成岩《へんせいがん》などさまざま。

21 江戸城三の門の白い石は瀬戸内の犬島または小豆島から運ばれた花崗岩、黒い石は東伊豆産の安山岩。

200 勝連城や199 座喜味城をはじめ、沖縄のグスクでは沖縄諸島全域で採れる琉球石灰岩（琉球石灰岩）が用いられている。

算木積《さんぎづみ》

「算木積」は、強度を増すために長辺が短辺の2～3倍の直方体の石を互い違いに積み上げげたもの。技術差はありますが、天正《てんしょう》年間（1573～92）に登場し、1600年（慶長《けいちょう》5）の関ヶ原《せきがはら》の戦い前後に飛躍的に発展、1605年（慶長10）頃に完成します。隅角部が崩れるのは最後で部分的に修復することはないため、算木積の完成度は築造時期のおおよその判断材料になります。

矢穴《やあな》

石は、ノミで矢穴と呼ばれる穴をキリトリ線のように彫り、矢（楔《くさび》）を打ち込んで割ります。割り損ねた石や矢穴が残る石がそのまま石垣に使われることも。

169 米子城

石垣の中身

松の「胴木《どうぎ》」を敷いて緩い地盤を補強し、最下段に「根《ね》石《いし》」を据え、内側には「飼石《かいいし》」を入れて固定。「積石《つみいし》」の裏側には「裏込石《うらごめいし》（栗石《ぐりいし》）」をぎっしり詰め、表面の隙間には「間詰石《まづめいし》」を詰めます。裏込石は固定だけでなく、排水の役割も果たすすぐれもの。

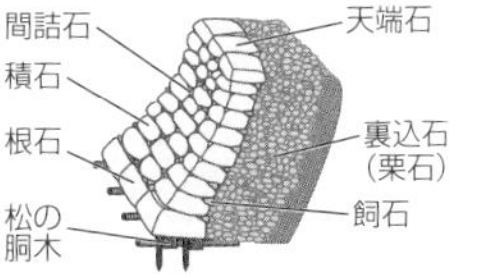

73 丸亀城

城内には建物がいっぱい！

櫓・城門・御殿　基本の「き」

天守だけに気を取られていませんか？
城内には多くの建物があり、
これがなかなかおもしろいのです。
建築上の規定がないからこそ、
デザインや工夫、技術力もさまざま。
城全体のレイアウトや防御性を探る
大きなヒントにもなります。

櫓《やぐら》

櫓のルーツは、射撃場や武器の倉庫「矢倉」「矢蔵」。敵の侵入を阻止する役割があり、天守がない城はあっても櫓がひとつもない城はほぼありません。建築上の規定はなく、大きさもいろいろです。「三重櫓《さんじゅうやぐら》」は、三重の櫓。規模も意匠も天守と遜色なく、武家諸法度の公布後は天守の代用品とされたケースもよくあります。土塀《どべい》や多聞櫓《たもんやぐら》越しに外を窺うのにちょうどいいサイズの「二重櫓」がもっとも多く建てられ、隅櫓《すみやぐら》の標準となりました。「平櫓《ひらやぐら》」は、1階建ての櫓。「付櫓《つけやぐら》（附櫓／天守に付属する櫓）」や「続櫓《つづきやぐら》（櫓や櫓門に付属する櫓）」として築かれるケースがほとんど。「多聞櫓（多門櫓）」は、細長い長屋形式の櫓。平櫓と多聞櫓を棲み分ける明確な基準値はなく、長い平櫓は多聞櫓という認識でほぼOKです。

監視目的の物見櫓、武器を保管する武具櫓、塩を貯蔵する塩櫓、月見をする月見櫓、時報の太鼓《たいこ》を打つ太鼓櫓など、用途や名称はさまざま。用途が由来のほか、方角が命名されることが多く、方角を十二支で表すこともあります。そのほか、大きさを名付けた五間櫓や一番櫓、数詞やイロハが用いられた例もあります。

三重櫓
31 新発田城
（三階櫓）

二重櫓
44 名古屋城
（西南隅櫓）

平櫓
92 熊本城
（源之進櫓）
※被災前

多聞櫓
59 姫路城
（長局）

高欄櫓
82 大洲城

月見櫓
29 松本城

伏見櫓
71 福山城

乾櫓
54 大阪城

城門

城門は構造上、高麗《こうらい》門、櫓門、薬医《やくい》門、棟《むね》門、埋《うずみ》門、唐《から》門などに分類されます。城の正面のことを「大手《おおて》」、裏手のことを「搦手《からめて》」といいます。大手門や追手《おうて》門は表門、搦手門は裏門です。城の鬼《き》門(北東)などにあり、通常は閉ざされている不開《あかずの》門などもあります。

櫓門

櫓が乗った2階建ての門。大手門や本丸の表門など、重要な場所に使われた。扉を閉めた状態でも櫓の狭間や窓から射撃でき、床下の石落《いしおとし》から門扉に迫った敵を攻撃可能。格も備え、櫓の外壁や屋根に装飾を施して城主の権威を見せつけた。

棟門

控柱を省略した門。実例は少数。

埋門

石垣や土塁をくり抜くように開いた、トンネルのような形の門。防御性の高さが特徴。

筋鉄《すじがね》門

門扉や鏡柱の表面に鉄板を張った門は「鉄門」、筋状に鉄板を張ったものは「筋鉄門」。銅板が張られた門は「銅門」。

枡形門

枡形と呼ばれる方形のスペース+高麗門+櫓門で構成される門。枡形虎口(→P45)とも。

御殿《ごてん》

城主は本丸《ほんまる》や二《に》の丸《まる》に建てられた本丸御殿や二の丸御殿で生活し、政務を行いました。御殿はたくさんの部屋が建ち並ぶ平屋《ひらや》建ての集合体で、大きく「表」と「奥」の2つのエリアに分かれます。

たとえば江戸城の本丸御殿は、大きく「表《おもて》」「中奥《なかおく》」「大奥《おおおく》」に分かれます。「表」は政務を行う公邸。「中奥」は公邸と私邸を兼ね、風呂や能舞台などの娯楽施設も併設。「大奥」は私邸で、完全なプライベートゾーンです。御台所《みだいどころ》や奥女中も大奥で生活しました。

53 二条城(二の丸御殿)

84 高知城(本丸御殿)

59 姫路城

ただの山も要塞に見えてくる！

城の歩き方　基本の「き」

軍事施設としてのセオリーを知ると、城の本質に近づけ、城歩きがぐっと楽しくなります。まずは、代表的な用語をざっと予習。城の全体像や特徴が摑めれば、守り方や攻め方が見えてきて、イマジネーションも膨らむはずです。

山城《やまじろ》・平山城《ひらやまじろ》・平城《ひらじろ》

城は築かれた場所の標高を指標として、「山城」「平山城」「平城」「水城《みずじろ》（海城《うみじろ》）」などに分類されます。

山城とは、山全体を城域《じょういき》にした城のこと。平山城は山城よりも低い小高い山や丘を利用した城のことで、丘陵《きゅうりょう》を利用した城は「丘城《おかじろ》」とも呼ばれます。高低差のない完全な平地に築かれた城は平城、河川や海の一部を取り込んだ城は水城や海城と呼びます。

天守が建つ「近世の城（近世城郭）」は、平山城が主流です。これに対して、南北朝時代や戦国時代に築かれた「中世の城（中世城郭）」は、山城が主流といえます。

中世の城と近世の城の見た目の大きな違いは、土づくりか石垣づくりかどうか。中世の城は基本的に、土木工事で山を削って迷宮化していきます。

山城／65 月山富田城

山城→平山城／63 鳥取城

平山城／83 宇和島城

平山城／78 丸亀城

平城／73 広島城

平城／29 松本城

海城／178 能島城

平城（海城）／77 高松城

城の基本用語

城を歩くと、パンフレットや案内板にどうしても専門用語が出てきます。この本ではなるべく使わないようにしていますが、知っておくと理解が深まり、楽しさもぐっと増します。基本の用語を、簡単に頭に入れておきましょう。

■縄張《なわばり》

城の設計のことを「縄張」といいます。どこにつくるかという城地の選定から、城をとりまく河川の整備、城内にどれくらいの規模のスペースをいくつ設けてどう配置するのか、防御力を高めて弱点をカバーするためにどういった工夫をするのかというレイアウト全般を指します。縄張図は城の設計図。城の間取りと工夫が記された、宝探しの地図です。

縄張図や城内マップを活用しよう

縄張《なわばり》を示した平面図「縄張図」が、山城歩きの友となります。山の起伏はもちろん、土木工事によって人工的につくられた防御装置のフォルムを描き記したものです。ひとりで山中を歩いてもなかなか遺構や工夫に気がつけませんが、縄張図を片手に記されているものをひとつひとつ確認して歩くことで、遺構を見逃さずに辿《たど》ることができ、城の全体像を読み解くヒントにもなります。

縄張図に慣れないうちは、案内板やパンフレットに載っている、イラスト化された城内マップを手がかりにして歩くのがおすすめ。宝探しゲームのように、遺構を見つけながら歩くといいですよ。

外堀（薬研堀）

空堀（横堀）

二の曲輪中馬出

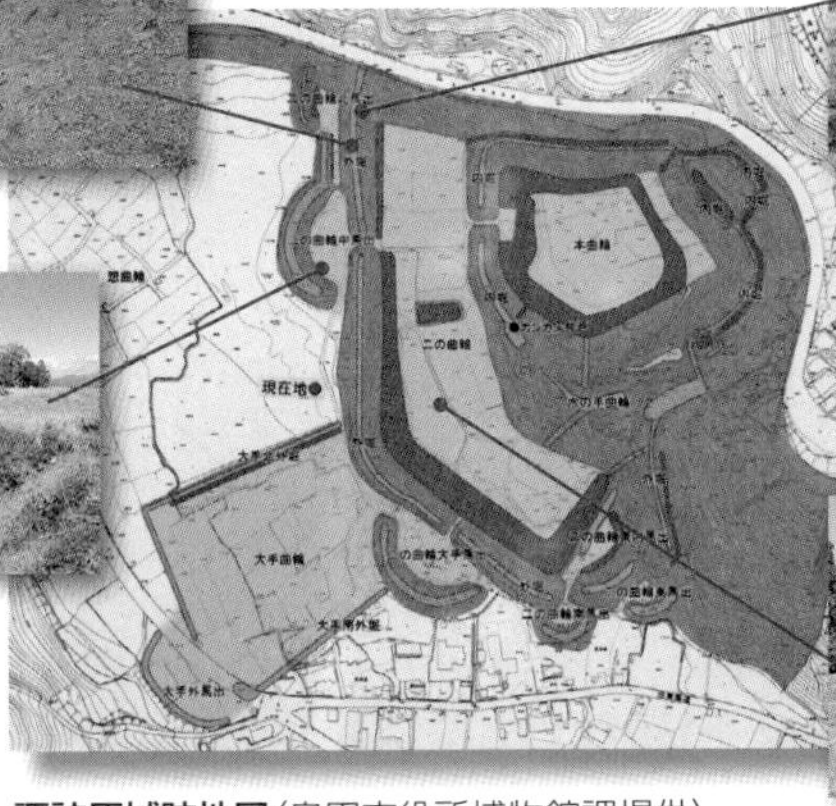

諏訪原城跡地図（島田市役所博物館課提供）

二の曲輪

横矢掛《よこやかかり》（横矢を掛ける）

側面からの攻撃のこと。敵を一方向から迎え撃つよりも、二方向・三方向から効率よく攻撃できます。

城の塁線《るいせん》が直線のままだと下方向への攻撃しかできず、隅部《すみぶ》に死角が生じるため、出っ張らせたり凹《へこ》ませたりすることで、死角を補います。連続して折り曲げると、城壁全体に横矢が掛かります。

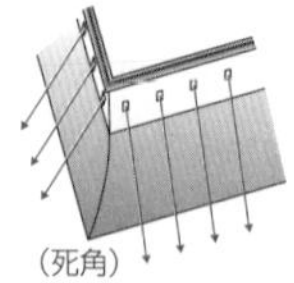

石垣が直角のままだと、45度くらいの死角が生じる。

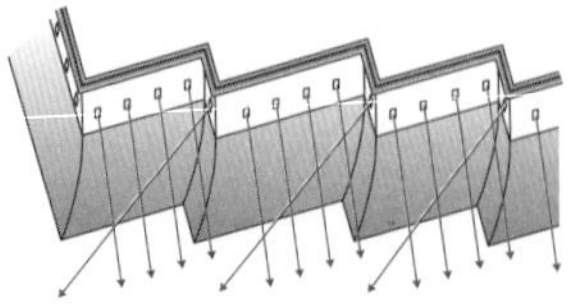

石垣を複雑に折り曲げ、くまなく横矢を掛けるのが理想。石垣の凹部は「入隅《いりすみ》」、凸部は「出隅《ですみ》」という。

横矢掛／119 杉山城

曲輪《くるわ》

平坦なスペース、区画のこと。城は山の斜面につくられることが多いため、建物を建てられるように平らに削って曲輪をつくるのです。曲輪のまわりは石垣や土塁で囲み、曲輪と曲輪の間は堀で区切って曲輪を独立させます。「郭《くるわ》」とも書き、本《ほん》曲輪、二の曲輪、主郭《しゅかく》、北の郭などというように使われます。近世の城では、本丸、二の丸、西の丸などのように丸が用いられるケースが多くみられます。

山頂から周囲や尾根上に階段状に配置された曲輪は「腰曲輪」、ひとつの曲輪の周囲をめぐる曲輪を「帯曲輪」、突出した独立した曲輪は「出丸」と呼ばれます。

土塁《どるい》

河川敷の土手のような、土の壁のこと。掘った土を盛り上げて叩き固めてつくります。自然地形を削り残したものも土塁に含まれます。45度くらいの斜面から、60度に近い急斜面のものもあります。

曲輪・土塁・空堀／119 杉山城

空堀《からぼり》と水堀《みずぼり》

曲輪のまわりに設ける堀は、遮断線となる城の必需品。山城を中心とした中世の城では、水のない「空堀」が主流です。堀幅が広すぎると敵が移動しやすくなるため、狭く掘るのが常識。城兵からの攻撃が届くよう、広すぎず高すぎないようにつくられました。近世の城では水を湛えた「水堀」が主流で、主力兵器も弓矢から鉄砲へ変わったため、幅も広くなりました。水堀の幅は30〜60mが一般的ですが、江戸幕府ゆかりの城では100mを超すものも。あまり深いと身を隠しやすくなるため、足が届かない深さがあれば十分。深さは2m程度です。城のまわりを二重に囲む堀は、城に近いほうが「内堀《うちぼり》」、遠いほうが「外堀《そとぼり》」と呼ばれます。中間に「中堀《なかぼり》」があるケースもあります。

空堀／54 大阪城

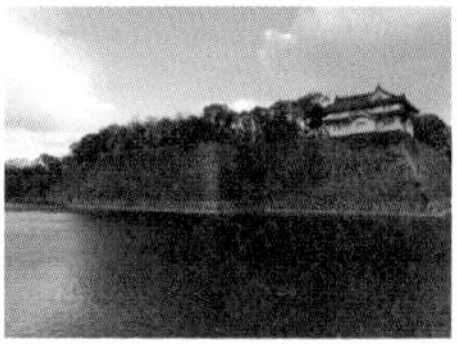

水堀／54 大阪城

曲輪の配置

本丸、二の丸、三の丸を順番に並べた形式を「連郭式《れんかくしき》」といいます。「梯郭《ていかく》式」は、本丸を角に置いてまわりの3面をほかの曲輪で囲んだ形式です。本丸のまわりをほかの曲輪が輪のように囲む形式は「輪郭《りんかく》式」。曲輪が渦巻き状に並ぶ形式は「渦郭《かかく》式」、本丸を丸または半円の曲輪が囲む形式は「円郭《えんかく》式」といいます。

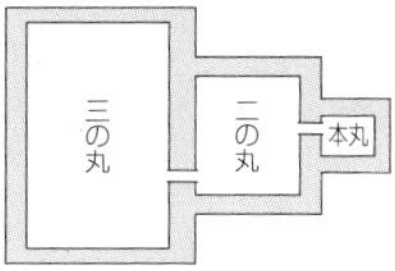

連郭式《れんかくしき》
本丸と二の丸などを一直線に並べる形式。

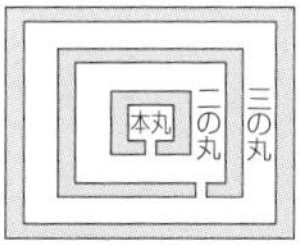

輪郭式《りんかくしき》
本丸を二の丸などが囲む形式。堅牢《けんろう》だが二の丸などが狭くなる。

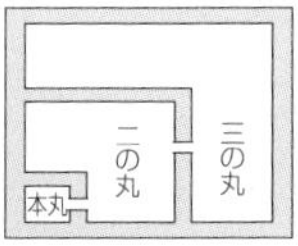

梯郭式《ていかくしき》
本丸の二方または三方を二の丸などが囲む、一般的な縄張。本丸の背後は川や崖、堀で防備される。

虎口《こぐち》（平《ひら》虎口・喰違《くいちが》い虎口・枡形《ますがた》虎口）

「虎口」とは、城の出入口のこと。扉を置いただけの「平虎口」から、虎口両側の土塁をずらしたり交互に置いたりする「喰違い虎口」へ発展。ずらしたり折り曲げたりすることで敵の足を止め、視界を遮《さえぎ》ることができ、横矢が掛けられます。「枡形虎口」は、枡形（方形のスペース）を利用した二重構造の虎口。枡形の四辺を土塁（または石垣）で囲み、一辺に第1の門、その左右どちらかの辺に第2の門を設けます。城兵は枡形内に敵を集め、四方から集中砲撃できました。

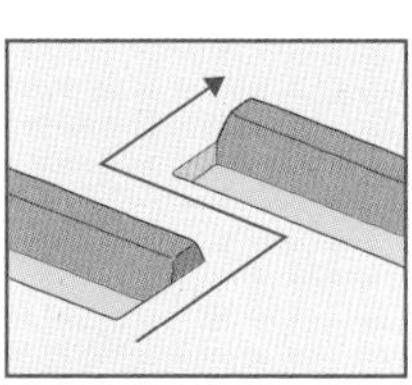

喰違い虎口

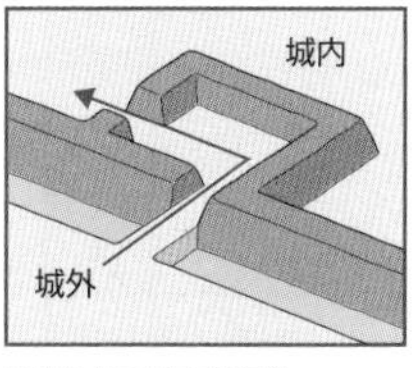

枡形虎口（内枡形）

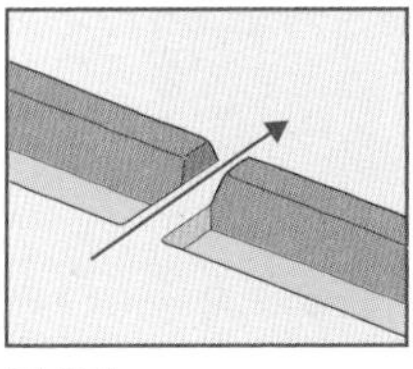

平虎口

曲輪内に設けた枡形を「内枡形」、塁線からはみ出すように曲輪の外側に設けた枡形を「外枡形」といいます。

枡形虎口／78 丸亀城

堀切《ほりきり》

侵入路を遮断する目的で、尾根《おね》を断ち切るように掘られた空堀のこと。尾根筋を自然地形のままにしておくと敵が簡単に侵攻できてしまうため、尾根筋や峰を堀切で断ち切ることで城域を独立させます。二重、三重に設けられるケースも。

堀切／22 八王子城

竪堀《たてぼり》・横堀《よこぼり》・畝状竪堀《うねじょうたてぼり》

「竪堀」は山の斜面と平行に掘られた空堀で、敵の斜面での横移動を防ぎます。山麓《さんろく》からの敵の侵入路にもなり、城兵は斜面の上から効率よく攻撃できます。

これに対して、斜面と垂直に掘られた「横堀」は、敵の縦移動を阻止できます。曲輪や城域を囲むようにぐるりとめぐらせることで、独立性を高めます。

堀切の両端を尾根の斜面に沿って竪堀とするものもあれば、竪堀と横堀を組み合わせるケースも。竪堀を山の斜面に何本も連続して並べたものは「畝状竪堀(連続竪堀、畝状空堀群)」と呼ばれます。

竪堀／111 向羽黒山城

横堀／46 長篠城

土橋《どばし》・木橋《きばし》

「土橋」とは、堀を通路状に掘り残した土手道のようなもの。敵を1列にさせて足を止め、集中攻撃できます。「木橋」は木製の橋で、取り外したり壊したりすれば敵の侵入を阻止できました。

土橋／160 飯盛城

木橋／40 山中城

切岸《きりぎし》

堀底から簡単に登れないよう、曲輪周辺の斜面を削り込んで急傾斜にしたもの。

切岸／179 河後森城

馬出《うまだし》

虎口《こぐち》の前面に設けられた小さな出撃用のスペースのこと。防御の起点にもなりました。半円型の「丸《まる》馬出」と方形の「角《かく》馬出」があります。

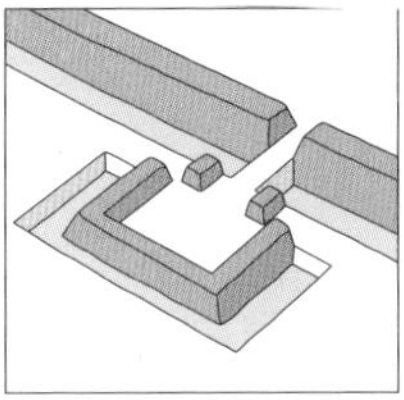
角馬出

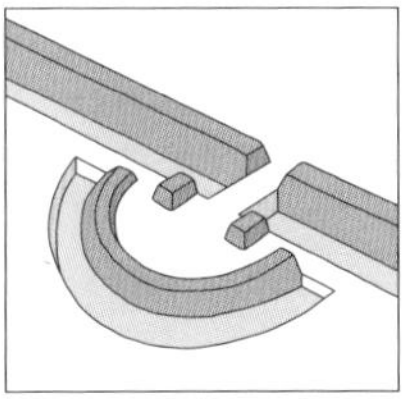
丸馬出

馬出／140 玄蕃尾城

狭間《さま》

天守や櫓、外壁などに設置された攻撃用の小窓。鉄砲を撃つ「鉄砲狭間」、弓矢を射る「矢狭間」などがあります。外からは穴が見えない「隠し狭間」も。

石落《いしおとし》

天守や櫓の床に設置した、長方形の出窓。石垣をよじ登ってくる敵を頭上から攻撃します。「袴腰《はかまごし》型」「戸袋《とぶくろ》型」「出窓型」などがあります。

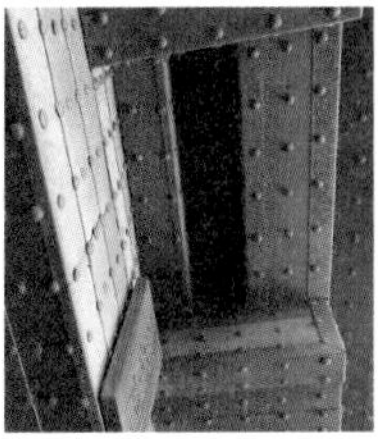

土塀《どべい》

土を分厚く塗り固めた、土壁でつくった防火・防弾壁のこと。竹を縦横に組んだ格子《こうし》状の骨組みの上に数種類の壁土を塗り重ねた土壁は、火縄銃の弾を貫通させない防火・防弾構造。表面は「下見《したみ》板《いた》」または「漆喰《しっくい》」で仕上げます。厚さは薄くても約18～22㎝で、一般的には30㎝程度、約60㎝の厚いものもあります。

出かける前に要 CHECK！

山城めぐり前の5つの準備

必ずしも観光地化されておらず、軽装では怪我をしかねない城もあります。

日本100名城と続日本100名城には生命の危険を伴うほど難易度の高い城はありませんが、備えあれば憂いなし。装いや持ちもの、事前の情報収集をして、安全で楽しい城めぐりをしましょう。

①動きやすい服装、歩きやすい靴で

足元の装備は固めておくほど安心。山城は登城道が未舗装のケースが多いため、ウォーキング向けのスニーカーがベターです。標高のある山城は、トレッキングシューズがマスト。足首を保護するハイカットタイプがおすすめです。

山城では肌の露出は控え、暑いときだけ長袖をまくるなど工夫を。冬場は重ね着で体温調節できるように。帽子は日除け、虫除け、枝が刺さるのを防ぐのに役立ちます。

ウインドブレーカーなど、防水機能のある上着や長ズボンがおすすめです。登山用やスポーツ用のグッズを上手に取り入れるといいですね。

②アクセスは事前に確認

駅から遠く離れた城や、交通アクセスが悪い城も。電車やバスの本数、駐車場の有無、所要時間など、あらかじめチェックしておきましょう。詳しいアクセスは公式ガイドブックに掲載されています。城めぐりアプリを活用したり、インターネットで城ファンの登城記を読んでおくのも役立ちます。

③持ちものはリュックにまとめて

山城は、両手を空けておくと歩くのが断然ラク。登山用のリュックが軽量かつ容量もありおすすめです。

山城には売店はなく、近隣にコンビニがないケースも。飲みものやおやつ、タオルや携帯の充電池、防寒着なども用意しておきましょう。絆創膏などの救急薬も準備しておくと安心です。

縄張図や城内マップがあると◎。現地でパンフレットを調達しても。

④天気予報や動物の出没情報をチェック

悪天候での山城への登城はとても危険です。当日はもちろん、前日に大雨が降ったときも注意。天候が急転したら、諦めて下山する勇気も持ちましょう。夕方からの登城は絶対にNG。16時頃には下山してください。

クマやマムシ、ヤマビルやマダニの恐怖も山城にはつきものですから、事前の情報収集と対策を。豪雪地域や動物が出没する地域は登城期間が限られます。十分に検討してから出かけましょう。

⑤マナーを守って歩こう

安全面はもちろん、遺構を破壊しないよう、細心の注意を。土塁や石垣に勝手に登るのはやめ、私有地や未整備の区域へは近づかず、落ちている瓦《かわら》なども持ち帰らないように。近隣の人への配慮も忘れず、写真撮影も迷惑にならないように気をつけましょう。

城の楽しみ方❶

天守を楽しむ

日本で唯一の黒漆塗り国宝天守

日本100名城 29

松本城

【まつもとじょう／長野県松本市丸の内4-1】

POINT

❶ すべて国宝！ 5棟の現存天守群

❷ 全国唯一！
黒漆塗りの重厚な輝き

❸ 日本一急な天守内の階段

城めぐりのコツ

まずは国宝天守群の外観をじっくり堪能。二の丸を堀に沿って歩き、見る角度によって表情が変わる、天守群の横顔を楽しんで。江戸時代の正規ルートに従って、黒門から本丸へと進み、最後に天守群の内部へ。用途と工夫に着目して、建築技法や雰囲気の違いを比べてみましょう。その後は二の丸御殿跡、二の丸に現存する御金蔵、復元された太鼓門などへも。平城につきスニーカーでOK。難易度★☆☆☆☆

1 松本市役所展望室から見下ろす松本城。晴れた日には南アルプスまで見える。
2 左が辰巳附櫓、右が月見櫓。朱色の漆が塗られた高欄は、先端が反り上がる「刎勾欄(はねこうらん)」。

絵画のような美しさ

風光明媚《ふうこうめいび》な北アルプスを借景《しゃっけい》に、凛と佇むクラシカルな天守群。黒漆塗《くろうるしぬ》りの下《した》見板《みいた》と白漆喰壁《しろしっくいかべ》のコントラストが青い空にパッと映え、絵画のような美しさです。

山々に囲まれていますが、閉塞感があるどころか開放的。平地に築かれているため、空や山などの自然を取り込んだような壮大さがあります。山々の稜線《りょうせん》、すがすがしい空気、水堀の上を抜ける風の音、勇ましいフォルム、漆黒《しっこく》の重厚感など、日本独特の美を五感で堪能できます。春は桜、夏は新緑、秋は紅葉、冬は深雪と四季折々の彩りが美しく、まさに日本の美を凝縮したような景観です。

戦国と江戸のハイブリッド天守

松本《まつもと》城の魅力は、なんといっても天守群の造形美です。二の丸から水堀越しに見たとき、中央が大天守《だいてんしゅ》で、左端が乾小《いぬいこ》天守《てんしゅ》。大天守と乾小天守は、渡櫓《わたりやぐら》という廊下のような建造物でつながれます。右端の赤いバルコニー（廻縁《まわりえん》・高欄《こうらん》）がついた建物が月見櫓《つきみやぐら》で、隣が辰巳附櫓《たつみつけやぐら》。これら5棟がすべて国宝の現存建造物です。

驚くのは、連結している5棟が別の2時期に建てられていること。大天守、乾小天守、渡櫓の3棟は、築城開始直後の1593年（文禄《ぶんろく》3）頃に築造。一方、月見櫓と辰巳附櫓は、1634年（寛永《かんえい》11）に増築されています。1633年（寛永10）に3代将軍・徳川家光《とくがわいえみつ》が善光寺《ぜんこうじ》参詣の際に立ち寄る話が浮上し、もてなすべく増設。月見櫓はその名の通り、観月をするレクリエーション施設でした（結局、家光は来ませんでしたけど…）。

戦乱の世に築かれた戦闘仕様の大天守・乾小天守・渡櫓と、太平の世に築かれた月見櫓・辰巳附櫓は、工法や構造はもちろん意匠も大きく異なります。北西側から望む前者は武骨な印象ですが、後者はたおやかで壮麗。角度により違う表情を見せてくれます。

内部に入れば、違いは一目瞭然です。緊迫感が漂う狭く薄暗い大天守に対し、月見櫓は広々として明るく、優雅な雰囲気。月見櫓は舞良戸《まいらど》を外せば吹き抜けになり、さらに開放感が広がります。

月見櫓の脇には舟着場があり、小舟で水堀に出ることもできたよう。船上で月夜のひとときを過ごしていたのでしょうか——。内堀の幅は、城内からの攻撃が届くよう、築城時の鉄砲の射程に準じています。防御装置としてつくられた水堀は、平和な江戸時代には水辺の遊び場になっていたのかもしれません。

日本で唯一！ 重厚な艶めき

漆黒の美しさも別格です。その秘密は、壁面に塗られた黒漆《くろうるし》。今となっては、本物の黒漆が塗られているのは全国で松本城の天守だけです。

以前、メンテナンスをしている地元の漆職人さんに取材をさせていただいたことがあります。傷んでいく天守を心苦しく思った先代が、自費でメンテナンスをはじめたのがきっかけとか。城には過去の遺物ではなく、地域に愛され守り抜かれてきた特別な美しさと強さがあります。

漆の耐久性は驚異的ですが紫外線に弱いため、夏が終わり乾燥の気象条件を満たす9～10月に毎年塗り替えられます。11月初旬頃が、お化粧直し後の最も美しい状態です。下地として下見板に塗られているのは渋墨《しぶすみ》（松煙と墨を柿渋《かきしぶ》に混ぜ煉《ね》ったもの）。墨も優秀素材で、防腐材となって天守の壁面を保護してくれます。日本の伝統素材の力ってすごいですね。

築城のミッションとは？

漆は高価で手入れも大変。そのため、実は戦国時代のごく限られた期間しか採用されていません。織田信長《おだのぶなが》の51安土城（滋賀県近江八幡市）や豊臣秀吉の54大阪城（大阪府大阪市）をはじめ、一族や家臣の城に限られます。松本城からは、秀吉が有力家臣に使用を許可したとされる金《きん》

3 本丸御殿跡から見た天守群。こちら側から見ると、大天守がすらりと高く見えるのが不思議。 4 漆は9～10月に塗り直される。 5 突上戸。扉を上に引き上げてつっかえ棒で支える。

松本城内マップ

乾小天守

創建時に建てられた、三重四階の建物。大天守とは異なり、角柱でなく丸太を用いているのが特徴。屋根裏階のような真っ暗な３階は、大天守３階と同じ構造。４階の天井の桔木構造も大天守と同じ。乾小天守と渡櫓にも石落が各11ある。
※現在は非公開

御金蔵

二の丸唯一の現存建造物。金庫。

二の丸御殿跡

1727年（享保12）に本丸御殿が火事で焼失すると、政庁が二の丸御殿に移された。配置が平面表示されている。

渡櫓

大天守と乾小天守をつなぐ、二重二階の櫓。地下１階から１階への階段は、江戸時代には石段だった。２階の梁が見事。

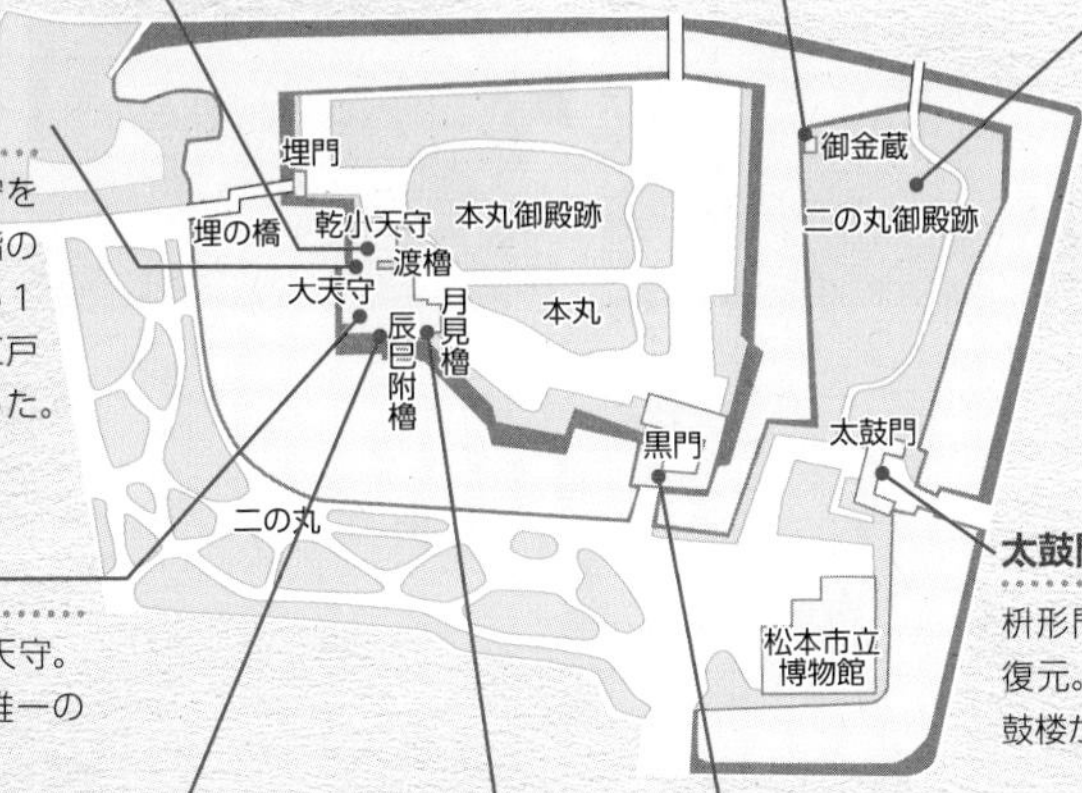
埋門
埋の橋
乾小天守
本丸御殿跡
渡櫓
大天守
辰巳附櫓
月見櫓
本丸
御金蔵
二の丸御殿跡
黒門
太鼓門
二の丸
松本市立博物館

大天守

最古の現存五重天守。天守群は全国で唯一の黒漆塗り。

太鼓門

枡形門のうち一の門を復元。時を知らせる太鼓楼があった。

辰巳附櫓

月見櫓とともに江戸時代に増設。石落はひとつもない。大天守との接続部にも要注目。華頭窓の内側には引分け板戸で排水の工夫も。

月見櫓

３代将軍・家光の訪城に備えて増築した、月見のための娯楽施設。船底のような「船底天井」にも注目。

黒門

本丸への入口。一の門の屋根に再利用された、歴代城主の家紋が入った軒丸瓦もチェック。

箔瓦《ぱくがわら》も見つかっています。

松本城を築城した石川数正《いしかわかずまさ》は、秀吉のもとに走った徳川家康の元重臣。松本城は、秀吉が江戸へ封じ込めた家康を牽制するために主要な街道上に家臣たちにつくらせた、戦略的な城のひとつとされます。家康が反逆心を削がれるほど威圧感のあるビジュアルを誇り、絶対に落とせない堅牢な城をつくることが、数正のミッションであり、秀吉へ恭順の意を示す絶好のチャンスだったのかもしれません。数正は志半《なか》ばにして亡くなりましたが、子の康長《やすなが》が遺志を受け継ぎ、松本城づくりに心血を注ぎました。

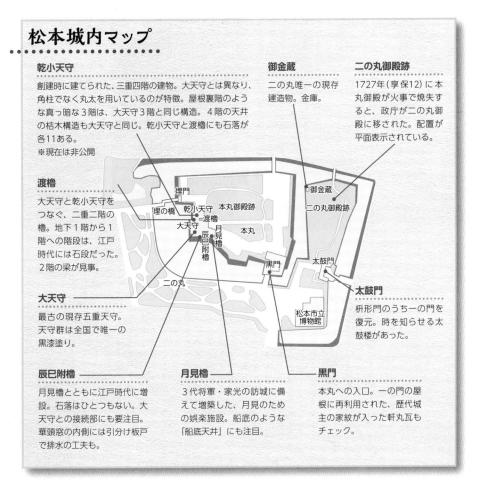

スリル満点！天守内部へ

大天守は戦闘仕様で装飾が少なく古風なつくりですが、格式の高い装飾を随所に取り入れた独自の美があります。

たとえば、窓には防火性が低いため天守ではあまり使われない古式の「木《き》連格《づれごう》子《し》」を採用。寺社に使用される「華頭《かとう》

6 天守1階廊下の武者走。1段低くなったところに設けられている。 7 大天守の4階から5階への階段。 8 女鳥羽川。町人地との境にもなっている。

窓《まど》」もみられます。数は少ないものの、破風《はふ》もバランスよく飾られています。

内部は、戦闘を意識した工夫が光ります。地盤が緩いため石垣は低めですが、床下の石落《いしおとし》を11に増やして防衛力をアップ。四隅だけでなく、中央にも設置する徹底ぶりです。狭間《さま》は天守全体で115、城内全体で2000に及びます。

破風の内側を「破風の間」という射撃や監視のスペースにしたりと抜かりなし。2階の大きな武者窓も印象的で、3連・5連の竪《たて》格子窓からも火縄銃が撃てる設定でしょう。ちなみに、天守2階の壁の厚みは約29㎝。弾丸も通しません。

スリル満点なのが、4階から5階への階段です。勾配《こうばい》は61度もあり、階段というよりハシゴ。登りにくさ全開です。床と天井の間が4mもあるため、斜度が出てしまうのです。城内の7つの階段はいずれも55~61度の急勾配。踏み板の幅が狭く踏み板の段差(蹴上《けあげ》)が激しいのは、いざというとき敵に昇らせず、城兵が駆け降りられる工夫でしょうか。とにかく昇降しにくく、昇ったものの降りられなくなって泣いているチビッコ多発地点ですからご注意ください。

柱が入り組んだ最上階の天井は、瓦屋根の軒先《のきさき》が重さで下がらないようにする、鎌倉時代の寺院建築から採用されている桔木《はねぎ》構造。最上階の外周が謎のスペースで囲まれているのは、外側に廻縁をつける予定が中止され、内部に取り込まれたからのようです。そう言われると、松本城の天守って頭でっかちのような……。信州の寒さや風雨・雪などに耐えられないと判断したのかもしれません。

湧水せせらぐ城下町

松本は、城下町も魅力。常にせせらぎが聞こえ、あちこちで自噴する湧水《ゆうすい》と井《い》戸《ど》の町です。江戸後期の『善光寺道名所《ぜんこうじみちめいしょ》図会《ずえ》』に「当国第一の名水」と書かれた源智《げんち》の井戸をはじめ、清冽《せいれつ》な水が城下を潤しています。築城以前から使用されて

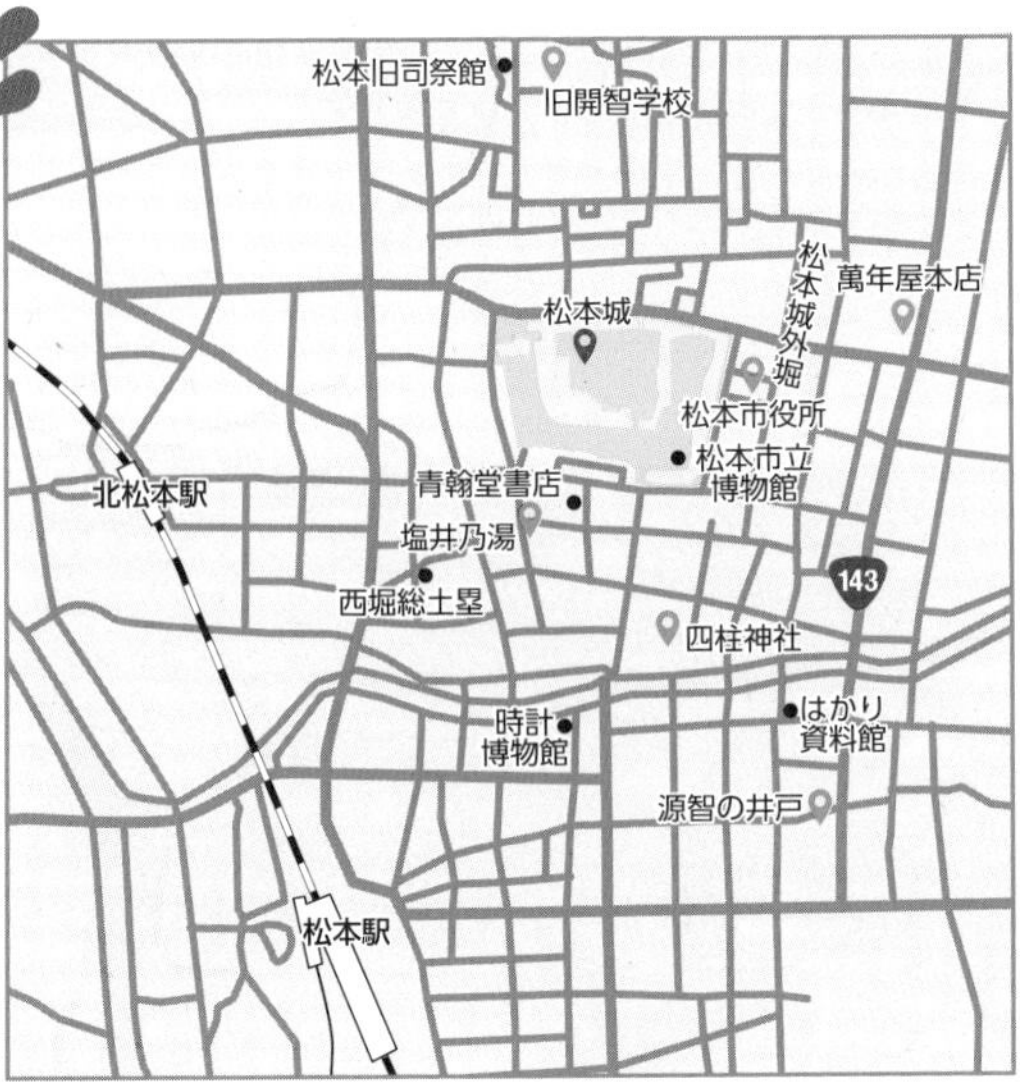

萬年屋本店

天然醸造の味噌玉造り味噌の老舗。各種味噌のほか漬物も販売。敷地内に捨て堀の土塁跡が残る。

➡松本市城東2-1-22

塩井乃湯

西総堀土塁のすぐ近くにある、昔ながらの銭湯。松本市内には計5か所の土塁が残っている。

➡松本市大手3-6-3

四柱《よはしら》神社

天之御中主神、高皇産霊神、神皇産霊神、天照大神を祭神とし、4柱の神を祀る縁結びの神社。

➡松本市大手3-3-20

旧開智学校《きゅうかいちがっこう》

1873（明治6）に開校し戦前まで使用した、日本最古級の擬洋風建築の小学校。国宝。

➡松本市開智2-4-12

SPOT

城主も愛した温泉でリセット

松本藩の御殿湯として400年超の歴史を持つ浅間温泉「湯々庵 枇杷の湯」は、石川数正が湯御殿を造営し、湯殿を整備したのがはじまり。初代の湯守・石川晶光（小口楽斎）は数正の三男・康次の子で、戦で負傷しこの役職に就きました。

弱アルカリ性の単純泉は、つるつるとした肌触りでさっぱりした湯上がり。併設されたカフェの庭には、石川康長お手植えの松の大木があります。

松本城から徒歩10分ほどの銭湯「塩井乃湯」もおすすめ。松本城主が茶の湯に用いたと伝わる名水の井戸から汲み上げた、塩類を豊富に含む鉱泉の銭湯です。塩井の湯付近は旧町名を土井尻町といい、松本城三の丸の西南部にあたります。その証に、すぐ近くには城内外を隔てる外堀西総堀土塁が残存しています。

➡松本市浅間温泉3-26-1

いる源智の井戸には、現在も名水を汲みに人々が次々に訪れます。

土蔵《どぞう》をカフェにするなど城下町の趣を残しつつ、アートやバー文化が発達。古き良きものをうまくリミックスしていて居心地よい町です。松本市出身の世界的芸術家・草間弥生《くさまやよい》さんの奇抜なラッピングバスも城下町に馴染んでいます。

敵に侵入されやすい平城の弱点をカバーしているのは、三重の堀（内堀・外堀・総堀）。総堀のさらに南側を女鳥羽川《めとば》が固める堅固ぶりで、女鳥羽川は町人の住む町との境にもなっています。

総堀の外側北東部分につくられたのが、全長300mに及ぶ「捨堀《すてぼり》」。石川康長が1613年（慶長18）に改易《かいえき》されたのは、幕府に無断でこの捨堀を構築したのが原因とも。秀吉へ忠誠心を示すべく取り組んだ城づくりが後に失脚の原因になったのなら、なんと皮肉なことでしょう。味《み》噌玉《そだま》味噌の老舗《しにせ》、萬年屋《まんねんや》は捨堀の外側にあり、敷地内に土塁《どるい》が残っています。

コンパクトでスタイリッシュ…なのに戦闘モード全開！ 日本100名城 50

彦根城

【ひこねじょう／滋賀県彦根市金亀町1-1】

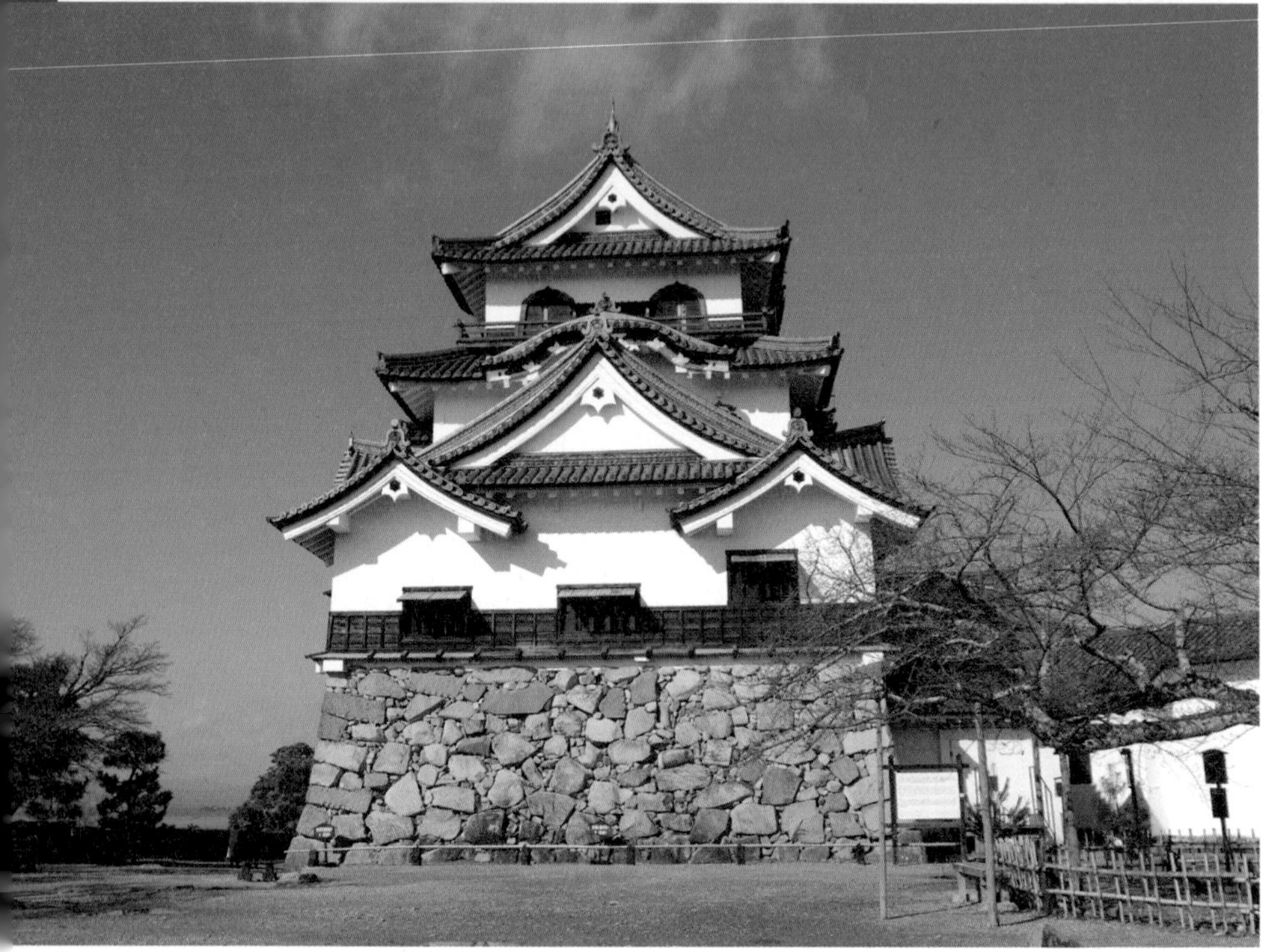

POINT

❶ デザイン力が光る国宝天守

❷ 美観と実用と兼ね備えた天守

❸ 戦いを想定した設計の妙

城めぐりのコツ

現地で配布しているパンフレットを片手にまわれば迷うことはないでしょう。彦根駅から向かう場合は表門からGO。天守の後は、西の丸三重櫓にも立ち寄りを。西の丸から井戸曲輪を経由して黒門に出て玄宮園に立ち寄るのがショートコースですが、時間があれば内堀沿いや中堀沿いもぜひ。現存建造物、石垣、秀逸な設計、登り石垣や水門など、見どころはいくらでもあります。難易度★★☆☆☆

1 天守に付属する附櫓と多聞櫓も国宝。梁行に対して桁行が長い長方形のため、東・西面はどっしりと、南・北面はきりりと端正に見えるのも大きな特徴だ。 2 3 天守最上階の隠し部屋。二重目と三重目に設けられた破風の内側につくられている。

美の秘密は「破風」

彦根《ひこね》城の天守は、小柄ながら機能的でスタイリッシュ。例えるなら、センス抜群のデザイナーズマンションといったところでしょうか。

高さは約21mと小ぶりでつくりも古式ながら、粋な雰囲気が漂います。シンプルに見えて、さまざまな種類の破風《はふ》が絶妙に配された凝ったデザイン。清潔感のある白漆喰壁《しろしっくいかべ》に黒や金の差し色が効いて、すっきりまとまっています。

美の秘密は、破風にあります。壁の面積に対して破風の数が多く、しかも多種多様なのです。たとえば、東・西面一重目の切妻《きりづま》破風も彦根城オリジナル。庇《ひさし》がついているおかげで、三重三階なのに屋根の数も多く見えます。南・北面一重目にも切妻破風が2つ飾られ、キリッとシャープに仕上がっています。

唐《から》破風は、寺社建築に用いられる格式高いもの。素木《しらき》のまま黒漆《くろうるし》塗りで仕上げてあり、井伊《いい》家の橘《たちばな》紋などの金箔《きんぱく》押しの飾金具《かざりかなぐ》がアクセントになっています。同じく寺社建築が由来の華頭窓《かとうまど》も特徴的。二重目と三重目に連続して配されている例は、ほかの現存天守にはありません。城下から大きく立派に見せる工夫、格を高める配慮が随所に感じられます。

これぞ城の奥義！

スタイリッシュに見えるのは、壁面に狭間《さま》がないからです。「射撃の想定がない平和な天守なのか……」と思いきや、とんでもない！ むしろかなりの戦闘モード。狭間は、見えないように塞がれた「隠し狭間」。外側を漆喰で塗り固めて、いざというときは壁を突き壊して使います。美観を損なわずに実用性を高めているのが、この天守の見事なところなのです。

おしゃれな外観とは裏腹に、内部は緊迫ムード。狭間が82か所も設けられた、明らかな実戦仕様です。最上階の南・北面と2階の東・西面には、入母屋《いりもや》破風の内部にできるスペースを利用した「隠し部屋」も。小さな引き戸を設置して秘密の小部屋としています。

ちなみに、この隠し部屋の内部に特別に入ったことがあるのが私の小さな自慢。1・5畳ほどで、甲冑《かっちゅう》を着た兵なら1～2人が限界。城外に向けて狭間が切られていたのがとても印象的でした。

徳川四天王、井伊直政が拝領

彦根城の歴史は、徳川家康《とくがわいえやす》の重臣・井《い》伊《い》直政《なおまさ》が、1600年（慶長《けいちょう》5）の関ヶ原の戦いの後に近江《おうみ》（滋賀県）の佐和山《さわやま》18万石を拝領したことにはじまります。

家康が関ヶ原の戦いで倒した石田三成《いしだみつなり》の旧領である佐和山は、戦国時代から街道の結節点《けっせつてん》にあり重視されてきた地。大《おお》坂《さか》の豊臣《とよとみ》家との決戦を見据えた家康もまたこの地を重視し、豊臣秀頼《ひでより》および西国《さいごく》の大名を牽制し迎撃する拠点として、信頼する直政に託したのです。

直政は関ヶ原の戦いでの傷が原因で没したため、長男の直継《なおつぐ》が後継。家康の直命により次男の直孝《なおたか》が後を継ぎ、1603年（慶長8）から佐和山城の西方2㎞地点で彦根城の築城がはじまりました。

彦根城は井伊家の新たな拠点でありながら、徳川方の城。軍事的役割を担いつつ、徳川新時代の到来を示すのも、重要な側面だったでしょう。こうした経緯で、幕命で諸大名が普請工事を請け負う「天《てん》下普請《かぶしん》」により、軍事力と豪華さを兼ね備えた城が誕生しました。

天守の材木をよく見ると、ほぞ穴が埋め木された建築材があります。これは、彦根城の天守がリユースされているため。大津《おおつ》城（滋賀県大津市）の五重四階の天守を移築し仕立て直したとされます。大津城の天守といえば、関ヶ原の戦いの前哨《ぜんしょう》戦《せん》で落城せずに耐えた建物。縁起のよさが考慮されているのかもしれません。

ちなみに大人気キャラクターのひこにゃんは、赤い甲冑を身にまとった精鋭部隊「井伊の赤備え《あかぞなえ》」にちなみ、赤い兜《かぶと》で

45天秤櫓下の堀切。かつては屋根付きの廊下橋がかかっていた。 6搦手。堀切の先には高石垣と西の丸三重櫓が鉄壁となり立ちはだかる。

彦根城内マップ

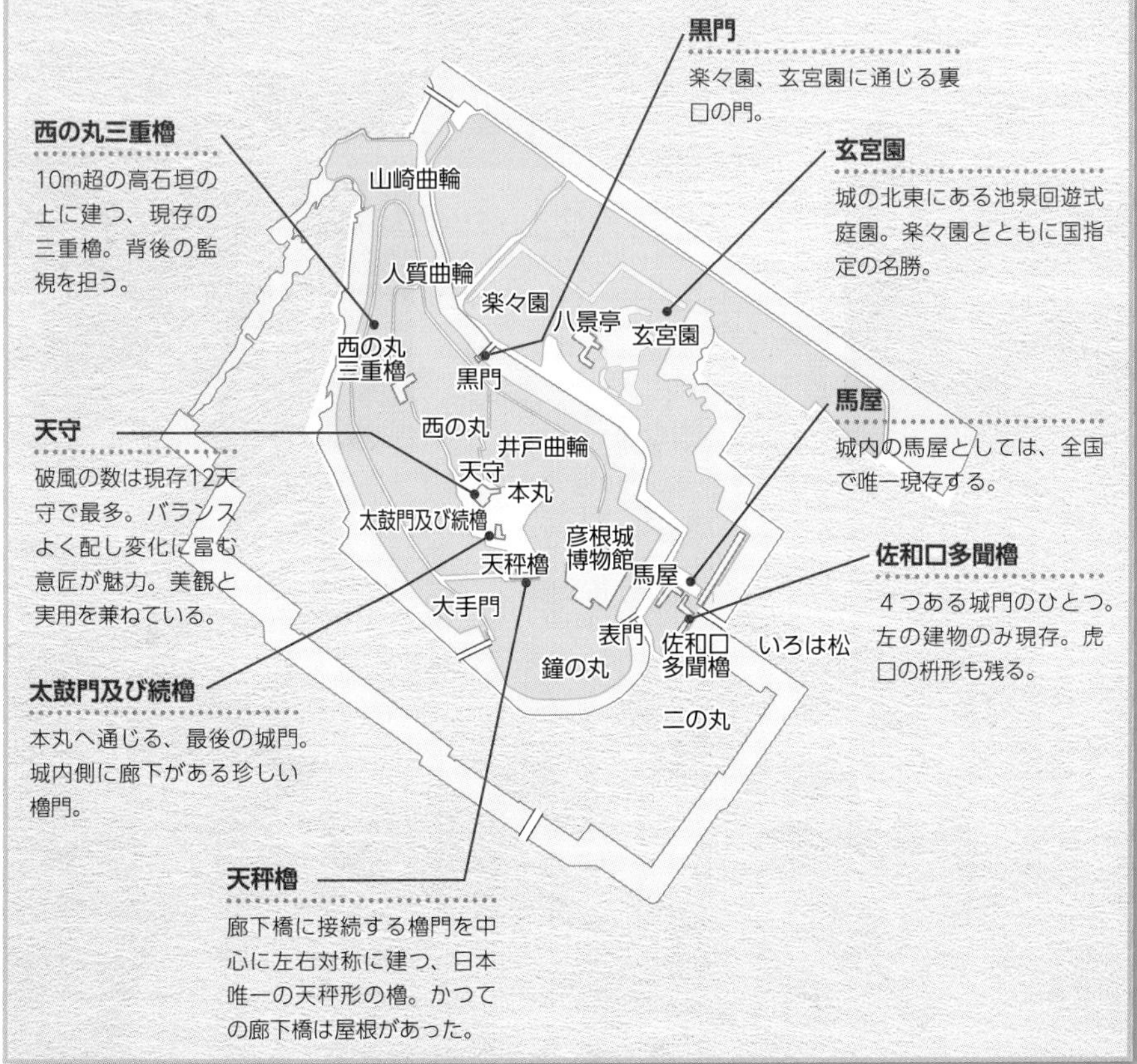
黒門
楽々園、玄宮園に通じる裏口の門。
西の丸三重櫓
10m超の高石垣の上に建つ、現存の三重櫓。背後の監視を担う。
玄宮園
城の北東にある池泉回遊式庭園。楽々園とともに国指定の名勝。
山崎曲輪
人質曲輪
楽々園
八景亭
玄宮園
西の丸
三重櫓
黒門
馬屋
城内の馬屋としては、全国で唯一現存する。
天守
破風の数は現存12天守で最多。バランスよく配し変化に富む意匠が魅力。美観と実用を兼ねている。
西の丸
井戸曲輪
天守
本丸
太鼓門及び続櫓
彦根城
博物館
天秤櫓
馬屋
佐和口多聞櫓
4つある城門のひとつ。左の建物のみ現存。虎口の枡形も残る。
大手門
表門
佐和口
多聞櫓
いろは松
鐘の丸
二の丸
太鼓門及び続櫓
本丸へ通じる、最後の城門。城内側に廊下がある珍しい櫓門。
天秤櫓
廊下橋に接続する櫓門を中心に左右対称に建つ、日本唯一の天秤形の櫓。かつての廊下橋は屋根があった。

キメています。

悶絶！ 突破不能の設計

実戦を想定しているため、軍事施設としての設計の妙が光ります。これぞ、彦根城の最大の魅力です。

天秤櫓《てんびんやぐら》の周辺もそのひとつ。表門から登城道《とじょうどう》を登り切ると右手に天秤櫓が見えてきますが、廊下橋《ろうかばし》の下をくぐって3度左折を繰り返し、橋を渡らなければ天秤櫓門を突破できません。高速道路のジャンクションのような面倒くさい構造です。

実は、この廊下橋下の通路は人工的に山を断ち切った大堀切《おおほりきり》の底。侵入者は本丸側の天秤櫓と独立分離した鐘《かね》の丸《まる》から挟み撃ちされます。橋を壊されてしまえば本丸へは進めず、鐘の丸に取り残されるのです。「それなら反対側から攻めればいいじゃん」と思いますが、反対の京橋《きょうばし》口側から攻め込んだとしても、必ずこの堀底に到達するように設計されています。

搦手《からめて》（裏手）も同じ設計です。大きな堀

7 いろは松付近から。
8 井戸曲輪の石垣。
9 関西圏では珍しい、鉢巻き石垣と腰巻石垣。
10 登り石垣。斜面移動を阻止する。本丸御殿を囲い込むものも。

切で城の中枢部を独立させ、木橋で連結。城内側には高さ10ｍほどの高石垣《たかいしがき》がそびえ、その上に西の丸三重櫓と続多聞櫓《つづきたもんやぐら》が鉄壁のように立ちはだかっています。さらに恐ろしいことに、斜面には横移動を阻止する「登《のぼ》り石垣《いしがき》」を堀切《ほりきり》とセットで構築。西側からの敵の侵入を完全にシャットアウトしています。

彦根城は彦根山《ひこねやま》と沖積《ちゅうせき》平野を城地とし、湖水と湧水を利用した内堀・中堀・外堀の三重の堀で囲む構造です。かつて城の北側には松原内湖《まつばらないこ》が広がり、水堀は松原内湖を経て琵琶湖《びわこ》に通じていました。外堀は芹川《せりがわ》の旧流路の一部を利用して、築城時に流路が付け替えられています。湖を利用した舟運が利用でき、東と南に平地が広がっている好立地。城下町づくりにも適切でした。現地に立てば、幅の広い水堀にも圧倒されるはずです。

大手《おおて》(正面)が2つあるのもおもしろいところです。大坂方面に対して守りを固めていた築城時は、南西側の大手門《おおてもん》が正門でした。しかし徳川の世が盤石になると、参勤交代の利便性も考えて街道の整備とともに城の正面が南東側に変わり、表門が正門になりました。時代に応じて城が変化することも教えてくれます。

石垣もすばらしい

見ごたえある石垣も大きな魅力です。大きく8型に分類され、場所によりさまざまな表情で楽しませてくれます。城内最古の石垣は野趣にあふれ、新しい石垣はシャープに加工されて都会的。勾配《こうばい》や算木積《さんぎづみ》の違いも顕著です。石は琵琶湖岸の荒神山《こうじんやま》で切り出され運ばれたようで、近年には佐和山城の廃材とみられる石も見つかっています。メンテナンスの痕跡を見つけるのも楽しく、たとえば天秤櫓下の石垣は、右手の石垣が築城当初の牛蒡積《ごぼう》で、左手が1854年(嘉永《かえい》7)に積み替えた落とし積です。

個人的には、地形に沿ってダイナミックに積まれた井戸曲輪《いどくるわ》あたりの石垣が大

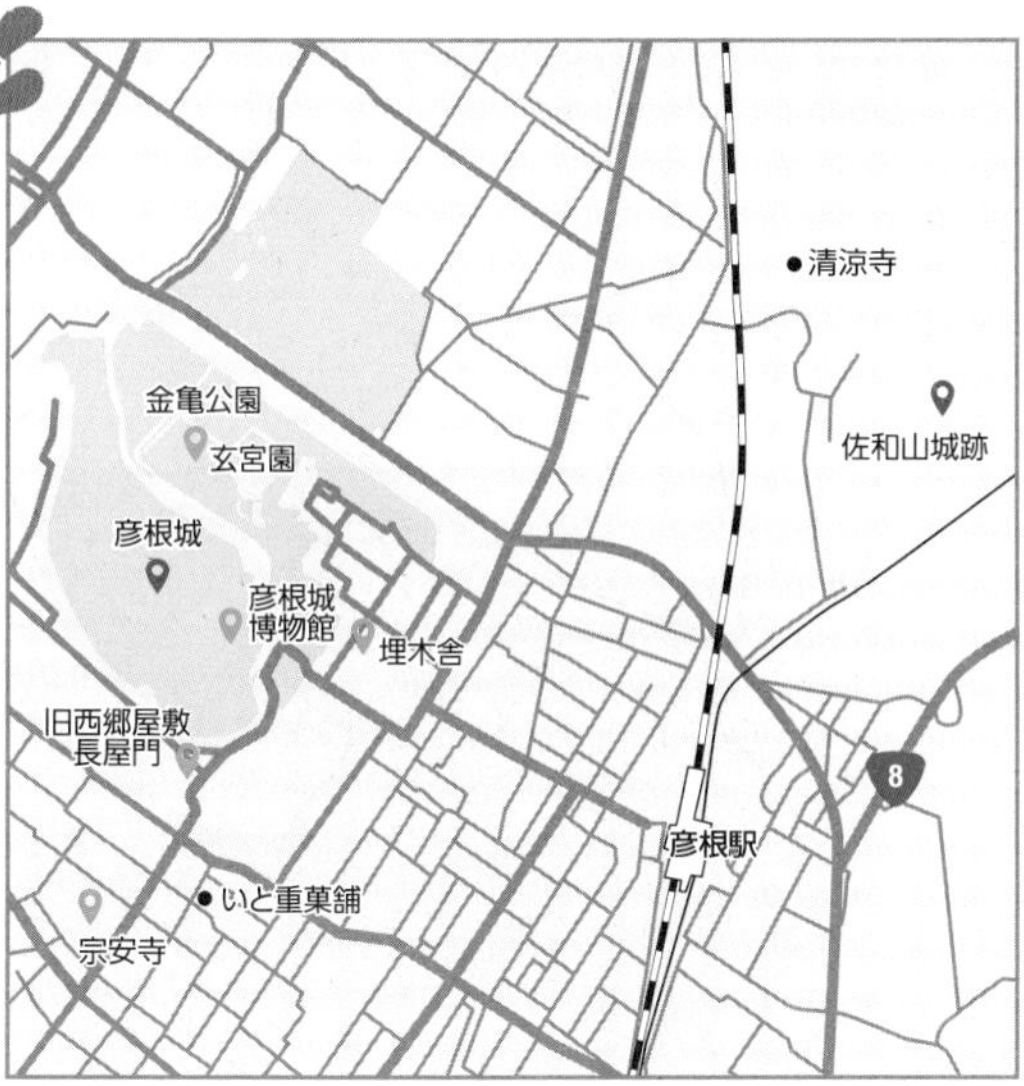

埋木舎《うもれぎのや》

13代藩主、井伊直弼が青春時代を過ごした舎。不遇な人生を埋れ木に例えて自ら命名した。

➡彦根市尾末町1-11

彦根城博物館

表御殿跡を復元。表向きは博物館、奥向きは能舞台・御殿・庭園が再現される。井伊の赤備えも展示。

➡彦根市金亀町1-1

旧西郷屋敷長屋門

旧武家屋敷の面影を残す、城下で現存する最大の長屋門。袖塀が続き薬医門が立つ。市の文化財指定。

➡彦根市金亀町

宗安寺

築城時に移転。表門(赤門)は佐和山城大手門、本堂は長浜城付属御殿の移築とされる。

➡彦根市本町2-3-7

SPOT

ロケ地でもおなじみの玄宮園《げんきゅうえん》

槻御殿《けやきごてん》は、1677（延宝5）年、4代藩主・直興《なおおき》により造営が開始。建物部分が楽々《らくらく》園《えん》、庭園部分が玄宮園と呼ばれます。玄宮園は広大な魚躍沼《ぎょやくしょう》を中心に、大小4つの中島、9つの橋などによる変化に富んだ池泉回遊式《ちせんかいゆうしき》庭園。数寄屋建築「臨池閣《りんちかく》(八景亭《はっけいてい》)」越しに臨む景観は、彦根城天守が借景《しゃっけい》となりなんともいえない美しさです。

庭園を見渡す臨池閣では、お茶をいただけます。幕末に大老を務めた13代藩主・直弼《なおすけ》は茶の湯にも精進しており、鳳翔台《ほうしょうだい》や臨池閣などは直弼が幕府の数寄屋坊主をもてなした記録も残ります。彦根城めぐりの終わりには、歴史的建造物で心静かなひとときを楽しむのもいいですね。

好きです。そして、絶対に見逃してはいけないのが、見事に残る5本の「登り石垣」。もう、すばらしすぎて言葉になりません。表門から大手門までの内堀沿いでは腰巻《こしまき》石垣と鉢巻《はちまき》石垣も見られます。

天守以外も見どころ満載

佐和口多聞櫓《さわぐちたもんやぐら》、天秤櫓、太鼓門《たいこもん》および続櫓《つづきやぐら》はいずれも現存建造物で、とくに天秤櫓はほかの城にはない独特のフォルムです。多聞櫓の両隅に二重櫓が左右対称に建てられ、天秤のように見えることからそう呼ばれます。本丸の表口を固める太鼓門も一風変わったつくりで、門をくぐって振り返ると、櫓の裏側には高欄《こうらん》付きの廊下があります。「天守だけ見て引き返してしまうなんてもったいない！」と、引き返してしまう観光客のみなさんの背中にいつも語りかけています。天守西側に現存する西の丸三重櫓も必見。表門前の馬屋《うまや》は、城内に残るものとしては唯一の現存例。こちらもぜひご覧ください。

土佐の荒波のような躍動感！

日本100名城 84

高知城

【こうちじょう／高知県高知市丸の内1-2-1】

POINT

❶ 天守に本丸御殿、現存建造物の宝庫

❷ 希少！ 歩ける天守最上階の廻縁

❸ 満載のオリジナルアイテム

城めぐりのコツ

現存する追手門をくぐり石段を登って杉の段へ。三の丸鉄門跡、詰門、三の丸、二の丸、本丸へと進みましょう。天守や本丸御殿、土塀や城門など見学したら、黒鉄門から出て梅の段へ。このあたりの高石垣も見事です。二の丸、三の丸の石垣に沿って歩けば杉の段に戻れます。石樋、物見窓、忍返など、地形を生かした秀逸な縄張、豊富な石垣のバリエーションなど見どころ満載です。難易度★★☆☆☆

1 追手門と天守がともに現存。そのセットをワンショットで撮影できる。高知県立高知城歴史博物館の高知城展望ロビーからは、迫力ある大パノラマで高知城を見渡せる。　2 三の丸から見る現存天守。　3 天守最上階の廻縁と擬宝珠高欄。

躍動感あふれるフォルム

高知《こうち》城の天守《てんしゅ》には、「躍動感」という表現がぴったり。土佐《とさ》(高知県)の荒波のような、生き生きとした動きが感じられるフォルムです。土佐独自の「本木投《ほんきな》げ」工法が用いられ、四方の軒隅《のきすみ》が勢いよく反《そ》り返っています。

二重目の大きな入母屋破風《いりもやはふ》が存在感を醸し出し、東・西面は唐《から》破風が絶妙に調和。軒先が重なる部分から端然とした力強さが感じられる一方で、唐破風のしなやかな曲線が繊細な美を醸し出しています。屋根の上にはたくさんの鬼瓦《おにがわら》が飾られ、にぎにぎしさもありますね。よく見ると、鬼瓦は向きや表情がさまざま。種類も多く、山内《やまうち》家の家紋・丸三葉柏《まるみつばかしわ》の鬼瓦も見られます。

天守台がないのも特徴です。たいていの天守は天守台の上に建てられますが、高知城の天守は地形に沿ってうまく積まれた石垣の上に直接天守が建っています。そのため、見上げたときに石垣のライン、天守屋根のライン、土塀《どべい》のラインが絶妙に交差し、独特の造形美があります。

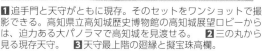

一豊へのリスペクト？

高知城は、関ヶ原の戦いの後に徳川家康から土佐を拝領した山内一豊《やまうちかつとよ》が築きました。かつて長宗我部元親《ちょうそかべもとちか》が築いた大高《おおたか》坂《さ》城があった場所に、１６０１年(慶長《けいちょう》6)から築城。完成は１６１１年(慶長16)とされますが、１６０３年(慶長8)には本丸と二の丸が竣工《しゅんこう》し、一豊が入城したとみられています。

天守は１７２７年(享保《きょうほう》12)の大火で焼失し、１７４９年(寛延《かんえん》2)に再建されました。築城時の初期天守の意匠《いしょう》に沿ったようで、古式の望楼《ぼうろう》型が採用されています。そのせいか、内部も築造年代に反して戦闘力が高めです。1階の床面には砲弾による破壊から守るために玉石が充填《じゅうてん》されているそうで、格子窓《こうしまど》の数は6か所。3階には奇襲のための隠し部屋らしき小部屋があり、4階は装飾性の高い空間ながら、狭間《さま》が設けられています。いかにも古めかしい狭間や石落《いしおとし》を覗き込みながら、その戦略を実感できるのもうれしいところです。

パノラマ絶景と廻縁ウォーク

天守最上階には高欄《こうらん》付きの廻縁《まわりえん》がめぐり、心地よい風を感じながら360度の絶景を楽しめます。南には筆山《ひつざん》、東には五台山《ごだいさん》から大津《おおつ》方面まで見渡せる、24万石の城主気分に浸れる特等席です。いつ訪れても心地よい風が吹き抜け、とにかく居心地が抜群です。

廻縁は天守の必需品のようなイメージがありますが、実際に外へ出て1周歩けるものは実は希少。風雨にさらされると腐食するため木造建造物には不向きで、装飾として取り付けられるケースが多いのです。現存する天守で実際に廻縁の上を歩けるのは、高知城の天守と43犬山《いぬやま》城（愛知県犬山市）の天守だけです。

外様《とざま》大名である一豊にとって、立派すぎる城づくりは命取り。当初、廻縁付きの天守は目立つため家老に反対されたものの、家康の許可を得て実現したといわれます。高欄はツヤツヤの豪華漆塗《うるしぬ》りで、格の高い擬宝珠《ぎぼし》がついた「擬宝珠高欄」。一豊の美意識とこだわりがうかがえます。

本丸御殿も現存

天守だけでなく多くの現存建造物が残っていることも、高知城の魅力です。しかも、天守は全国に現存する12棟のうちのひとつで、本丸御殿《ほんまるごてん》は全国で4棟しか現存しない御殿のひとつです。

正面玄関らしい堂々たる追手門《おうてもん》もそのひとつ。厚い欅《けやき》の化粧板で覆われ、柱の隅には銅板、扉には鉄の金具が取り付けられています。天守と同じ本木投げ工法のおかげで、屋根全体が力強い印象。櫓壁面下部の下見板《したみいた》が縦に張られているのも珍しく、こちらも古い工法とされます。

本丸には、15棟の現存建造物のうち12

4 天守最上階から見下ろす本丸の現存建造物。
5 詰門。櫓内を通って二の丸から本丸へ移動する。
6 手前が本丸御殿。

高知城内マップ

二の丸
本丸が狭いため、二の丸御殿が藩主の居住空間や政務の場となっていた。西隅には三階建ての乾櫓があった。

詰門
本丸と二の丸をつなぐ櫓門。江戸時代には「橋廊下」と呼ばれていた。

三の丸
杉ノ段から見る石垣が見事。長宗我部時代の石垣、石樋の内部構造がわかる屋外展示も必見。

天守
外から見ると四重、実際は三重六階。最上階には廻縁と漆塗りの擬宝珠高欄がめぐる。

追手門
1633年(寛文3)に倒壊し、4年後に再建。1727年(享保12)の大火で焼失後、1747年(延享4)頃に建造されたとみられる。その後、1801年(享和元)に大規模に修繕された。矢狭間塀越しに、城兵が三方向から侵入者へ射撃できる枡形門。

黒鉄門
扉の外側に黒漆で塗られた鉄板が打ちつけられた、現存する城門のひとつ。2階には武者隠し。

本丸
天守・本丸御殿・納戸蔵・廊下門・東多聞・西多聞などが現存。

本丸御殿(懐徳館)
1749年(寛延2)に再建。上段ノ間の西側にある納戸構えは、警護の武士が詰める隠し部屋「武者隠し」。部屋ごとに変化がつけられた欄間も美しい。

棟が集結。廻縁から見下ろせば、本丸内で門や櫓などの建造物がどうレイアウトされ、どのように連動しているかがよくわかります。

大注目は、詰門《つめもん》の構造です。本丸と二の丸を分断する堀切《ほりきり》を塞ぐように築かれた、1階と2階が立体交差する珍しい構造です。簡単に通り抜けられないよう、1階の出入口は扉の位置を筋違いにしています。1階は籠城《ろうじょう》用の塩蔵《しおぐら》、2階は家《か》老《ろう》や中老《ちゅうろう》の詰所だったことからそう呼ばれます。土木工事と建築を織り交ぜた設計の妙を堪能してみてください。

必見！ オリジナルアイテム

高知城にのみ現存するオリジナルアイテムも満載です。必見は、高知城の天守だけに現存する「忍返《しのびがえし》」。天守1階北面に設けられた鉄製の串のようなもので、石垣をよじ登ってくる敵を撃退します。美と共存する戦闘的な工夫に、城の本質を感じずにいられません。

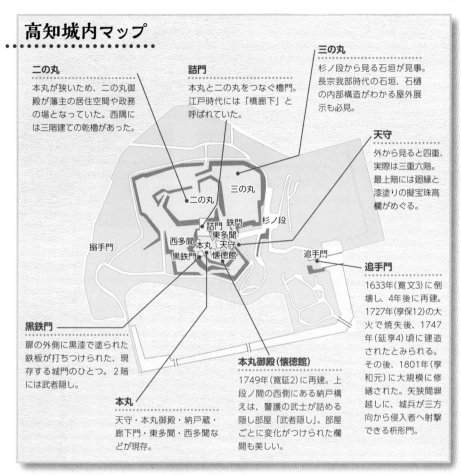

7 黒鉄門。右の塀裾に設けられているのが長押型水切り。
8 天守の忍返。　9 石樋。城の下段になるほど排水量が多くなるため、石樋も大きくなる。

矢狭間塀に設けられた、一間幅《いっけん》の「物見窓」も、現存するのは高知城のみ。横《よこ》連子《れんじ》の武者窓《むしゃまど》で、狭間よりも監視範囲を広げられます。石落の格子窓の桟《さん》が菱形に取り付けられているのも特徴です。

「石樋《いしどい》」も、高知城を語る上で欠かせない重要アイテムです。高知平野は中世までほぼ内海《うちうみ》で、水害が繰り返されてきました。現在も、高知県は年間降水量が全国でも1、2位を争う多雨地域です。

そのため高知城では排水が工夫され、各曲輪《くるわ》からの排水が石垣に直接当たらないよう、石製の樋を通じて地面に落ちるように設計されています。どの城にも排水設備はありますが、高知城の石樋は大きく、数が膨大。敵の足掛かりにならないよう、本丸では石樋のすぐ上に石落や武者窓を設ける工夫も。地面に設けられた水受けの敷石も、瓦《かわら》を敷いた他城の水受けなどと比較すると大きく頑丈です。

壁面に塗られた漆喰《しっくい》も、土佐漆喰と呼ばれる土佐独特の技術です。日本の城に用いられている一般的な「本《ほん》漆喰」に対し、土佐漆喰は糊材《こざい》を使用しないため雨に強いのが特徴。黒鉄門《くろがねもん》前の塀裾をはじめ、建物の壁面や土塀に見られる、建物の裾を取り囲む「長押《なげし》型水切り」も、雨水が浸水しないようにするための工夫です。こうした地域性があるのも城のおもしろさ。土佐漆喰の壁や水切り瓦の屋根は、近隣の家屋でも珍しくありません。

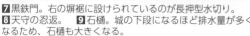

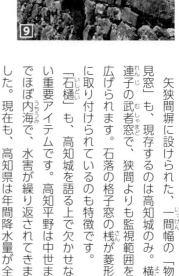

三菱ロゴのモチーフがここに

本丸御殿は、天守に接続する珍しい構造。本丸御殿を経て天守へ到達する見学ルートになっています。見学の出入口となっている建物の屋根が、御殿建築の屋根にみられる起り屋根になっているのはそのためです。横木に透かし彫りされた、山内家の丸三葉柏の家紋を見上げながら入っていきます。ちなみに、三菱グループ及び関連会社のロゴマーク「スリーダイヤ」は、丸三葉柏がモチーフ。創業者の岩崎弥太郎が土佐出身であることから

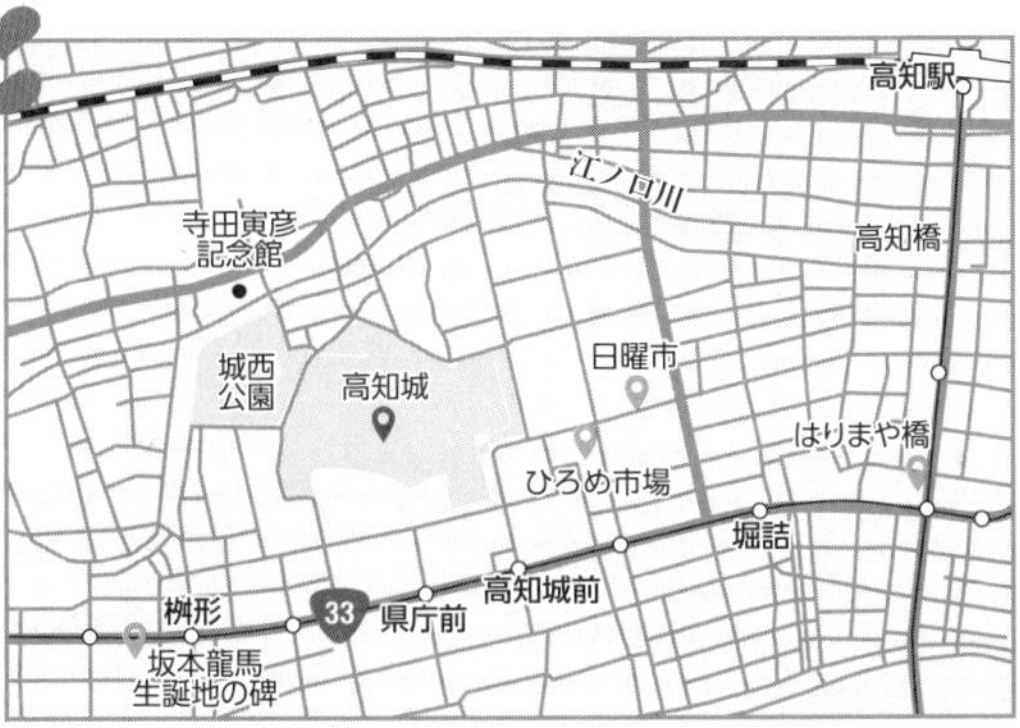

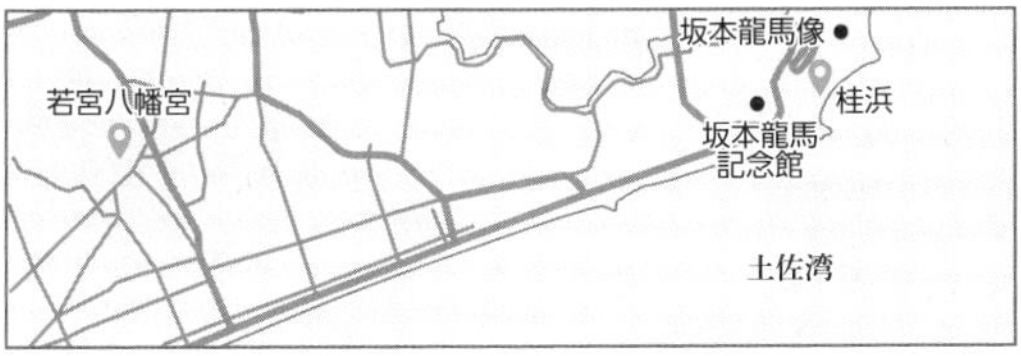

◆そっくり？ 掛川城の復元天守

100名城 42

山内一豊が土佐に入る前の居城が、42掛川城です。高知城の天守に廻縁がめぐるのは、掛川城に倣ったからだともいわれます。現在の掛川城天守は、倒壊後に高知城天守を参考に復元されたもの。もはやどちらが原型なのかわかりませんが、一豊は廻縁が好きだったようです。

城下町の下町にある古七町は、一豊が最初に整備した区域とされます。「掛川町」の地名が興味深いところ。一豊の転封とともに掛川から移住してきた職人たちが居住したエリアなのでしょう。

桂浜

よさこい節にも唄われる、高知県を代表する景勝地。山手には坂本龍馬記念館もある。

➡高知市浦戸桂浜

若宮八幡宮

長宗我部元親が初陣前日に戦勝祈願し、出陣祈願の社と定めた。

➡高知市長浜6600

日曜市

江戸時代から300年続く街路市。高知城追手門〜電車通りの追手筋で、毎週日曜日に開かれる。

ひろめ市場

約40店舗の飲食店や物販店が混在する屋台村。土佐の味を気軽に味わえる。家老の弘人《ひろめ》屋敷跡にある。

➡高知市帯屋町2-3-1

坂本龍馬誕生地の碑

旧本丁筋から一本南までの通りが龍馬の生家とされる。

➡高知市上町1-7

はりまや橋

城下町の「下町」に位置。堀を隔てていた豪商の播磨屋と富商・櫃屋との通路として架けられた橋。

➡高知市はりまや町1丁目

採用したようです。本丸御殿の見所は、168ページをどうぞ。

幕末ファン感涙の城下町

幕末ファンもたまらない、歴史あふれる高知城下町。土佐グルメも楽しみながら、ゆっくり滞在したいところです。

高知城下町は、江ノ口《えのくち》川と鏡《かがみ》川に挟まれるように東西に長く形成されていました。高知城周辺は「郭中《かちゅう》」と呼ばれる武士層の居住区域。参勤交代の際も使われた追手筋《おうてすじ》は高知のメインストリートで、ここで開催されているのが土佐の風物詩・日曜市です。

郭中西側の「上町《かみまち》」は、奉公人や下級武士の居住区域で、後には商人も入り雑居区域となりました。下級武士だった坂《さか》本龍馬《もとりょうま》の生家もこのエリアにあります。

郭中の東側、鏡川の下流に広がる一帯「下町《しもまち》」は、いわゆる町人町。「はりまや橋」で知られる豪商・播磨屋《はりまや》宗徳《そうとく》が暮らしていた播磨屋町などがあります。

63年ぶり！ 5つめの国宝天守　日本100名城 64

松江城

【まつえじょう／島根県松江市殿町1-5】

POINT

❶ 独創的な技法の国宝天守

❷ 驚愕！ 天守から附櫓に向けた狭間

❸ 茶の湯と食文化の城下町

城めぐりのコツ

大手から攻めましょう。その前に、復元された二の丸の太鼓櫓や南櫓や中櫓を水堀越しにチェック。外曲輪から大手門跡を抜け、三の門跡、一の門跡へ進めば本丸です。国宝天守を存分に堪能したら、北の門跡から水の手門跡を抜けて馬洗池、松江護国神社方面へ。北側に歩けば、塩見縄手方面に抜けられます。「ぐるっと松江堀川めぐり」の遊覧時間は約50分。難易度★☆☆☆☆

1 現存天守は五重に見えて四重。
2 天守地階。天守の地下構造がみられるのも珍しい。
3 附櫓に向かって設けられた天守の壁面の狭間。

国宝になった2つの決め手

2015年(平成27)5月、松江《まつえ》城の天《てん》守《しゅ》が国宝に指定されました。国宝天守の誕生は、なんと実に63年ぶり。放射性炭素年代測定(ウィグルマッチング法)による部材の年代測定調査など最新の調査方法も導入されており、天守解明の新たな1ページがめくられました。

国宝指定の決め手は、大きく2つ。ひとつは、独自の建築技法が明らかになったことです。

松江城天守の構造は、とても独創的。地階と1階、1階と2階、2階と3階、3階と4階、というように、2階分が「通し柱」で貫かれて天守を一体化しています。2階分の通し柱は外側と内側の交互に配置され、上層の荷重を下層の柱が直接受けず、重量が外側に分散されながら伝わるのです。天守を貫通できるほどの大木が調達できなかったからと考えられますが、なんとも見事な対応策ですね。

もうひとつの決め手は、築造年が証明されたことです。天守の完成年を特定するのは、実はとても難しく一筋縄ではいきません。古材が転用されているケースがあるため材木の年代や柱の加工技術だけでは断定できないからです。また、43 犬山《いぬやま》城(愛知県犬山市)天守のように、下層部と上層部で建造時期が異なることも少なくありません。

松江城天守の場合、再発見された2枚の祈祷札《きとうふだ》が歴史的価値を証明する決定打となりました。赤外線調査により大半が判読でき、うち1枚には「慶長拾六年《けいちょうじゅうろく》」「正月吉祥《きっしょう》(日)」、つまり1611年(慶長16)正月に大般若経《だいはんにゃきょう》600部を転読《てんどく》した(はしょって読んだ)ことが記されていました。転読は建物の完成を祝う儀式で行われるもので、祈祷札が用いられるのは天守の完成を祝う儀式。よって、松江城天守が少なくとも1611年正月以前に完成していた証となったのです。

祈祷札は、天守地階中央から1階の通

し柱に打ちつけられていました。柱に残る釘の跡と、祈祷札を打ちつけた位置がぴったりと合致。化学分析によって、錆《さび》から出た柱のシミと祈祷札の裏側に付着した錆も一致しています。現在はその柱に祈祷札のレプリカが展示されているので、ぜひチェックしてみてください。

どっしりフォルム、内部は戦闘モード

天守は、華麗というより質実剛健《しつじつごうけん》。全国に残る12棟の現存天守のうち総床面積が2番目に大きく、大地に腰を据えたようなどっしりとした佇《たたず》まいです。落ち着いた黒色の壁に、破風《はふ》の曲線美や懸魚《げぎょ》の繊細美が上品な華やぎを添えています。

心震えるのは、その戦闘力の高さです。まず、天守壁面から付属する附櫓《つけやぐら》内に向けて設置された狭間《さま》に驚愕します。本来、狭間は建物の外側に向けられるもの。そう、この狭間は、附櫓内部まで侵攻してきた敵を附櫓内で抹殺する恐るべき射撃装置なのです。

天守内部も、迎撃のしかけが満載です。城兵の射撃場となる「石打棚《いしうちだな》」をあちこちに設け、破風内部の空間は監視・射撃場として活用。軒《のき》下に設置された「隠し石落《いしおとし》」は、敵が気付きにくいだけでなく、外観の造形美を損ねません。美しさと強さを兼備した、城の真骨頂といえる機能美の極みです。

吉晴、老体に鞭打って

身震いするほどの軍事性の高さは、築城時の社会的背景が深く関係します。

松江城は、豊臣秀吉《とよとみひでよし》の政権下で活躍した堀尾吉晴《ほりおよしはる》により1607年（慶長12）から築かれた城です。関ヶ原の戦い後に出雲《いずも》・隠岐《おき》（島根県東部・隠岐郡）24万石を拝領した堀尾忠氏《ただうじ》（吉晴の子）は、築城計画中に早世。後を継いだ忠晴が幼少だったため、後見人となった吉晴が築城に心血を注ぎ松江の礎《いしずえ》を築きました。秀吉のもとで実戦経験を積み、城づくりの技術を磨いた吉晴だからこそ、立派な天守

4

5

6

4 天守3階から4階への階段。通柱がみられる階段も。天守の柱308本のうち96本が通し柱。
5 柱に板を包み帯鉄や鎹（かすがい）で留めた「包板（つつみいた）」も、松江城天守だけに現存するもの。割れ隠しなどのためのものとされ、総数308本の柱のうち130本に施してある。
6 附櫓の石打棚。

松江城内マップ

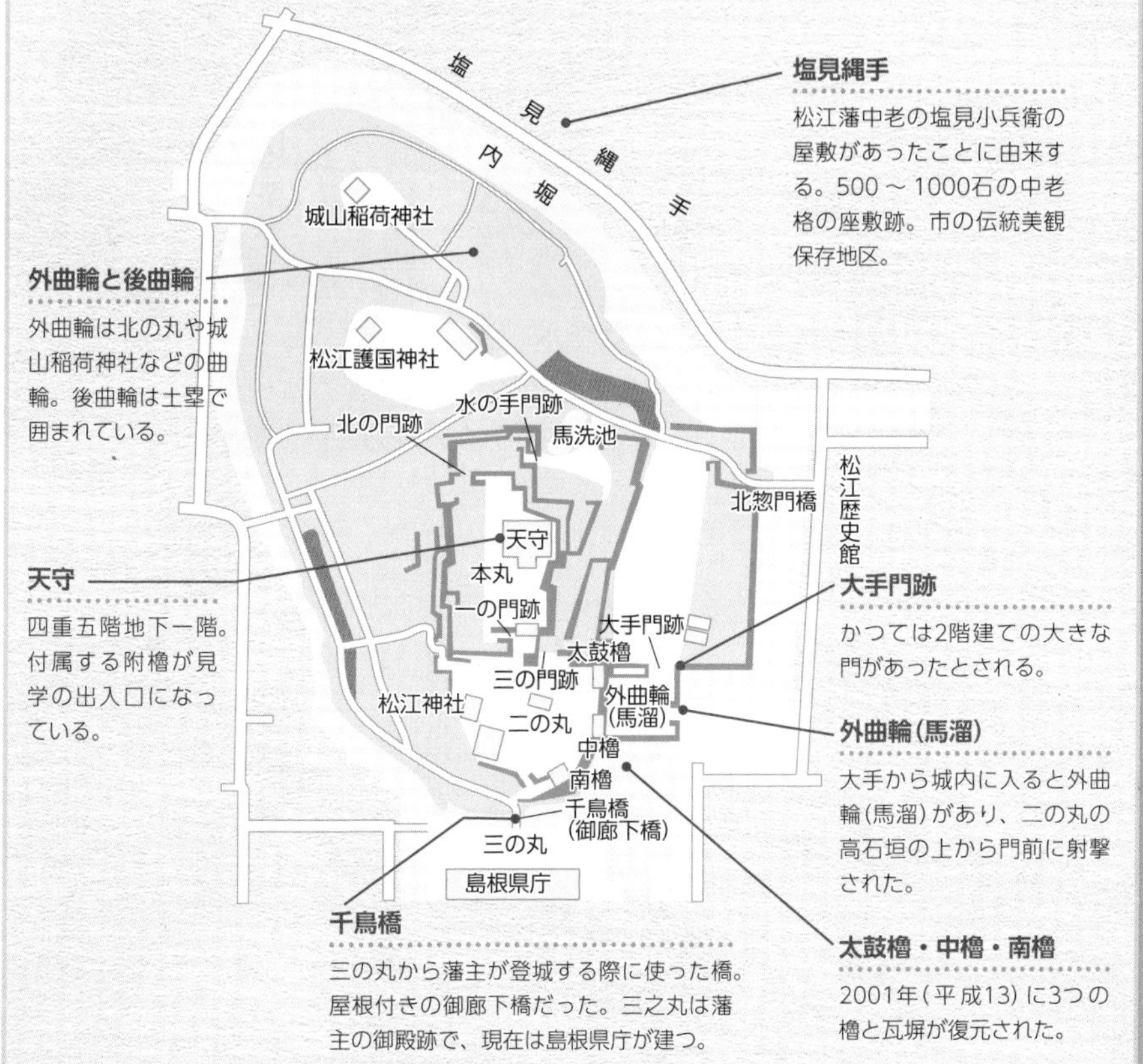

塩見縄手
松江藩中老の塩見小兵衛の屋敷があったことに由来する。500～1000石の中老格の座敷跡。市の伝統美観保存地区。
塩見縄手
内堀
城山稲荷神社
外曲輪と後曲輪
外曲輪は北の丸や城山稲荷神社などの曲輪。後曲輪は土塁で囲まれている。
松江護国神社
水の手門跡
北の門跡
馬洗池
北惣門橋
松江歴史館
天守
本丸
天守
四重五階地下一階。付属する附櫓が見学の出入口になっている。
一の門跡
大手門跡
大手門跡
かつては2階建ての大きな門があったとされる。
太鼓櫓
三の門跡
外曲輪(馬溜)
松江神社
二の丸
外曲輪(馬溜)
大手から城内に入ると外曲輪(馬溜)があり、二の丸の高石垣の上から門前に射撃された。
中櫓
南櫓
千鳥橋(御廊下橋)
三の丸
島根県庁
千鳥橋
三の丸から藩主が登城する際に使った橋。屋根付きの御廊下橋だった。三之丸は藩主の御殿跡で、現在は島根県庁が建つ。
太鼓櫓・中櫓・南櫓
2001年(平成13)に3つの櫓と瓦塀が復元された。

が建つ見事な石垣の城が築けました。

豊臣家が滅亡するのは、関ヶ原の戦いの15年後、1615年(慶長20)です。徳川家康《いえやす》が1603年(慶長8)に江戸幕府を開府し徳川家が政治的実権を握ったものの、豊臣家との決着がつくまではかなりの軍事的緊張下にあったでしょう。外《と》様《ざま》大名への江戸幕府の警戒も厳しく、吉晴も激動の時代を生き抜く策を模索していたはずです。

松江城は、いつ勃発してもおかしくない戦いに備えた軍事施設でありながら、幕府に恭順《きょうじゅん》の意を示す城でなくてはならなかったはず。吉晴の苦悩に思いを馳せると、胸に込み上げるものがあります。

天守が五重ではなく控えめな四重なのも、幕府への配慮ではないでしょうか。正面の南側から見ると五重ですが、実は三重目と思われる部分は、出窓のように突出したフェイクの屋根。幕府に対する配慮が見え隠れしますが、毛利《もうり》輝元《てるもと》が関ヶ原の戦い後に築いた75萩城(山口県萩

7 復元された太鼓櫓・中櫓・南櫓。
8 塩見縄手。江戸時代には駕籠が通れる程度の道幅しかなかった。　9 内堀。

市）とそっくりな黒壁の天守から、秀吉政権の栄華とプライド、時代の変化という憂いを感じずにいられません。

宍道湖まで丸ごと掌握

城を囲む石垣と堀がよく残り、城と城下町の骨組みが現代にそのまま息づくのも魅力です。松江城下町に川と橋が多いのは、吉晴が大規模な土木工事で河川を取り込んだ都市設計をしたから。内堀と外堀を、河川でつなぐように開削《かいさく》。四十《よんじっ》間堀《けんほり》川や京橋《きょうばし》川、北堀《きたほり》川などは外堀を兼ね、中堀を含めた三重の堀で城の防衛線としていました。江戸中期にはこれらが水路として利用され、宍道湖《しんじこ》に通じる舟運が隆盛を極めました。

近世の城下町は、城を中心として「侍《さむらい》屋敷（侍町・武家地）」「町家《ちょうか》（町人地）」「寺町《てらまち》」の3つが外側に向けて並びます。城下町全体を軍事的・経済的・政治的な中心地とするため、城の近くから家格が高い順に侍屋敷を並べ、城下を通る街道の両側に町家を建て、城下町の端に寺町を計画的に配置したのです。松江城下町も、古絵図を片手にその都市構造を辿《たど》れます。松江歴史館あたりが家老屋敷跡で、伝統美観地区「塩見縄手《しおみなわて》」は、500〜1000石の中老《ちゅうろう》格の屋敷跡です。

遊覧船で堀と河川を周遊する「ぐるっと松江堀川めぐり」もオススメ。堀から見上げる非日常の目線は発見の連続です。未完成と思われる城の裏手にあたる北〜西側には石垣がなく、裏の顔を見た気分になります。船上から至近距離で見上げる石垣はひときわ高く、堀越しでは気づけない石工《いしく》職人の技も熟視できます。

松平家による文化

松江に息づく数々の文化が開花するのは、堀尾氏、京極《きょうごく》氏の後に城主となった松平《まつだいら》氏の時代です。たとえば出雲そばは、1638年（寛永《かんえい》15）に信濃《しなの》（長野県）から出雲へやってきた、松平家初代藩主の松平直政《なおまさ》がもたらした食文化です。

松江歴史館

上級武家屋敷のエリアに建てられた歴史館。

➡松江市殿町 279

小泉八雲旧居（ヘルン旧居）

八雲が住んでいた家。隣には自筆原稿など展示された小泉八雲記念館も。

➡松江市北堀町 315

月照寺

松江藩主松平家の菩提寺。不昧公ゆかりの茶室大円庵もある。

➡松江市外中原町 179

宍道湖夕日スポット

嫁ヶ島と夕日が見える絶景スポット、宍道湖は全国で7番目に大きい汽水湖。

➡松江市袖師町 5

◆資材を転用？ 月山富田城

100名城 65

出雲の覇者・尼子氏の居城。毛利元就が1566年（永禄9）に攻め落とした第2次月山富田城の戦いで知られます。

現在、城内に残る石垣は、尼子氏の滅亡直後に入った吉川広家、そして関ケ原の戦い後に入った堀尾忠氏・吉晴により築かれたと考えられます。

松江城の天守からは分銅紋が刻まれている古材が発見されています。分銅紋の内部には「富」の刻印があり、月山富田城に関連するものではないかという推察も。月山富田城から松江までは富田川（現在の飯梨川）や中海での水上輸送が可能ですから、その可能性もありそうです。

三段重ねの朱塗《しゅ》りの丸い器に盛る割子そばは、松平家7代藩主・松平治郷《はるさと》が小さな四角い桐箱に入れて鷹狩りに持参したのがはじまりとか。不昧公《ふまいこう》の名で親しまれる治郷こそ松江の文化を本格的に発展させた人物で、茶人として名高く、武家の嗜《たしな》みだった茶道を町人文化として確立しました。松江が全国屈指の和菓子処なのも、茶の湯を浸透させた治郷の功績。おいしい松江の町は、松江城を中心につくられていったのですね。

出雲地方が全国屈指の庭園大国なのも、実は治郷が生み出した文化のひとつ。お抱え庭師に指示した作庭スタイルを豪農・豪商がこぞって取り入れたことで、出雲流庭園が定着しました。不昧公ゆかりの茶室が移築された明々庵《めいめいあん》では、出雲流庭園を眺めながら抹茶をいただけます。

風情ある塩見縄手を歩いたり神社をめぐったりと、立ち寄りスポットが多いのも松江の魅力。とろけるように美しい宍道湖の夕陽も堪能しましょう。

雨の日に行きたい天守ナンバーワン

日本100名城 36

丸岡城

【まるおかじょう／福井県坂井市丸岡町霞1-59】

POINT

❶ 笏谷石《しゃくだにいし》を使った石瓦

❷ クラシカルな現存天守

❸ 最新調査で新事実が明らかに！

城めぐりのコツ

江戸時代の古絵図を見ると、城は天正期に築かれた独立丘陵を利用した本丸エリアと、慶長期に築かれた山麓の二の丸エリアに分かれ、それらを五角形の外堀でぐるりと囲む個性的な形。二の丸の塁線はガタガタと複雑なラインで、内堀が入り組んでいたようです。内堀は跡形もありませんが、五角形の外堀は断片的に残っています。

難易度★☆☆☆☆

1 青い石は笏谷石で、黄灰色の石は昭和の解体修理工事で取り替えられた滝ヶ原石。 2 鬼瓦も笏谷石製。北ノ庄城からも石製の鬼瓦が見つかり、福井城でも天守や櫓に石瓦が用いられていたことがわかっている。 3 笏谷石製の鯱。昭和の修理の際に木彫銅版張りのものに差し替えられた。

魅惑の笏谷石マジック

マイホームに家主のこだわりが詰まっているように、天守にはつくった人の思い入れやセンスや工夫が息づいています。大きさ、色、デザイン、ほかの建造物との組み合わせ。それぞれ個性があります。

おもしろいのが、地域性の違いです。地形や地質など土地固有の自然条件や産出物などによって、城の姿は変わります。環境に応じて、土地にマッチした姿に成長するのですね。

丸岡《まるおか》城天守の場合、屋根瓦《かわら》にひと工夫されています。城の建物には一般的な土瓦が用いられますが、寒冷地域につき凍《し》み割れてしまうため、地元特産の笏谷石《しゃくだにいし》でつくられた瓦が採用されているのです。

グレー一色に染まる石の屋根なのに、冷たさや重苦しさを感じさせないのが、笏谷石マジック。ブルーグリーンの色味と独特の風合いが古式の天守に趣《おもむき》を添えます。濡れると青みが冴えて、物憂げな表情に変わるのもたまりません。城を訪れるなら晴れの日がいいものですが、丸岡城はあいにくの雨でも少しうれしい。むしろ、わざわざ雨の日を狙って行きたくなります。雨の日に行きたい天守ナンバーワンです。

笏谷石（越前青石）は福井市内の足羽山《あすわやま》で採れる火山礫凝灰岩《かざんれきぎょうかいがん》で、加工しやすいのが特長。足羽山の古墳からは笏谷石の石棺《せっかん》が出土しており、1500年前の古墳時代から石棺や石門にと重宝されました。今でも福井市内を歩くと、神社の鳥居や家屋の塀に用いられています。石材を加工する職人は、戦国時代に37一乗谷《いちじょうだに》城（福井県福井市）を拠点とした朝倉《あさくら》氏の保護を受けて発展したとか。まさに、地元が生んだ名産品といえそうです。

新事実が明らかに

丸岡城の天守は、北陸唯一の現存天守。城域のほとんどが埋め立てられ天守だけが残っている印象ですが、それがまた天

4天守最上階は、廻縁ではなく腰屋根がついていた。懸魚に漆が塗られていたことも判明した。　5天守台と天守の間に斜めに取りつけられた腰庇。板屋根を斜めに設置して雨漏りを防止する。　6天守からの眺望も見事。坂井平野を見渡せる好立地。

守の存在感をぐっと引き立てています。

天守は質素でクラシカル。つつましい印象ですが、決して地味ではありません。荒々しい野面積《のづらづみ》の石垣も古い時代の積み方で独特のオーラがあります。天守の重厚感と寒冷地らしい工夫に注目するのが、この城の楽しみ方です。

2015年(平成27)度から本格的な学術調査が行われ、さまざまな天守の謎が解き明かされました。大きな話題となったのが、天守の創建年代の解明です。

丸岡城は、1576年(天正《てんしょう》4)頃、柴《しば》田《た》勝家《かついえ》の甥である柴田勝豊《かつとよ》が、勝家の居城である北《きた》ノ《の》庄《しょう》城(福井市)の支城《しじょう》として築城しました。天守も勝豊が創建したとされていましたが、調査により、本《ほん》多《だ》成《なり》重《しげ》が城主を務め、丸岡藩が立藩した寛永年間(1624〜44)頃に建てられたことがわかったのです。

丸岡城には、1613年(慶長18)に福井藩の付《つけ》家《が》老《ろう》として本多成重が城主となり、1624年(寛永《かんえい》元)に福井藩から丸岡藩が独立した歴史があります。必ずしも立藩を機に天守を築くわけではありませんが、43犬山城(愛知県犬山市)の天守を増築した成瀬《なるせ》氏が、同じように尾張《おわり》藩の付家老だったのも興味深いところです。

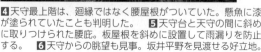

成重は2代福井藩主・松平忠直《まつだいらただなお》の後見役、付家老として家康から越前《えちぜん》に派遣された人物。父の本多重次《しげつぐ》は三河《みかわ》三奉行のひとりで、成重自身も幼少時、家康の次男・結城秀康《ゆうきひでやす》(於義丸《おぎまる》、初代福井藩主)が羽柴《はしば》(豊臣)秀吉《ひでよし》の養子となった際に大坂へ同行しています。丸岡藩成立と丸岡城整備の関係は今のところはっきりしませんが、成重の存在と丸岡藩成立が天守造営の背景にあったことは間違いなさそう。成重が天守を造営したという文献はありませんが、城の整備や天守の建設は十分にありえそうです。

創建時の天守は、二重三階の望楼《ぼうろう》型。現在のような廻縁《まわりえん》はなく、腰屋根がついていました。創建当初の屋根は石瓦ではなく柿葺《こけらぶき》で、同じ本多氏時代に石瓦葺に改修されたことも判明しました。

現存最古の天守ではありませんでしたが、丸岡城の築城背景には大きな意義があり、改めて価値が見直されています。

1576年は、織田信長が51安土城(滋賀県近江八幡市)の築城を開始した年。最新の信長流の城を、勝家と甥の勝豊が築いていた可能性が高いのです。越前の一向一揆を鎮定した信長は、勝家に北ノ庄城を築かせ、勝豊に豊原寺を与えています。加賀の一向一揆への防御と攻撃の拠点として、丸岡城を築き豊原寺から移転したようです。築城技術においても、信長の城との共通項がみられます。

丸岡歴史民俗資料館

霞ヶ城公園内の歴史民俗資料館。

お静の供養碑

築城時に人柱となったといわれる女性、お静を供養する石碑。

天守

北陸で唯一の現存天守。野面積の石垣も見もの。

外堀

内堀は埋め立てられたが、外堀が町のあちこちに残る。

一筆啓上茶屋

城下にある売店・休憩所。丸岡産のそば粉を石臼で自家製粉した越前おろしそばも食べられる。

霞ヶ城公園

丸岡城築城400年を記念してつくられた日本庭園式の公園。

一筆啓上碑

本多作左衛門重次が陣中から宛てた書簡の碑。

本光院

4代に渡る丸岡藩主、本多家の菩提寺。境内の奥に4基の大きな五輪塔がたたずんでいる。

➡ 坂井市丸岡町巽町3-3

◆福井城にも笏谷石

続100名城 137

福井城は、関ヶ原の戦い後に越前北庄に68万石で入った徳川家康の次男・結城秀康が、勝家の居城だった北ノ庄城を取り込む形で大改修。本丸と二の丸は家康が自ら縄張をしたといわれます。1606年(慶長11)にほぼ完成したとみられ、南側を流れる足羽川を外堀として、最大幅100mに及ぶ百軒堀(外堀)の内側に築かれていました。四重、五重に堀がめぐらされた立派な城でした。

本丸西側に復元された山里口御門は、山里丸と呼ばれた西二の丸と本丸をつなぐ門。「廊下橋御門」「天守台下門」とも呼ばれます。16代藩主・慶永《よしなが》(春嶽《しゅんがく》)の頃には、藩主の住居である御座所は西三の丸(現在の中央公園)にあり、御廊下橋を渡って山里口御門をくぐり本丸へ向かったようです。

全国で唯一！ 奇妙な“鉄板張り天守”

日本100名城 71

福山城

【ふくやまじょう／広島県福山市丸之内1-8】

POINT

❶ まさに鉄壁！ 鉄板張り天守

❷ 伏見城から移築した伏見櫓

❸ ビュースポットは新幹線のホーム

城めぐりのコツ

全国で1、2位を争う駅近の城です。福山駅と線路は、二の丸と三の丸の間にあった堀跡に設けられています。山陽新幹線の上りホームが、現存の伏見櫓や見事な石垣を至近距離で眺められるベストビュースポット。鉄板張りは駅とは反対の北側です。筋鉄御門から上がるのが、本丸への最短ルート。北側の福山八幡宮や鬼門守護の艮神社へもどうぞ。難易度★☆☆☆☆

1 鉄板張り天守の北面。空襲で焼け残った個人寄贈の鉄板が、復元の貴重な資料になった。小さな鉄板が隙間なく貼られていた。 2 現存する伏見櫓。 3 福山駅と線路は堀跡にある。内堀と外堀は埋め立てられている。

まるで武装？ 鉄壁の天守

水野勝成《みずのかつなり》が江戸幕府に福山《ふくやま》城の竣工を報告した1622年(元和8)8月28日からちょうど400年、2022年(令和)8月28日に世にも珍しい〝鉄板張り天守〟がよみがえりました。

福山城の天守は1945年(昭和20)8月8日の福山空襲で惜しくも焼失してしまいましたが、明治時代や昭和初期に撮影した古写真が残ります。それらを見ると、天守の北側の最上階を除く壁面が真っ黒。なんと、北側だけ鉄板が張られていたのです。この鉄板張り天守が、築城400年を記念して復元されました。

手薄な防御をカバー？

勝成が築城を開始したのは、1620年(元和6)のこと。1615年(元和元年)の武家諸法度《ぶけしょはっと》の公布後は、全国の城に厳しい規制がかかり、石垣や櫓《やぐら》の修復ですら幕府の許可が必要になりました。その状況下で新築されたのですから、特例の城であるのは間違いありません。

その理由を探ると、当時の情勢がよくわかります。この地は海陸両面の要衝にあり、福山城は安芸《あき》(広島県西部)の浅野氏や長門《ながと》(山口県北・西部)の毛利氏など有力な外様大名がひしめく、西国鎮護《さいごくちんご》という戦略的・政治的に重要な役目を担っていました。外様大名の福島正則に代わり備後《びんご》(広島県東部)10万石で入った勝成は、徳川家康の従兄弟。水野氏の後に松平氏や阿部氏など譜代大名が城主を務めていることからも、幕府がこの地を重視していたことがうかがえます。

こうした事情から、勝成は幕府の援助を受けながら新たに福山城を築き、神辺《かんなべ》城(福山市)から移転。福山城の北東約6kmにある神辺城は古くから備後の中心地で西国街道を押さえる要衝でしたが、鞆《とも》の浦《うら》にあった瀬戸内の海運や産業の発展も見込んでの選地だったようです。

福山城は北側から連なる丘陵の突端に

ある常興寺山《じょうこうじ》に築かれ、東・西・南側は曲輪《くるわ》が三段の石垣と堀で囲まれていました。尾根続きの北側には堀はなく、東西方向に吉津《よしず》川を開削して堀の代わりとしたよう。それでも防備が手薄と判断したのか、北側からの砲撃を警戒して天守北面に鉄板を貼ったとみられます。

北側の小丸山や外堀まで含めると、面積はかなり広大。7棟の三重櫓を含めて計22棟の櫓が建ち並ぶ、10万石とは思えない巨大な城でした。

正真正銘！ ホンモノの伏見櫓

現存する伏見《ふしみ》櫓が、福山城と徳川将軍家との深いつながりを示します。伏見櫓と呼ばれるのは、1602年（慶長7）に家康が再建した伏見城（京都府京都市）から移築された櫓だから。伏見城といえば、豊臣秀吉が築き、関ヶ原の戦い後には徳川家康が再建した天下人の城。その名にあやかり、全国には伏見城からの移築と伝わる建物が多くあります。

本当に伏見城からの移築か疑わしい建物もありますが、福山城の伏見櫓は正真正銘の本物です。昭和の解体修理の際に梁《はり》から見つかった「松ノ丸ノ東やぐら」の陰刻《いんこく》（彫り込み）が動かぬ証拠。1936年（寛永16）付の勝成の記述もあり、こうした裏付けから、2代将軍・徳川秀忠により、伏見城の松ノ丸三重櫓が福山城へ移築されたことが判明しています。

三重三階の伏見櫓は、望楼型《ぼうろうがた》天守を連想させる構造。一重目と二重目が同じ大きさの建物の上に、大きな入母屋《いりもや》屋根を乗せ、その上に三重目が乗っています。東西を向くべき三重目の屋根の入母屋破《は》風《ふ》が、二重目の破風と同じ方向を向いて並ぶように南北に向けられているのも43犬山城天守と同じ。慶長期に建てられた建物の傾向とされ、内部も慶長以降の構架法に分類されます。鬼瓦《おにがわら》に輝くのは、水野家の抱き沢瀉《おもだか》。内部は武具倉庫として使われていたらしく、攻撃面が広く確保できる細長い形に実戦的な意図が感じ

4 伏見櫓のほか、筋鉄御門、鐘櫓も現存している。 5 刻印石が多く、石材は積み方もさまざま。空襲で赤く焼けた痕跡も。 6 本丸南側の御湯殿は、本丸の石垣上に突き出すようにして建つ、懸造（かけづくり）の粋な建物。空襲で焼失したが復元された。

福山城内マップ

↑吉津川、福山八幡宮、艮神社
福寿会館
小丸山
福山城博物館
東坂御門
本丸
二の丸
三の丸
鐘櫓
御湯殿
月見櫓
筋鉄御門
伏見櫓

福山城博物館

2022年(令和4)8月にリニューアル。資料展示のほか、高さ約3.5mの壁面を活用した大型3面シアターも。最上階からは福山市内を一望できる。

筋鉄御門

現存する本丸の正門。向かって左に渡櫓、右に多門が連接する。本瓦葺の入母屋造。柱の角と扉に数十本の筋鉄が鉄製の鋲で打ち付けられている。

鐘櫓

時を知らせる鐘と太鼓が置かれた現存櫓。かつては1時間毎に鐘を鳴らし、30分毎ごとに太鼓を叩いて知らせた。

月見櫓

復元された、高欄・廻縁付きの二重櫓。南側の城下町や南西側の入江方面も展望可。参勤交代の際に藩主の到着を見極める着見櫓だったとも。

伏見櫓

筋鉄御門とともに戦災を免れた、貴重な現存三重櫓。水野時代から、鉄砲や弓など武具の保管庫とされていたとみられる。

御湯殿

藩主の風呂場。水野勝成が使用していた可能性も。三段構造の物見の間は、本丸南面の石垣上にせり出すように築かれ、藩主が湯上りに涼を取る上段の間は城下を眺望できるよう高欄がめぐっていた。空襲で焼失し、1966年(昭和41)に木造で外観復元されている。

られます。

伏見櫓のほか、筋鉄《すじがね》御門、月見櫓、本丸御殿、御湯殿、火灯《かとう》櫓、追手御門などが、伏見城から移築されたようです。多くが福山空襲で破却または焼失してしまいましたが、伏見櫓のほか筋鉄御門、本丸の鐘《かね》櫓が残っています。

筋鉄御門は、本丸の正面玄関にあたる門。柱の角に筋鉄を施し、扉に数十本の筋鉄を縦に打ちつけていることからそう呼ばれます。大扉は通常は閉ざされ、脇門から出入りしたよう。大扉を下から見上げると、天井部分には板をずらして鉄砲や弓矢で攻撃する装置もつくられていて、厳重な警備体制が感じられます。

五重六階の天守は、二重三階の付櫓がついていました。逓減率《ていげんりつ》の少ないタワーのような外観で、実戦より優美さを表現した仕様。屋根は4階だけが檜皮葺《ひわだぶき》でしたが、江戸中期頃に全て瓦葺に。その際に廻縁を板で囲って斜めの跳ね上げ戸をつけたようで、少し風変わりでした。

ほかにもたくさん！

天守オススメの城 12城

天守は、権力と財力を誇示するシンボルタワー。
デザインも大きさもさまざま。オリジナリティが魅力です。

1873年(明治6)に廃城令が発令されると、廃城処分となった城は無用の長物となり競売の対象となって民間に払い下げられました。

とはいえ、天守のような巨大な建造物を落札したところで移築や維持に莫大な費用がかかるだけ。信じられないほどの安価で売却されました。木材や鋳物《いもの》など換金できるものは根こそぎ取られ、土地は住宅地や耕作地となりました。天守や櫓の材木が薪《まき》として風呂屋に売られることも珍しくなかったようです。

天守は明治に入っても約60棟、1940年代にも20棟が残っていましたが、1945年(昭和20)の空襲により、14水戸城、144大垣城、44名古屋城、62和歌山城、70岡山城、71福山城、73広島城の7棟の天守が焼失または倒壊。その後3松前城の天守が失火で失われました。今も残る12棟の天守を「現存12天守」といいます。12の国指定重要文化財のうち、5つの天守が国宝に指定されています。

復元天守

古い史料や写真などを参考にして再現した天守。外観だけを再現した天守は「外観復元天守」とも。

92熊本城(写真)や70岡山城など。

復興天守

本来の姿がわからず、同じ場所に想像で建てた天守。

181小倉城(写真)や54大阪城など。

模擬天守

天守がなかった城、あったかわからない城に建てられた天守。

39岐阜城(写真)や134富山城など。

現存12天守

4 弘前城

29 松本城＜国宝＞

36 丸岡城

43 犬山城＜国宝＞

50 彦根城＜国宝＞

59 姫路城＜国宝＞

64 松江城＜国宝＞

68 備中松山城

78 丸亀城

81 松山城

83 宇和島城

84 高知城

COLUMN 1

先人に感謝！ 天守が残った涙のエピソード

■姫路城

■彦根城

■松本城

■松江城

廃城令《はいじょうれい》から数年後、城への文化的な価値に目が向けられ始めます。

破却が進んでいた59姫路城では、中村重遠《しげとう》陸軍大佐が陸軍卿の山県有《やまがたあり》朋《とも》に芸術的・城塞的価値を述べた建白書を提出。1879年（明治12）の保存に至り、天守群や多くの櫓や土塀などが取り壊しを免れました。50彦根城の天守は、明治天皇が北陸巡幸の帰りに彦根を通過した際、保存するよう大命を下されたと伝わります（大隈重信《おおくましげのぶ》が明治天皇に保存を願い入れたという説も）。

29松本城では、下横田町の副戸長・市川量造さんが私財を投げ打って天守の買い戻しに奔走。しかし資金が足りず、天守内で5回も博覧会を催しその利益を補充しました。天守はその後、松本中学校長の小林有也さんが資金調達に奔走して、1903～13年（明治36～大正2）に大修理されています。

1875年（明治8）に売却された64松江城天守の落札額は、なんと180円（現在に換算すると約360万円）。天守は旧藩の銅山経営にあたった豪農の勝部本右衛門さんと元藩士の高城権八さんらが資金を調達して同額で買い戻しました。78丸亀城の天守と大手門も、旧藩主の懇願により破却を免れたとされています。

ちなみに姫路城天守の落札額は23円50銭（約47万円）、彦根城天守は800円（約1600万円）、松本城天守は235両（約470万円）でした。

城の楽しみ方❷

石垣を楽しむ

1点モノの芸術品が並ぶ“石垣の博物館”　日本100名城 35

金沢城

【かなざわじょう／石川県金沢市丸の内1-1】

POINT

❶ オリジナル石垣がたくさん！

❷ 海鼠壁《なまこ》、鉛瓦、唐破風付の格子窓に注目

❸ 石川門や三十間長屋などが現存

城めぐりのコツ

玉泉院丸鼠多聞続櫓台などを見つつ、尾山神社、いもり堀、東の丸北面石垣を観察しながら石川門へ。金沢城公園内では、石垣のほか、現存建造物、復元された菱櫓・五十間長屋・橋爪門続櫓をじっくりと。河北門や尾坂門(大手門)も見ておきたいところです。石垣や建物を網羅するには城内を行ったり来たりせねばなりませんが、時間や体力と相談しながらのんびりめぐるといいですね。難易度★★☆☆☆

1

2

3

4

5

1 2 玉泉院丸庭園。「色紙短冊積」などの石垣を借景としている。
3 薪の丸の「金場取り残し積」と「江戸切り」。
4 城内最古、丑寅櫓下の石垣。
5 戸室石が積まれた、石川門枡形内の石垣。

1点モノが目白押し

金沢《かなざわ》城のニックネームは〝石垣の博物館〟。ほかの城には見られない1点モノの石垣が、何種類も屋外展示されています。しかも、どれも独創的で美しいものばかり。表情の異なるいろいろな石垣に遭遇できます。石垣めぐりのパンフレットが用意されているほどですから、石垣だけで終日楽しめます。もし案内しろと言われたら、何時間でもイケます。ずっと見ていてよいのなら、3日は捧げられます。ウォークラリーのように石垣めぐりをしてみてはいかがでしょうか。

1583年(天正《てんしょう》11)に築城を開始したのは、加賀《かが》(石川県南部)百万石の礎《いしずえ》を築いた前田利家《まえだとしいえ》です。石垣は利家だけではなく、歴代城主により断続的に積まれました。文禄《ぶんろく》期(16世紀末)〜文化《ぶんか》期(19世紀初頭)まで、構築時期は大きく7期。前田家は美的センスに長けた一族だったようで、藩主が改修のたびにそれぞれ芸術的な石垣を生み出しています。

ちなみに、明暦の大火後に21江戸《えど》城(東京都千代田区)の天守台を再建したのは5代藩主・前田綱紀《つなのり》。徳川《とくがわ》将軍家の居城の天守台を任されたほどですから、石垣構築の技術力が全国トップクラスだったのは間違いありません。織田信長《おだのぶなが》、豊臣《とよとみ》秀吉《ひでよし》のもとで技術を磨いた、前田家の実力がうかがえます。

加賀藩は文化水準を高めることに労を惜しまなかったようです。金沢には伝統的な文化が息づき、石川県は人間国宝が

6 現存する三十間長屋。
7 現存する石川門続櫓。唐破風付きの出格子窓もつく。
8 海鼠壁。
9 鉛瓦。

多い工芸王国でもあります。その背景にあるのは、3代・利常《としつね》、5代・綱紀が奨励した文化政策。江戸時代初期から庶民にも芸術に触れる習慣が根付き、独自の食文化も発展。金沢城にも、大大名としての気高さと美意識の高さが散りばめられています。

ポコポコに、カラフルに

1592年（文禄元）に積まれたとみられる、東の丸北面の石垣が城内最古。自然石や粗割りしただけの石材が、緩い勾配で積み上げられています。味わい深い、シブい表情の石垣です。

数寄屋《すきや》屋敷の切込接《きりこみはぎ》の布積《ぬのづみ》などは、繊細ですっきりとした印象。一方で、三十間長屋、いもり坂や薪の丸石垣群などで見られる「金場《かねば》取り残し積」は野性的な雰囲気です。石材が接する部分の縁取りに加え、隅角部には1本の線が通るようにシャープに削り込む「江戸切《えどき》り」が用いられ、ポコポコとした立体感が引き立っています。申酉《さるとり》櫓下の石垣は、斜めのラインを境に左右で積み方が異なります。右が慶長《けいちょう》期、左が寛永期の石垣。積み足しや改修の痕跡がたどれるのもおもしろいところです。

必見は、長方形の石を段違いに組み合わせた、玉泉院丸庭園《ぎょくせんいんまるていえん》に面した斜面の「色紙短冊積」。石垣の上部に滝を組み込んで庭園の借景とした、見事な意匠です。

赤色と青色の石が混ざったカラフルな石垣なのも特徴です。どちらの石も、金沢城から8㎞ほど東にある戸室山《とむろさん》で採れる「戸室石」という安山岩《あんざんがん》。溶岩が冷えるときの条件で、赤や青に変色します。

城内の石垣は「刻印石《こくいんせき》」が多いのも特徴で、その数は200種類以上に及び、刻み方が大胆なのが印象的です。

建物もアーティステック

建造物にも、独創性が光ります。まず目につくのが、海鼠壁《なまこかべ》。土蔵などに用いられる白と黒の格子模様の壁で、壁面に

金沢城内マップ

大手堀
大手門
新丸広場
土橋門石垣
二の丸
北面石垣
数寄屋敷石垣
菱櫓
河北門
尾山神社
鼠多門・
鼠多門橋
二の丸広場
五十間長屋
三の丸広場
極楽橋
玉泉院丸庭園
橋爪門
橋爪門続櫓
石川門
東の丸
北面石垣
いもり坂と
新の丸石垣
三十間長屋
戌亥櫓跡
鶴丸倉庫
鉄門石垣
丑寅櫓跡
本丸園地
申酉櫓下の石垣
兼六園
辰巳櫓跡
いもり堀
本丸南面高石垣
鯉喉櫓台

菱櫓・五十間長屋・橋爪門続櫓

復元された、金沢城のシンボル。二重二階の五十間長屋が三重三階の菱櫓と橋爪門続櫓をつなぐ。五十間長屋は武器などの倉庫、菱櫓と橋爪門続櫓は物見のための櫓だった。菱櫓は建物の平面が菱形をしている。

玉泉院丸庭園

3代・利常が1634年(寛永11)に作庭に着手。辰巳用水を水源とする池泉回遊式の大名庭園で、色紙短冊積などの趣向を凝らした石垣を借景としていた。藩主の内庭として使われたとみられる。

極楽橋

本丸と二の丸をつなぐ橋。

三十間長屋

現存する二重二階の多聞櫓。現在は26間半。

大手門(尾坂門)

金沢城の表玄関。鏡石は必見。

河北門

三の丸の正面で、実質的な正門。復元された枡形門で、二の門は城内最大。

石川門

裏門にあたる、現存の枡形門。

東の丸北面石垣

城内最古の技法で積まれた、築城当時の野面積の石垣が残る。

鶴丸倉庫

現存する土蔵。石板を貼った壁腰と窓まわりの意匠に注目。

橋爪門

二の丸の正門にあたる枡形門。櫓門の床には戸室石が敷かれ、門を抜けると二の丸御殿があった。

平瓦《ひらがわら》を貼り付け、つなぎ目に白漆喰《しろしっくい》を板かまぼこのように盛り上げて塗り固めます。こうすることで、下見板張《したみいたばり》よりも耐久性がぐっと上がります。

屋根に葺《ふ》かれた鉛瓦は、木製の下地を鉛でカバーしたオリジナル。太陽の光を受けると白くキラキラ輝いて、グラデーションがかかったやさしい風合いのシルバーになります。

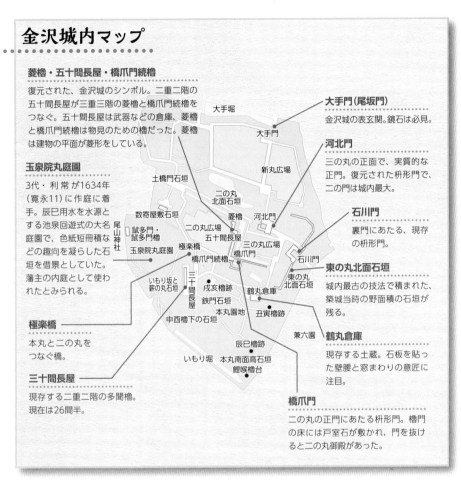

そして、意匠の最大の特徴といえるのが、唐破風《からはふ》付きの出格子窓です。石垣や櫓の壁面に設けられた大きな出窓で、床面の石落《いしおとし》から石垣をよじ登る敵を攻撃できるだけでなく、壁の左右の小窓から側面攻撃もできるようになっています。寺社建築が由来の格式高い唐破風をつけているところに、前田家の美意識の高さを感じずにいられません。

海鼠壁、鉛瓦、唐破風付きの出格子窓はいずれも、現存する石川門や三十間長屋で見ることができます。美観と実用を兼ね備えた寒冷地ならでは知恵に、誰も

10 風情ある、ひがし茶屋街。　11 2020年（令和2）に復元された、鼠多門と鼠多門橋。水堀で隔てられた金谷出丸（現在の尾山神社境内）から玉泉院丸とへの出入口だった。　12 治部煮。

が感服してしまうはずです。

石川門は搦手《からめて》門（裏門）で、高麗《こうらい》門、櫓門、二重二階の石川櫓、続櫓《つづきやぐら》、南北の太鼓塀《たいこべい》で構成された貴重な現存枡形門《ますがたもん》です。城内のほとんどの建物が焼失した1759年（宝暦《ほうれき》9）の大火の後、1788年（天《てん》明《めい》8）年に再建されました。

三十間長屋は二重二階の多聞櫓。建物の実際の長さは30間ではなく、26間半（約48・2m）です。屋根は、南面は入母屋造《いりもやづくり》で、北面は土台の石組よりも外壁が下がった切妻造《きりづま》。城外側の西面に、唐破風付きの出格子窓がついています。1858年（安政《あんせい》5）に建てられ現在に至ります。

総構に守られた城下町

金沢城と城下町は、ゆったりと静かな流れの浅野《あさの》川と、川幅が広く豪快な犀《さい》川に挟まれています。2つの河川は用水の源であるとともに、城を守る外堀でもありました。また、金沢城下には、1599年（慶長《けいちょう》4）につくられた内惣構《うちそうがまえ》と1610年（慶長15）につくられた外《そと》惣構が二重にめぐっています。

1820年（文政《ぶんせい》3）に公許された犀川岸のにし茶屋街は、金沢に3つ残る茶屋街のひとつ。南岸には70余の寺院が集められ、寺町《てらまち》を形成しています。観光地として人気のひがし茶屋街も、同年につくられたもの。浅野川のほとりで昔の面影をとどめ、木虫籠《きむすこ》と呼ばれる出格子が印象的な建物が並びます。

町のいたるところには犀川と浅野川を源とする用水が網目のように張りめぐらされ、清らかなせせらぎが聞こえてきます。その数はなんと55、総延長は約150㎞に及びます。農業用水、生活用水、工業用水、防火用水としてだけではなく、武家屋敷の庭園にも取り入れられました。

金沢を代表する観光スポット、兼六園《けんろくえん》にも辰巳《たつみ》用水が引かれています。辰巳用水は、1631年（寛永8）の大火で金沢城および城下が被害を受けたため、翌年に3代・利常の命によりつくられました。

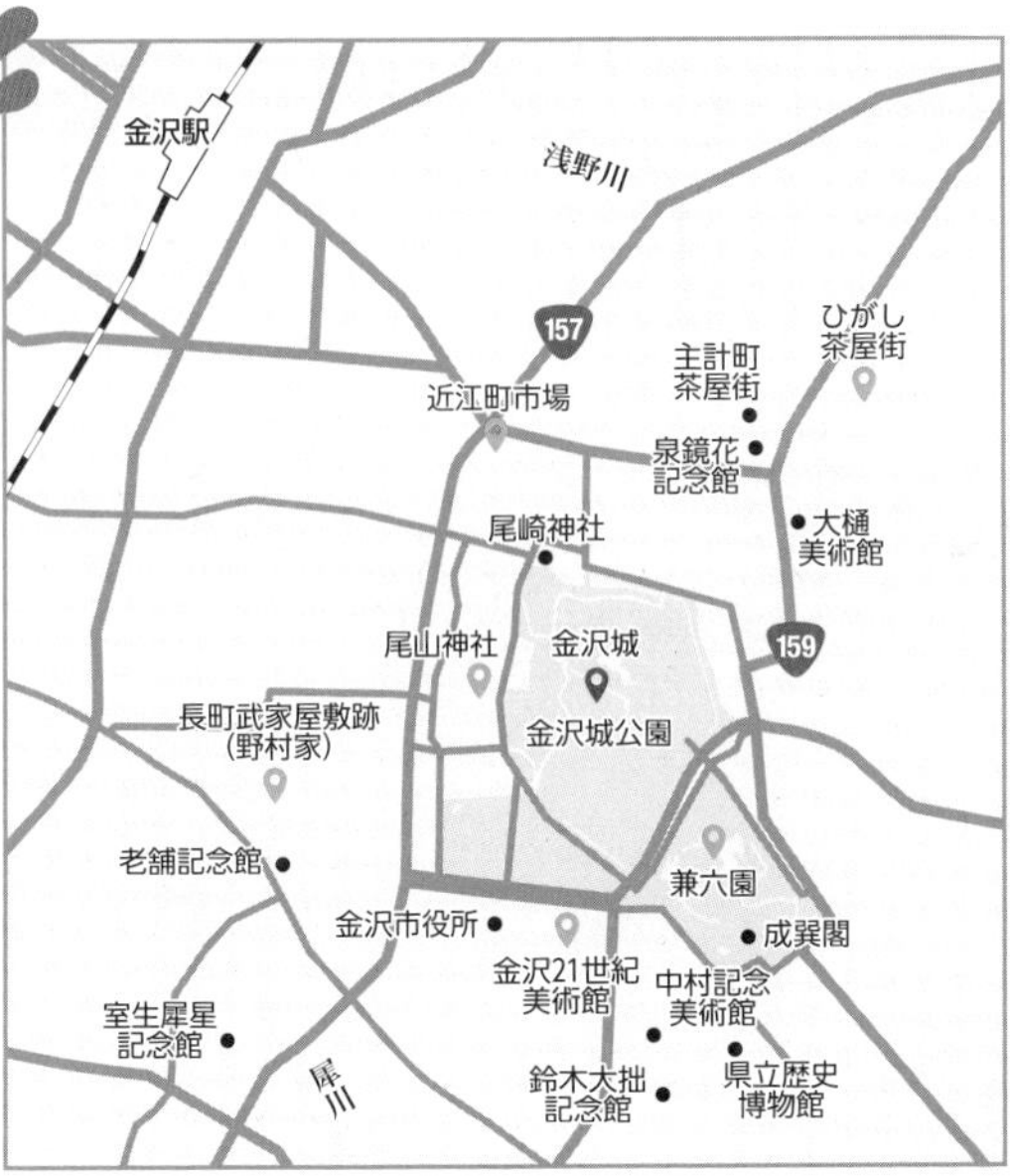

SPOT

日本三名園のひとつ、兼六園

特別名勝・兼六園は、加賀歴代藩主がつくり上げた池泉回遊式庭園。6つの美しい景観、六勝《ろくしょう》(宏大《こうだい》・幽邃《ゆうすい》・人力《じんりょく》・蒼古《こうこ》・水《すい》泉《せん》・眺望)が共存する湖園として、奥州白河藩主・松平定信に名づけられました。

兼六園のほか、岡山後楽園と水戸偕楽園が日本三名園とされます。後楽園は、2代岡山藩主・池田綱政が70岡山城の隣につくった庭園、偕楽園《かいらくえん》は9代水戸藩主・徳川斉昭《なりあき》が14水戸城の脇に創設した庭園です。

金沢21世紀美術館

金沢の新しい文化の象徴。家族連れで楽しめる現代美術施設。

➡金沢市広坂1-2-1

兼六園

冬の雪吊りは金沢の象徴。石川橋で金沢城とつながる。

➡金沢市丸の内1-1

近江町市場

金沢近海の鮮魚・海産物や加賀野菜などの店が並ぶ金沢の台所。

➡金沢市上近江町50

長町武家屋敷跡

藩政期の姿を残す。散策に疲れたら、野村家の書院でお抹茶を。

➡金沢市長町1-3-32

ひがし茶屋街

金沢三茶屋街のひとつ。加賀友禅の工芸品店や茶屋が軒を連ねる。国の重要伝統的建造物群保存地区。

➡金沢市東山

尾山神社

前田利家が祀られる。ステンドグラスが灯る神門のほか、庭園も見事。唐門は旧二の丸御殿からの移築。

➡金沢市尾山町11-1

◆新発田城、富山城にも海鼠壁

100名城 31　続100名城 134

海鼠壁は、寒さの厳しい北陸地方の城の特徴。31新発田城(写真)の建物にも見られます。丁字型の屋根に3つの鯱《しゃち》がのった、世にも珍しい三階櫓が復元されています。134富山城にも、唐破風付出格子がついた海鼠塀がめぐっていたといわれます。富山城が火災に見舞われたことで、2代・前田利長が1609年(慶長14)に築いて移転したのが33高岡城です。

最古の歴史を誇る大野庄《おおのしょう》用水は利家が入った頃につくられ、築城に必要な木材を運搬する水路としても使われたと考えられています。

おいしいものが多いのも、金沢の魅力。旅の締めくくりはぜひ郷土料理に舌鼓《したつづみ》を打ちましょう。「治部煮《じぶに》」は、小麦粉をまぶしたそぎ切りの鴨肉や鶏肉に、加賀特産のすだれ麩やせり、百合根など四季折々の食材を合わせて煮た一品。わさびをあんに溶かしていただきます。

ヨーロッパの古城さながらの“石の要塞” 日本100名城 78

丸亀城

【まるがめじょう／香川県丸亀市一番丁】

POINT

❶ 累計で高さNO.1の石垣

❷ コンパクトな現存天守の工夫

❸ 大手門と天守がセットで現存

城めぐりのコツ

大手門前やその西側の内堀越しが、4段石垣と天守をカッコよく撮影できるベストスポット。大手門から入り、見返り坂を登って三の丸、二の丸、本丸へ。天守を見た後は二の丸北側へまわり、城内最高の美しい石垣を忘れずにチェック。その後は三の丸へ戻り、南側へまわって搦手方面へ。石垣復旧PR館を経由して西回りに番所・長屋方面へ向かえば、大手門に戻れます。難易度★★☆☆☆

1 本丸西隅の姫櫓台。本丸の四隅に櫓があった。
2 本丸南側の高石垣。切込接が美しい。
3 南側（搦手）の登城道。高石垣が迫り来る。

日本一高い、ときめく4段石垣

丸亀《まるがめ》城は、石垣の名城です。JR予讃《よさん》線の車窓から見える姿は、まさに〝石の城塞《じょうさい》〟。ヨーロッパの古城のような風格さえ漂います。幾重にも高石垣が連なり、その上に現存天守が鎮座しています。

石垣は、総高で日本一。山麓の内堀から山頂の本丸まで4段に重なり、合計で60m以上に及びます。大手門の前や、その西側の内堀越しに見上げると、その威容が堪能できます。

標高66mほどのさほど高くない山に曲《くる》輪《わ》をひな壇状に配置しているため、それを囲む石垣や建造物がおのずと密集し、石垣が折り重なって見えます。城の面積に対して石垣が多く、城内を歩いていると常に高石垣に囲まれている感覚。実際に訪れれば、その迫力とバランス美にきっとときめくはずです。

廃城から奇跡の復活！

丸亀城は、織田信長《おだのぶなが》、豊臣秀吉《とよとみひでよし》、徳川《とくがわ》家康《いえやす》のもとで乱世を生きた生駒親正《いこまちかまさ》により、1597年（慶長2）から築城されました。讃岐《さぬき》（香川県）17万石を与えられた親正は、77高松城（香川県高松市）を本城《ほんじょう》とし、西讃岐を押さえる支城《しじょう》として丸亀城を構えたのです。1602年（慶長7）にはほぼ完成していたとみられます。

1615年（慶長20）に江戸幕府が領国内に1城のみ残してそのほかは廃城とする「一国一城令《いっこくいちじょうれい》」を公布すると、讃岐では高松城が残され、丸亀城は廃城となりました。本来ならばここで丸亀城の歴史は終わりますが、なんと奇跡の復活を遂げます。1641年（寛永《かんえい》18）に生駒家のお家騒動（生駒騒動）で讃岐が分割され、新たに丸亀藩が立藩したのです。

初代丸亀藩主となり5万石で入国した山崎家治《やまざきいえはる》によって、丸亀城は1643年（寛永20）から現在の姿へ大改修されました。1645年（正保《しょうほう》2）に再築を願い出る際に幕府に提出した『正保城絵図《しょうほうしろえず》』を見ると、縄張《なわばり》(設計)はほぼ現在と一致。現在城内に残っている石垣は、多くが山崎時代の築造とみられます。

幕府の援助と大手の変更

注目すべきは、家治が江戸幕府から銀300貫《かん》の資金援助と参勤交代の免除を受けて丸亀城を再築していることです。例外的な措置が取られたのは、1637年(寛永14)の島原《しまばら》・天草《あまくさ》一揆を受けて、幕府が瀬戸内の島々に潜むキリシタンの蜂起を警戒したためでしょう。

島原・天草一揆の終息後、幕府は一揆軍の蜂起を恐れ、キリシタンが多い九州や瀬戸内海沿岸の城を強化し、同時に反逆の拠点にされないように、廃城になって放置されていた城の破却を徹底しています。瀬戸内海に面した丸亀城も、そうした一面を持っていたと考えられます。

瀬戸内海沿岸の城を歩いていると、この時期のものと思われる明瞭な破城の痕跡に遭遇しまくり、幕府の警戒心と政策をひしひしと感じます。

当時の丸亀城の大手《おおて》(正面)が瀬戸内海とは反対側の搦手《からめて》(裏手)にあったのも、こうした事情あってのことでしょう。丸亀城の大手は、1670年(寛文《かんぶん》10)までは搦手側にありました。今でも、南側の搦手口からの登城道のほうが、いかにも正面玄関という絶対的な貫禄を感じます。豪壮な高石垣が次々に立ちはだかり、城門がないにもかかわらず、訪れる者を威嚇するような迫力があります。

ふらりと丸亀城を訪れて城内を散策しても、あまり海に面した城である印象は抱けないかもしれません。しかし、本丸へ上がり周囲を見渡すと、丸亀港がかない近いことがわかるはずです。以前、瀬戸内海の塩飽《しわく》諸島から船で丸亀港に入港した際には、丸亀城がぐんぐん迫ってきて圧巻でした。いかにも海に向かって牽制する海城《うみじろ》の印象でした。

ちなみに大手門は、1670年(寛文10)頃に建てられた、現存する丸亀城の

4 現存する大手一の門・二の門。
5 本丸からの眺望。瀬戸大橋も見える。
6 天守南面の唐破風。瓦には四つ目結紋。

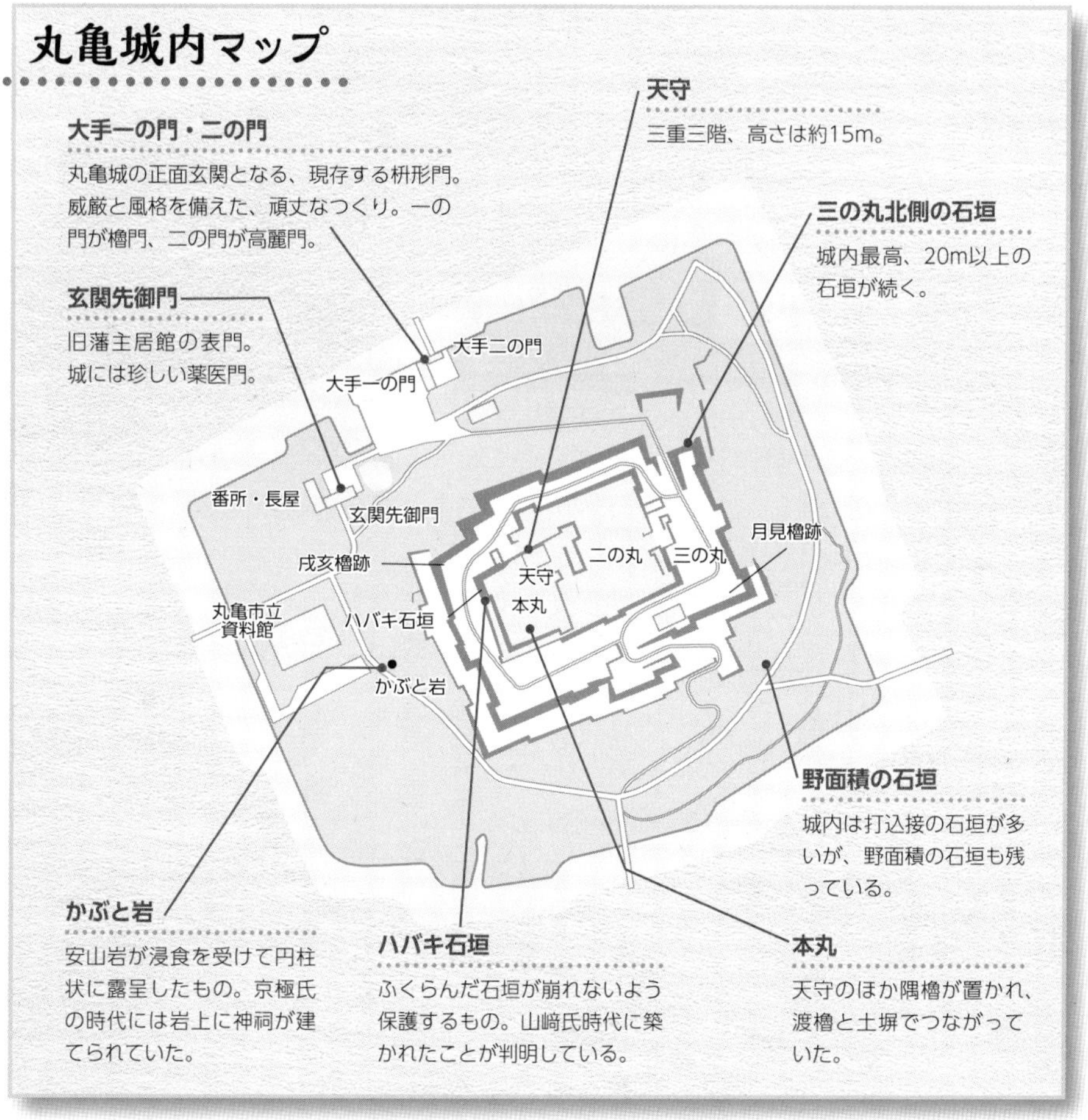
丸亀城内マップ
大手一の門・二の門
丸亀城の正面玄関となる、現存する枡形門。威厳と風格を備えた、頑丈なつくり。一の門が櫓門、二の門が高麗門。
玄関先御門
旧藩主居館の表門。城には珍しい薬医門。
天守
三重三階、高さは約15m。
三の丸北側の石垣
城内最高、20m以上の石垣が続く。
大手二の門
大手一の門
番所・長屋
玄関先御門
戌亥櫓跡
二の丸
三の丸
月見櫓跡
天守
本丸
丸亀市立資料館
ハバキ石垣
かぶと岩
野面積の石垣
城内は打込接の石垣が多いが、野面積の石垣も残っている。
かぶと岩
安山岩が浸食を受けて円柱状に露呈したもの。京極氏の時代には岩上に神祠が建てられていた。
ハバキ石垣
ふくらんだ石垣が崩れないよう保護するもの。山﨑氏時代に築かれたことが判明している。
本丸
天守のほか隅櫓が置かれ、渡櫓と土塀でつながっていた。

表門。大手一の門は、2階に石落《いしおとし》を備えた櫓《やぐら》門で、藩士が時を報せる太鼓があったことから太鼓門とも呼ばれます。大手二の門は、城の顔にふさわしく両サイドの石垣もノミで美しく仕上げられています。枡形《ますがた》内の切込接《きりこみはぎ》の石垣もとてもきれいです。

現存天守の工夫とは？

三重三階の現存天守は家治の建造ではなく、山崎家断絶後の1658年(万治《まんじ》元)に城主になった京極高和《きょうごくたかかず》が、1662年(万治3)に建てました。天守の鬼瓦や丸瓦には、京極家の家紋・四《よ》つ目《め》結紋《ゆいもん》が燦然《さんぜん》と輝いています。

天守代用の御三階櫓《ごさんかいやぐら》として建てられた天守は、現存天守のなかでも小ぶり。高さは約15mで、高さ約31.5mの59姫路城(兵庫県姫路市)天守と比較するとかなりコンパクトです。

しかし、小さな天守が城下から少しでも大きく見えるよう、さまざまに工夫さ

7 現存天守。西側には渡櫓が接続していた。
8 北側の大手門前から見上げる丸亀城。
9 野面積の石垣も南麓に残る。

れているらしいのが愛しいところです。正面にあたる北面は、左隅に出窓のような張り出しを設け、素木《しらき》の格子《こうし》をつけてデザイン性を高めているのでしょう。二重目には唐破風《からはふ》、南面には千鳥《ちどり》破風を飾り、華やぎを添えています。

よく見ると、最上重の東西の棟側が極端に短い、不思議な構造をしています。一重目が東西に長い場合は、最上重の入母屋屋根の棟は東西に向けるのが一般的。しかし丸亀城天守の棟は南北に向いています。これも、北面に入母屋《いりもや》破風の妻《つま》面を向けて大きく見せようとしたためと思われます。

内部に入ると、天井の高さに驚きます。壁は、長押《なげし》の高さまでは漆喰《しっくい》を厚く塗り防御を固めているよう。狭間《さま》は1階に6つしかありませんが、よく見ると太鼓壁になっているなどの工夫が見られます。

天守の出入口がある西面の壁面に装飾がなく、出入口が殺風景なのは、渡櫓《わたりやぐら》が接続していたからです。本丸には天守とは別に4つの隅《すみ》櫓が建ち、それらが渡櫓と土塀でつながれていました。一段下の二の丸にも四隅に櫓がありました。

美しい姿が戻るように

残念なことに、2018年(平成30)7月の西日本豪雨とその後の台風で、石垣の一部が大崩落してしまいました。崩れたのは、三の丸南西隅の坤《ひつじさる》櫓台と、その下段にある帯曲輪の西面・南西面です。

丸亀城は山頂から山麓に向かって曲輪がひな壇状に配置されています。城の南側は大きく3段になっており、そのうち中段にある三の丸を囲む石垣の隅角部と、帯曲輪を囲む石垣の一部が崩れました。

三の丸と帯曲輪の石垣は以前から危険性が認識され、修復工事に着手する直前でした。工事を目前に控えていただけに悔やまれます。本格的な復旧工事が進行中。市民の誇りであり日本の宝でもある丸亀城の石垣が、美しさを取り戻し、後世に残ることを祈りたいものです。

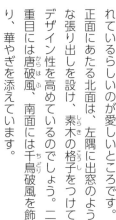

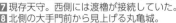

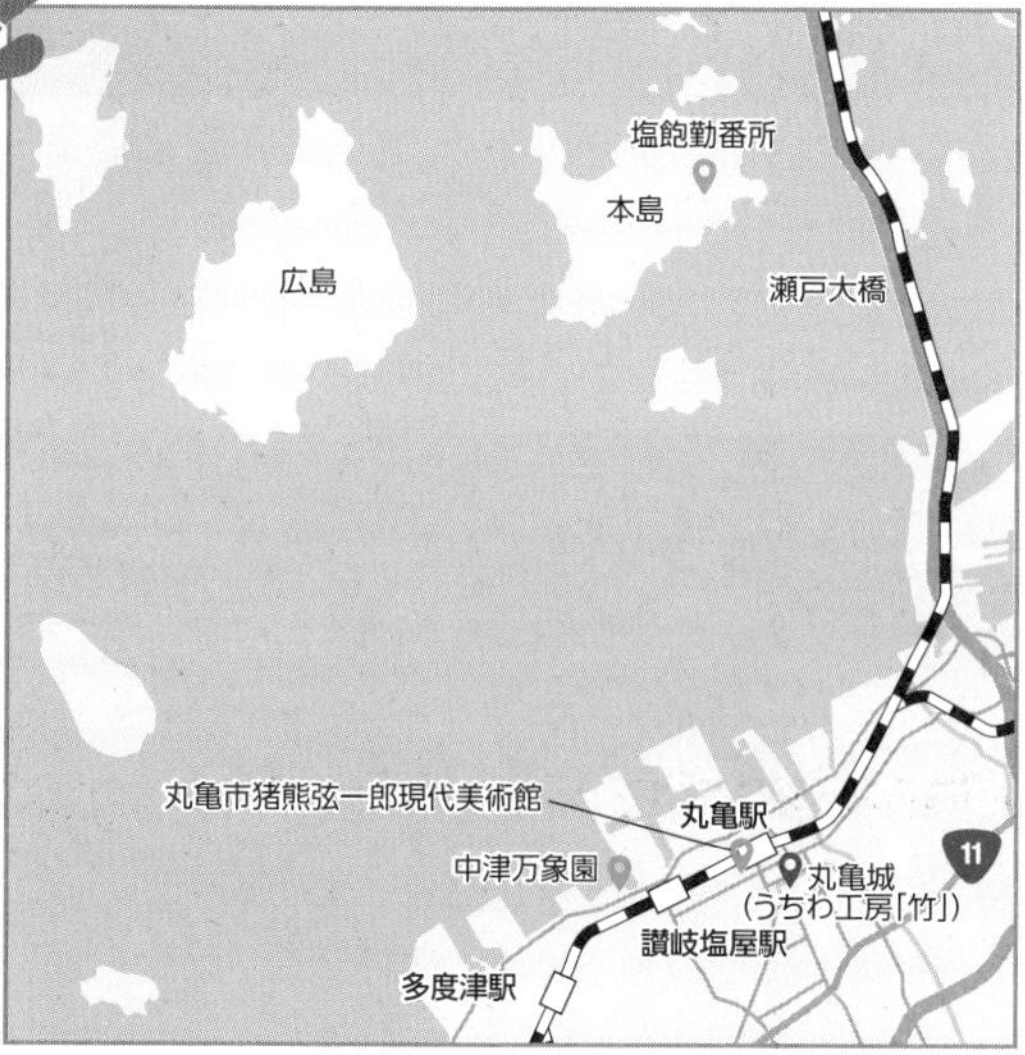

SPOT

塩《し》飽《わく》勤番所

塩飽諸島の本島に、江戸時代初期に置かれた特殊な行政機関。信長や秀吉を経て、江戸幕府から朱印状を得た上で「人名」と呼ばれる幕府の船方が共有する領地でした。寛永期の改革以降、塩飽勤番所で政務を行いました。重要伝統的建造物群保存地区に選定されている笠島の街並みも素敵。

中津万象園

京極高豊が1688年(貞享5)に築いた庭園。日本三大海浜庭園のひとつ。

➡ 丸亀市中津町25-1

うちわ工房「竹」

伝統工芸品「丸亀うちわ」を実演、販売。体験もできる丸亀城内のうちわ工房。

➡ 丸亀市一番丁丸亀城内

丸亀市猪熊弦一郎現代美術館

丸亀市出身の洋画家・猪熊弦一郎の作品を中心に、現代美術作品を展示している。

➡ 丸亀市浜町80-1

77高松城
上／水堀には海水が引き込まれ、鯛が悠々と泳いでいる。
右／左から月見櫓・渡櫓・水手御門。

177引田城
北二の丸の、上下2段に積まれた石垣。

◆高松・丸亀・引田のトライアングル支配

100名城 77　続100名城 177

生駒親正は、77高松城を中心に西に丸亀城、東に177引田城を築城。3城のトライアングル拠点で讃岐を支配していたようです。

高松城は、瀬戸内海に面した海城です。文禄・慶長の役(朝鮮出兵)を見越して、瀬戸内海の航路を抑える役割を担っていたのでしょう。現在の高松城は、1642年(寛永19)に12万石で入った松平頼重が改修。譜代大名により、瀬戸内海航路を押さえる城と城下町として改変され発展しました。

現存する月見櫓・渡櫓・水手御門は、松平頼常が築造。瀬戸内海に面し、藩主は海に向かって開いた水手御門から小舟に乗船して瀬戸内海に出た後、沖に停泊する御座船に乗り換えて参勤交代などに出かけたといわれています。

引田城は、阿波(徳島県)との国境付近に位置。古代から東讃地方の流通の拠点で、中世には引田港が開港。瀬戸内海を通じて畿内へと通じる海上交通の要衝でした。

最大の見どころは、北二の丸に上下2段に積まれた石垣。とくに、折れを伴いながら累々と続く、高さ5～6mの下段の石垣は圧巻です。織田・豊臣系の城が家臣によって全国に伝播した例として貴重な城で、豊臣政権の威光を示すべく築かれたであろう、軍事的な緊迫感と政治的な緊張感が伝わってきます。

深海のようなブルーグリーンの石垣

日本100名城 76

徳島城

【とくしまじょう／徳島県徳島市徳島市城内1ほか】

POINT

❶ 青緑色の緑泥片岩の石垣

❷ 天守が東二の丸にある珍しい設計

❸ 全国でここだけの「舌石」

城めぐりのコツ

スタートは鷲の門。下乗橋を渡り、枡形門跡と太鼓櫓の石垣を見たら、舌石をチェック。徳島城博物館、蜂須賀家政銅像を経て東坂口から東二の丸を抜けて本丸へ。城山の規模や傾斜、散在する石垣に注意して歩きましょう。本丸から西二の丸、西三の丸を下り西坂口に出ると1周できますが、本丸搦手口の虎口から下ると大石垣にも出会えます。内町小学校のあたりが旧西の丸屋敷です。難易度★★☆☆☆

1 本丸西側に突き出す弓櫓跡の石垣。城内一の迫力。 2 ピンク色の石は紅簾片岩(こうれんへんがん)と呼ばれる結晶片岩。阿波青石の層にまれに挟まっている層から採石され、阿波赤石と呼ばれる。 3 内堀に面した野面積の石垣。城内では打込接の石垣も見られる。

魅惑のブルーグリーン

徳島《とくしま》城の石垣は、グレーではなく神秘的なブルーグリーン。阿波青石《あわあおいし》と呼ばれる、地元特産の緑色片岩《りょくしょくへんがん》が積まれているからです。海の向こうに青い瞳の方がいるように、城も出身地によって石垣の色が変わるのですね。積み方だけでなく石の種類もたくさんあるとは、石垣とは実に奥深いものです。

徳島の夏の風物詩、阿波踊りのお囃子《はやし》に「大谷《おおや》通れば石ばかり、笹山《ささやま》通れば笹ばかり――」というフレーズが出てきます。この大谷とは、徳島城から3㎞ほど離れた眉山《びざん》北麓の佐古《さこ》大谷地区のこと。良質な青石が採れる場所で、徳島城の石垣もここから切り出され運ばれたとみられています。ほど近くにある徳島城主の蜂須賀《はちすか》家墓所(万年山《まんねんやま》墓所)でも採石跡が確認されています。

緑色片岩は、緑泥岩《りょくでいがん》などの緑色鉱物を含む結晶片岩の一種。地域によりブランドが生じ、各地で庭の名石や墓石などに用いられてきました。このうち、吉野《よしの》川南岸の剣《つるぎ》山系一帯で採れる緑泥片岩が阿波青石です。ちなみに、徳島駅前の阿波踊りの石像も青緑色をしています。

緑色片岩は鉱物の結晶が一定方向に並ぶため、まるでパイ生地のように、薄く何層にも重なっています。そのため、板状に割れやすいのも特徴。徳島城の石垣の表面をみると独特な表情をしていて、まるで繊維が引き裂かれたように、潔く縦方向に割れているのがわかります。

隅角石の積み方から築城時のものと判別できる本丸東側などの石垣は、切り出した石を加工せずにそのまま積み上げた野面積《のづらづみ》。阿波青石が持つ独自の色彩と質感が、荒々しい野面積にさらなる風情を加え、独自の美を生み出しています。徳島城の石垣は、長い年月が生み出した生命を感じる繊細な風合いが魅力。断面のひと筋ひと筋が、樹齢を示す年輪のように歴史の重みを伝えてくれます。

4 私の萌え石垣、本丸東面の石垣。　5 全国唯一の舌石。寺島川に面して屏風折れ塀が設けられ、くまなく横矢が掛けられるようになっていた。　6 鷲の門。

二の丸で想像力の羽を広げて

徳島城を築城したのは、四国を平定した豊臣秀吉《とよとみひでよし》から阿波（徳島県）一国を与えられた、蜂須賀家政《いえまさ》です。近隣の176一宮《いちのみや》城（徳島市）に入りましたが、1586年（天正《てんしょう》14）に徳島城を築き藩政の中心地としました。落成の祝賀行事として城下の人々が踊ったのが、阿波おどりのはじまりとされています。

徳島の地名を命名したのも、家政だったようです。城が吉野川河口の助任《すけとう》川と寺島《てらしま》川に挟まれた三角州に位置する〝島〟にあるからで、これに縁起の良い〝徳〟を組み合わせたとか。城は標高61・7mの猪山《いのやま》に築かれ、本丸、東二の丸、西二の丸、西三の丸が階段状に並ぶ構造。山麓（現在の徳島城博物館）には御城《おしろ》と呼ばれる居館がありました。

天守が本丸ではなく東二の丸にある、かなり珍しい構造でした。本丸の天守は元和年間（1615～25）に取り壊され、東二の丸に三重の天守が築かれました。城下からの見映えを考慮してのことでしょうか。武家諸法度《ぶけしょはっと》公布後であることを考慮すると、天守代用の櫓《やぐら》であった可能性が高そうです。東二の丸は山の稜線から突き出す、周囲が見渡せる場所。城下からもよく見えたことでしょう。

ぜひ忘れずに見てほしいのが、全国唯一の現存遺構「舌石《したいし》」です。御城西側のこの石垣には15～17間おきに「屏風折《びょうぶお》れ塀」と呼ばれる攻撃場が設置され、張り出した部分から横矢を掛けられるようになっていました。舌石は、その張り出しの柱を支える台石。JR徳島駅と線路がかつての寺島川で、舌石は線路側に向けて飛び込み台のように設置されています。

旧徳島城表御殿庭園は、江戸時代初期に造営された回遊式庭園。枯山水《かれさんすい》にかかる青石でできた橋は、かつては全長10・35mもあったそうです。切り立つようなシルエットとは裏腹に、鉱物がキラリと輝く繊細な表情を見せてくれます。

徳島城内マップ

本丸

最高所に位置。櫓や御座敷、番所があったが、1875年(明治8)に破却。

助任川
内町小学校
菖蒲園
西三の丸屋敷
西三の丸
弓櫓
本丸
海蝕痕
西坂口
東坂口
東二の丸
数寄屋橋
蜂須賀家政銅像
徳島城博物館
旧徳島城
表御殿庭園
舌石
大手門
月見櫓
太鼓櫓
下乗橋
鷲の門

東二の丸

三重天守があった、本丸の一段下の曲輪。『徳島城絵図』によると天守台はなく、礎石上に直接建っていた。

弓櫓

本丸西端の櫓。正午を知らせた午砲(俗称ドン)台が残る。

旧徳島城表御殿庭園

表御殿の小書院と表居間に面する池泉回遊式庭園。潮の干満がわかる潮入り庭園だった。

太鼓櫓

時報の太鼓が置かれた櫓。明治に解体。石垣位置は多少異なる。

月見櫓

大手門東に明治初期まで現存した二重櫓。別名は着見櫓。

下乗橋

城の正面玄関にあたり、ここで駕篭を降りたことからそう呼ばれる。かつては木製の太鼓橋がかかっていた。橋の先に石垣で囲まれた空間が残る。

鷲の門

城の南側に増築された三木郭の城門。脇戸付きの薬医門形式で、御番所が付属。空襲で焼失し、1989年(平成元)に徳島出身の個人から寄贈された。

さて、徳島を訪れたのなら、徳島のランドマーク的存在の眉山へも。眉山と呼ばれるようになったのは江戸時代末期ですが、古くは天平《てんぴょう》時代の万葉集に登場します。万葉の時代から、眉山の美しい稜線は人々の心を捉えてきたようです。

山頂からは眼下の徳島城や吉野川はもちろん、晴れた日にははるか紀伊《きい》半島、阿讃《あさん》山脈、淡路《あわじ》島まで見渡せます。眉山ロープウェイなら、阿波おどり会館から山頂まで6分間の空中散歩も楽しめます。

◆和歌山城も緑色片岩 100名城 62

62和歌山城の石垣も、紀州青石という緑泥片岩を使用。豊臣秀長は緑泥片岩を用いましたが、関ヶ原の戦い後の城主、浅野幸長と徳川頼宣は和泉砂岩《いずみさがん》、その後の徳川吉宗は花崗岩《かこうがん》を採用。そのため城内には3種類の石が混在します。また、豊臣時代と浅野時代前期は野面積、浅野時代後期と頼宣時代は打込接、吉宗時代は切込接と、積み方も入り交じります。

旭川ほとりの美城は石垣に注目

日本100名城 70

岡山城

【おかやまじょう／岡山県岡山市北区丸の内2-3-1】

POINT

1 宇喜多時代と池田時代の石垣

2 不等辺五角形の復元天守

3 現存する2つの櫓もチェック

城めぐりのコツ

岡山駅方面からは、北側の入口から。本段の北〜東〜南側の石垣をじっくり眺めて、下の段→南側の鉄門跡→不明門→本段の天守へ。中の段で表書院の間取り表示や宇喜多期石垣の展示、月見櫓を見てから下の段へ戻り、内堀にかかる内下馬橋と枡形虎口を見てから中の段西側の石垣を右手に北上すれば、1周できます。そのまま月見橋を渡って後楽園へもどうぞ。難易度★☆☆☆☆

1 本丸本段南東部の、宇喜多時代の石垣。算木積も未発達。 2 小納戸櫓下の石垣。宇喜多時代と小早川時代の、算木積の精度の違いに注目。 3 本丸本段南側の石垣。

スピード大出世して築城

岡山《おかやま》城が別名・烏城《うじょう》と呼ばれるのは、天守の下見板《したみいた》に黒漆《くろうるし》が塗られ、太陽の陽射しを受けると烏《からす》の羽のような輝きを放っていたからだとか。金箔瓦《きんぱくがわら》が葺《ふ》かれていたことから金烏《きんう》城ともいわれます。黒漆や金箔瓦は、織田信長《おだのぶなが》や豊臣秀吉《とよとみひでよし》および家臣の城に用いられた限定アイテム。つまり、岡山城は特別な城といえます。

1590年(天正《てんしょう》18)から築きはじめたのは、秀吉政権下の宇喜多秀家《うきたひでいえ》です。秀家は、秀吉の寵愛を受けてスピード大出世を遂げた人物。〝秀〟の一字をもらい猶子《ゆうし》となり、前田利家《まえだとしいえ》の娘で秀吉の養女・豪姫《ごうひめ》と結婚。若くして五大老《ごたいろう》に就任し、順風満帆な出世街道を突き進みました。時代劇などで、五大老の中にひとりだけ混ざっている若いイケメンが秀家です。57万石の大大名にふさわしい城として新築されたのが、秀吉のアドバイスのもとにつくられた岡山城でした。

秀家が積んだ石垣を探せ!

最大の見どころは、秀家が築いた石垣です。秀家は1600年(慶長《けいちょう》5)の関ヶ原の戦いの後は流罪となるため、在城期間は10年ほど。実は、関ヶ原の戦い前に積まれた石垣の残存例は全国的にも貴重なのです。

秀家が築いた本丸本段南側の高さ15・6mにも及ぶ野面積《のづらづみ》の石垣は、関ヶ原の戦い前に積まれた石垣としては全国トップクラスの高さ。現在は3m埋まっていますから、実際にはさらに高かったことになります。秀家の技術力は相当なものだったようです。天守台も、秀家が築いた石垣。ほか、本丸中の段に2か所、地下展示されています。

城内に残る石垣は、ほとんどが秀家の後に入った小早川《こばやかわ》時代、もしくは池田《いけだ》時代に築かれたものです。秀家が去った後は、小早川秀秋《ひであき》が入って秀家の城下づくりを引き継ぎ、城を整備・拡張。ところが小早川家はすぐに断絶したため、28万石で姫路城主・池田輝政《てるまさ》の次男、池田忠《ただ》継《つぐ》が入り引き継ぎました。

1615年（慶長20）に忠継が没した後に31万5200石で入った弟の池田忠雄《ただかつ》が、実質的に岡山城を完成させた人物となります。1632年（寛永《かんえい》9）には池田光仲《みつなか》（忠雄の子）との国替えにより池田光《みつ》政《まさ》が入国し、以後、岡山城は幕末まで光政系池田家の居城となりました。

宇喜多と池田、石垣が語るドラマ

宇喜多時代は、ほぼ加工しないまま積み上げた荒々しい野面積の石垣。これに対して、小早川・池田時代は平面を平らに加工した打込接《うちこみはぎ》。秀家が築いたゴツゴツとした趣ある石垣に対して、たとえば池田忠雄が1620年代に築いた小納戸《こなんど》櫓《やぐら》下の石垣は、石材が成形され、整然とした印象を受けます。同じ城なのに、場所によってこんなに表情が違うなんて、ロマンチックだと思いませんか。石垣が、城に息づくドラマを伝えてくれます。

大納戸櫓台の石垣は小早川秀秋が築き池田忠継の時代に改修されたもので、内下馬門跡や六十一雁木《がんぎ》門横の石塁は、池田氏による築造。本段東側には、秀家が築いた石垣の隅部に秀秋が継ぎ足した跡も残ります。秀家は安定性の高い大きく角張った石材を積んでいるのに対し、秀秋は丸みのある石材を粗雑に積んでいるのが特長です。ぜひ、あちこち見比べてみてください。

イカす！　不等辺五角形の天守

天守は、残念ながら太平洋戦争の岡山大空襲で焼失してしまいました。現在の天守は1966年（昭和41）に復元されたものですが、古写真などをもとに、窓の位置の違いなどを除いて外観はほぼ再現されています。珍しい不等辺五角形をした独特のフォルムが、とにかくかっこいい！　本段東側から見上げると、その造形美が堪能できます。

4旭川越しに見る天守。　5本段東側から見上げる天守。
6天守は 1945 年（昭和 20）6 月の空襲で焼失。三重六階（四重という説も）で、かつては西側の塩櫓から天守内に入った。

岡山城内マップ

月見櫓

池田忠雄が建造した三階櫓。城内側の最上階には縁側がある、開放的なデザイン。

中の段（表書院）

本段よりやや低い場所にあり、表向は藩政庁兼藩主の御殿が大部分を占めていた。

石垣の露出展示

宇喜多秀家時代の石垣が、中の段の2か所に露出展示されている。

天守

岡山空襲で惜しくも焼失。1966年（昭和41）に外観復元された。本丸に築城時の天守の礎石が展示されている。

後楽園
月見橋
廊下門
月見櫓
天守
旭川
本段
中の段
（表書院）
西の丸西手櫓
不明門
内堀
下の段
内下馬門

本段（本丸御殿）

もっとも高いところにあり、北橋に天守、中央には本丸御殿が建っていた。北～東～南面の石垣は鈍角に折れ曲がる。

西の丸西手櫓

月見櫓より古い、現存の二階櫓。1階から2階まで同じ平面の長方形が重なる重箱櫓。

本丸本段南側～南東側の石垣

宇喜多時代の石垣。反りがなく自然石が積まれる。関ヶ原の戦い以前の石垣では全国屈指の高さ。

本段に並んでいる礎石《そせき》は、天守再建の際に、ほぼ元の配置のまま現在の場所に移築されたもの。石材が赤いのは、空襲で焼けた跡です。

建物は、月見櫓《つきみやぐら》と西の丸西手櫓が江戸時代から残っています。西の丸西手櫓は、幼少の忠継に代わり国政を執った兄・利《とし》隆《たか》が築いたものといわれます。旧内山下小学校の敷地一帯が西の丸で、西手櫓はその西端にあります。

月見櫓は忠雄の築造で、城外側から見ると二重の望楼《ぼうろう》型ですが、城内側は三重の層塔《そうとう》型になる珍しい構造。城外側には防御装置を設けつつ、2階の東西面には雨戸が設けられるなど、御殿《ごてん》のつくりをしています。表書院での政務の一環としての小宴の場だったようで、その名の通り月見も行われました。

旭川越しがベストスポット

さて、岡山城を訪れたのなら後楽園《こうらくえん》にも立ち寄りたいところ。岡山城から旭《あさひ》川

7 現存する月見櫓。月見櫓の脇には、全国的にも貴重な石狭間が現存している。
8 現存する西の丸西手櫓。　9 特別名勝・後楽園。

にかかる月見橋を渡るのが、後楽園の南門への近道です。

この月見橋は、岡山城天守のオススメ撮影スポット。一級河川の旭川が天守を取り巻くように蛇行し、雄大な景観を生み出しています。

「うまい具合に天守を取り巻いているものだなあ」と感心しますが、実はこの流れは、秀家が築城時に人工的に付け替えたもの。岡山城は西向きで、西側に城下町を展開するため、東側の旭川を城の背後を流れるよう改修して天然の外堀としています。河川をも味方につけ、自然の利点を引き出し弱点を補っていくのが、築城の基本理念なのです(秀家の行った工事により旭川上流の流路は不自然になり、江戸初期には甚大な水害をたびたび引き起こす一因になったようですが…)。

日本三名園のひとつ、後楽園は1687年(貞享《じょうきょう》4)に藩主の池田綱政《つなまさ》が着工し、1700年(元禄《げんろく》3)に一応の完成をみた大名庭園です。歴代藩主もこの場所に佇み、この景色を眺めることがあったのでしょうか。殺伐とした情勢下で築かれた岡山城の天守が、この頃には平和のシンボルになっていたのかと思うと感慨深いものがあります。

郷土料理も城めぐりの魅力

1632年(寛永《かんえい》9)に岡山城主になった池田光政は、世界最古の庶民のための公立学校、閑谷《しずたに》学校を創設した人物でもあります。陽明学《ようめいがく》を奨励し、藩政にも手腕を発揮しました。郷土料理「備前《びぜん》ばら寿司」は、「食膳は一汁一菜とする」という光政の倹約令に反発して、庶民が考案したもの。隠し寿司とも呼ばれ、具材を華やかに飾るちらし寿司とは異なり、さまざまな具材をすし飯に混ぜ込んで、「あくまで一菜だ」と主張したのがルーツだそう。おいしいものを食べたい気持ちが生み出した、岡山の人々のユーモアと知恵にほっこりします。駅弁もあるのでチェックしてみてください。

鬼ノ城
旧足守藩木下家陣屋跡
53
備中高松城
辛川城
岡山禁酒会館
岡山城
180
備中高松駅
吉備津駅
備前一宮駅
吉備津神社
岡山駅
山陽新幹線
429
北長瀬駅
大元駅
伯備線
庭瀬駅
備前西市駅
30
中庄駅
2
妹尾駅
倉敷駅
早島駅
倉敷美観地区

岡山禁酒会館

大正時代に建築された、市街地の歴史的景観。岡山空襲を逃れた国の登録有形文化財。

➡岡山市丸の内1-1-15

吉備津神社

桃太郎のもとになった温羅退治の伝説が伝わる神社。全国で唯一の吉備津造りという建築様式の本殿と拝殿は国宝に指定。本殿から続く360mの美しい廻廊も見どころ。

➡岡山市北区吉備津931

旧足守藩木下家陣屋跡

足守藩木下氏の居館跡。屋形構の奥手に設けられた近水園は県指定名勝。

➡岡山市北区足守715

SPOT

城下町じゃない？ 倉敷美観地区

JR倉敷駅から徒歩10分ほどのところにある、有名な観光地。城下町風情が漂いますが城下町ではありません。

岡山市や倉敷市はかつて「吉備の穴海」と呼ばれる大小の島々が点在する海でした。これを、岡山城主となった宇喜多秀家が干拓。秀吉の171備中高松城の水攻めで堤防築造の指揮をとった岡利勝に命じて、早島から倉敷に「宇喜多堤」と呼ばれる潮止め堤防を築かせました。やがて、高梁川沿いにも酒津堤防が完成。こうして、秀家により広大な新田が開発されました。

毛利氏の領地を経て、関ヶ原の戦い後は備中国奉行・小堀正次の支配下に。物資輸送の重要拠点だったことから、1642年(寛永19)には代官所が置かれ、「天領」と呼ばれる幕府の直轄地になりました。

◆美作にあるのになぜ備中櫓？

100名城 67

現在の岡山県はかつて備前・備中・美作の三国に分かれていました。備前には岡山城、備中には171備中高松城、68備中松山城、69鬼ノ城など名城があります。江戸時代、美作の拠点となったのが67津山城です。

津山城は、織田信長に仕えた森可成の六男・森忠政が1604年(慶長9)から築城。階段状の石垣が圧巻で、城内には70以上の櫓がひしめき建っていました。

現在、シンボルになっているのが、備中櫓。備中ではなく美作であるのに備中の名がつくのは、忠政の長女・於松が嫁いだのが、鳥取藩主の池田備中守長幸だから。また、於松が早世した後は、忠政の四女・於宮が長幸に嫁いでいます。娘婿が津山城を訪れたのを機に建造されたため、備中櫓と名がついたようです。

171 津山城／復元された備中櫓。

本丸南面に張り出すように石垣の上に建てられた一風変わった2階建て。本丸御殿とは廊下で連結していて、御殿の一部として機能していたとみられます。本丸御殿はスペースが限られていたため、櫓の内部までを御殿としたのでしょう。

関東が誇る石垣の名城！

続日本100名城 126

石垣山城

【いしがきやまじょう／神奈川県小田原市早川1383-12】

POINT

❶ 関東初の総石垣の城

❷ 本格的につくり込まれた設計

❸ 見逃し厳禁！ 井戸曲輪

城めぐりのコツ

石垣山一夜城歴史公園前にある一夜城ヨロイヅカファームを目指せばOK。駐車場とお手洗いも完備しています。徒歩の場合は、JR早川駅から関白農道経由で約50分、または箱根登山鉄道入生田駅から徒歩約60分。農道の８か所に設置された「石垣山に参陣した武将たち」の解説板を見られるのがご褒美です。スニーカーでOK。

難易度★★★☆☆

1 南曲輪東面の石垣。南面は比較的崩れずに残っている。
2 南曲輪の石垣。隅角部は巨石が用いられている。
3 二の丸と、本丸の石垣。

誰がなんと言おうと関東の名城

紛れもなく、関東の名城です。なぜなら、関東最古の総石垣の城だから。何度見てもほれぼれする石垣は、全国の人に見てもらいたい珠玉の逸品です。

石垣山《いしがきやま》城が築かれたのは、1590年(天正《てんしょう》18)。そう、17金山《かなやま》城(群馬県太田市)や22八王子《はちおうじ》城(東京都八王子市)など、1590年以前の石垣は関東にも存在します。しかし、いずれも部分的、小規模、地域限定のもの。織田信長《おだのぶなが》と豊臣秀吉《とよとみひでよし》の城の系譜を持つ、いわゆる織豊《しょくほう》系城郭の第1号は石垣山城なのです。全国的には最古級の石垣ではありませんが、天正期に築かれた石垣は貴重です。

石垣の名城というと、連想するのは西日本の城が中心ではないでしょうか。これは、高い石垣で囲まれた城が西日本で生まれて西日本で発展するからです。

高い石垣でぐるりと取り囲まれた城は信長が開発し、秀吉に受け継がれます。世の中の城が土づくりから石垣づくりへとシフトチェンジしたからといって、全国共通の築城マニュアルが配布されるわけではなく、現代のようにインターネットで最新情報が拡散されることもありません。ですから、信長や秀吉の城を実際に見なければその存在も知らず、その城づくりに関わった家臣でなければつくることはできないのです。

たとえば東北地方にある12会津若松《あいづわかまつ》城(福島県会津若松市)も、歴史を紐解《ひもと》けば秀吉家臣の蒲生氏郷《がもううじさと》が築いた、いわば豊臣政権の東北支社。6盛岡《もりおか》城(岩手県盛岡市)や13白河小峰《しらかわこみね》城(福島県白河市)など、立派な総石垣の城は、どこかで必ず織田・豊臣政権と関わりがあります。

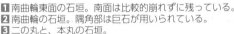

秀吉が小田原攻めで築城

石垣山城は、23小田原《おだわら》城(小田原市)に籠城する北条《ほうじょう》氏を攻略すべく、秀吉自身が築いた本陣《ほんじん》でした。築かれたのは、小田原城からわずか3㎞ほどの笠懸山《かさがけやま》。秀吉は標的となる小田原城から見上げれば必ず視界に入る場所に、関東人にとっては未知すぎる城を築いたのです。

秀吉は、豪壮な天守も建造。もちろん、関東人にははじめて目にする高層建造物でした。わざわざ西国《さいごく》から石工《いしく》を呼び寄せて石垣を積み、天守まで建造。秀吉の本陣とはいえ、臨時の前線基地には必要のないレベルの城でした。奇想天外な城の出現は、さぞかし北条方の度肝を抜いたことでしょう。『北条五代記《ほうじょうごだいき》』にもその反応が記され、この城の存在が降伏の決定打のひとつになったとされています。

驚きのパフォーマンス

築城の際、秀吉はとんでもないパフォーマンスをしたと伝わります。完成と同時に樹木を伐採させ、一夜のうちに出現したように見せたのです。石垣山城が〝石垣山一夜城〟とも呼ばれるのは、このエピソードが由来です。塀や壁には白紙を貼って白土を塗ったように見せかけ、これを見破った伊達政宗《だてまさむね》に秀吉や諸大名が感服した逸話も残ります。

敗色が濃厚となり厭戦《えんせん》ムードが高まる中、見たこともない石垣や天守を目にした北条軍は、財力と権力、力の差を否応《いやおう》なく見せつけられ、驚きよりも失望のほうが大きかったに違いありません。

もちろん、いくら秀吉であっても一夜で築くなど不可能で、実際には約4万人の動員数で82日ほどかかっています。ただし、54大阪《おおさか》城(大阪府大阪市)が本丸だけで1年半を要していることを考えると、かなりの突貫工事だったことは確か。短期間で完成させたこともさることながら、前代未聞の城であることが重要だったと思われます。

秀吉は在城中に、天皇の勅使《ちょくし》を迎えたり、千利休《せんのりきゅう》や能役者、側室の淀殿《よどどの》まで呼び寄せて、茶会や宴会を開いては優位であることをアピールしたといわれます。北条方に精神的ダメージを与えながら、いくらでも長期の兵糧《ひょうろう》攻めが可能なこと

4本丸北面の石垣。高さは10m以上と城内最高。2段にセットバックして積まれている。 5天守台。かなり崩れてしまっているが、瓦葺きの大きな天守が建っていたとみられる。 6二の丸から本丸に上がる枡形虎口。

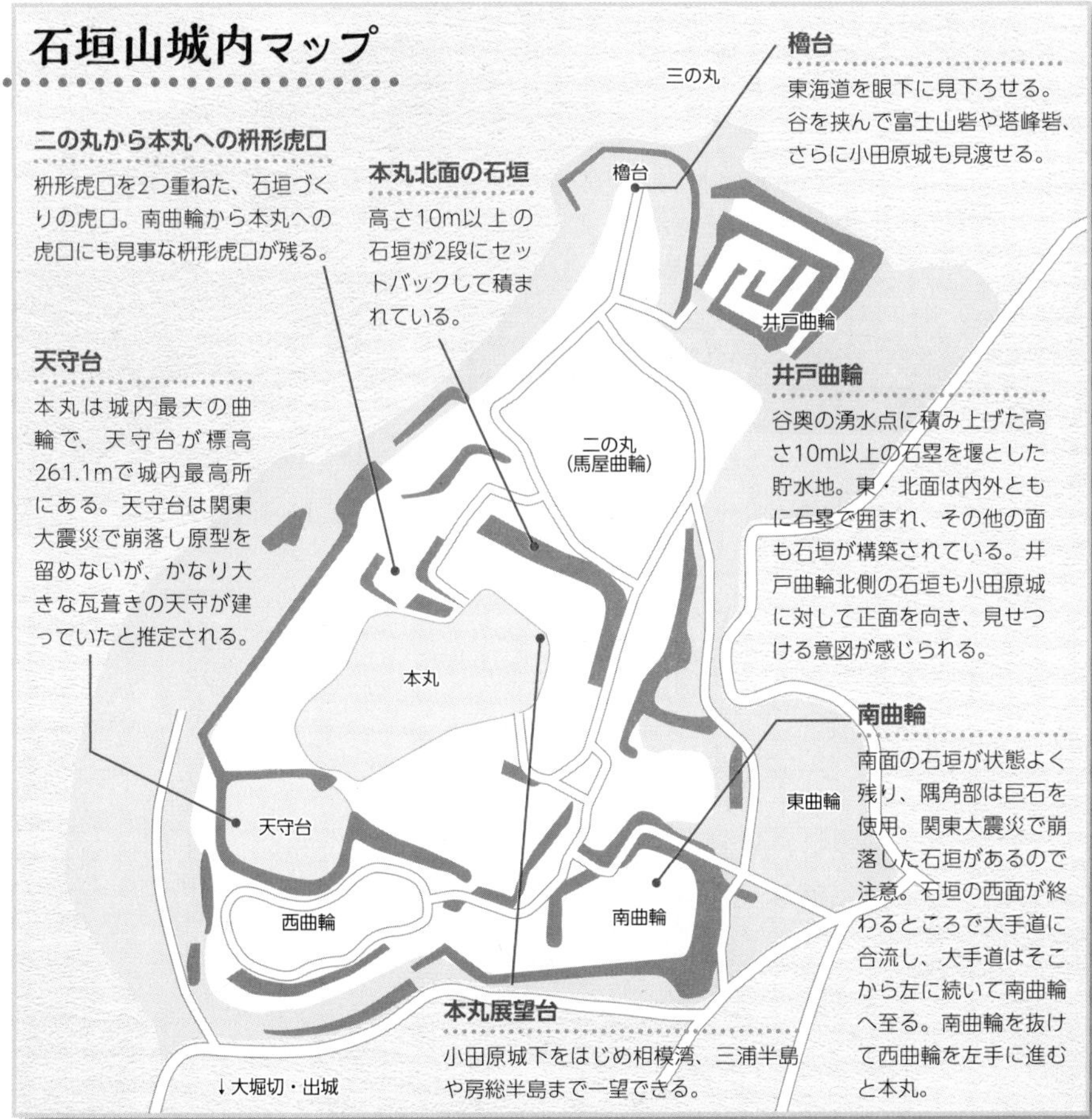

石垣山城内マップ
二の丸から本丸への枡形虎口
枡形虎口を2つ重ねた、石垣づくりの虎口。南曲輪から本丸への虎口にも見事な枡形虎口が残る。
本丸北面の石垣
高さ10m以上の石垣が2段にセットバックして積まれている。
櫓台
東海道を眼下に見下ろせる。谷を挟んで富士山砦や塔峰砦、さらに小田原城も見渡せる。
天守台
本丸は城内最大の曲輪で、天守台が標高261.1mで城内最高所にある。天守台は関東大震災で崩落し原型を留めないが、かなり大きな瓦葺きの天守が建っていたと推定される。
井戸曲輪
谷奥の湧水点に積み上げた高さ10m以上の石塁を堰とした貯水地。東・北面は内外ともに石塁で囲まれ、その他の面も石垣が構築されている。井戸曲輪北側の石垣も小田原城に対して正面を向き、見せつける意図が感じられる。
南曲輪
南面の石垣が状態よく残り、隅角部は巨石を使用。関東大震災で崩落した石垣があるので注意。石垣の西面が終わるところで大手道に合流し、大手道はそこから左に続いて南曲輪へ至る。南曲輪を抜けて西曲輪を左手に進むと本丸。
本丸展望台
小田原城下をはじめ相模湾、三浦半島や房総半島まで一望できる。
三の丸
櫓台
井戸曲輪
二の丸
(馬屋曲輪)
本丸
東曲輪
天守台
西曲輪
南曲輪
↓大堀切・出城

を示したのでしょう。小田原城に兵糧が運び込まれないよう厳重に監視しながら、同時進行で領内の支城《しじょう》をひとつずつ潰《つぶ》していったのでした。

その石垣、関東の誇り

崩れかけてはいるものの、現在も城内には総石垣の城の姿がほぼそのまま残ります。文書によれば、秀吉が石垣を築かせたのは、近江坂本《おうみさかもと》の穴太衆《あのうしゅう》。穴太衆といえば、信長に登用されたカリスマ石工集団。穴太衆が天正期に築いたすばらしい石垣が、400年以上の時空を超えてこれほど広範囲に生き残っているなんて……！と、心が震えます。関東の誇りです。関東最古の野面積《のづらづみ》の石垣は、突貫工事で築かれたとは思えないほど頑丈。さすがは天下人の座に王手をかけた秀吉の、最高峰の技術力に感激します。

小田原城の石垣は江戸《えど》時代に築かれた上に、関東大震災でほとんどが崩れています。これに対して石垣山城の石垣は、

7 本丸展望台からの眺望。小田原城天守閣も見える。夕景も美しい。 8 井戸曲輪北面の石垣。隅角部は南曲輪に匹敵する巨石が積まれている。 9 今も水が湧く井戸曲輪。

紛れもなく1590年モノ。これほど原型を留めているのは、やはり技術力の差なのでしょう。

必見！ 驚異の井戸曲輪

石垣山城は、南北方向に走る尾根を軸に、その最高地点に本丸と天守台を配置。西側には西曲輪《くるわ》と大堀切《おおほりきり》を隔てて出城《でじろ》を、北側には二の丸や北曲輪、井戸《いど》曲輪などを配し、本丸の南側には南曲輪や東曲輪などの曲輪群が置かれています。

注目は、すべての虎口《こぐち》が枡形《ますがた》虎口であること。とくに、二の丸から本丸に上がる北門の跡は、外《そと》枡形と内《うち》枡形をセットにした二重枡形で、織田・豊臣系の城の特徴を如実に表しています。

最大の見どころは、二の丸北東側にある井戸曲輪です。もともと沢のようになっていた地形を利用し、大小の方形スペースを設けたような段違いの空間を、北・東側は石塁、南・西側は石垣で囲んでいます。井戸は二の丸から25ｍも下がった場所にあり、なんと今でも湧き水が確認できます。石塁は高さ10ｍ以上、上幅も5～8ｍあります。一見の価値あり。これは、本当に必見です。

近年、石垣山城は不要な木々が伐採されていて、見ているこちらが恥ずかしくなるほどに姿が顕《あらわ》になってきています。「知ってはいたが、いやはや君は、こんなにも総石垣だったのか！」と、感涙せずにいられません。時間の限り、ぐるぐると城内を歩いてみてください。

井戸曲輪の周辺も木々のヴェールが脱がされ、ただ井戸を囲むように石垣を積み上げたのかと思いきや、かなりファンタスティックな設計の曲輪だと判明しました。想像以上に大胆な構造だとわかり、興奮するばかりです。

周囲の木々が取り払われたことで、小田原城方面に突き出すような石垣であることも一目瞭然となりました。本丸北面の10ｍ超の高石垣とともに、小田原城からの強烈な2枚壁となるのでしょう。

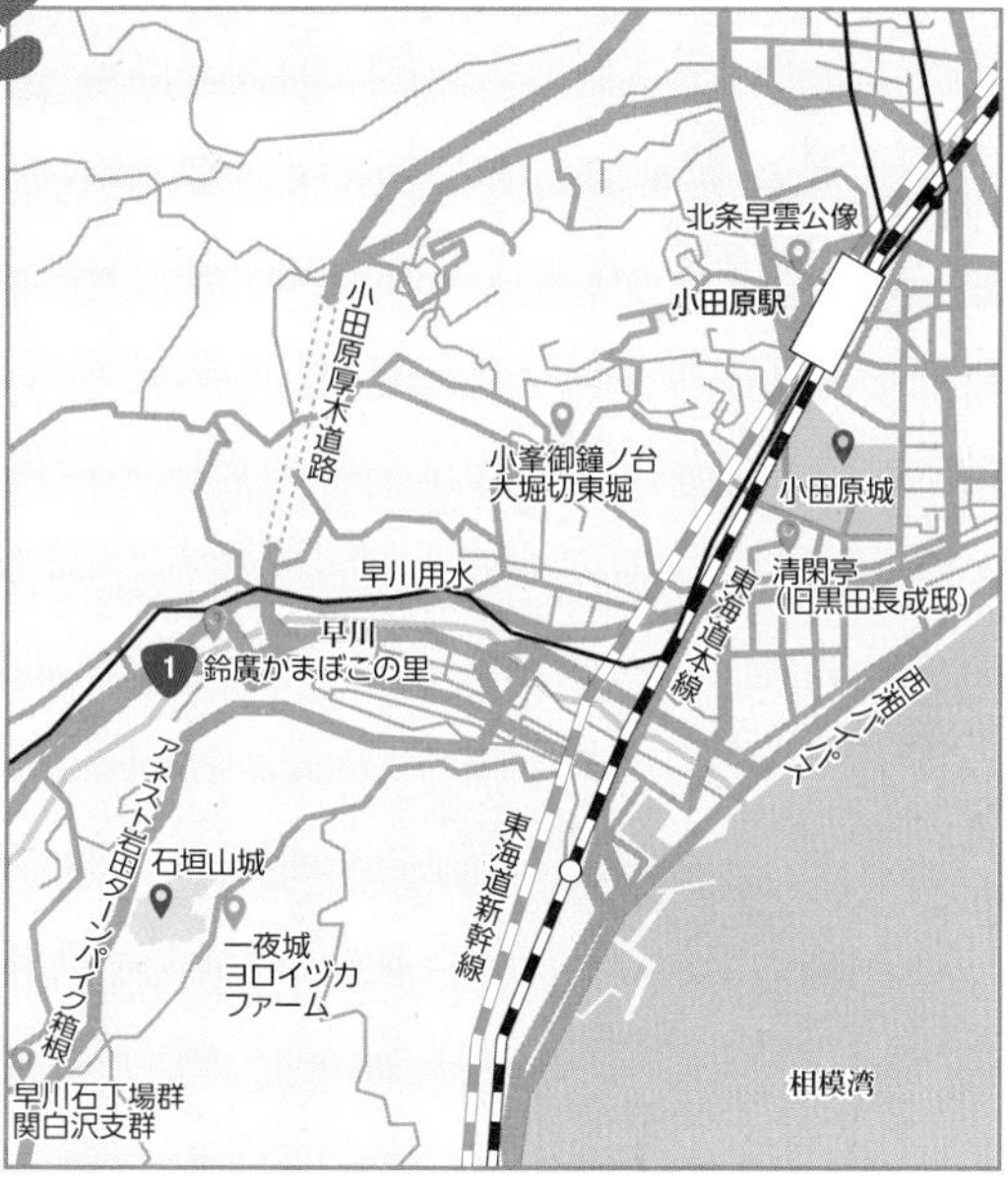

SPOT

採石の跡が残る、早川石丁《はやかわいしちょう》場《ば》群

早川石丁場群(早川石丁場群関白沢支群)は、石垣山城から約750m、徒歩12～15分ほどのところにある採石場。江戸時代、**21**江戸城(東京都千代田区)の石垣の石材として切り出され、相模湾経由で江戸まで海路で運搬されました。

早川石丁場群では切り出した石を成形する作業場、石材を運ぶ石曳道《いしひきみち》と呼ばれる通路も確認。橋梁《きょうりょう》下には観察路も整備されています。

石垣山城の石材は箱根外輪山《がいりんざん》の安《あん》山岩《さんがん》(火山岩の一種)で、笠懸山周辺の採石。豊富な石材の産地であることがわかります。

一夜城ヨロイヅカファーム

石垣山城に隣接する、人気パティシエ・鎧塚俊彦氏のレストラン。相模湾を一望できるロケーション。

➡小田原市早川1352-110

鈴廣 かまぼこの里

蒲鉾の老舗が運営する、買い物、食事、体験ができる複合施設。箱根ビールショップなども。

➡小田原市風祭245

小田原城

小田原を代表する観光スポット。天守閣最上階からは一夜城も。

➡小田原市城内6-1

小峯御鐘ノ台大堀切

北条氏時代の小田原城惣構の遺構。東・中・西堀の3本が並ぶ。

➡小田原市城山3-30

もし小田原城から偵察に来たなら、まずこの井戸曲輪を目の当たりにするはず。もし私がその立場なら……井戸の底ならぬ奈《な》落《らく》の底に突き落とされたような、絶望的な気持ちになること間違いなしです。小田原城への足取りは、10kgのアンクルウェイトをつけるより重いでしょう。

秀吉の気分で小田原城を一望

本丸より西南に張り出した天守台が最高地点で、標高は261・1m。瓦葺《かわらぶき》の立派な天守が建っていたようです。

本丸展望台からは、現在でも小田原城を見下ろすことができます。眼下には小田原城や城下、足柄《あしがら》平野や相模灘《さがみなだ》、遠くには三浦《みうら》半島や房総《ぼうそう》半島も望める最高の立地。北条氏が自信を持っていた小田原城の惣構《そうがまえ》を見下ろせるどころか、相模湾まで一望できてしまいます。小田原城を包囲する秀吉の大軍勢の配置まで見渡せ、秀吉はさぞかし優越感に浸っていたことでしょう。

お地蔵さま、何がどうしてこうなった？ 続日本100名城 165

大和郡山城

【やまとこおりやまじょう／奈良県大和郡山市城内町2】

POINT

❶ 「さかさ地蔵」などの転用石

❷ かき集められたカラフルな石材

❸ 極楽門橋がかかる内堀のスケール

城めぐりのコツ

市役所西側の柳御門跡と頬当御門跡が、城の大手。線路を渡って鉄御門跡を通り、追手門から入りましょう。追手門や追手向櫓、東櫓が復元されています。柳沢文庫を見学したら、極楽橋を渡って本丸へ。竹林橋を渡った、郡山高校が二の丸屋形跡です。天守台では、平面表示と礎石の展示でイメージを。本丸と二の丸周辺だけであればざっと60 ～ 90分、時間があれば周辺や城下町歩きも。スニーカーでOK。難易度★☆☆☆☆

1 郡山城の代名詞でもある「さかさ地蔵」。足の裏が石垣の表面になるように突っ込まれている。
2 本丸東面の石垣。探さなくても見つかる、転用石の宝庫。
3 転用石は天守台以外にも使用されている。

ぶち込まれたお地蔵さま

大和郡山城《やまとこおりやまじょう》といえば〝お地蔵さまの城〟。お地蔵さまを石垣の石材として転用した「さかさ地蔵」は、郡山城の代名詞です。頭からぶち込まれているのにもかかわらず、微笑《ほほえ》んでおられるのがおいたわしい……。はじめて見たときはそのインパクトに驚愕《きょうがく》したものです。

いわゆる転用石《てんようせき》がふんだんに使われた城で、さかさ地蔵のほか、伝羅城門《でんらじょうもん》の礎石《そせき》をはじめ、宝篋印塔《ほうきょういんとう》や五輪塔《ごりんとう》、石仏《せきぶつ》などが石垣にこれでもかと散りばめられています。がんばって探さなくても目につくほどの、転用石の宝庫です。

不憫《ふびん》なお地蔵さまはさかさ地蔵だけかと思いきや、とんでもない！　石垣の表面だけで、転用石は約1000基、お地蔵さまも約200基が確認されています。2014年(平成26)からの石垣解体修理でも、大量の転用石がザクザクと出てきました。天守台全体の約13％とごくわずかな整備範囲内で、約600基を確認。通常は河原石などの適当な小石を詰めるはずの裏込《うらごめ》にも、転用石が用いられていたのですから驚きです。

裏込から見つかった石仏は58基で、およそ1割。天守の礎石や天守の入口部分にも石塔が確認されました。天守台のみならず、本丸からもたくさんの転用石が見つかっています。

石材が転用された理由

全国の城に見られる転用石には、権力誇示や呪術《じゅじゅつ》的な意図を感じるケースがあります。しかし、郡山城の場合は完全なる石材の補塡《ほてん》が目的のようです。

城がある西ノ京丘陵《にしのきょうきゅうりょう》をはじめ、城の近隣はまったく石が採れない地層。採石場は確認されていませんが、城から東へ約10㎞の五ケ谷《ごかだに》や南椿尾《つばきお》付近から花崗岩《かこうがん》、西へ約5㎞の矢田《やた》丘陵から花崗岩、北東へ約10㎞の若草山《わかくさやま》から安山岩《あんざんがん》を運んだ可能性が高いそう。ちょうど、寺社が多い地域でもあります。

いずれにしても、5～10㎞圏内から収集したのは間違いなさそうです。石仏や石塔のみならず石臼《いしうす》のような日用品も紛れていたことからも、必死にかき集めたようすが伝わります。

豊臣政権の威信にかけて

ここまでして石垣がつくられたのは、豊臣《とよとみ》政権において重要な城だからです。

城のはじまりは1580年(天正《てんしょう》8)に入城した筒井順慶《つついじゅんけい》によりますが、石垣を築き現在の城の原型をつくったのは、1585年(天正13)に入った豊臣秀吉《とよとみひでよし》の弟、豊臣秀長《ひでなが》です。一族経営の企業であるならば、秀長は副社長、はたまた専務か常務といったポスト。大和《やまと》(奈良県)・紀伊《きい》(和歌山県・三重県南西部)・和泉《いずみ》(大阪府南西部)、3国合わせて100万石を領した秀長の拠点ですから、豊臣政権の威信をかけて最先端の城が築かれたのでしょう。

この地は大坂や京から近く、大坂を防衛する城でありながら、54大阪城(大阪府大阪市)と共存するような政治的側面の強い城だったと思われます。豊臣政権や領主・秀長の権力を誇示する、象徴的な存在。高い技術力がなければ実現できない、秀吉流の城を築くこと自体に大きな意味があったのかもしれません。

郡山城は、中心部を含む西側約3分の2が、奈良盆地の北西縁を南北にのびる西ノ京丘陵の南端部に乗っかるように築かれています。そのため、天守台の標高は81m、比高はわずか28mですが、東への眺望《ちょうぼう》がかなり開けています。

大和東山《やまとひがしやま》の連山が一望でき、平城京《へいじょうきょう》をはじめ南都の諸寺、龍王山《りゅうおうざん》や三輪山《みわやま》も望めます。南には大和三山も見え、大和一円を手に入れた気分に。支配拠点として最適な地だったのだと察しがつきます。

城の骨格は秀長から1595～1600年(文禄《ぶんろく》4～慶長《けいちょう》5)に在城した増田長盛《ましたながもり》までの、豊臣政権期に形成されたと考

4天守台からの眺望。晴れていれば大和東山の連山が見え、奈良盆地が一望できる。 5本丸北側の石垣。ほぼ積み直しされていないという奇跡の石垣。 6極楽橋がかかる、本丸と毘沙門郭の間の堀。

大和郡山城内マップ

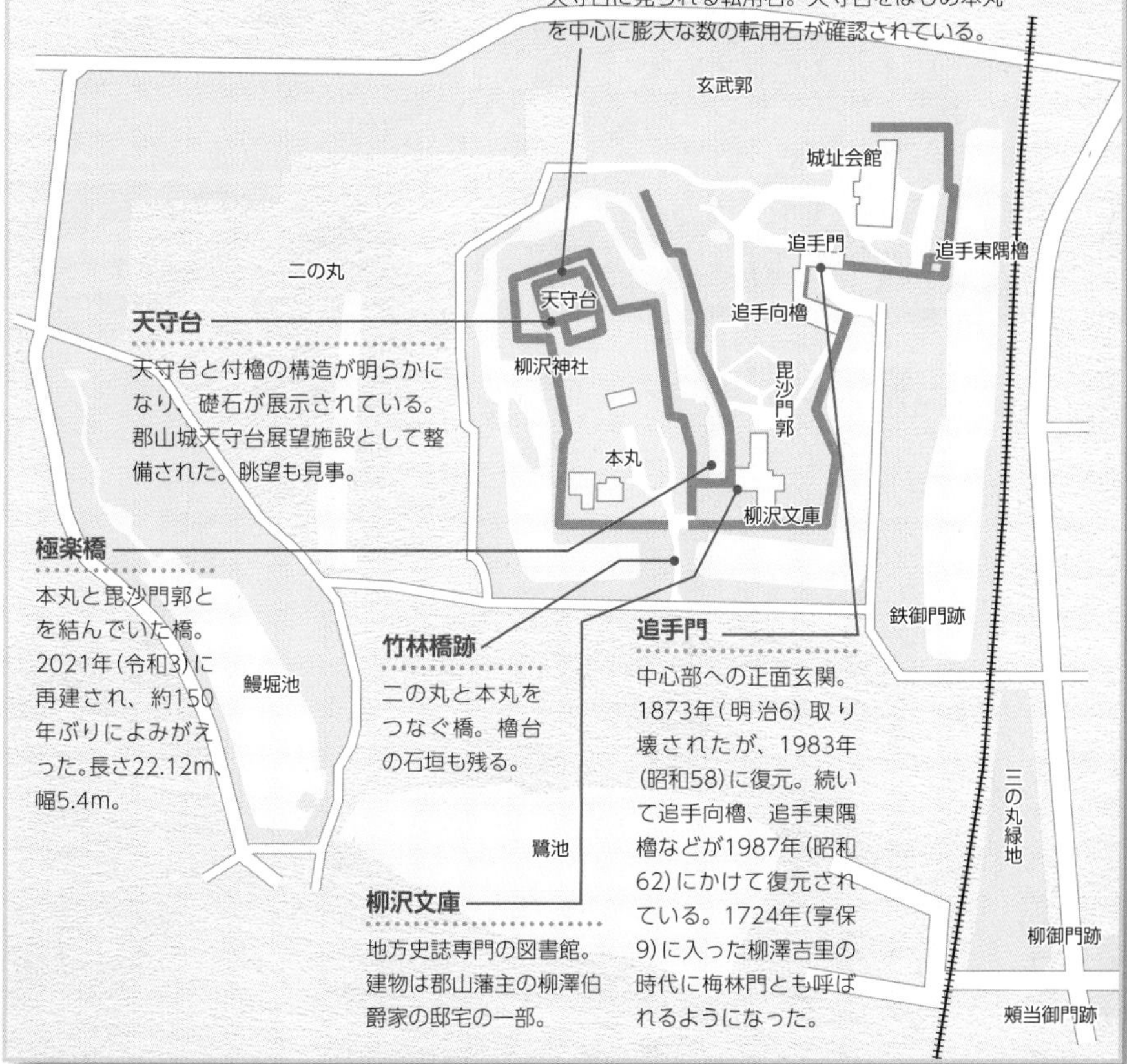
さかさ地蔵
天守台に見られる転用石。天守台をはじめ本丸を中心に膨大な数の転用石が確認されている。
玄武郭
城址会館
追手門
追手東隅櫓
二の丸
天守台
追手向櫓
天守台
天守台と付櫓の構造が明らかになり、礎石が展示されている。郡山城天守台展望施設として整備された。眺望も見事。
柳沢神社
毘沙門郭
本丸
柳沢文庫
極楽橋
本丸と毘沙門郭とを結んでいた橋。2021年(令和3)に再建され、約150年ぶりによみがえった。長さ22.12m、幅5.4m。
鉄御門跡
竹林橋跡
二の丸と本丸をつなぐ橋。櫓台の石垣も残る。
追手門
中心部への正面玄関。1873年(明治6)取り壊されたが、1983年(昭和58)に復元。続いて追手向櫓、追手東隅櫓などが1987年(昭和62)にかけて復元されている。1724年(享保9)に入った柳澤吉里の時代に梅林門とも呼ばれるようになった。
鰻堀池
鷺池
三の丸緑地
柳沢文庫
地方史誌専門の図書館。建物は郡山藩主の柳澤伯爵家の邸宅の一部。
柳御門跡
頬当御門跡

えられます。関ヶ原《せきがはら》の戦い後は一時城主不在の時期を経て、水野勝成《みずのかつなり》、松平忠明《まつだいらただあき》、本多正勝《ほんだまさかつ》など譜代《ふだい》大名が入城。1724年(享保《きょうほう》9)には柳沢吉里《やなぎさわよしさと》が入り、政治経済の中心地として繁栄しました。

本丸の石垣が圧巻!

そんな歴史背景を踏まえて歩くと、実に手の込んだ城だと気づけるはずです。

よく見ると、土木工事量もかなりのもの。たとえば本丸東・北側の石垣下のスペースも、自然地形と見せかけて盛土《もりど》をした造成地です。本丸東側の堀もかなりダイナミックに掘り込まれ、秀吉が築いた伏見《ふしみ》城(京都府京都市)を彷彿《ほうふつ》とさせます。大規模な土木工事も、最高峰の城の必須条件だったのかもしれません。

圧倒されるのは、本丸下の石垣。関ヶ原の戦い以前に、10mに及ぶ高石垣を、これだけ広範囲に積んでいたなんて……! しかも、北面は大規模な積み直しをしていないのですからさらに驚きで

7本丸の石垣。色とりどりの石が使われているのがわかる。質感もさまざま。　8復元されている、追手門、追手向櫓、東櫓。　9発掘された天守台の基底部が展示されている。礎石にも転用石が使われていた。

す。算木積《さんぎづみ》も未発達で決して石垣の完成度が高いとはいえないのに、よくぞ崩れず存在してくれています。

幻の天守が明らかに

発掘調査によって、天守の礎石《そせき》や付櫓《つけやぐら》の地階などが発見され、幻といわれた天守の実在も証明されました。現在の地表面の2・2m下に付櫓の地階床面があり、付櫓内部を上がって天守台南面の連絡口から天守へ入る構造でした。

これまで天守台は出土した瓦などから豊臣政権期の築造と推察されてきましたが、水野勝成が入城した以降の時期を示す瓦が新たに見つかり、年代観が見直されています。秀吉の城は残っておらず、家臣の城も類似例が僅少。郡山城に眠る真実が、秀吉政権の城の解明に一石を投じるかもしれません。

図鑑さながらの石垣バリエ

ともあれ、この城の魅力は石垣です。算木積の風合いに萌え、かき集めたからこそのバリエーション豊かな石材をまずは存分に観賞しましょう。

白い石は花崗岩、黒い石は安山岩、黄色っぽい石は竜山石《たつやまいし》という凝灰岩《ぎょうかいがん》です。色だけでなく、質感もバラバラ。風化したように穴の空いた軽石みたいな石もあれば、パイ生地のように断面が層になった石もあるなど、表面の表情も豊かです。個性と個性がぶつかり合って生まれるプロダクトデザイン、なんとも芸術的ではありませんか。聞けば、今回の調査だけで37種類の石材が確認されたとか。石垣の図鑑ができてしまいそうです。

郡山城の石垣は、生命力に満ち溢れ、対峙《たいじ》するほどに虜《とりこ》になる魅力があります。部分的に積み方が異なっているのも、生き様が感じられて素敵です。

印象深かったのは、写生をしている地元の方が多いこと。そうそう、壮大な水堀と石垣のコラボもいいし、石垣の折れのラインもかっこいいんですよね。

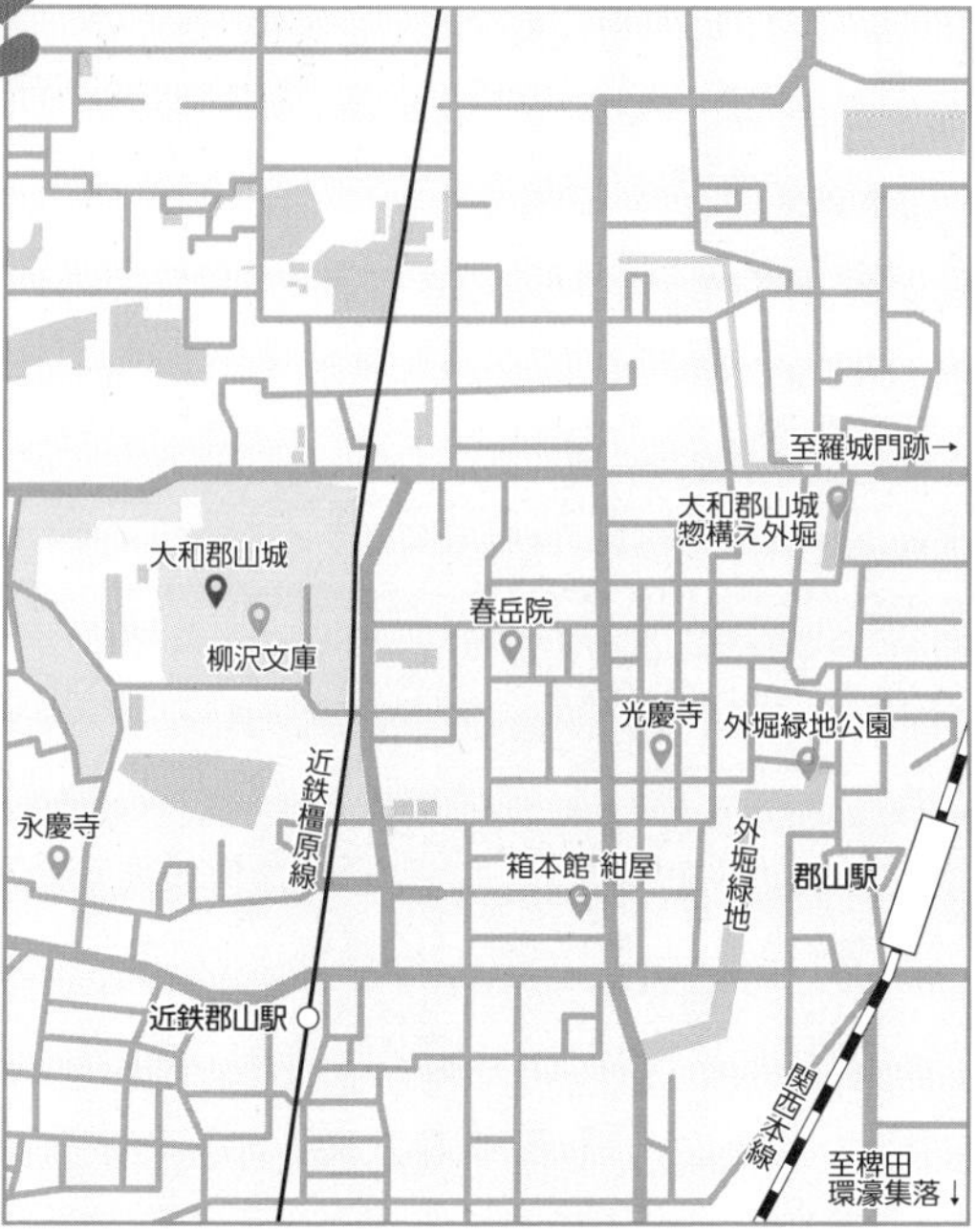
至羅城門跡→
大和郡山城
惣構え外堀
大和郡山城
春岳院
柳沢文庫
光慶寺
外堀緑地公園
近鉄橿原線
永慶寺
箱本館 紺屋
外堀緑地
郡山駅
近鉄郡山駅
関西本線
至稗田
環濠集落↓

稗田環濠集落

環濠の形態がよくわかる、大和の環濠の代表例。

➡大和郡山市稗田町

柳沢文庫

藩主・柳沢氏の歴史的資料などが保存・公開されている。

➡大和郡山市城内町2-18

春岳院

秀長の肖像画や箱本制度の資料文献が残されている。

➡大和郡山市新中町2

箱本館 紺屋

江戸時代の藍染商の町家を再生。藍と金魚が楽しめる施設。

➡大和郡山市紺屋町19-1

SPOT

城下町歩きも楽しい！

市内には、豊臣秀長の菩提寺《ぼだいじ》・春岳《しゅんがく》院《いん》をはじめ、筒井順慶や秀長ゆかりの社寺、縄文～弥生時代の遺跡、4世紀頃の古墳、羅城門遺跡などが残ります。

城下町歩きや外堀めぐりもオススメ。秀長は13の町をつくり、「箱本十三町」という運営制度を制定。これが、明治維新まで続く基礎となりました。解説版をたどりながら、町名を探すだけでも楽しめます。郡山城は近鉄橿原《かしはら》線の線路を挟んで、丘陵地と盆地に分かれ、城下町は東側の盆地に形成されています。秋篠《あきしの》川を利用した全長約5.5kmの外堀跡は、石碑を辿ると1周できます。

マンホールに案内板、フェンスにと町中に金魚があしらわれているのは、1724年(享保9)に城主となった柳沢吉里が金魚を持ち込み、明治以降に養殖が盛んになったため。現在、郡山は日本最大の金魚養殖産地となっています。

◆福知山城も転用石の宝庫！

続100名城 158

1579年(天正7)、信長の命令により丹波を平定した明智光秀が大改修。宝篋印塔《ほうきょういんとう》、五輪塔《ごりんとう》、石臼《いしうす》、石仏《せきぶつ》などが総数500点以上も使われ、天守台にもこれでもかと散りばめられています。

地輪《ちりん》(五輪塔のいちばん下の部分)が約250点、宝篋印塔の基礎が約35点。逆算すると、少なくとも300基程度の石塔が破壊されて集められたとみられます。石材が近辺で採れなかったことがいちばんの理由のようです。

転用石のおよそ6割は、光秀時代の構築とみられる天守台南側に集中。石に刻まれた年号は「延文四年」(1359年)から「天正三年」(1575年)までで、もっとも年代が新しい天正三年の記銘は天守台南側の天端の地輪にあり、光秀の修築時期と合致します。

雄々しくも儚げな、幽玄の石垣に酔いしれる　続日本100名城 168

若桜鬼ヶ城

【わかさおにがじょう／鳥取県八頭郡若桜町若桜・三倉】

POINT

❶ 街道が見下ろせる本丸からの眺望

❷ 三の丸の大手枡形虎口

❸ 情趣溢れる六角石垣

城めぐりのコツ

徒歩の場合は、古城ルートまたは八幡山ルート（いずれも徒歩約30 ～ 40分）。八幡山ルートは途中で六角石垣を見られます。車の場合は山頂まで上がれる林道ルートがあり、駐車場からは馬場を経由して本丸に至ります。若桜までは、鳥取から若桜鉄道で約50分、車で約40分。大阪からは3時間ほどです。トレッキングシューズがベター。難易度★★★★☆

1 本丸からの景観。左が但馬へ、右が播磨へ通じる街道。
2 ホウヅキ段の石垣。岩盤が露出している部分もある。破城の痕跡と思われるものも。 3 城から見下ろす城下町と若桜駅。

ノスタルジックな町と城

若桜《わかさ》鉄道若桜線の終着駅、若桜駅。レトロな駅舎とのどかな風景に旅情をそそられます。その南側、標高452mの鶴《つる》尾《のお》山にあるのが若桜《わかさ》鬼ヶ《おにが》城です。

鶴尾山西麓《せいろく》の三倉《みくら》川沿いには城下町を連想させる地名が残りますが、近世の城下町は若桜駅のある北東麓、八東《はっとう》川との間に形成されました。若桜の城下町は江《え》戸《ど》時代には若桜宿《わかさじゅく》として繁栄し、現在も白壁土蔵造りの旧家が並びます。

若桜は鳥取県の東南端にあり、兵庫県と岡山県に接する町。東に但馬《たじま》(兵庫県北部)、南に播磨《はりま》(兵庫県南西部)、西に美作《みまさか》(岡山県北東部)と3国に囲まれ、それぞれの国に通じる街道の結節点です。

複数の国が隣接して街道が交差する町——。そう、守るにも攻めるにも重要で、抗争があれば巻き込まれがちな地勢です。それゆえ、鬼ヶ城には戦国時代にも幾多の歴史が刻まれました。

職人の生き様を感じるように

縄張《なわばり》(設計)にもぐっときますが、私は鬼ヶ城の石垣がとても好き。織豊《しょくほう》期の石垣がよく残り、表情の違いに時代ごとの変容《へんよう》が隠されているからです。鬼ヶ城の石垣は、戦国時代のこの地を語る代弁者。廃城後に破却された痕跡も明瞭に残り、泡沫夢幻《ほうまつむげん》な城の末路も見られます。

たとえばそれは、職人の手に刻まれた皺《しわ》に生き様を感じるときのよう。鬼ヶ城の石垣には、戦乱の世を生き抜いてきたたくましさ、積み重ねられた歴史の重みが映し出されているのです。石垣の変化が、歴史のうねりを伝えてくれます。

街道が行き交う要衝

本丸からの景観が、この城の重要性と役割を教えてくれます。眼下に広がるのは、街道が走るノスタルジックな風景。鳥取と若桜を繋《つな》ぐ若桜街道《わかさかいどう》が走り、若桜から播磨へ向かう播磨道と、若桜から氷《ひょう》ノ山越《のせんごえ》に至る但馬道が分岐します。城下町にある「伊勢道《いせみち》の道標」は、播磨道と伊勢道の分岐を示すもの。江戸時代に宿場町として栄えた痕跡です。

鬼ヶ城は、交通の要衝《ようしょう》を押さえる軍事拠点であると同時に、シンボリックな城でもありました。防衛面が強化される一方で、石垣も城下町や街道からの見栄えを強く意識して積まれていると感じます。すばらしい石垣の誕生にも、街道は深く関係しているのですね。

石垣づくりの城へシフトチェンジ

鬼ヶ城は国人《こくじん》領主の矢部《やべ》氏が築いたとされますが、定かではありません。山名《やまな》氏、尼子《あまご》氏、毛利《もうり》氏の進出により矢部氏は滅亡し、１５７５年(天正《てんしょう》３)には、毛利氏配下の草刈景継《くさかりかげつぐ》が尼子党支配下の鬼ヶ城を攻撃した記述が残ります。

現在見られる石垣が築かれたのは、羽《は》柴《しば》(豊臣《とよとみ》)秀吉《ひでよし》の支配下になってからのこと。１５８０年(天正８)に織田信長《おだのぶなが》の命により秀吉が但馬侵攻を開始すると、播磨から63鳥取《とっとり》城(鳥取市)への経路にある鬼ヶ城は羽柴秀長《ひでなが》に攻略されました。

鬼ヶ城には八木豊信《やぎとよのぶ》が置かれ、現在のように城域《じょういき》が全山に広げられて登城道も増やされたようです。次いで１５８１年(天正９)に入った木下重賢《きのしたしげかた》によって、石垣づくりの城の原型がつくられました。

重賢は、東側の急斜面上に長さ１００m超の石垣をめぐらせ、西側には複数の櫓台《やぐらだい》を構築。中枢部分を拡張して石垣を築き、枡形虎口《ますがたこぐち》で強化した、いわゆる織豊系城郭へとシフトチェンジしました。

矢部氏の居館《きょかん》を接収しつつ、山上部分を大改造。登城道は基本的に継承し、本丸や二の丸のほか、敵の突破口となる北西曲輪《くるわ》群や本丸西側下段の虎口などを強化したとみられます。

豊臣氏の時代から世は移り、関ヶ原《せきがはら》の戦いの後には因幡《いなば》はすべて徳川《とくがわ》系大名の統治下に置かれました。鬼ヶ城には１６０１年(慶長《けいちょう》６)に山崎家盛《やまざきいえもり》が入り、さら

4 三の丸の大手門跡。小規模だが石垣づくりの立派な枡形虎口。
5 本丸にある天守台。東北隅に張り出しがある。
6 本丸に上がる石段。

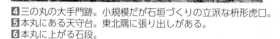

若桜鬼ヶ城内マップ

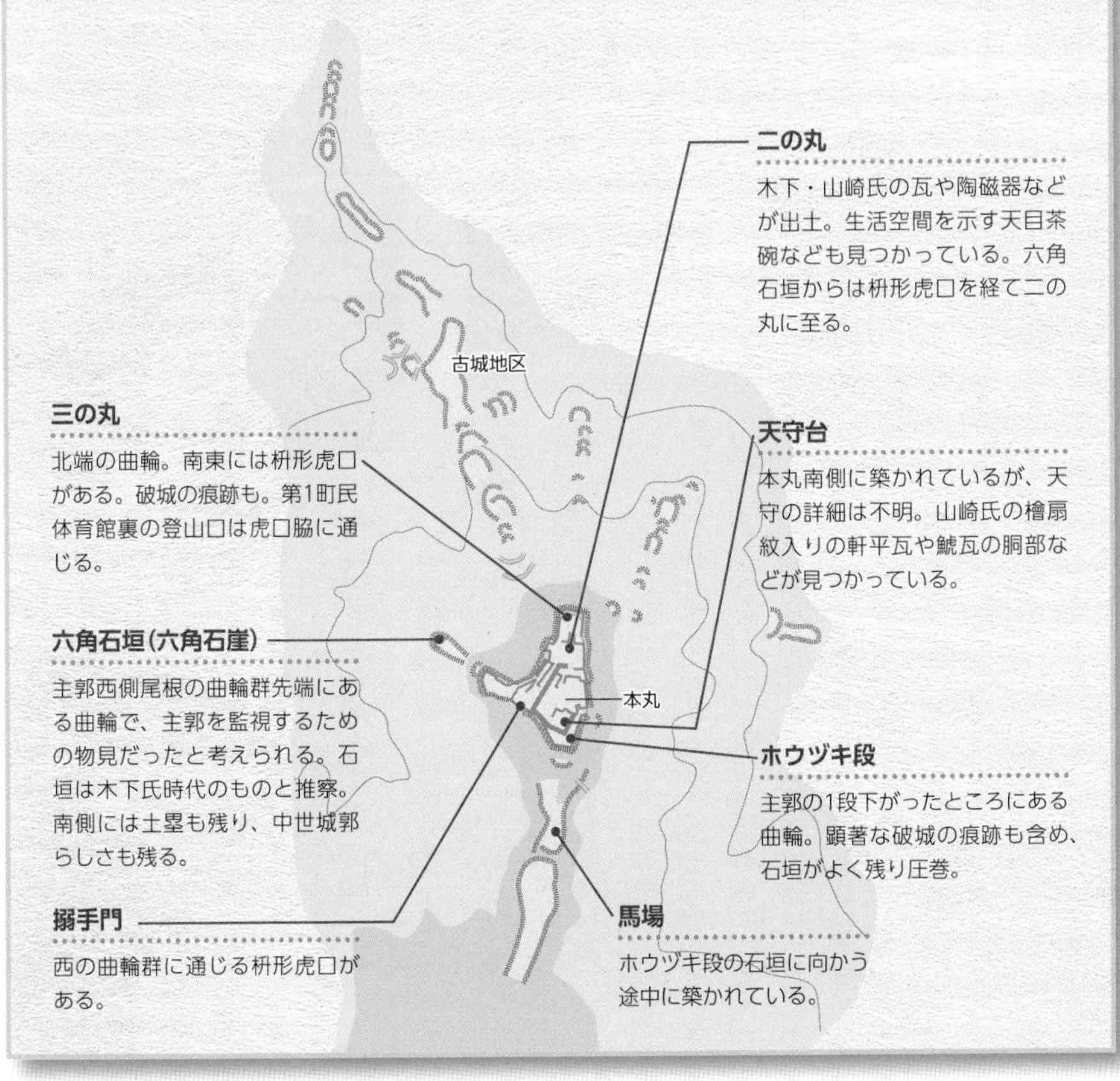
二の丸
木下・山崎氏の瓦や陶磁器などが出土。生活空間を示す天目茶碗なども見つかっている。六角石垣からは枡形虎口を経て二の丸に至る。
古城地区
三の丸
北端の曲輪。南東には枡形虎口がある。破城の痕跡も。第1町民体育館裏の登山口は虎口脇に通じる。
天守台
本丸南側に築かれているが、天守の詳細は不明。山崎氏の檜扇紋入りの軒平瓦や鯱瓦の胴部などが見つかっている。
六角石垣（六角石崖）
主郭西側尾根の曲輪群先端にある曲輪で、主郭を監視するための物見だったと考えられる。石垣は木下氏時代のものと推察。南側には土塁も残り、中世城郭らしさも残る。
本丸
ホウヅキ段
主郭の1段下がったところにある曲輪。顕著な破城の痕跡も含め、石垣がよく残り圧巻。
搦手門
西の曲輪群に通じる枡形虎口がある。
馬場
ホウヅキ段の石垣に向かう途中に築かれている。

なる変貌《へんぼう》を遂《と》げたようです。山崎氏が1617年（元和《げんな》3）に転封《てんぽう》になると鬼ヶ城は池田光政《いけだみつまさ》の支配下となり、役目を終えて廃城になったと考えられます。

山崎氏時代に大手も変更か

このように、鬼ヶ城は①矢部氏時代、②豊臣政権下の木下氏時代、③徳川政権下の山崎氏時代に大きく分かれます。石垣があるエリアとないエリアがあるのも、登城道が複数にわたるのも、こうした複雑な変遷《へんせん》があるからです。さまざまな石垣の表情と5つの登城道は、複雑なドラマを解き明かすヒントです。

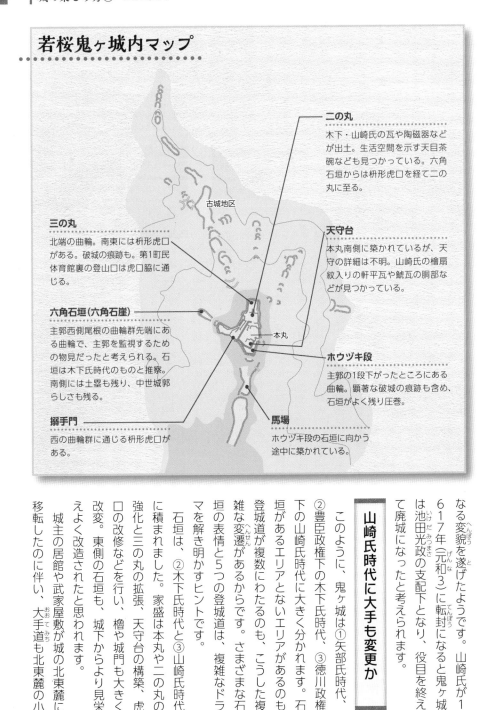

石垣は、②木下氏時代と③山崎氏時代に積まれました。家盛は本丸や二の丸の強化と三の丸の拡張、天守台の構築、虎口の改修などを行い、櫓や城門も大きく改変。東側の石垣も、城下からより見栄えよく改造されたと思われます。

城主の居館や武家屋敷が城の北東麓に移転したのに伴い、大手道《おおてみち》も北東麓の小

7 二の丸。廊下橋虎口を経て本丸一段下の曲輪に至る。このあたりの石垣は打込接。
8 堀切。中世の顔も持つのが魅力。
9 ホウヅキ段の石垣。

城ヶ谷から三の丸へ続くルートに変更。同時に、木下氏時代の大手口は搦手口《からめてぐち》になったと思われます。城下からの偉容を重視してのことでしょうか。本丸南側の3郭がどうやら未完成なのも、城下から見えない場所だからかもしれません。

趣ある石垣と中世の顔

鬼ヶ城の石垣は独特の趣《おもむき》があり、見にいく甲斐があります。ほとんどが3m以下とさほど高さはありませんが、急勾配《きゅうこうばい》で反《そ》りはなく、なんとも風情があります。ホウヅキ段や六角石垣をはじめ、岩盤が露出するワイルドな一面も。隅角部《ぐうかくぶ》の算《さん》木積《ぎづみ》がまだまだ発展途上なのも、なんだか愛おしく思えてきます。石材表面の加工がバラバラで、場所により表情が変わるため見ていて飽きません。

　ほとんどが野面積《のづらづみ》か打込接《うちこみはぎ》の乱積《らんづみ》ですが、虎口や天守台では布積《ぬのづみ》のような積み方も見られます。虎口では比較的大きめの石が使われていて、場所によって石材の大きさも異なるようです。

　中世の城と近世の城が共存しているのも、この城のたまらない魅力です。山頂付近は石垣づくりの虎口や天守台がある近世的な城なのに対し、南北の尾根の中腹から先端にかけては堀切《ほりきり》や竪堀《たてぼり》があり、曲輪がいくつも連なる中世的な構造。いろいろな顔を持つマルチな城です。

推し石垣は六角石垣

城は広大でいくつかのエリアに分かれますが、見学の中心となるのは本丸、二の丸、三の丸などの山頂部分の曲輪群と、西側の尾根に派生する曲輪群です。

　本丸は五角形で南北約50m×東西約60m、南側には、東北隅に張り出しのある1辺18mほどの天守台があります。

　本丸北側の内枡形《うちますがた》虎口《こぐち》から2折れの虎口空間を経て二の丸に至り、北側に三の丸が階段状に並びます。本丸西側には3つの曲輪が並び、西側尾根《おね》の曲輪群に続きます。本丸南側の一段下を取り巻くホ

蔵通り

約300mに渡り20の白壁土蔵が残る、風情ある通り。

➡八頭郡若桜町若桜

若桜郷土文化の里

明治時代の土蔵造りを復元した歴史民俗資料館。無動山永福寺の山門が移転。

➡八頭郡若桜町屋堂羅37

不動院岩屋堂

日本三大不動明王のひとつ。天然の岩窟内の舞台造りの建物。

➡八頭郡若桜町岩屋堂

伊勢道の道標

江戸時代、庶民の伊勢参りのための道標として建てられた。

➡八頭郡若桜町若桜ほか

SPOT

若桜駅とカリヤが残る宿場町

若桜鉄道は、郡家《こおげ》駅から若桜駅までを結ぶ第三セクター鉄道。木造平屋建ての駅舎のほか、昭和5年（1930）の開業当時の機関車の転車台、蒸気機関車へ給水を行う給水塔などの設備が残り、国の登録有形文化財に指定されています。

若桜駅から徒歩約10分の木島《きじま》家住宅主屋も、国の登録有形文化財。明治18年（1885）の大火後に建てられた町家で、庇《ひさし》を出して隣の家との通路とするカリヤが残ります。

ウヅキ段も、ここに連結します。

主郭《しゅかく》西側尾根の曲輪群の先端にあるのが、六角石垣（六角石崖）。本丸北西方向の尾根に連なる曲輪群とのセットで侵入路を監視・防御していたのでしょうか。北側には、古城《こじょう》と呼ばれる曲輪を含む曲輪群が連なります。

私の推し石垣は、六角石垣です。主郭周辺の石垣よりも築造年代は古く、おそらく木下氏時代のものと思われます。少し離れた場所にあるせいか、破却されずによく残っていて感動します。

ホウヅキ段の南側、急斜面と緩斜面を経たところにあるのが、長さ約140mの城内最大の馬場《ばば》です。採石場は、城の700m南側にあります。

本丸や二の丸、三の丸の虎口を中心に石がゴロゴロと転がっているのは、おそらく破城の痕跡。隅角部に、人為的に崩されたような跡があります。廃城時に破却されたのでしょうか。時間が止まったような静かな空間が広がります。

石垣フェチが憧れる、高虎の初期作

続日本100名城 155

赤木城

【あかぎじょう／三重県熊野市紀和町赤木】

POINT

❶ 主郭の二重枡形虎口

❷ 街道を意識した石垣と虎口

❸ かっこいい主郭南側の石垣

城めぐりのコツ

南阪奈自動車道の葛城ICから2時間40分、紀勢自動車道上富田ICから約1時間50分、紀勢自動車道尾鷲北ICから約1時間7分。ややアクセスが大変ですが、駐車場に着けばすぐに散策がはじめられます。「観光三重」サイトでパンフレットのPDFが閲覧可能。ダウンロードして城歩きの友にするといいですよ。スニーカーでOK。

難易度★★☆☆☆

1 赤木城の遠景。近年は雲海に浮かぶ姿も話題に。 2 主郭の入口は内枡形＋外枡形の二重枡形虎口。虎口は北山道方面に向いている。 3 西郭１と西郭２。階段状に広がる。

石垣ファン憧れの城

石垣ファンの心を摑《つか》んでやまない赤木《あかぎ》城は、後に築城名人として名を馳せる藤《とう》堂高虎《どうたかとら》が１５８９年(天正17)頃に築いた城です。石垣築造の技術は発展途上ながらも、築城年代を考えれば先進的。学術的な評価はさておき、趣《おもむき》のある石垣は誰の目にもきっとエクセレントです。

難点は、やや交通の便が悪いこと。赤木城は、三重県・和歌山県・奈良県にまたがる、浸食により険しい地形になっている紀伊《きい》山地のほぼ中央にあります。わずかに開けた、小盆地の丘陵《きゅうりょう》を利用して築かれています。

城というと、できるだけ標高が高いところに築くのがベストのように思えます。しかし、赤木城を訪れると、敵を寄せ付けない立地というより、むしろ包囲されているように感じます。ふと周囲を見渡せば、城の南東には標高７３６ｍの白倉《しらくら》山《やま》、その東には標高７７７ｍの玉置山《たまきさん》がそびえ、城の背後にあたる北側にも標高５００~７００ｍ級の山々が連《つら》なっているではありませんか。

なんというか、遠望する姿は東京ドームの客席からグラウンドを見下ろすような、はたまた両国国技館《りょうごくこくぎかん》の客席から土俵を見下ろすかのよう。包囲されている印象が否めず、標高は２３０ｍあるものの、城が築かれた丘陵裾《すそ》との比高差はわずか30ｍほどしかありません。

街道との関係に注目

築城の背景を辿《たど》ると、この場所に築かれた理由が見えてきます。この城は、街道を意識した権力を誇示する城でした。

熊野《くまの》の地は、１５８５年(天正《てんしょう》13)に豊《とよ》臣秀吉《とみひでよし》の紀伊侵攻によりその傘下に入り、豊臣政権にとって城や寺社造営の木材の供給源として重要視されました。山奥ではあるものの、田平子峠《たびらことうげ》を越えて入鹿《いるか》・本宮《ほんぐう》方面に通じる十津川街道《とつかわかいどう》と、風伝峠《ふうでんとうげ》から吉野《よしの》方面に通じる北山道《きたやまみち》(熊野街道)

が走る要衝《ようしょう》です。この周辺は古くから銅などの鉱山資源に恵まれ、入鹿では刀鍛《かたなか》冶《じ》が行われ、熊野の木材も産出されていました。

ところが豊臣政権への熊野地侍の反発が強く、熊野支配は難航。鎮圧に3年も要した北山一揆《きたやまいっき》という大規模な一揆が起こります。一揆の鎮圧後に置かれた材木伐採に関わる山奉行《やまぶぎょう》のひとりが、赤木城を築城した藤堂高虎でした。

石垣と二重枡形虎口が見もの

赤木城は、技巧的な縄張《なわばり》（設計）と先駆的な石垣が特徴です。主郭《しゅかく》に設けられた虎口《こぐち》は内枡形《うちますがた》＋外《そと》枡形とかなり技巧的で、内枡形の外側には櫓門《やぐらもん》跡と思われる礎石《そせき》も検出されています。いわゆる織田・豊臣系の城の特徴と合致する構造です。つまり、この城は豊臣政権のシンボル。先駆的な石垣も街道から見えることに大きな意義があったと思われます。

石垣からも、築城時の社会的背景が読み解けます。よく見ると、積み方にムラがあるでしょう。城は丘陵の突端に主郭を置き、南西と南東方向の2手にのびた尾根《おね》上にもそれぞれ2段にわたって複数の曲輪《くるわ》を置く、Yの字を逆さまにしたような形をしているのですが、主郭をめぐる高さ4mほどの石垣はさておき、西面の石垣よりも東面のほうが明らかに積み方が整っています。

戦闘を考えた場合にも、敵の侵入路となるのは東側。そのため高く険しく積まれているとの考え方もでき、横矢《よこや》を意識した技巧的なつくりになっているのも事実です。しかし、この城は東山麓《さんろく》を縦貫する北山道からの眺望を意識してつくられたとも考えられるのです。

城は北山一揆と前後して築かれ、山麓に屋敷を構えた後に、山上に詰城《つめしろ》を築いたとみられています。城から800mほどの田平子峠刑場跡が北山一揆の首謀者たちの処刑場であることも、この城の意義と選地の理由を物語っていそうです。

4 主郭の石垣。横長の自然石が用いられているのが特徴。隅角部は算木積になっている。
5 主郭東面の石垣。街道を意識して積まれていると思われる。
6 田平子峠刑場跡。歩いて 800m のところにある。

赤木城内マップ

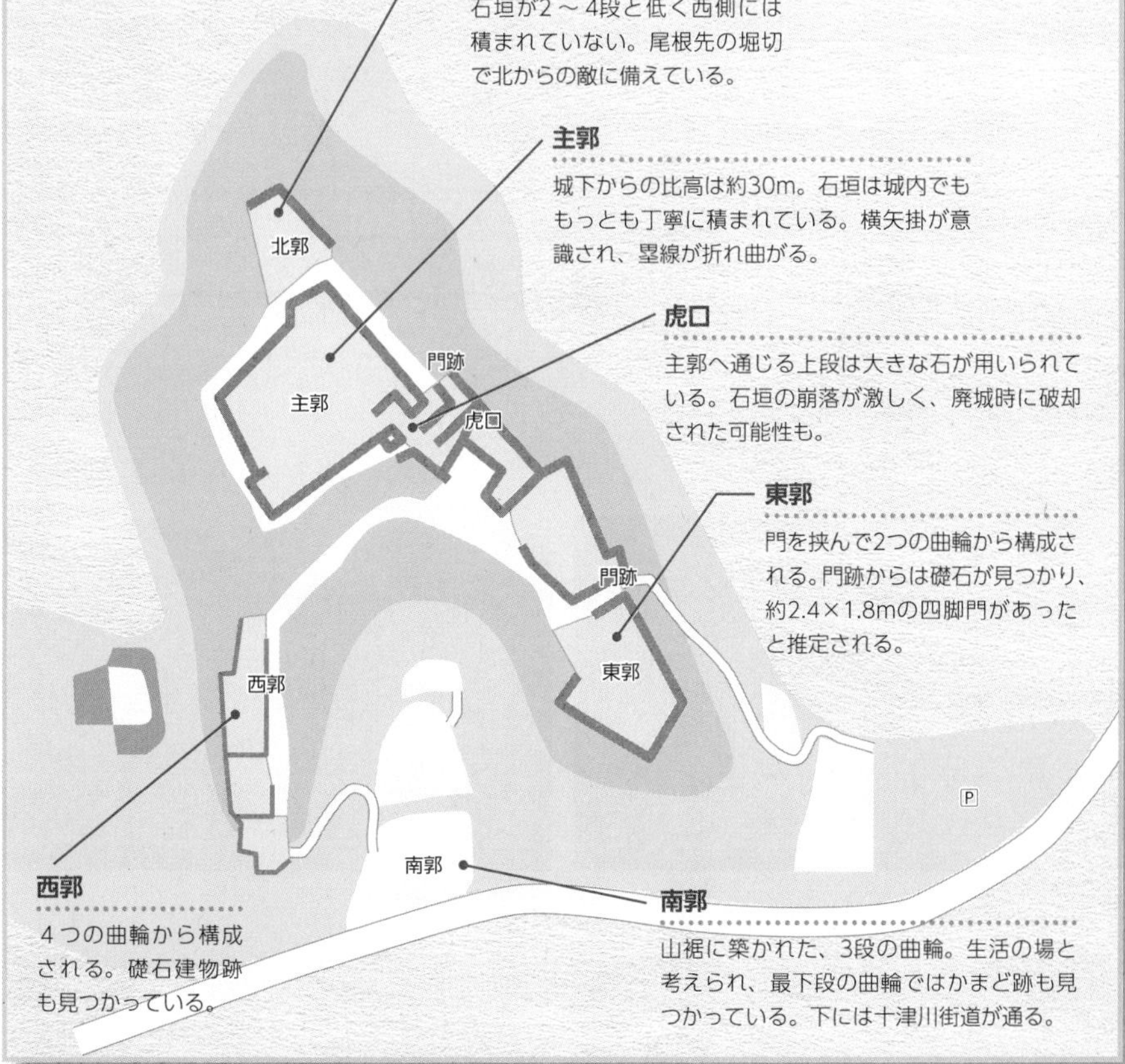

北郭
石垣が2～4段と低く西側には積まれていない。尾根先の堀切で北からの敵に備えている。

主郭
城下からの比高は約30m。石垣は城内でももっとも丁寧に積まれている。横矢掛が意識され、塁線が折れ曲がる。

虎口
主郭へ通じる上段は大きな石が用いられている。石垣の崩落が激しく、廃城時に破却された可能性も。

東郭
門を挟んで2つの曲輪から構成される。門跡からは礎石が見つかり、約2.4×1.8mの四脚門があったと推定される。

西郭
４つの曲輪から構成される。礎石建物跡も見つかっている。

南郭
山裾に築かれた、3段の曲輪。生活の場と考えられ、最下段の曲輪ではかまど跡も見つかっている。下には十津川街道が通る。

◆丸山千枚田から新宮《しんぐう》城へ

続100名城 167

赤木城のついでに立ち寄りたい熊野の景勝地が、丸山《まるやま》千枚田《せんまいだ》。1340枚の規模を誇る、日本最大級の棚田です。トルコのパムッカレを思い出してしまった私はあまり感激できませんでしたが、なかなか爽快な景観です。

赤木城からは車で50分ほどかかりますが、167新宮城に立ち寄るのも○。熊野川河口に築かれた総石垣の城で、突出する櫓台から太平洋を見渡す景観は最高です。本丸周辺の石垣も見事ですが、熊野川に面した水の手曲輪に感激。蔵のほか、舟入《ふないり》が城跡に残る全国でも珍しい城です。

丸山千枚田。

新宮城の本丸虎口。

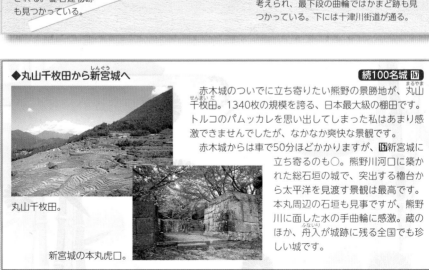

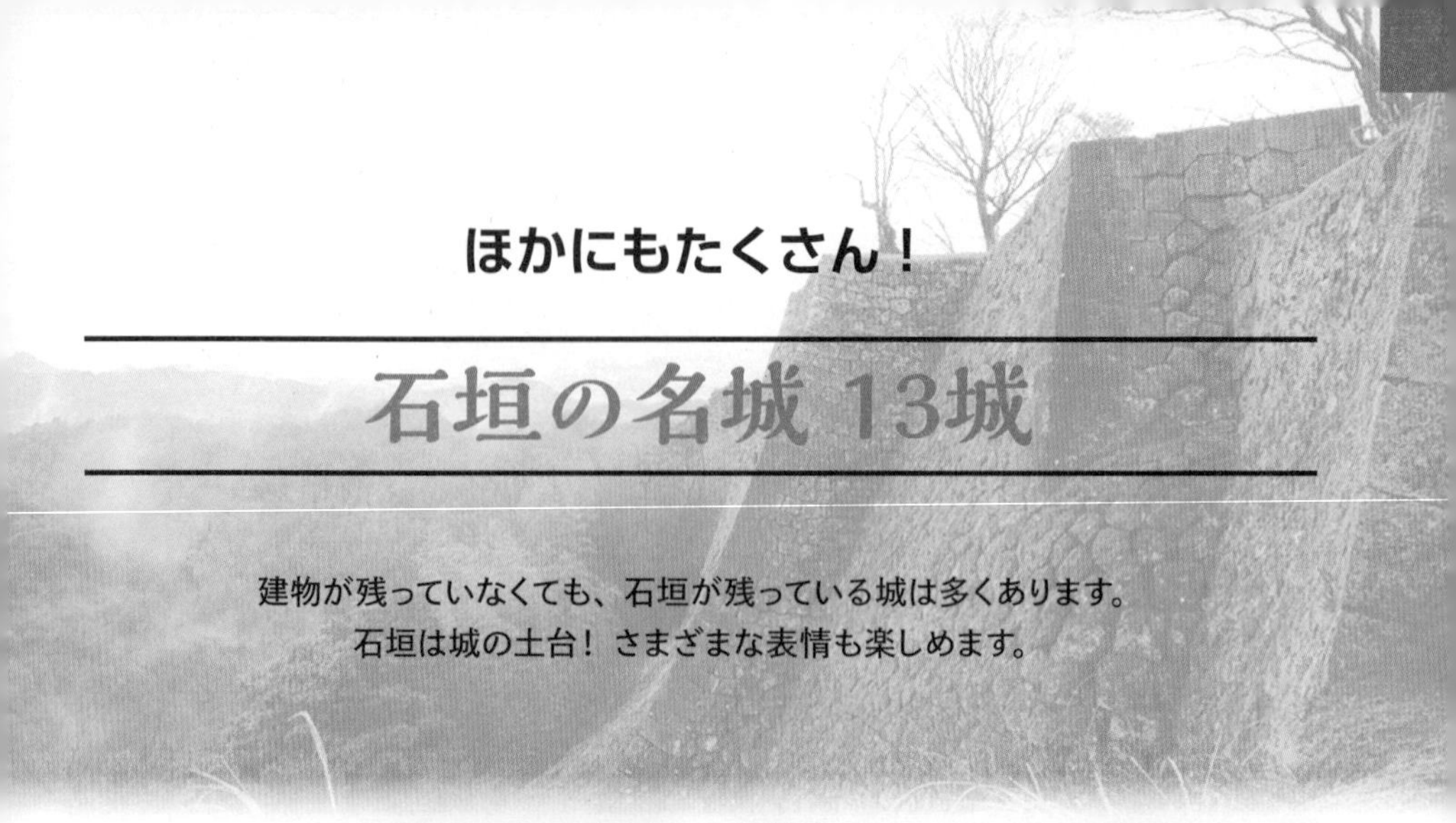

ほかにもたくさん！

石垣の名城 13城

建物が残っていなくても、石垣が残っている城は多くあります。
石垣は城の土台！ さまざまな表情も楽しめます。

169 米子城

吉川広家が1591年（天正19）に築城を開始し、中村一忠が完成させた。中海に面した「海に臨む天空の城」。近年は発掘調査や整備が進み、登り石垣や枡形虎口の発見や解明が続き、高石垣がよく見えるようになっている。

47 伊賀上野城

築城名人として知られる藤堂高虎が築いた、日本でトップクラスの高さを誇る圧巻の高石垣が魅力。本丸西側は南西隅から北東隅までが長さ約368mの石垣で囲まれ、もっとも高い本丸西側は高さ約30mにも及ぶ。

163 黒井城

明智光秀を苦しめた荻野（赤井）直正の城。山上に累々と残る野面積の石垣は、算木積が未発達。虎口の改変とともに光秀時代に積んだとみられる。二の丸から本丸に通じる小曲輪を固める石垣はひときわ高く、高さ4～5m。

6 盛岡城

秀吉による奥州仕置の後、南部信直が豊臣配下の浅野長吉に指南を受けて築いたとされる。築城期間が約40年と長く工期が4時期に分かれるため、さまざまな積み方の石垣が混在。三の丸不明門外側の岩盤と石垣の共演も圧巻。

93 人吉城

球磨地方を長く治めた相良氏の約700年間の拠点。石垣の上部にはね出しを取り付けた「武者返し」が残る。

157 八幡山城

羽柴秀次が築城し、京極高次が改変。粗割りの石材を直線的に積み上げた石垣が特徴。宝篋印塔などの転用石も散見される。

114 唐沢山城

関東七名城のひとつに数えられる巨大山城。秀吉の時代に、本丸などの中心部が石垣づくりの城に改修された。

195 延岡城

最下部の隅角石を外すと一気に崩落して 1000人の敵兵を殺せるといわれる「人殺しの石垣」で知られる（近代以降の創作話）。

17 金山城

復元整備された大手虎口が見どころ。石組みの排水路、石垣の下部を15 ～ 20cmほど手前に突き出して積むアゴ止め石も。

52 観音寺城

近江佐々木六角氏の、安土城に先立つ石垣の城。城内最古らしい伝御屋形の石垣は、天文年間（1532 ～ 55）の築造と推定。

95 岡城

1594年（文禄 3）城主となった中川秀成が総石垣の城へ大改修。断崖にそそり立つ高石垣は全国屈指の迫力。

67 津山城

1603年（慶長8）に美作に入った森忠政が翌年から築城。一二三段と呼ばれる階段状の壮大な石垣が見事。

151 吉田城

秀吉の家臣として入った池田輝政（照政）が大改修。輝政が築いたとみられる鉄櫓下の高石垣は、発掘調査で構造も解明。

COLUMN 2

先人たちのメッセージが残る、石垣の故郷へ

■萩城の要害に残る、矢穴の開いた岩。

日本100名城 75

萩城

【はぎじょう／山口県萩市堀内字旧城 1-1】

石垣に用いる石材は、城地や近隣の岩盤を切り崩して使います。75萩城では、背後の指月山《しづきやま》山頂にある要害区域の一角に採石場が残っています。

採石の痕跡を示すのが、岩盤や石の表面に彫り込まれた「矢穴《やあな》」。石の表面に長方形の矢穴をキリトリ線のように彫り込み、くさびを打ち込んで、げんのう（ハンマー）でたたき割ります。石の筋（石目）に沿っていない矢穴は割れないため、割れ残った石や、矢穴の彫り込み自体を途中でやめた石が採石場によく残っています。人々の労力の結晶なのだと思うと感慨深いですね。

城地で採石できない場合は、165大和郡山城や158福知山城のように転用石《てんようせき》が用いられることもありました。

54大阪城や21江戸城など大量に石材が必要な天《てん》下普請《かぶしん》の城では、わざわざ遠くから切り出して運ばれました。採石場のことを「石丁場《いしちょうば》／石切場《いしきりば》／石切丁場」といい、私は石丁場めぐりもライフワークにしています。作業行程もたどれ、とてもおもしろいです。先人たちの息遣いが聞こえてきそうなほど、数百年前の作業のようすがそのまま残ります。

石や岩の表面に大名の名前や家紋、目印などの刻印か彫り込まれた「刻印石《こくいんせき》」は、先人の残したメッセージ。岩盤の表面や放置された石材に採石の時期や担当者の名前が彫り込まれているケースが多く、採石した大名や積んだ大名を判別する大きな手がかりになります。絵図や城の石垣の刻印と照合することで、諸大名の編成も探れます。徳川大阪城では、1000種類以上の刻印が確認されています。

■大阪城に運ばれた石を切り出した、小豆島の石丁場に残る石。

■小豆島の石丁場に放置された石。

■小豆島の石丁場に残る刻印石。

城の楽しみ方③

御殿・櫓・城門を楽しむ

徳川将軍家の栄枯盛衰を見守ったセレブ御殿 日本100名城 53

二条城

【にじょうじょう／京都府京都市中京区二条通堀川西入二条城町541】

POINT

❶ 極み！ 国宝の二の丸御殿

❷ 三方から鑑賞できる二の丸庭園

❸ 天守台や現存建造物にも注目

城めぐりのコツ

世界文化遺産『古都京都の文化財』を構成する歴史的建造物のひとつでもあるため、朝から観光客が途絶えません。二の丸御殿や唐門を撮影するなら、朝一番が空いていてオススメです。わりと朝早くから開門しています。東大手門は東向きで、唐門と二の丸御殿は南向き。御殿内は撮影NGです。重要文化財がたくさんありますが、ひとまず置いておいて二の丸御殿へGO！です。難易度★☆☆☆☆

1 二の丸御殿、車寄の欄間彫刻。　2 特別名勝の二の丸庭園。
3 本丸への出入口のひとつ、本丸櫓門。1626年(寛永3)頃の建造。後水尾天皇が天守に上がった際は二階橋で、二の丸御殿内から2階を通って天守へ行けた。

徳川将軍家の別邸

二条城《にじょうじょう》を訪れると、高尚な気持ちになるのはなぜでしょうか。それはきっと、徳川将軍家にとって特別な存在で、天皇のためにリフォームしたノーブルな城だから。大名の居城とは一線を画し、軍事力よりも格式が重視されています。

二条城は、征夷大将軍に任命された徳《とく》川家康《がわいえやす》が1603年(慶長《けいちょう》8)に改修した城です。天皇の住む京都御所を守護する城であり、将軍が上洛《じょうらく》する際に滞在する、いわば超セレブな別邸でした。

家康が豊臣秀吉《とよとみひでよし》の遺児・豊臣秀頼《ひでより》とはじめて謁見《えっけん》したのも、二条城での出来事。利発でたくましい青年に成長した秀頼を見て、家康は早急に豊臣家の討伐を決意したといわれています。そして時は過ぎ、1876年(慶応《けいおう》3)に15代将軍・徳川慶《よし》喜《のぶ》が大政奉還《たいせいほうかん》を諮問《しもん》したのが、二条城二の丸御殿の大広間です。二条城は、徳川幕府の幕開けと栄華、そして終焉を見届けた城なのです。

国宝の二の丸御殿

家康が築いた二条城は、現在の二の丸御殿が収まる程度の広さで、曲輪《くるわ》はひとつだけのシンプルな城だったようです。これを、1623年(寛永《かんえい》3)に3代将軍・徳川家光《いえみつ》が後水尾《ごみずのお》天皇の行幸《ぎょうこう》のため大幅リニューアル。二条城のいちばんの見どころ、国宝の二の丸御殿もその際に大改修されました。

二の丸御殿は、全国で4棟しか残っていない城の御殿のひとつで、ほぼ完存している唯一の御殿です。4棟のなかでも、二条城二の丸御殿の豪華さは別格。なにせ、天皇をお迎えするために、江戸幕府が威信をかけてつくった御殿ですから。残存度云々ではなく、もともとのレベルが違います。当時の最高峰の技術が投じられた、桃山《ももやま》文化の極みです。

城の御殿は、1階建ての部屋の集合体。二条城二の丸御殿は、6棟で計33部屋があります。ポイントは、天井の形式、飾り金具などの装飾、障壁画《しょうへきが》の絵柄や色合いなどが部屋によって違うこと。目的に応じて部屋がつくられ、身分によって入れる部屋が違うからです。江戸時代における縦社会の厳しさが伝わってきます。

6棟は、後ずさりするように並びます。見学の入口になっているのが、玄関にあたる「車寄《くるまよせ》」。続いて、来訪した大名が控える「遠侍《とおざむらい》」、老中《ろうじゅう》職に挨拶したり献上品を取次ぐ「式台《しきだい》」と続きます。

将軍が諸大名と対面するのが「大広間」。なかでも公式の対面所となる一の間や二の間は、将軍の威光を示す、ラグジュアリーな空間です。二の丸御殿は、室町時代後期から江戸時代にかけての上流階級の住宅様式「書院造《しょいんづくり》」。一の間にはその特徴である床の間、違い棚、付書院などの座敷飾りが備えられています。

大広間と黒《くろ》書院を結ぶのが「蘇鉄《そてつ》の間《ま》」、その先に将軍と近しい大名や高位の公家《くげ》などが対面した「黒書院」、将軍の居間と寝室である「白《しろ》書院」が連なります。

障壁画に隠されたヒミツ

ぜひ、6棟の装飾や障壁画を見比べてみてください。色彩やタッチ、絵柄が部屋ごとに異なります。

たとえば、遠侍の障壁画には、来訪者に将軍の権威を示すべく、勇猛な虎《とら》や豹《ひょう》、鷹《たか》などが鮮やかに描かれています。

将軍の座所となる大広間一の間で見られるのは、織田信長《おだのぶなが》の51安土《あづち》城（滋賀県近江八幡市）、秀吉の54大阪《おおさか》城（大阪府大阪市）や聚楽第《じゅらくてい》（京都市）の障壁画を手がけた狩野永徳《かのうえいとく》の孫、江戸幕府御用絵師の狩野探幽《たんゆう》による絢爛豪華な色彩の障壁画。巨大な松と勇壮な鷹が描かれた大広間四の間の「松鷹図《まつたかず》」は、永徳の門弟・狩野山楽《さんらく》によるものです。黒書院では探幽の弟・尚信《なおのぶ》が襖絵《ふすまえ》を手がけ、季節の情景でもてなしの空間が演出されています。

一方、将軍の私的な部屋である白書院では極彩色が一切使われず、水墨画によ

4 二の丸御殿の正門にあたる唐門。 5 天守台から見る内堀と西橋。白い建物は1626年（寛永3）頃に建てられた西北土蔵（米蔵）。 6 正門にあたる東大手門。

二条城内マップ

天守台
伏見城から移された五重六階の天守があったが、1750年(寛延3)に落雷で焼失。

本丸櫓門
橋廊下、二階廊下は失われ、木橋と本丸櫓が現存するのみ。

二の丸御殿
創建時に造営され、後水尾天皇の行幸のために改築。国宝。

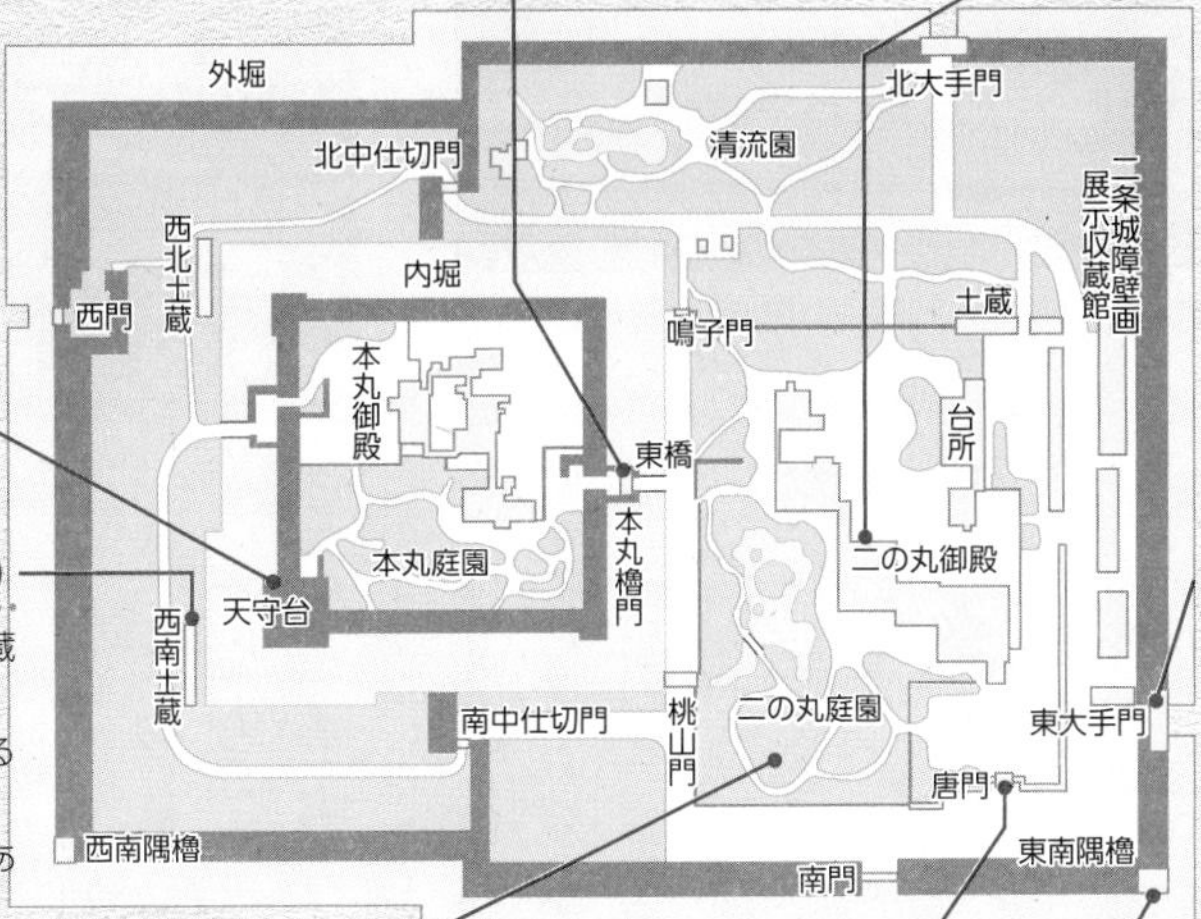
外堀
北中仕切門
北大手門
清流園
二条城障壁画展示収蔵館
西北土蔵
内堀
西門
土蔵
鳴子門
本丸御殿
台所
東橋
本丸櫓門
二の丸御殿
本丸庭園
天守台
西南土蔵
東大手門
南中仕切門
桃山門
二の丸庭園
唐門
西南隅櫓
東南隅櫓
南門

西南土蔵(米蔵)
3棟現存する土蔵のうちのひとつ。城内に土蔵が残るのは二条城だけ。かつては10棟あった。

東大手門
築城時の2階建ての櫓門を、寛永期の行幸時に天皇を見下ろさないよう単層に建て替え。現存の門は1662年(寛文2)頃の建築。

二の丸庭園
後水尾天皇行幸のために小堀遠州が改修。行幸御殿、中宮御殿、長局などに取り囲まれた中庭的な庭園としてつくられ、二の丸御殿の3方向から鑑賞できるよう設計されている。

唐門
二の丸御殿の正門。切妻造、桧皮葺の四脚門で屋根の前後に唐破風が付く。

東南隅櫓
現存する櫓は東南隅櫓と西南隅櫓の2つのみ。

る心落ち着く空間がつくられています。老中が控えていた式台の老中の間も、雁《かり》や柳を題材に用いた落ち着いたタッチ。長押《なげし》の上は白壁のままで質素なつくりになっています。

2014年(平成25)度には、遠侍三の間の襖絵の修理事業でおもしろい発見がありました。猛々しく歩く1匹の豹が描かれた場所から、別の豹が出現したのです。もともと寝っ転がった豹が描かれたものの、〝寝っ転がりお腹を上に向けた降参のポーズは将軍の御殿にはふさわしくない〟ということで、勇ましい豹への描き直しが命じられたようです。遠侍が城外からの訪問者のためにある部屋であることがわかりますね。

大広間や黒書院は、装飾も、ひとつひとつが芸術品です。大広間の欄間《らんま》の彫刻は、厚さ35㎝の檜《ひのき》の板が透かし彫りされ、なんと両面で柄が異なります。あまりの繊細さに思わず息を飲み、首に限界が訪れるまで見上げてしまいます。

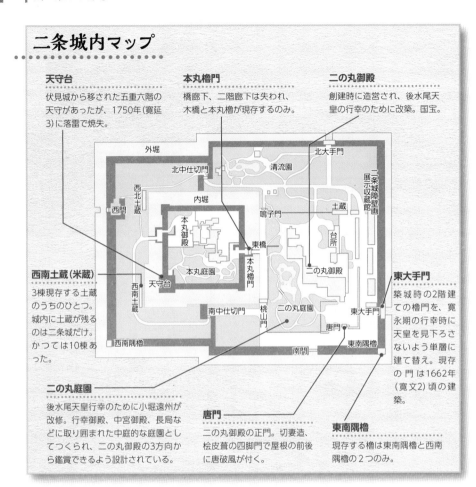

7 外堀に面して建てられた東南隅櫓。 8 天守台。五重六階の天守が建っていた。 9 北中仕切門。本丸西櫓門への通路を塞ぐ。対となる南中仕切門とともに現存。

大広間や黒書院の柱に取り付けられた「釘隠《くぎかく》し」は、釘を隠せばいいだけなのに、こだわりすぎて国宝になるほどの芸術品です。国宝「金銅花《こんどうはな》熨《の》斗《し》桐鳳凰文釘隠《きりほうおうもんくぎかくし》」は、熨斗包みの牡丹花枝《ぼたんかし》がモチーフ。「1個つくるのに職人がどれだけの時間を捧げたのだろう……」と、こちらも1個を鑑賞するのにかなりの時間を捧げてしまいますが、なんと黒書院で256個、大広間で206個も現存。製作風景を想像するだけで気が遠くなります。

大広間は二重構造で、いちばん高いところが将軍の座所である上段の間。天井の構造や装飾を見ると、ほかの場所に比べてずっと豪華なのがわかるはずです。2部屋しかないように見えますが、L字型構造になっていて、実はもう2部屋あります。隠れた部屋は護衛の武者が待機できる「武者隠《むしゃかく》し」。警備体制も万全です。

おもしろいのは、「鶯張《うぐいすば》りの廊下《ろうか》」と呼ばれる御殿内の廊下。歩くと床がきしみ、キュッキュッと鶯の鳴き声のような美しい音が聞こえますよ。音により侵入者に気づける警報装置とされますが、どうやら経年劣化の可能性があるようです。

唐門、庭園、天守台も

二の丸御殿の正門にあたる唐門《からもん》も必見です。平安時代から高位だけが構えられる切妻造《きりつまづくり》で桧皮葺《ひわだぶき》の四脚門《しきゃくもん》に、格式高い唐破風《からはふ》をつけた豪華な門。長寿を意味する松竹梅や鶴、聖域を守護する唐獅子《からじし》など、極彩色の彫刻で彩られています。

特別名勝の二の丸庭園も見事です。家光の大改修時に小堀遠州《こぼりえんしゅう》が作庭したとされる、池の中央に蓬莱島《ほうらいじま》、左右に鶴亀《つるかめ》の島を配した、神仙《しんせん》蓬莱の世界を表した書院造庭園です。池の中に御亭《ごてい》を建て、池の中央に3つの島、4つの橋を併せ持ちます。二の丸御殿の大広間、黒書院、行幸御殿の3方向から鑑賞できるように設計されています。

本丸の南西隅に張り出す天守台には、伏見城（京都府）から移築された五重六階

SPOT

二条城のシュガーアート

ANAクラウンプラザホテル京都の1階ロビーに展示されている、製菓料理長が製作した二条城のジオラマ「砂糖工芸菓子パステヤージュ」がすごい！ 1750年(寛延3)に焼失した天守も文献をもとに再現され、建物の配置も忠実。制作期間は約270日間、サイズは幅4.2m×奥行き2.64m。砂糖やゼラチンでつくった生地に、ココアや竹炭、コーヒーなどで着色しているそうです。

船岡温泉

料理旅館が戦後に一般公衆浴場になった。漆塗り格天井《ごうてんじょう》や欄間が見もののレトロな銭湯。

➡京都市北区紫野南舟岡町82-1

二條陣屋(小川家住宅)

1670年(寛文10)創建。諸大名の陣屋、奉行所の公事宿であるため特殊構造で工夫に富む。

➡大宮通御池下る三坊大宮町137

高台寺

1606年(慶長11)、豊臣秀吉の正室、北政所が秀吉の菩提を弔うために創建。池泉回遊式庭園は史跡・名勝。池泉回遊式庭園は史跡・名勝。

➡京都市東山区下河原町526

御土居

豊臣秀吉の京都改造事業のひとつで、防塁と堤防として築いた土塁。9か所が国の史跡になっている。

本能寺

織田信長が自害した本能寺は堀川四条の近くにあった。本能寺の変後、豊臣秀吉が現在地に再建。

➡中京区小川通蛸薬師元本能寺町

の天守が建ち、後水尾天皇も上がりました。1750年(寛延《かんえん》3)に落雷で焼失した後は再建されませんでしたが、立派な石垣は残り、天守台の上からは本丸御殿や本丸庭園、京都の町を見渡せます。

本丸には家光が建てた御殿がありましたが、1788年(天明《てんめい》8)の大火で焼失。15代・慶喜が再建しましたが、明治時代に取り壊されました。現在本丸に建つ本丸御殿は、京都御苑今出川御門内にあった旧桂宮《かつらのみや》邸の御殿を移築したもの。京都御所にあったときには、仁孝《にんこう》天皇の皇女・和宮《かずのみや》が14代将軍・徳川家茂《いえもち》に嫁ぐ前に1年8か月ほど住んでいました。

東大手門、北大手門、西門、本丸櫓門《やぐらもん》、桃山門、鳴子門、北中仕切門《きたなかしきりもん》、南中仕切門などの城門のほか、東南隅櫓や西南隅櫓、土蔵、米蔵、番所など国指定重要文化財の建物が22棟に及ぶのも二条城の隠れた魅力です。二の丸御殿だけでもお腹いっぱいになりますが、ぜひゆっくり散策してみてください。

デラックスな櫓とよみがえった本丸御殿

日本100名城 44

名古屋城

【なごやじょう／愛知県名古屋市中区本丸1-1】

POINT

❶ 絢爛！ 復元された本丸御殿

❷ 3つの現存櫓も要チェック

❸ 馬出を駆使した戦闘モードの設計

城めぐりのコツ

西鉄門（二之丸大手二之門）を右手に進み、正門から西の丸に入りましょう。正面に見えてくるのが西南隅櫓です。そのまま直進すれば表二之門と東南隅櫓、左折すれば天守台を見ることができます。本丸から二の丸へは、東二之門を通過。西の丸と御深井丸を右手に内堀越しに歩けば、内堀越しの西北隅櫓（清洲櫓）が見られます。「鵜の首」もこの道すがらチェックできます。難易度★☆☆☆☆

1 復元された本丸御殿。
2 3 本丸御殿の上洛殿一之間北東面、本丸御殿の湯殿書院一之間北西面（提供：名古屋城管理事務所）。

城郭御殿のツートップ

約9年かけて復元された、名古屋《なごや》城《じょう》の本丸御殿《ほんまるごてん》。1945年（昭和20）の太平洋戦争の空襲で焼失してしまいましたが、もし現存していればおそらく国宝に指定されているであろう、日本を代表する近世の書院《しょいん》建築です。城郭御殿史上最高格式とされる国宝の53二条城二の丸御殿と並ぶ、武家風書院建築の双璧。御殿を構成する殿舎の種類や棟数も全国屈指で、徳川将軍家の威光を示す傑作といえます。

一般的に、本丸御殿は城主の住まいと政庁を兼ねた建物です。しかし名古屋城の本丸御殿は、将軍が上洛《じょうらく》する際に宿泊する特別な建物でした。1616年（元《げん》和《な》2）、名古屋城主となった徳川義直《よしなお》は、1620年（元和6）には住まいと政庁の機能を本丸御殿から二の丸御殿に移しています。1626年（寛永《かんえい》3）には、2代将軍・徳川秀忠《ひでただ》が上洛の折に滞在。1633年（寛永10）に3代将軍・徳川家光《いえみつ》の上洛に合わせて上洛殿が増築されると、本丸御殿は完全に将軍専用の宿泊所となりました。将軍が寝泊まりする建物ともなれば、贅が尽くされた最高格式の建物であったのは間違いありません。

「復元模写」で現代に蘇生

本丸御殿は、部屋ごとに趣《おもむき》の違う障壁《しょうへき》画《が》で飾られていました。描いたのは、将軍家の御用絵師、狩野貞信《かのうさだのぶ》や狩野探幽《たんゆう》など狩野派の絵師。これらの襖絵《ふすまえ》や天井板絵は、空襲の直前に一部が取り外されて戦火を逃れ、そのうち1049面が重要文化財に指定されています。

本丸御殿の大きな見どころは、「復元模写」でよみがえった障壁画です。原画や古写真をもとに、化学的手法を駆使して絵師が使った素材や技法を研究・分析。当時の色彩を忠実に再現しています。

題材や色彩がさまざまで、眺めているだけで楽しめます。玄関の「竹林豹虎《ちくりんひょうこ》図《ず》」は、虎や豹がじゃれ合ったり、竹林をかき分ける姿が力強いタッチで描かれています。背景の大部分に金箔があしらわれ、謁見《えっけん》を待つ者を威圧します。

対面所の障壁画は、やさしい色合いで庶民の暮らしや各地の風景を表現した「風俗図」。藩主の私的な空間にふさわしい、おだやかな筆致です。次之間には、義直の正室で紀州藩主・浅野幸長《あさのよしなが》の娘である春《はる》姫の故郷の風景も描かれています。

上洛殿はとりわけ贅が尽くされ、荘厳な空間が広がります。天井には板絵が飾られ、部屋の境にはめ込まれた極彩色の彫刻欄間《らんま》も圧巻。繊細な飾り金具も、華やかな彩りを添えています。とくに家光の御座所となった上段之間は、息を飲むほどの美しさ。狩野探幽による「雪中梅《せっちゅうばい》竹鳥図《ちくちょうず》」「帝鑑図《ていかんず》」の障壁画が見事です。

私がもっとも印象的だったのは、将軍専用の浴室である湯殿《ゆどの》書院の襖絵に描かれた、水面に扇《おうぎ》を流すようすをデザインした「扇面流図《せんめんながしず》」。湯上りの涼やかな空間を襖絵で演出するとは、なんとも粋で上品ではありませんか。優雅な清涼感にあふれ、見入ってしまいます。

隣接する落ち着いた風情の黒木書院《くろきしょいん》は、清須《きよす》城(愛知県清須市)から移築した家康の殿舎とも伝わります。本丸御殿は総檜《そうひのき》造《づくり》ですが、この部屋だけは松材が用いられており、その材木が真っ黒だったことから黒木書院の名がついたのだとか。襖絵もこの部屋だけは狩野派ではなく、色味を落とした水墨画が描かれています。

3つの現存櫓も必見

1945年(昭和20)5月14日の名古屋大空襲では、本丸御殿のほか天守など多くの建物が焼失してしまいました。

炎上する天守の古写真を見ると、煙で太陽光が遮断されているため、朝だというのに空は真っ暗です。空襲時は金鯱《きんしゃち》を下ろそうと天守の周囲に足場が組まれ、窓を開け放っていた状態。ちょうどそこから焼夷弾《しょういだん》が天守内に飛び込み、瞬く間に炎上してしまったようです。

4 五重五階地下1階の天守は空襲で焼失。 5 東南隅櫓。二重櫓に見えるが内部は三階。1612年(慶長17)頃の建造。奥は表二之門。 6 西北隅櫓。1619年(元和5)頃の建造。

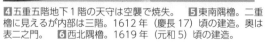

名古屋城内マップ

西北隅櫓

御深井丸の北西隅に建つ三重三階の現存櫓。東西約13.9、南北約16.9m、高さ約16.2mで、現存する三階櫓のうち全国2番目の大きさ。

天守

大工棟梁は中井正清、作事奉行は小堀政一（遠州）。櫓を贅沢に使った豪華な天守だった。1612年（慶長17）にほぼ完成。空襲で焼失し戦後に再建された。2022年現在、閉鎖中。

天守の金鯱

金量（18K）は、北側の雄44.69kg、南側の雌43.39kg。鯱は水の神様で、火災除けのおまじないとされる。金鯱がのった初の天守は織田信長が築いた安土城。

旧二之丸東二之門

1612年（慶長17）頃に完成。本丸東二之門跡に移築されている。

南蛮練塀

二の丸北面に一部残っている土塀。

二之丸御殿

徳川義直が住まいと政庁機能を本丸御殿から移転。「御城」と呼ばれ、尾張藩の政治の中心となった。1873年（明治6）に陸軍の鎮台設置により撤去。

外堀
西北隅櫓
御深井丸
不明門
天守
本丸
東二之門
小天守
本丸御殿
内堀
二之丸庭園
東南隅櫓
表二之門
西の丸
西南隅櫓
二の丸
正門
二之丸御殿
西鉄門
空堀

西南隅櫓

本丸の南西隅に建つ現存櫓。1612年（慶長17）頃に建造された。二重櫓に見えるが三階櫓。東西約11.8m、南北約13.5m、高さ約14.1m。

表二之門

1612年（慶長17）頃に完成。本丸南側の門。門柱や扉には鉄板が打ち付けられ、門の両側にある袖塀は土塀で、鉄砲狭間が開く。

東南隅櫓

本丸の南東隅に建つ現存櫓。西南隅櫓と同じく二重三階で、1612年（慶長17）頃の建造。鬼瓦などには葵紋が付されている。

天守は約2時間で焼け落ち、隣接する小天守、本丸御殿、東北隅櫓《すみやぐら》、正門（蓮《はす》池門《いけもん》）などにも延焼。名古屋城のシンボルであった天守の金鯱も焼け落ちて、後に金塊として発見されています。

名古屋城は、昭和に入っても天守と本丸御殿がともに現存していた全国でも希少な城です。文献や実測図が多くあり、日本に写真技術が導入された頃から被写体になってきたこともあって、古写真もたくさん残っていました。これらが忠実な復元の資料となり、1959年（昭和34）に天守・小天守が竣工し、戦後の名古屋の新たなシンボルとなりました。

全国屈指の現存建造物も、絶対に外せない名古屋城の見どころです。必見は、3棟の現存櫓。とくに、御《お》深《ふけ》井《い》丸《まる》の北西隅に建つ三重三階の西北隅櫓は見応えがあります。小さな三重櫓を天守代用にする城が全国に存在する一方で、三重三階の建物をさらっと置いてしてしまうところに、格の違いが感じられます。

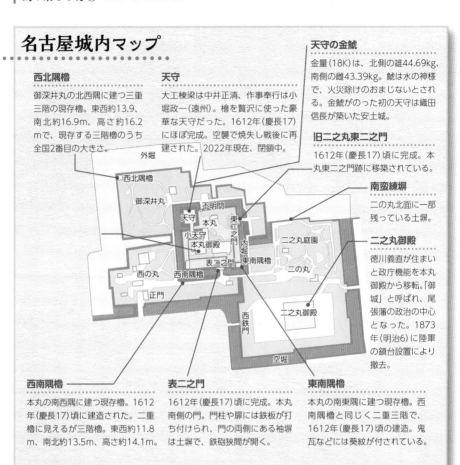

7 北側は湿地帯のため水堀だが、本丸の周囲や二の丸の南側などは空堀になっている。 8 西の丸と御深井丸の間の水堀。「鵜の首」と呼ばれる、本丸に向けて外周から直角に狭い堀が入り込む形状。 9 天守台の東北隅北面にある「加藤肥後守内小代下総」と刻印された石。

ムダのない戦闘仕様

三の丸以外の石垣と堀がほぼ完存し、最強の縄張（設計）を体感できるのも魅力です。日本最強ともいえる、軍事性の高い縄張に悶《もだ》えます。シンプルでいてかなりの戦闘力のある、無駄のない効率的な縄張といえるでしょう。

平城《ひらじろ》に分類されますが、名古屋台地の西北端に位置し、厳密には微高地にあります。北側の湿地帯を活用し、台地が続く南側に向けて防御を固める構造です。いくらでも城地を広げられる平城のよさを生かしつつ、高低差を強みとする平山城の利点もうまく使っています。伊勢湾《いせわん》や熱田湊《あつたみなと》からほどよい距離にあり、都市の発展も見込める選地も見事です。

見逃せないのが、大手《おおて》と搦手《からめて》、それぞれの前面にある2つの巨大な馬出《うまだし》です。とくに大手馬出は、多聞櫓がめぐらされた強力な前線基地かつ防御施設でした。また、三の丸を撃破されても反撃できるように、本丸を空堀で囲み、二の丸、三の丸、西の丸、御深井丸、2つの馬出などを少しずつずらして土橋《どばし》でつなげ、すべての曲輪《くるわ》を独立させてあります。こうすることで、どこかの曲輪に侵入されても両隣の曲輪から挟み撃ちできます。本丸は四隅に天守と3つの隅櫓が建ち、それらが多聞櫓などで連結して強固な壁となっていました。

天守だけ見て帰ってきてしまう人がほとんどですが、この城のスゴい部分を少しだけでも発見できると、満足感がぐんと上がり、散策後のビールと手羽先が5倍おいしく感じられるはずです。

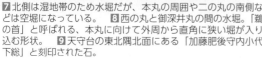

家康の命令で築城

名古屋城は、徳川家にとって特別な城でした。徳川家康《いえやす》が1600年（慶長《けいちょう》5）の関ヶ原の戦いに勝利した後、大坂の豊《とよ》臣秀頼《とみひでより》や豊臣方の大名を牽制《けんせい》するために構築した、城による包囲網の総仕上げと考えられます。豊臣勢が近畿圏を突破し

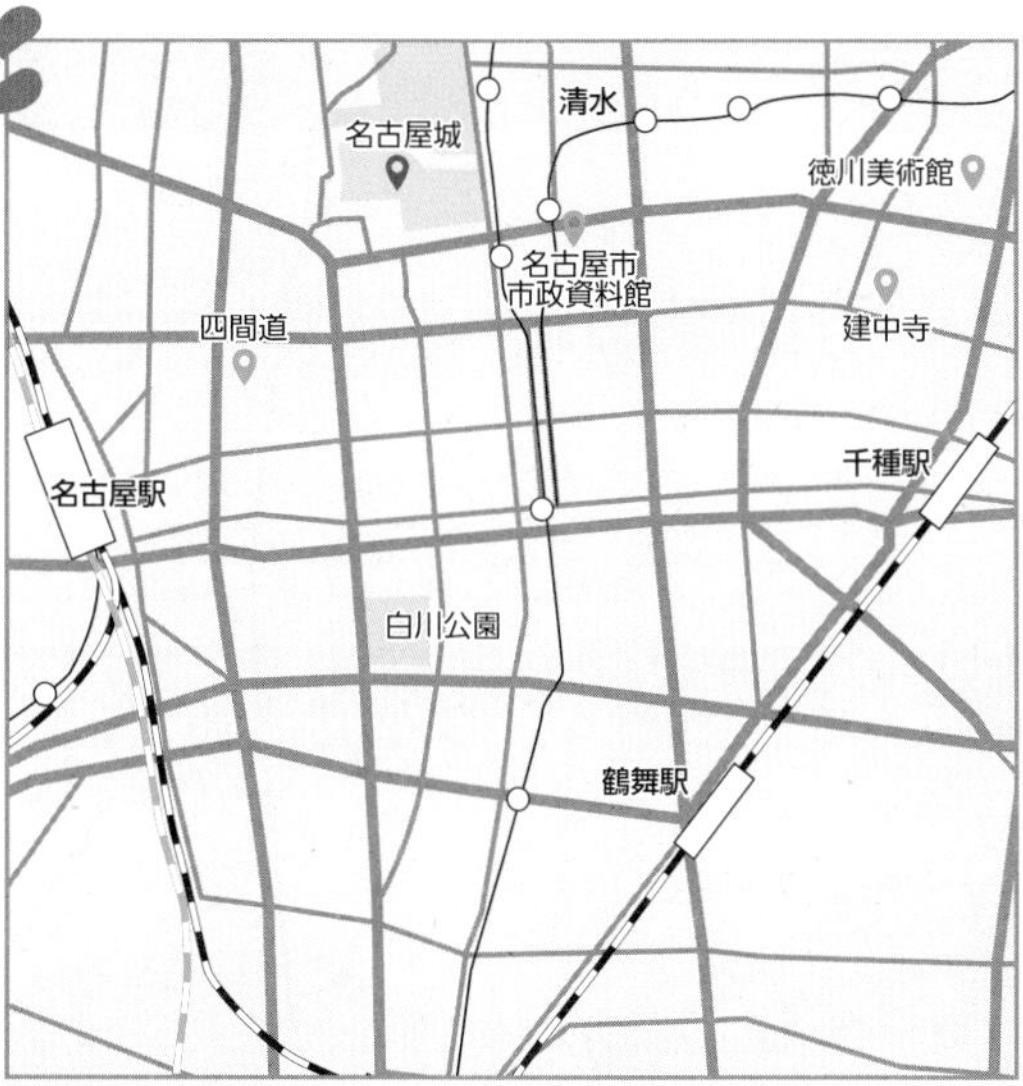

建中寺

1651年(慶安4)に義直のために創建された、尾張徳川家の菩提寺。

➡名古屋市東区筒井1-7-57

四間道

名古屋城築城時の清須越しにともないつくられた商人町。名古屋城下を流れる堀川の西側にある。

名古屋市市政資料館

大正11年～昭和54年に裁判所として使用された、ネオバロック調の建物。国指定の重要文化財。

➡名古屋市東区白壁1-3

徳川美術館

尾張徳川家に伝えられた数々の重宝を展示・公開している美術館。

➡名古屋市東区徳川町1017

◆将軍も整っていた？

(提供：名古屋城管理事務所)

　本丸御殿内に復元された湯殿書院は、将軍専用のバスルーム。といっても湯船はなく、サウナ式の蒸風呂でした。部屋の中に唐破風付きの風呂屋形が設置され、隣室の竈沸かした蒸気を床板の隙間から届けました。

て江戸を目指したとき、東海道上に立ちはだかる最後の砦《とりで》だったのでしょう。大大名にふさわしい城と城下町の形成を目的としつつ、東海道を強く意識していたのは間違いありません。こうして、家康の命令により前身の那古屋《なごや》城が20万人を動員した天下普請《てんかぶしん》で大改修され、極めて軍事力の高い城が誕生。家康の九男・義直が清須城から移り城主となりました。

軍事施設としての秀逸さ、石垣築造技術の高さは言うまでもありません。

　天守台を手がけたのは、築城名人の加《か》藤清正《とうきよまさ》です。どこか92熊本城の天守台と似ているのも納得ですね。本丸東二之門近くには、清正が上に乗り綱引きの音頭を取ったとされる巨石「清正石《きよまさいし》」がありますが、この場所の施工大名は黒田長政《くろだながまさ》なので、おそらく説話。名古屋城の石垣は、外様《とざま》大名20家が決められた持ち場を担当する「丁場割《ちょうばわ》り」で積まれました。

　結果的に、名古屋城が戦いの場になることはなく、豊臣家の滅亡後は御三家・尾張《おわり》徳川家の本拠地となり、江戸時代も好待遇の城であり続けました。

　現在の名古屋裁判所合同庁舎や愛知県庁は三の丸にあたり、外堀で囲まれていました。今でも城域の端には土塁《どるい》と空堀が約900m残ります。名古屋城は未完成で、さらに外側に総構《そうがまえ》を築く予定だったよう。巨大城郭の全貌を想像するのも、名古屋城の楽しみ方のひとつです。

不屈！ 築城名人・加藤清正の名城

日本100名城 92

熊本城

【くまもとじょう／熊本県熊本市中央区本丸1-1】

POINT

1. すさまじい防御力！
過剰防衛のトリプルシステム

2. 日本最大！ 現存する宇土櫓

3. リニューアルした天守

城めぐりのコツ

2021年(令和3)、天守内の展示も大幅にリニューアル。歴史的な背景や熊本城の特徴はもちろん、地形の改変や河川改修、城下町の変遷などが、ジオラマや映像、デジタル技術も駆使してわかりやすく展示・解説されています。最上階から眺める雄大な景色も見事。見学ルートや立入禁止区域は建物や石垣の修復工事状況により変動するため、サイトなどで事前によく確認してからお出かけください。難易度★☆☆☆☆

1 完成した大天守と小天守。天守は五重六階地下一階、加藤忠広が増設した小天守は三重四階地下一階で、大天守とは続櫓でつながっていた。西南戦争で焼失。1875年(明治8)に撮影された大天守の屋根には、鎮台の旗が写っている。　2 特別見学通路から見る二様の石垣。いずれも加藤時代の石垣とみられる。

過剰防衛？ 驚異のシステム

熊本《くまもと》城は、幼少期から豊臣秀吉《とよとみひでよし》に仕えた加藤清正《かとうきよまさ》が、秀吉のもとで磨いた築城技術と実戦経験を結集させて築いた城です。織田信長《おだのぶなが》や秀吉による城の概念を受け継いだ、美しさと堅牢さを誇ります。

高い石垣の上に櫓《やぐら》を並べて監視と射撃の場をつくり、城内へ侵入できない鉄壁を構築。その上、虎口《こぐち》付近も執拗なまでに守りを強化しています。それでも侵入された場合に備えて、城内の通路は死角をなくし徹底的に迎撃できるよう設計されています。過剰防衛ともいえるこのトリプルシステムが、熊本城の強み。信長と秀吉がつくり出した、徹底抗戦を意識した城の典型例といえるでしょう。

慶長の役で餓死寸前の籠城経験をした清正は、それを教訓として兵糧《ひょうろう》の備えを重視したようです。城内に120以上の井戸を設けて飲料水を確保。緊急時に食糧になるよう、土塀には干瓢《かんぴょう》、畳には芋《ずい》茎《き》を埋め込むという秘策までありました。

清正の忠誠心は厚く、本丸御殿にある〝照君《しょうくん》の間《ま》〟は〝将軍の間〟の隠語であり、秀吉の遺児・豊臣秀頼《ひでより》を匿う部屋とする説があるほどです。城内には戦うための工夫が随所に見られ、徹底抗戦の心積もりがひしひしと伝わってきます。

清正は熊本の基盤づくりに尽力した人格者として現在も親しまれ、そのせいか、市民の熊本城への愛着は全国でも群を抜きます。西南戦争時に火災で焼失した大天守と小天守は、全国の天守復元ブームに先駆けて1960年(昭和35)に市民の働きかけで復元。熊本城は市民の熱意によって歴史を重ねてきました。

全国屈指！ 現存する宇土櫓

2016年(平成28)4月の熊本地震から約5年、ようやく天守が復旧し内部が一般公開されました。熊本地震では、城内の石垣の約30%が被害を受け、13棟の重要文化財建造物はすべて被災。復興へ

3 熊本市役所展望ロビーから見る熊本城。手前が倒壊を免れた、東竹の丸の田子櫓・七間櫓・十四間櫓・四間櫓・源之進櫓。 4 復旧第1号となった、長塀。 5 宇土櫓。天守とは破風の反りや懸魚（げぎょ）の種類が異なる。廻縁は天守等と櫓だけについていたが、宇土櫓は部屋の外部につけられているのが特徴。

の長い道のりは続きますが、その象徴として堂々と建つ天守の姿は見事です。

熊本城の代名詞である〝清正流石垣〟の、豪壮にして典雅な美しさも健在です。空に向かって反り返ることから〝扇《おうぎ》の勾配《こうばい》〟とも呼ばれ、約45度の緩傾斜ではじまり最上部はほぼ垂直に立ち上がります。地上約6mに敷設された特別見学通路は、石垣を至近距離で見られる復旧期間限定の特等席。これまでとは違う視点で眺める二様の石垣や連続枡形《ますがた》は格別です。

〝第三の天守〟と呼ばれる三重五階地下一階の宇土《うと》櫓が地震に持ち堪えたことは、熊本城を愛するすべての人々がもっとも安堵したところでしょう。未曾有の災禍に耐え抜いた築400年超とされる宇土櫓はたくましく、まるで熊本人の不撓不屈の精神を体現しているようです。接続する続《つづき》櫓は全壊したものの、全国屈指の現存三重櫓の無事は奇跡的。修復工事がはじまりしばらくその姿は見られませんが、新たな熊本の宝となるでしょう。

石垣の名城を心ゆくまで堪能

熊本城の石垣は、清正の築城から近代の修理まで、大きく7期に分けられます。たとえば、大天守は清正による第2期（1599〜1600年頃）の石垣、小天守台は加藤忠広《ただひろ》が築いた第4期（1611〜24頃）の石垣です。隣り合っていながら、よく見ると隅角部は前者は「重箱《じゅうばこ》積《づみ》」、後者が「算木《さんぎ》積《づみ》」。石材も前者は整形されていませんが、後者は不均一ながら方形に整えられて目地が通ります。勾配も違い、雰囲気の違う石垣の味わいが楽しめるはずです。〝二様の石垣〟は、清正による第2期の石垣と、忠広が修理した第5期（1625〜32）の石垣です。

清正が開始した熊本城と城下町づくりは、2代・忠広、その後に城主となった細川氏の時代まで受け継がれました。細川氏は加藤父子が積んだ石垣を守るように補修・補強していた傾向があるようで、石垣が語るそんなサイドストーリーにも

熊本城内マップ

大天守・小天守

異なる時期に建てられ、1階部分のみでつながっている。明治初期まで現存してたものの西南戦争で焼失。構造や各階の名称や用途が、新しくなった天守内で解説されている。

宇土櫓

本丸の西北側に建つ三重櫓で、かつて城内に5棟あった五階櫓のうちの唯一の現存櫓。三重五階地下一階で天守に匹敵することから“第三の天守”とも呼ばれる。2022年10月から復旧工事開始。

本丸

1599年(慶長4)、清正が茶臼山に築城を開始し、本丸の大天守台や平左衛門丸、飯田丸などがつくられた。その後、西出丸や本丸東側が拡張され、忠広の時代に現在の熊本城が完成した。

本丸御殿

熊本城築城400年を記念して、2008年(平成20)に復元。闇り通路と呼ばれる地下通路がある珍しい構造だった。現在は見学不可。

二様の石垣

積み方の異なる2時期の石垣。被災を免れ、特別見学通路から見下ろせる。

田子櫓・七間櫓・十四間櫓・四間櫓

現存櫓群。4棟連なって見えるが、独立している。北に源之進櫓がある。

飯田丸五階櫓

熊本地震後には、算木積だけが崩落せずに櫓を支えた“奇跡の一本石垣”で知られた。清正の重臣・飯田覚兵衛が預かっていた曲輪にあることが名の由来。

長塀

国内最長級、坪井川に面する242mの木造の塀。熊本地震で一部倒壊したため、解体して復旧された。熊本地震による国重文の復旧第1号。

※2022年9月現在の状況です

心熱くなるものがあります。

多くの石垣が被害を受けましたが、もともと城域が広く石垣の量が膨大ですから、見どころはいっぱいです。京町台地の突端にあたる東側の石垣が地形に沿った曲線的な石垣なのに対し、計画的に堀を掘削した西側の石垣は直線的。城内でも雰囲気の違いが楽しめ、巧みな地形の使い方にも感心させられます。

地震後、何度か熊本城の被災状況を取材させていただく機会を得ています。表見的な復旧ではなく、石垣さえも遺跡として大切に扱われ、丹念に調査・研究した上での復旧工事が進行中です。そうした地道な手順を経ているからこそ、多くの新たな知見が得られ、熊本城の本質的な価値が改めて裏付けられつつあります。いまだ崩落したままの膨大な石材や、ナンバリングされ行儀よく並ぶ石材。積まれるのを静かに待っているこの石材たちがどこかに落ち着くまで、静かに見守り全力で応援したいものです。

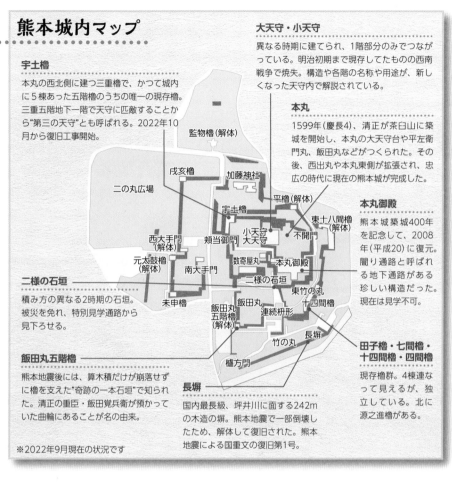

どっしり骨太！ 5つの城門が現存

日本100名城 4

弘前城

【ひろさきじょう／青森県弘前市下白銀町1】

POINT

❶ 現存する５つの城門と３つの櫓

❷ 豪雪に立ち向かう工夫

❸ 東北で唯一の現存天守

城めぐりのコツ

城内マップを手がかりに、現存する天守、５つの城門、３つの櫓をめぐりましょう。正面玄関にあたる追手門から、道なりに三の丸、二の丸と進めば本丸の天守に着きます。途中、未申櫓と辰巳櫓を忘れずに。本丸を一周したら北の郭、丑寅櫓、四の丸と進み北の門へ。一度戻って三の丸へ入り、東門、東内門とたどれば再び下乗橋の前に戻ります。難易度★☆☆☆☆

1 現存する追手門。　2 追手門の両側は、石垣ではなく土塁になっている。　3 現存する櫓のひとつ、丑寅櫓。二の丸の北東（丑寅）にある三重櫓。防弾・防火性の高い土蔵造りで、銅板葺き。

骨太な城門にほれぼれ

弘前城《ひろさきじょう》は、弘前城公園として整備されていて歩きやすく、岩木《いわき》山を借景《しゃっけい》に四季折々の景観が楽しめるのも魅力です。

誰もが現存天守《げんぞんてんしゅ》まっしぐらですが、5棟の城門《じょうもん》と3棟の櫓《やぐら》が現存していることにぜひ注目していただきたい。がっちりと豪壮な城門は、5棟も現存していることが全国的に珍しいばかりか、雪国らしい工夫がいっぱい。東北地方の城の特徴が反映されていて、見応えがあります。

5つの城門（追手《おうて》門、東《ひがし》門、東内《ひがしうち》門、南内門、北門（亀甲《きっこう》門））は、いずれも柱が太く、屋根の軒《のき》が直線的。どーんと、どっしり、力強い、骨太な印象です。

一重目の軒《のき》が少し高めにつくられているのは、豪雪の重みに耐えるための工夫でしょうか。ずっしりと重たい雪も、これならがっちり支えてくれそうです。追手門にはついているおしゃれな出窓は、豪雪対策かと思いきや、デザインのよう。骨太な城門がスタイルよく見えるのは、装飾のおかげかもしれません。

注目は、門の両側が石垣ではなく土を盛った「土塁《どるい》」であること。石垣よりも土塁が主流の東北地方らしいところといえるでしょう。追手門は、枡形《ますがた》が土塁でつくられています。

5つの城門はすべて枡形門で、北門以外は上層の壁面に鉄砲狭間《てっぽうさま》があります。北門は、現存する城門の中で最大規模。現在は南側の追手門が正面玄関ですが、4代津軽《つがる》藩主・津軽信政《のぶまさ》が入れ替えるまでは北門が正面でした。なるほど納得、堂々たる構えです。初代津軽藩主・津軽為信《ためのぶ》が攻略した大光寺《だいこうじ》城（青森県平川市）から移築したともいわれ、唯一実戦の痕跡をとどめます。

二の丸内に残る3つの櫓（辰巳《たつみ》櫓、未《ひつじ》申《さる》櫓、丑寅《うしとら》櫓）は、すべて三重三階。防弾と防火に配慮した土蔵造りで白漆喰《しろしっくい》塗《ぬ》り、屋根は銅板葺《どうばんぶき》（はじめはとち葺）で、窓の形や妻の構造などの装飾が異なります。

下克上で津軽統一

弘前城は、津軽為信が築城を計画し、2代・津軽信枚《のぶひら》が完成させた城です。

弘前の祖・為信は、なかなかドラマチックな梟雄《きょうゆう》でした。大浦《おおうら》為信と名乗っていた戦国時代、一念発起して北奥羽《おうう》(東北地方北部)を支配していた南部氏を倒し、津軽統一を果たしました。豊臣秀吉《とよとみひでよし》から朱印状《しゅいんじょう》を受けて大名となり、大浦から津軽と名を改めています。

為信は時代の風向きを読むことに長けていたようで、秀吉の後には徳川家康《とくがわいえやす》と上手に付き合って津軽氏のバトンを次世代に渡しました。子の信枚がそのバトンをうまくつなぎ、家康の養女・満天《まて》姫を正室に迎えて徳川家とのつながりを深め、津軽家を繁栄へ導きました。

徳川家との親交の証なのか、弘前城の建物には江戸幕府ゆかりの城との共通項が見出せます。意匠は大きく影響を受けているようで、たとえば弘前城の天守には、21江戸城(東京都千代田区)の富士見《ふじみ》櫓《やぐら》と同じく、漆喰の白壁、銅板張の妻飾《つまかざり》、青海波《せいがいは》の紋様《もんよう》が見られます。

天守か櫓か問題

天守は、東北地方で唯一の現存天守です。天守は西日本で生まれ発展するため東日本にはそもそもあまり建てられず、天守があったこと自体が希少です。

最大の特徴は、城外側の東・南面には装飾があるのに、城内側の西・北面には装飾がないこと。東・南面には長押《なげし》型が使われた矢狭間《やざま》が配され、一重目と二重目の屋根には破風《はふ》が飾られています。一方、西・北面にはそれらがなく、採光用と思われる銅板張の連子窓《れんじまど》が並べられただけの単調なつくりです。

これは、天守ではなく櫓として建てられたからです。一般的に、天守は四面に装飾がつきますが、櫓は城外側にしか装飾がつきません。

天守が建造されたのは、1810年

4 2022年現在、天守は本丸に移動されている。
5 装飾がつく南面と、つかない西面。
6 天守の瓦には、南部氏の家紋が「杏葉牡丹」。

弘前城内マップ

北門(亀甲門)

5棟の現存城門のひとつ。築城時の追手門で、最大の城門。

西濠

築城時は石材や木材の荷下ろしに使用。桜のトンネルで有名。

東内門

南内門とともに、二の丸に現存する城門。

天守跡

かつて五重天守があった。1627年(寛永4)に落雷で焼失。

北門
(亀甲門)
四の丸
西濠
北の郭
鷹丘橋
丑寅櫓
蓮池
本丸
東内門
天守
西の郭
天守跡
東門
下乗橋
二の丸
未申櫓
三の丸
南内門
辰巳櫓
弘前市
博物館
追手門

天守

東北で唯一現存する三重天守。1810年(文化7)に築造された。

辰巳櫓

二の丸の南東(辰巳)にある櫓。藩主がここから三の丸を通る弘前八幡宮の山車行列などを観覧したと伝わる。

下乗橋

藩主と限られた者以外はここで馬を降りたことが名の由来。

追手門

弘前城の表玄関。厚い板と太い柱、土塁に立つのが特徴。

(文化《ぶんか》7)のこと。築城時に築かれた天守は16年後の1627年(寛永《かんえい》4)に落雷で焼失しており、183年の時を経て再建されています。

1615年(元和《げんな》元)の武家諸法度《ぶけしょはっと》の公布後は、城の新築や増改築が規制され、天守の建て直しはなかなか許されませんでした。そこで、本丸辰巳《たつみ》櫓の改築という名目で幕府の許可を取得し、三重櫓を建てて天守代用としたようです。津軽藩の届け出は「御三階櫓《ごさんかいやぐら》」で、天守と呼ばれるのは明治時代以降。初代天守は現在の本丸未申《ひつじさる》櫓跡に建ち、五重の豪華なものだったといわれています。

2022年現在は石垣修復工事のため、天守は本丸中央付近に移動されています。重要文化財を解体するわけにはいきませんから、曳《ひ》き屋を用いて約70m移動されました。石垣が積み直された後、再び元の位置に戻されます。間近で天守壁面の装飾が見られるのは今だけ。ぜひじっくり鑑賞してみてください。

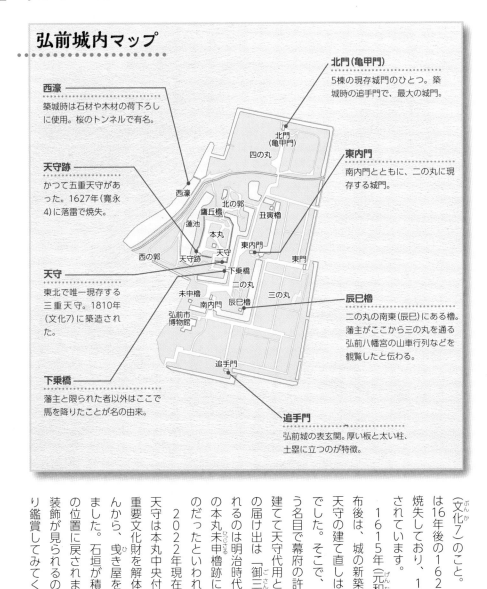

SPOT

禅林街とレトロ洋館のコラボ

代表的な観光スポット・禅林街は、信枚が弘前城の鬼門を守るべく、津軽一円から曹洞宗(禅林)の33寺院を結集させた寺町。参道の最奥にある長勝寺(写真)は、津軽家最初の菩提寺です。

津軽藩が幕末から英語教育を推奨した影響で、レトロな洋館も多く残ります。東北初のプロテスタント系の教会、日本キリスト教団弘前教会なども建つ、異国情緒あふれる町です。

7 本丸からは、蓮池と西濠越しに岩木山が見える。
8 花びらが堀を埋める「花いかだ」。

桜の専門ドクターが駐在

弘前城は三重の堀と土塁に囲まれ、本丸を5つの曲輪《くるわ》(二の丸、三の丸、四の丸、北の郭、西の郭)が囲んでいます。思いのほか広いので、5つの現存城門と3つの現存櫓、そして現存天守を中心に効率よく歩くといいですね。

全国屈指の桜の名所でもあります。52種類約2600本に及ぶ桜が美しく保たれているのは、城内にいる樹木医「桜《さくら》守《もり》」のおかげ。以前、取材をさせていただいたことがあるのですが、子育てのように日々桜の成長を見守りお世話する姿に感銘を受けました。

ひとつの花芽のなかにある蕾の数が多く、ボリューム満点。一般的には4つほどなのに対し、推定で平均4・5個と多く、7つや8つのものもあるそうです。

弘前城の桜のはじまりは1715年(正徳5)に藩士が東内門に植えたカスミザクラですが、現在の桜は明治の廃城令後、弘前城公園となってから少しずつ植栽されたものです。これもまた、弘前城の歴史のひとつといえそうです。

日本一の生産量を誇るリンゴも、桜と深い関係があります。リンゴの剪定《せんてい》方法を取り入れたところ、弱っていた桜が元気を取り戻し、これをきっかけに独自の管理法が研究されたとか。弘前にリンゴ産業がなければ、現在の弘前城の美しい桜は生まれなかったかもしれません。

そのリンゴも、弘前城下だからこそ発展した産業です。明治維新後、失職した旧藩士の困窮を防ぐために新産業を模索し、試行錯誤の末に風土や気候に合ったリンゴ栽培だけが成長を遂げました。剪定用の鋏《はさみ》は、城下の鞘《さや》職人または鍛冶《かじ》職人が開発したそうです。

リンゴがモチーフのカーブミラーやポストがあり、弘前市やJAにりんご課という部署もあるほど、弘前はリンゴの町。アップルパイの食べ比べもいまや風物詩です。休憩がてら、ぜひどうぞ。

最勝院五重塔

津軽統一の際の戦死者を供養するため3代藩主信義が建立。国指定重要文化財。

➡弘前市銅屋町63

商家 石場家住宅

江戸時代中期の建築とされる藩政時代の豪商。国指定重要文化財。

➡弘前市亀甲町88

津軽藩ねぷた村

津軽料理の食事処のほか、さまざまな民工芸製作体験ができる施設。

➡弘前市亀甲町61

長勝寺

津軽藩の菩提寺。本堂はじめ6施設が国指定重要文化財。

➡弘前市西茂森1-23-8

◆南部一族と青森の城

根城　100名城 5

浪岡城　続100名城 103

九戸城　続100名城 104

盛岡城　100名城 6

1333年（元弘3）、陸奥守に任じられ北畠顕家と共に奥州に入り国司の代官に任じられた南部師行が、1334年（建武元）に南朝方の拠点のひとつとして築いたのが5根城といわれます。以後、根城は約300年間、根城南部氏（八戸根城氏）の本拠地となりました。

南部一族は各所に分散し城を構え、同盟関係のもと支配圏を拡大。1442年（嘉吉2）には十三湊安藤氏を攻めて津軽（青森県西部）に進出し、友好関係にあった浪岡北畠氏とともに津軽を掌握していきます。北畠親房の子孫と伝わる国衆、浪岡北畠氏が1460年代に築いたのが103浪岡城です。1578年（天正16）に大浦（津軽）為信に攻められ落城。8つの郭が扇のように広がり、堀と土塁で複雑化した縄張が特徴です。

その後も南部氏一族は勢力を伸張しましたが、内紛の頻発や他勢力の反抗が激化。やがて三戸南部氏と九戸氏の対立が顕在化し、三戸南部氏・根城南部氏は九戸氏・久慈氏・七戸南部氏らと争いました。三戸方は1591年（天正19）、豊臣秀吉の奥州仕置軍の加勢を得て九戸政実が籠る104九戸城を攻略。秀吉の後ろ盾を得た三戸南部氏が大名となりました。九戸城を改修し福岡城と改めた南部信直が、新たに築いて後に移転したのが6盛岡城です。

ミラクル！ 三重櫓が2つも残存

日本100名城 58

明石城

【あかしじょう／兵庫県明石市明石公園1-27】

POINT

❶ 鉄壁！ 一直線の高石垣

❷ 2つも残る三重櫓

❸ 北側の地形の使い方も秀逸

城めぐりのコツ

市民憩いの明石公園として整備されているため、誰でも気軽に歩けます。公園の入口のひとつとなっている太鼓門跡が、大手門跡。芝生広場になっている一帯が三の丸です。南帯曲輪から二の丸に通じる石段を登らず、南帯曲輪を歩けば巽櫓や坤櫓の真下から見上げられます。北側の石垣や桜堀も必見です。

難易度★☆☆☆☆

1 南帯曲輪から見上げる2つの現存三重櫓。 2 JR明石駅のホームから見る明石城。 3 内堀越しに見る太鼓門。正面玄関となる枡形門で、時を知らせる太鼓が吊り下げてあった。

電車待ちが楽しい駅

まず、ＪＲ明石《あかし》駅のホームから見る姿がかっこいい！ 一直線に立ちはだかる高石垣は、いかにも鉄壁。その両端には、2つの大きな三重櫓《やぐら》がそびえます。見とれすぎて、何度電車を乗り間違えたことか……。立派な2つの櫓は、なんと全国に12棟しか残っていない三重櫓のうちの2棟です。

明石城は南向きにつくられた城で、明石駅がある南側が城の正面にあたります。駅のホームから見える勇姿は、江戸時代にも明石城の〝顔〟だったのです。明石城の南側には西国《さいごく》街道（山陽道《さんようどう》）が東西に通り、さらに南側には明石海峡が広がっていました。明石城は、西国街道および大坂湾の出入口となる明石海峡を押さえる要衝《ようしょう》にある重要な城でした。

一国一城令後に異例の築城

明石城は、1617年（元和《げんな》3）に初代明石藩主となった小笠原忠政《おがさわらただまさ》（後の忠真《ただざね》）が1619年（元和5）から築いた城です。1615年（元和元）の武家諸法度《ぶけしょはっと》後公布後の新築は、極めて異例。明石城は、江戸幕府が豊臣恩顧《とよとみおんこ》の西国大名を牽制すべく築かせた、特別な城のひとつでした。

明石城があるのは、関ヶ原の戦い後に徳川家康の娘婿・池田輝政《いけだてるまさ》が築いた59姫路城（兵庫県姫路市）と54大阪城（大阪府大阪市）の中間。1617年（元和3）に築かれた尼崎城（尼崎市）、大改修された高槻城（大阪府高槻市）などとともに、徳川方の防衛拠点だったのでしょう。これらの城を直線で結ぶと、防衛ラインが見えてきます。

なんといっても、本丸南面の石垣が圧巻です。明石城は東方から台地状にのびる段丘の突端付近を利用した城で、標高約25m地点に本丸、その西側に稲荷曲輪《いなりくるわ》、東側に二の丸と東の丸を置き、それぞれ高い石垣でがっちりと囲まれています。それらと本丸南側下段の三の丸や居屋敷

4 本丸、稲荷曲輪、二の丸、東の丸の南辺は台地の先端部となる。創建時からすでに高石垣が積まれていたようだ。色の違う石が混ざっているのは、積まれた時期が違うため。　5 稲荷曲輪から見た天守台。　6 桜堀と本丸北側の石垣。

曲輪、本丸北側の北出曲輪も含めた一帯が中堀で囲まれ、城の中心部となっていました。

本丸南側の石垣は、東の丸から稲荷曲輪までを含めると約380m。高さは、三の丸から櫓台下の帯曲輪まで約5m、そこから約15mあり、合計するとなんと約20mに及びます。本丸と二の丸は巨大な堀切《ほりきり》で分断され、削平《さくへい》した地面の両脇が石垣で固められていました。

かつては4つの三重櫓が

本丸の四隅にはかつて4つの三重櫓が建てられ、そのうち南東端の巽《たつみ》櫓と南西端の坤《ひつじさる》櫓が残っています。

築城時の明石藩は明石、三木《みき》、加古《かこ》、加東《かとう》の四郡10万石を領有しており、忠政は三木城(三木市)など領内の城から木材や石材を転用したとされます。巽櫓は船《ふな》上《げ》城(明石市)からの移築と伝わり、船上城の天守だったという説も。城下町に残る武家屋敷跡の織田家長屋門も、船上城の城門を移築したものといわれています。

坤櫓は城内最大規模の立派な三重櫓で、天守が存在しなかった明石城にとって天守代用の櫓だったようです。徳川家の伏見城から移築されたという伝承も、幕府に重視された証といえるでしょう。

本丸には天守台がありますが、天守は建っていなかったようです。天守台はかなり大きく、東西約25m×南北約20m。92 熊本城(熊本県熊本市)の天守台とほぼ同規模で、五重天守が建てられるほどの大きさがあります。

北側には別の顔

私のオススメは、二の丸から堀切越しに見る巽櫓と巽櫓下の高石垣です。二の丸への虎口《こぐち》と番ノ門の外枡形《そとますがた》、二の丸とをつなぐ土橋が重なり、高石垣の迫力を堪能できます。

そして、本丸の北側も見逃せません。本丸と二の丸間の堀切を北側に降りていくと、桜堀に着きます。このあたりから

明石城内マップ

本丸

東西114.5m×南北116.4mの梯形。二の丸からは番ノ門を経由して出入りした。 現存する巽櫓、坤櫓のほか、本丸北西側隅には乾櫓、北東側隅は艮櫓があった。

稲荷曲輪

本丸から約9m低いところにある、西方の防御を担う曲輪。北西隅と南西隅に二重櫓が建っていた。

居屋敷曲輪

1631年(寛永8)に本丸御殿が焼失すると、藩主の居館が置かれた。現在の明石トーカロ球場あたり。

桜堀

長さ245m、幅42mの池。

巽櫓

現存する三重櫓。東西約9.03m×南北約7.88mで、高さは12.53m。1620年(元和6)に完成し、1628年(寛永5)または1631年(寛永8)に焼失した後に再建された。

坤櫓

現存する三重櫓。巽櫓よりひとまわり大きく、東西約10.94m×南北約9.15m、高さは13.28m。

太鼓門

明石城中心部へ至る正門。かつては太鼓門橋と呼ばれる木橋がかかり、その先に枡形門があった。

振り返って見上げたときの、本丸北側の石垣がすばらしいのです。南側が華やかな表の顔だとすれば、北側は背後を守る剛健な壁といったところ。ガラリと雰囲気が変わり、桜堀とセットで北側の強靭な防御線となっています。

南側の三の丸あたりにいると平坦な城に思えますが、城内をくまなく歩くと、台地の複雑な起伏を利用しながら防御性を高めて設計された城だと気づくはず。本丸北側の高石垣も、地形に沿って巧みに築かれています。北東側が凹んでいるのは鬼門《きもん》除けでしょうか。

市民憩いの明石公園は、のんびりと散歩する老夫婦や元気に走りまわる子供を見ていると、ほのぼのとした気分になります。江戸時代初期に緊張下で築かれた明石城ですが、江戸時代中期頃にはこうした平和な光景を見下ろしていた時期もあったのでしょうか――。地域を400年以上見守ってきた石垣に思いをはせながら、歩く時間がたまりません。

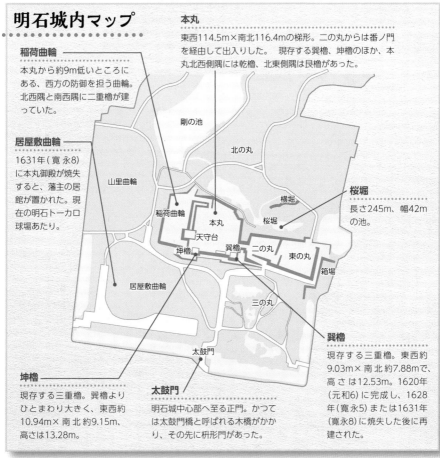

弥生人の声が聞こえる古代遺跡

日本100名城 88

吉野ヶ里

【よしのがり／佐賀県神埼郡吉野ヶ里町田手1843】

POINT

❶ 城の起源「環濠集落」とは？

❷ 再現された弥生時代の生活

❸ エリアごとの用途と建物の違い

城めぐりのコツ

吉野ヶ里歴史公園の総面積は117ha。かなり広いので、時間をたっぷり取って見学しましょう。歴史公園センターのある東口から入ってすぐ、西側に広がる巨大環壕集落が復元された環壕集落ゾーンが、おもな見学スポットです。弥生人の声に耳を傾け、古代のロマンを感じましょう。

難易度★☆☆☆☆

1 復元された南内郭。
2 復元整備されている環壕。
3 南内郭の物見櫓から見る、倉と市。

古代にタイムスリップ

城は社会の変化とともに、姿、立地、規模、役割などが変わります。時代によって戦いの要素が強まったり行政機関としての役割が色濃くなったりしますが、共通しているのは軍事施設であること。弥生《やよい》時代の環濠集落《かんごうしゅうらく》は、軍事施設としての機能が見られることから城の起源とされています。

環濠集落とは、堀《ほり》、土塁《どるい》、柵《さく》で囲まれた大規模な集落のこと。生活空間を守るための工夫から発生し、はじめは害獣から集落を守るためにつくられたようです。弥生時代の中頃から後半になると、より防御性の高い大規模な環濠集落が登場。稲作が始まり定住の文化が根付いたことで集落が巨大化し、それにともなって環濠集落も発達したと思われます。

吉野ヶ里《よしのがり》は、佐賀県の脊振《せぶり》山地南麓からのびる丘陵上にある日本最大級の弥生遺跡です。弥生時代前期（紀元前5世紀〜紀元前2世紀）の小規模な集落（ムラ）が、弥生時代後期（1〜3世紀）に最盛期を迎え、外環壕で囲まれた大規模な集落の集合（クニ）が成立。約700年間続いた弥生時代のすべての時期の遺物・遺構が確認され、それぞれの特徴が発掘調査などで明らかになっています。大規模な環濠集落へ発展を遂げた代表例として、学術的な価値があります。なお、吉野ヶ里では水を張った形跡がないため「環濠」ではなく「環壕」と表記されます。

集落を囲む推定延長約2・5㎞の環壕は、なんと最大で幅6・5m、深さは3・3mあったとか。『魏志倭人伝《ぎしわじんでん》』に記載された邪馬台国《やまたいこく》を想起させる遺跡として、現在は紀元3世紀頃の最盛期の姿が吉野ヶ里歴史公園として復元整備されています。古代にタイムスリップした気分になれる遺跡です。

再現された弥生人の生活

おもな見学スポットは、巨大環壕集落

4 北内郭に復元された、主祭殿。
5 北内郭の復元建物。中央が竪穴建物、右が高床住居。
6 主祭殿の内部。

が復元された環壕集落ゾーンです。南内《みなみない》郭《かく》、北内郭、中のムラ、南のムラ、北墳丘墓などが復元されています。

「南内郭」は、集落を支配していた支配者たちの生活空間を再現した区画。紀元前1世紀頃に外壕が掘られた大規模な環壕集落として成立し、2世紀頃に内壕が掘られて南内郭ができたとみられます。南内郭には、物見櫓4棟、竪穴住居11棟など20棟の建物が復元されています。物見櫓にもぜひ登ってみてください。背振山系などを背景にした広大な遺跡を一望でき、長大な外壕と柵に囲まれた空間であることがよくわかります。

物見櫓から南方向に見下ろせる「南のムラ」は、一般の人々が住んでいたと考えられる区域。高床建物や竪穴住居など、27棟の建物が復元されています。西側に広がる「倉と市」は、クニの倉庫群や市が開かれていた跡です。

その後、南内郭が掘り直されて「北内郭」もつくられ、大型建物が建てられました。発掘調査によれば、北内郭は二重の環壕で囲まれ、16本の柱を使った大きな主祭殿を中心に、竪穴建物や斎堂、高床建物が配置されていたとか。丸く張り出した4か所の突出部にはそれぞれ物見櫓が建ち、周囲を厳重に監視していたようです。出入口は塀などで目隠しされ、区画内部が見えないようになっていたと考えられています。

北内郭に復元された9棟の建物のうちひときわ大きな「主祭殿」は、まつりごとを行う最重要施設。内部には指導者が政治を行うようす、最高司祭者である巫《み》女《こ》による祈りの儀式が再現されています。

主祭殿と東祭殿の間にある斎堂は、身を清めたり、儀式に使用する道具が置かれていたとされる施設。高床住居は最高司祭者の生活空間と考えられ、高床倉庫と異なり正方形をしています。

墓からわかる階層分化

北内郭の北側には、甕棺《かめかん》墓《ぼ》群《ぐん》が埋めら

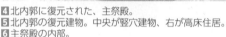

吉野ヶ里内マップ

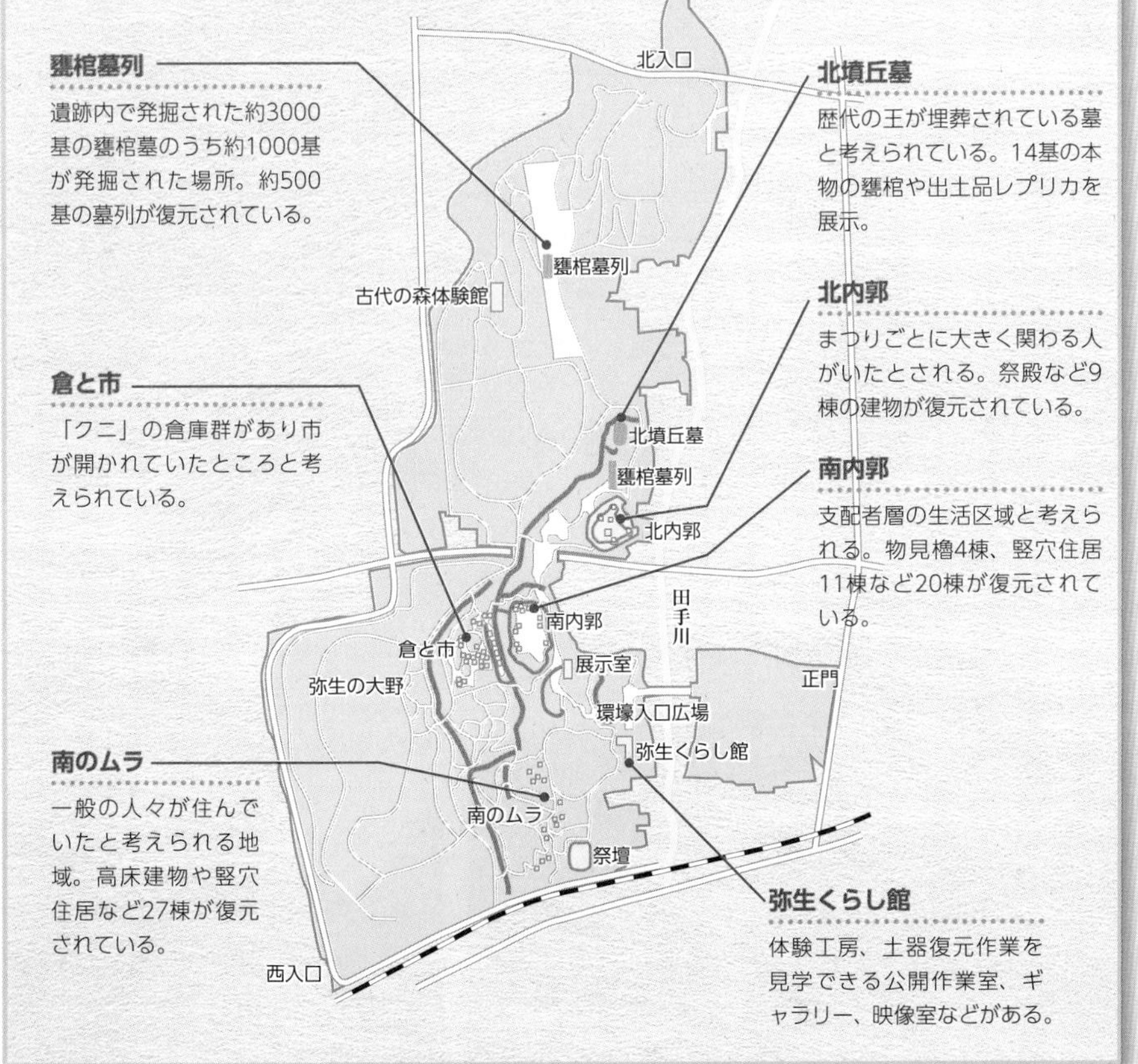
甕棺墓列
遺跡内で発掘された約3000基の甕棺墓のうち約1000基が発掘された場所。約500基の墓列が復元されている。
北墳丘墓
歴代の王が埋葬されている墓と考えられている。14基の本物の甕棺や出土品レプリカを展示。
北内郭
まつりごとに大きく関わる人がいたとされる。祭殿など9棟の建物が復元されている。
南内郭
支配者層の生活区域と考えられる。物見櫓4棟、竪穴住居11棟など20棟が復元されている。
倉と市
「クニ」の倉庫群があり市が開かれていたところと考えられている。
南のムラ
一般の人々が住んでいたと考えられる地域。高床建物や竪穴住居など27棟が復元されている。
弥生くらし館
体験工房、土器復元作業を見学できる公開作業室、ギャラリー、映像室などがある。
北入口
甕棺墓列
古代の森体験館
北墳丘墓
甕棺墓列
北内郭
南内郭
倉と市
田手川
展示室
弥生の大野
正門
環壕入口広場
弥生くらし館
南のムラ
祭壇
西入口

れた大規模な「北墳丘墓《きたふんきゅうぼ》」があります。支配者たちのものと考えられる甕棺墓が14基発見され、展示館内に発掘されたままの状態で保存・展示されています。

墓は、大きな2つの甕棺の中に遺体を収める大型合口《あわせぐち》甕棺と呼ばれる形式で、なんと大きさは2つ合わせて約2m。北墳丘墓の南側には、北墳丘墓へお参りに訪れる人々のための墓道と呼ばれる専用道が設けられています。

注目は、北墳丘墓付近や遺跡北方に甕棺の列状埋葬墓が見つかっていること。北墳丘墓で14基の甕棺が見つかっているのに対し、同じ面積で比較すると甕棺墓列は100基以上とかなり密集していました。北墳丘墓の甕棺はサイズが大きい上、銅剣《どうけん》や管玉《くだたま》など数々の副葬品が見つかっており、位の高い人物が埋葬されていたよう。これに対し、甕棺墓列は一般の人々が埋葬されていたと推定されます。墓からも社会の階層分化を知ることができるのがおもしろいところです。

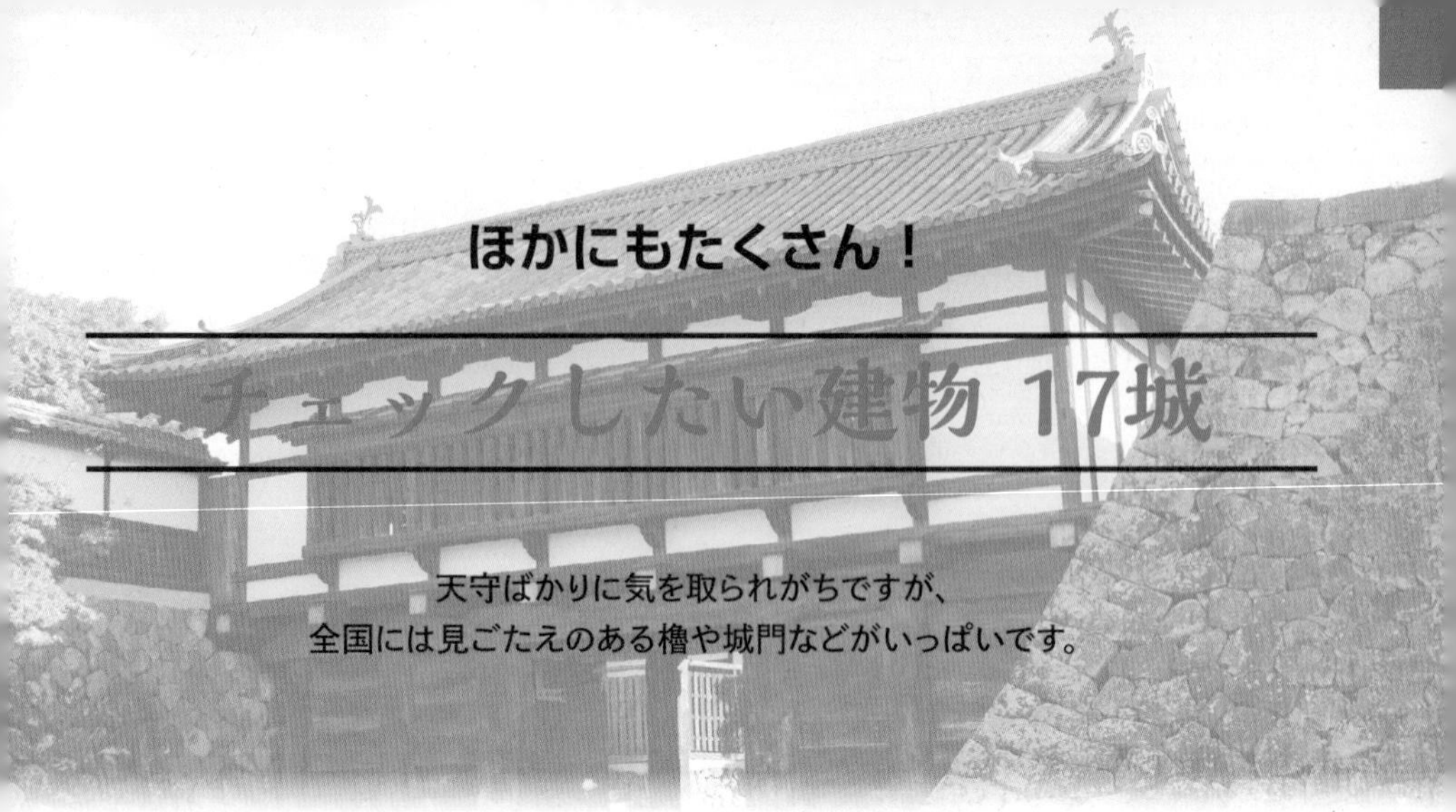

ほかにもたくさん！

チェックしたい建物 17城

天守ばかりに気を取られがちですが、
全国には見ごたえのある櫓や城門などがいっぱいです。

31 新発田城

2004年（平成16）に復元された三階櫓は、最上階に鯱が3つ乗る不思議な櫓。1668年（寛文8）の火災と翌年の地震で城内の建物や石垣が被災。1670年（寛文10）からの復旧工事でいぬい櫓があった場所に三階櫓が建てられた。本丸の表門と二の丸隅櫓が現存している。

32 大洲城

天守に接続する高欄櫓と台所櫓、苧綿櫓、三の丸南隅櫓が現存。高欄櫓と台所櫓は、1857年（安政4）の大地震で大破後に再建された。高欄櫓は2階に高欄がついた珍しい形の櫓で、台所櫓は炊事をする台所の機能が備わっている。苧綿櫓は旧二の丸東端に建つ二重櫓。

151 吉田城

復興された鉄櫓は、豊川対岸から望む姿が美しい。豊川越しの吉田城は、歌川広重をはじめ多くの浮世絵に登場。描かれている三重櫓は天守と認識されていたようだ。鉄櫓台は本丸の西北隅部にあり、東海道を進んできたとき正面に位置することなどからも、天守台と考えられる。

77 高松城

現存する艮櫓は、東の丸から太鼓櫓のあった場所に90度回転して移築されている。月見櫓・渡櫓・水手御門の3棟も現存。徳川頼常が1676年(延宝4)に建造した三重三階の月見櫓は、着見櫓が由来とされる、船の出入りを監視する櫓。水手御門は瀬戸内海に直接出られる海の玄関口。

193 臼杵城

現存する櫓のひとつ、二重三階の卯寅口門脇櫓。1854年(嘉永7)に建てられた。臼杵城は大友宗麟の居城だったことで知られる。

85 福岡城

南丸多聞櫓は、城内にあった47の櫓のうち、同じ位置で現存する唯一の櫓。二重二階の角櫓と西櫓から構成される。

94 大分府内城

宗門櫓と人質櫓が現存。人質櫓は1861年(文久元)の再建。かつては四重櫓、23の櫓と5つの門、3箇所の廊下橋もあった。

113 土浦城

本丸表門は、関東地方で唯一の現存する櫓門。1656年(明暦2)の改修と伝わる。前川口門は、武家屋敷と町家の間を仕切っていた高麗門の移築。復元されている東櫓と西櫓は、どちらも土塁の上に建っているのが特徴。

89 佐賀城

鯱の門は、1838年(天保9)の本丸再建時に建てられた二重二階の櫓門。1874年(明治7)の佐賀の乱でも焼け落ちず残り、門扉に銃痕が残る。屋根の両端に青銅製の鯱が置かれているのが名の由来。本丸には、本丸御殿が復元(一部は平面表示)されている。

9 久保田城

調査をもとに再建された、一ノ門とも呼ばれた本丸の正門。門の警備・管理をする御番頭局、門の下手には御物頭御番所が置かれていた。

96 飫肥城

飫肥杉を使って再建された大手門は、木造2階の櫓門。1588年(天正16)に伊東氏が入城し、5代・伊東祐実が近世城郭の体裁を整えた。

122 大多喜城

二の丸御殿の裏門と伝わる薬医門が二の丸内の県立大多喜高校に移築復元されている。城は小多喜城跡に本多忠勝が大改修した。

28 小諸城

大手門は1612年(慶長17)の仙石秀久による築城時の建造とされる。当時は瓦葺きが珍しかったため瓦門と呼ばれたという。

83 宇和島城

搦手にある上り立ち門は、武家屋敷の正門とされる薬医門。現存としては最大規模で、藤堂高虎時代に創建された可能性もある貴重なもの。

48 松阪城

かつての三の丸にある御城番屋敷は、松阪城を警護する役人が住んだ組屋敷。一戸が復原整備され一般公開されている。

62 和歌山城

岡口門は、徳川頼宣が1621年(元和7)に建造したとみられる城内唯一の現存建造物。浅野幸長が城下町を整備するまでは、岡口門側が大手だった。

107 秋田城

鵜ノ木地区に復元されているのは、奈良時代後半の水洗トイレ。沼地の岸に建てられ、便槽から木樋で滑り台のように、低い場所にある沼地へ汚物を流す。汚物はいったん沈殿槽にためられ、上澄みだけを沼へ流す仕組みだったようだ。沈殿槽内に積もった土から見つかった未消化の種や寄生虫の卵から、古代人の食生活が自然科学的に分析されているのもおもしろい。興味深いのは、見つかった寄生虫の卵から、当時の日本にはなかったブタの常食が推察できること。食べていたのは、豚の飼育が盛んだった中国大陸からの外来者である可能性が高く、秋田城の交易拠点としての役割が想像できる。

COLUMN 3

貴重！　４つしか残っていない城の御殿

■高知城／本丸御殿

日本100名城 84

高知城

【こうちじょう／高知県高知市丸の内 1-2-1】

日本100名城 19

川越城

【かわごえじょう／埼玉県川越市郭町 2-13-1】

日本100名城 42

掛川城

【かけがわじょう／静岡県掛川市掛川1138-24】

■川越城／本丸御殿

■掛川城／二の丸御殿

■二条城／二の丸御殿

廃城令の後に陸軍用地となった城では、敷地を確保するため御殿《ごてん》はすぐさま取り壊されました。59姫路城に82の現存建造物がありながら御殿がひとつも残っていないのもこのためです。現在、城の御殿は全国に４つしか残っていません。

84高知城の本丸御殿は、式台《しきだい》、正殿《せいでん》、納戸櫓《なんどやぐら》から構成される本瓦葺《ほんかわらぶ》きの平屋建て。1749年（寛延2）の再建時は財政が逼迫していたためか質素ですが、落ち着いた空間に気品があふれます。

書院造《しょいんづくり》の正殿は、二ノ間より一段高くなっている場所が、藩主の座所となる上段ノ間。西側にある納戸構えは、「武者隠し」と呼ばれる警護の武士が詰める隠し部屋になっています。「打ち分け波の欄間《らんま》」など各部屋を区切る欄間も美しく、部屋ごとに変化がつけられ華を添えています。

19川越城の本丸御殿は、1848年（嘉永元）の建造。敷地面積にして8分の1、建坪で6分の1の規模しか残っていませんが、玄関の大きな唐破風《からはふ》をはじめ武家の風格を見せています。

42掛川城の二の丸御殿は、廃城後も学校や掛川町役場、消防署などに使われました。いかにも役所といった、落ち着いた雰囲気の御殿です。御殿建築の屋根にみられる、起《おこ》り破風と巨大な蕪懸魚《かぶらげぎょ》が印象的。長囲炉裏《いろり》の間の天井に太田家の「桔《き》梗紋《きょう》」と替紋《かえもん》の「違《ちが》い鏑矢《かぶらや》」が見られるのは、1854年（嘉永7）の大地震で倒壊後、太田資功《すけかつ》により再建されたためです。

53二条城の二の丸御殿についてはP134を。

城の楽しみ方④

設計（縄張）を楽しむ

悶絶！ トリック満載の巨大迷路

日本100名城 81

松山城

【まつやまじょう／愛媛県松山市丸之内1】

POINT

❶ バーチャル城攻めが楽しめる！

❷ 天守のほか21棟の現存建造物

❸ 翻弄されまくる戦闘モード

城めぐりのコツ

ロープウェイ・リフトがラクチン。大手門跡で合流するのが黒門登城道です。太鼓櫓の下をU字に折り返して戸無門をくぐり、筒井門と太鼓門を抜けて本丸へ。本壇内に入る前に、周囲を一周して搦手の乾櫓や乾門なども見ておきましょう。帰りは黒門登城道を下りて二之丸史跡庭園へ立ち寄るとよいでしょう。登り石垣は県庁裏登城道の途中で見られます。難易度★★☆☆☆

1 太鼓櫓下のヘアピンカーブ。直進するのが最短ルートと錯覚させるトラップ。右に折り返すのが正規ルート。　2 隠門側から見た、戸無門と筒井門。　3 本壇の入口。正面が天守、右の一ノ門・一ノ門南櫓や三ノ門南櫓、筋鉄門東塀なども現存。

巨大迷路でバーチャル城攻め

迷うのが楽しい、巨大迷路のような城です。城内のあちこちにトラップが隠され、息つく暇がありません。惑《まど》わせまくる設計、いたずらに人を弄《もてあそ》ぶしかけ、なるほどと膝を打ちたくなる巧妙な工夫、度肝を抜かれるダイナミックな装置。裏の裏のさらに裏をつくような、心理作戦も織り交ぜた世界が広がります。敵兵になったつもりで歩くと、ゲーム感覚で城攻め体験ができます。

たとえば、大手門《おおてもん》跡前の通路もそのひとつ。正面には太鼓櫓《たいこやぐら》、その左奥には中の門があり、正面に天守が見えます。いよいよ天守が近づき気持ちが高ぶりますが、天守への近道と思える中の門方面は、おとりの道。直進すれば、袋のねずみとなってしまいます。

右手の太鼓櫓下をU字に折り返す坂道が正規ルートですが、ここを進んだとしても中の門が背後になるため、いずれにしても挟撃されるのは必至です。進むべき方向が真逆というだけでも気持ちが萎《な》えますが、唯一の攻略法は運と勢いという危険度の高さも嫌なものです。

かろうじて太鼓櫓下を突破し坂道を上りきっても気は抜けず、むしろここからが攻防戦の本番です。通り抜けやすい戸《と》無《なし》門をくぐると道幅が急にぐっと広がり、左に城内最大の筒井《つつい》門が待ち受けます。……となれば、きっと誰もが「これが本丸への最後の関門か！」とまっしぐらに城門へ突入したくなるはずですが、ここに城内最大のトラップが隠されています。なんと、筒井門の奥には隠《かくれ》門という奇襲用の門が潜むのです。

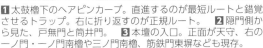

萌える！ファイトモード

次々と登場するトラップに胸踊らせているうちに、本丸に着きます。本丸北側の一段高くなったところが、中心部となる本壇《ほんだん》です。天守を中心に多種多様な櫓や城門が華やかに取り囲み、それらが高い石垣でぐるりと囲まれています。

松山城は、天守を含め合計21棟もの建造物が現存する重要文化財の宝庫。本壇内にも櫓や門が残り、復元された建物と合わせてかつての姿が再現されているのがうれしいところです。複雑には配置された櫓や門が天守を取り巻き、密集して複雑な空間をつくり出しています。

本壇内は、90度右折して一ノ門から入り、90度左折して二ノ門をくぐり、180度方向転換することでようやく三ノ門に到達する、迷路のようなつくり。似たような門や櫓に囲まれ、同じところをぐるぐるさまよい歩く観光客が多発しているエリアです。

視界を最小限に狭めざるをえない細い路地のような閉鎖的な小道が続くのですから、四面楚歌《しめんそか》とはまさにこのこと。しかし櫓からはそのようすが丸見えで、迎撃する城兵がいかに優位かがわかります。建物の窓や狭間《さま》から、城兵の目線で見下ろしてみてください。

私の萌えスポットは、紫竹《しちく》門前の通路です。よく見ると、紫竹門西塀の狭間の向きが途中から入れ替わっています。西塀を境に、城内と城外が臨機応変にチェンジするのです。裏手から敵に侵入されたその瞬間、攻撃陣地だった場所は敵を殲滅するためのスペースに様変わりします。なんというゲリラ戦仕様！城は方向感覚を乱されるものですが、松山城はとくにその効果が絶大といえるでしょう。ゴルゴ13でも使いこなせないであろうほど、狭間の数もやたらと膨大です。

本壇は、1635年（寛永12）に藩主となり城を大改修した松平定行がつくったようです。殺気が感じられないのはそのせいでしょうか——。唐破風付きの天守への入口をはじめ、平和ながらセキュリティ万全、といった印象です。

葵紋が輝く現存天守

現存天守は三重三階地下一階の層塔型《そうとうがた》で、大天守・小天守・櫓が多聞《たもん》櫓でつな

4 紫竹門西塀。狭間の向きが途中で変わっている。
5 天守は姫路城と同じ連立式。
6 乾櫓・乾門・乾門東続櫓。なめらかなカーブの石垣は芸術品。

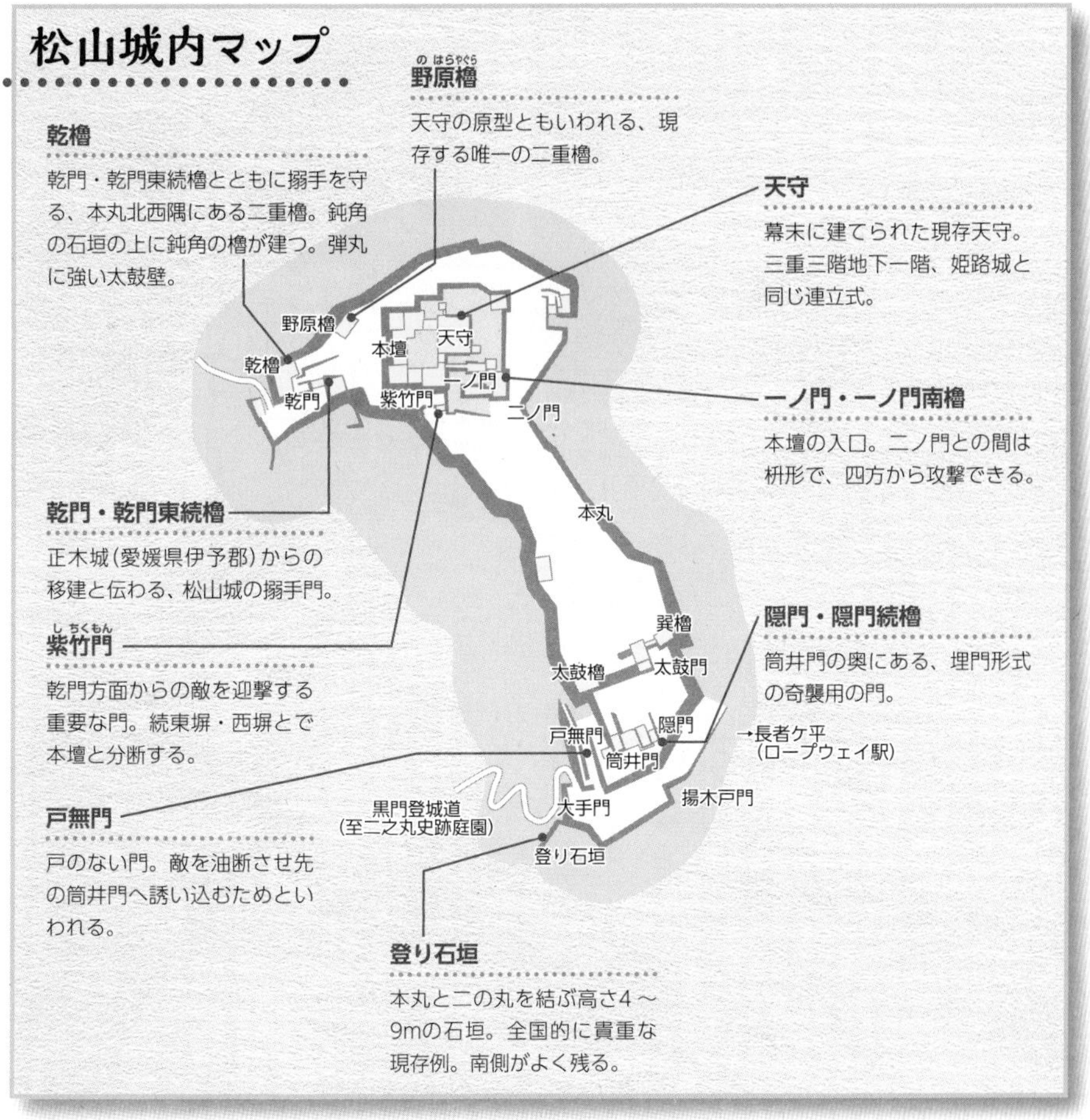
松山城内マップ
野原櫓《のはらやぐら》
天守の原型ともいわれる、現存する唯一の二重櫓。
乾櫓
乾門・乾門東続櫓とともに搦手を守る、本丸北西隅にある二重櫓。鈍角の石垣の上に鈍角の櫓が建つ。弾丸に強い太鼓壁。
天守
幕末に建てられた現存天守。三重三階地下一階、姫路城と同じ連立式。
一ノ門・一ノ門南櫓
本壇の入口。二ノ門との間は枡形で、四方から攻撃できる。
乾門・乾門東続櫓
正木城(愛媛県伊予郡)からの移建と伝わる、松山城の搦手門。
紫竹門《しちくもん》
乾門方面からの敵を迎撃する重要な門。続東塀・西塀とで本壇と分断する。
隠門・隠門続櫓
筒井門の奥にある、埋門形式の奇襲用の門。
戸無門
戸のない門。敵を油断させ先の筒井門へ誘い込むためといわれる。
登り石垣
本丸と二の丸を結ぶ高さ4～9mの石垣。全国的に貴重な現存例。南側がよく残る。
野原櫓
本壇
天守
乾櫓
一ノ門
乾門
紫竹門
二ノ門
本丸
巽櫓
太鼓櫓
太鼓門
隠門
戸無門
→長者ケ平
(ロープウェイ駅)
筒井門
揚木戸門
黒門登城道
(至二之丸史跡庭園)
大手門
登り石垣

がれた連立式です。1602年(慶長《けいちょう》7)に築城を開始したのは加藤嘉明《よしあき》ですが、現在の天守が建てられたのは幕末のこと。嘉明が建てた五重の天守を、定行《さだゆき》が三重に改築。その天守も1784年(天明《てんめい》4)に落雷で焼失したため、1852年(嘉《か》永《えい》5)に再建されました。定行は徳川家《とくがわいえ》康《やす》の甥にあたるため、天守の建造を許されたのでしょう。全国に残る天守で唯一、瓦《かわら》に徳川家の葵紋《あおいもん》が付されています。

神業カーブに悶絶!

地形に沿って積まれた、高石垣の曲線美にも目を奪われます。松山城は本当に石垣が美しく、山上の開放感も相まってほれぼれします。揚木戸《あげきど》門跡北東側の約17mもある高石垣も見事ですが、私は神業のように芸術的なカーブを描く乾《いぬい》門東続櫓東折曲塀の石垣が好きです。

全国でも現存例が少ない貴重な登《のぼ》り石垣も見ものです。南北2本の登り石垣があり、南側はほぼ完存しています。大手

7 左から、復元された北隅櫓・十間廊下・南隅櫓。北隅櫓は小天守北ノ櫓または戊亥小天守、南隅櫓は申酉小天守とも呼ばれる。 8 路面電車が走る城下町。 9 鬼瓦には葵紋が。

門から二之丸史跡庭園の南東櫓にかけて本丸と二の丸を結ぶ山の斜面に、全長約233mに渡り残っています。

ポンジュースの占有率

夏目《なつめ》漱石《そうせき》も愛した、路面電車が走る城下町も大きな魅力です。市街地化されているものの、時の流れがゆったりと感じられ、独特の情緒があります。司馬遼太《しばりょうた》郎《ろう》さんの歴史小説『坂の上の雲』の主人公、秋山好古《よしふる》・真之《さねゆき》兄弟、その幼馴染《おさななじみ》の文豪・正岡子規《まさおかしき》の故郷でもあり、ゆかりのスポットめぐりも楽しめます。

路面電車の終着駅近くにあるのが、3000年の歴史を持つ道後《どうご》温泉です。松平定行が城下町と共に整備し、現在のような温泉経営がはじまりました。

定行は松山に数々の名物をもたらした人物でもあり、銘菓「タルト」も、長崎奉行だった定行が長崎で食べた南蛮《なんばん》菓子を独自にアレンジしたものです。夏の風物詩である五色そうめんも、城下発祥。定行とともに松山に移り住んだ商人が考案し、参勤交代の際に将軍に献上されました。朝廷からも綸旨《りんじ》を賜り、正岡子規が郷里の夏を詠《よ》んだ句にも登場します。

必食は、伊予《いよ》名物の鯛めし。松山をはじめとした東予《とうよ》や中予《ちゅうよ》地方は、鯛をふっくら炊き上げた炊き込みご飯。宇和島を中心とした南予《なんよ》地方の鯛めしは、刺身を乗せた海鮮丼のような料理です。

私は宇和島鯛めしが好み。ほんのり甘く歯ごたえのある鯛の刺身に、だし汁と卵が絡んで絶品です。南北朝時代に宇和海の日振《ひぶり》島を拠点とした、伊予水軍の船上料理が発祥とか。漁師めしらしい、濃く甘めのだし汁が淡白な鯛とよく合います。新鮮だから味わえる、コリコリとした鯛の食感がたまりません。

松山空港にはみかんジュースが出てくる衝撃の蛇口がありますが、松山城でも自動販売機のポンジュースの占有率はやたら高いです。本丸にある、城山荘の伊予柑ソフトが絶品ですよ。

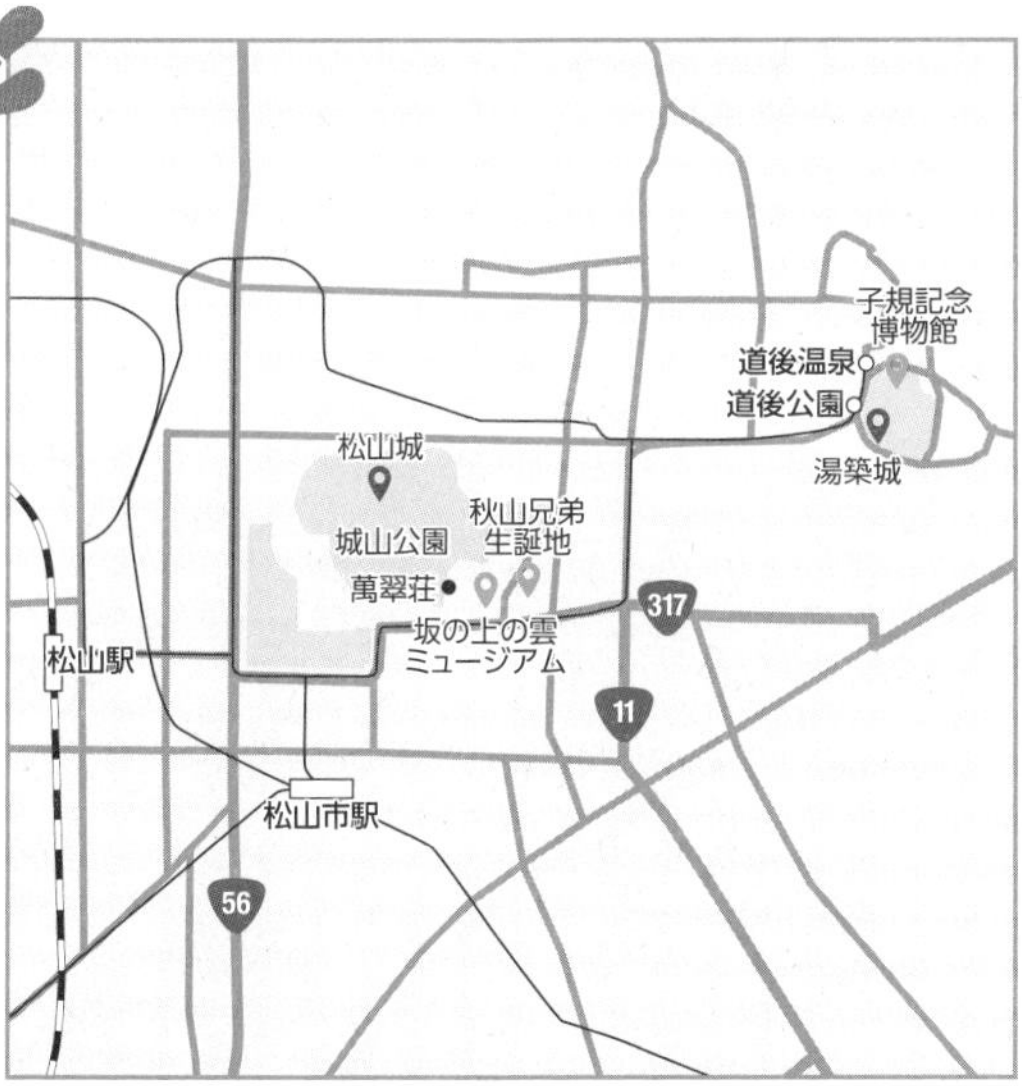

SPOT

旅の〆《しめ》は道後温泉

松山城散策後のお楽しみといえば、道後温泉。松山城を大改修した藩主、松平定行が整備して経営をはじめました。本館の外観がどこか城っぽいのは、棟梁《とうりょう》が城大工だから。なるほど納得ですね。風呂上がりに地ビールを飲みながら道後温泉商店街をぶらぶら歩くのも楽しい、松山の夜に欠かせないスポットです。

道後温泉

3000年の歴史を誇る、日本三古湯のひとつ。本館屋上の振鷺閣から毎日響く刻太鼓は、日本の音風景百選に選定。➡松山市道後湯之町

秋山兄弟生誕地

秋山好古・真之兄弟の生誕地に、晩年の好古が住んでいた家を再現している。

➡松山市歩行町2-3-6

坂の上の雲ミュージアム

平成19年4月にオープンした、『坂の上の雲』をテーマにした施設。建物は安藤忠雄の設計。

➡松山市一番町3-20

◆全部訪れたい！ 愛媛の名城

大洲城　100名城 82

肱川のほとりに建つ大洲城天守は、珍しい四重四階。築城時の工法により、戦後はじめて木造復元されました。

全国で数点しか残っていない天守模型のひとつ、天守雛形が奇跡的に残存。各階の柱の位置などを知る手がかりとなりました。天守中央付近には1階から3階の床下まで心柱が貫き、1～2階は解放的な吹き抜け空間になっています。

天守を貸し切り城主気分で一晩を過ごす「大洲城キャッスルステイ」が話題。大洲の歴史と文化・伝統の物語が集約された、1泊100万円のスペシャルなプロジェクトです。

➡大洲市大洲903

宇和島城　100名城 83

藤堂高虎が築城。かつては城の大半が宇和海に面した海城で、二辺は宇和海に、三辺は堀に囲まれていました。方向感覚を狂わされる、五角形の縄張(設計)です。

現存天守は、1666年(寛文6)頃に、宇和島伊達家2代・伊達宗利が建造。泰平の世に建てられた、全国でもっとも平和で穏やかな現存天守です。

高虎時代のものと思われる、藤兵衛丸や本丸側面の石垣が見ごたえあり。苔生す石垣が原生林と織りなす、幽玄の世界。自然石を加工せず積んだ野面積の石垣が最高です。

➡宇和島市丸之内

湯築城　100名城 80

伊予の守護に任じられた河野通盛が、建武年間(1334～38)築いたとされる城。以後、豊臣秀吉の四国攻めで降伏するまで、約250年間にわたり河野氏が居城としました。

16世紀前半には、内堀と外堀の二重の堀と土塁をめぐらせた城に改変されていたようです。発掘調査をもとに、家臣団居住区が立体復元、庭園区と上級節居住区が平面表示されています。出土遺物から、中世の守護大名の生活様式も判明。全国的に珍しい、土層の断面が見られる土塁展示室も必見です。

➡松山市道後公園

究極の造形美！　世界遺産の強く美しい城　日本100名城 59

姫路城

【ひめじじょう／兵庫県姫路市本町68】

POINT

❶ ８つの国宝で構成される天守群の造形美

❷ 82の現存建造物に囲まれて江戸時代にタイムスリップ！

❸ 美観と実用を兼ね備えた秘策

城めぐりのコツ

とにかく広く、見どころ満載。少なくとも120分は時間を取って、パンフレット片手に時間と体力の限り堪能しましょう。写真撮影も楽しみたいところ。おすすめは男山配水池公園からの遠景。大天守、西小天守、乾小天守、東小天守のすべてが同時に望める貴重なスポットです。城内の撮影スポットは、三国濠前のほか、菱の門前、西の丸、備前丸からなどが定番。難易度★★☆☆☆

1 イーグレひめじ屋上展望台から。計82棟の現存建造物があり圧巻。標高45.6mの姫山に築かれ、螺旋状に三重の濠がめぐる。2「は」の門へ向かう通路。「は」の門南方土塀も現存。 3「に」の門へ向かうヘアピンカーブ。緩やかな坂道と微妙な段差も負担に。

世界に誇る、究極の造形美

1993年(平成5)、奈良の法隆寺《ほうりゅうじ》とともに日本初のユネスコ世界文化遺産に指定された、名実共に世界の宝です。築城技術が最高峰に達した時期に築かれた、城の中心部がほぼ完存。建物の多くは破却されてしまいましたが、それでも天守を含めて国宝8棟、重要文化財74棟、計82棟が江戸時代から残っています。

世界中の人々の心の琴線《きんせん》に触れる壮麗な天守は、究極の造形美。千鳥破風《ちどりはふ》や唐《から》破風などの装飾付きの屋根が絶妙なバランスで配され、壁面を華やかに演出。破風の細部に施された厳かな装飾が、独自の重厚感を醸し出しています。

天守群は、8棟の国宝で構成されます。四隅に置かれた大天守《だいてんしゅ》と3棟の小天守《こてんしゅ》(乾《いぬい》天守・東小天守・西小天守)を、4棟の渡櫓《わたりやぐら》(イ・ロ・ハ・ニの渡櫓)がつなぐ形式です。8棟はすべて現存する建造物で、国宝。お互いを引き立たせるように重なり、どの角度から見ても美しく見えます。お気に入りの角度を探すだけでも楽しいですよ。

戦いを想定した城

姫路《ひめじ》城は、関ヶ原の戦いの翌年、1601年(慶長《けいちょう》6)から、徳川家康《とくがわいえやす》の娘婿《むすめむこ》である池田輝政《いけだてるまさ》によって築かれました。50彦根城(滋賀県彦根市)と同様に、家康が54大阪城(大阪府大阪市)の豊臣秀頼との決戦を見据えて構築した、城による包囲網のひとつと考えられます。

姫路は中国地方と大坂との間に位置し、山陽道が通る交通の要衝《ようしょう》。西国の大名が大坂へ結集して東へと攻め上がろうとしたら、鉄壁となり食い止めるのが姫路城に与えられた役割でした。

軍事施設ならば実用性さえあれば見映えなどどうでもよく、これほど豪華な天守を築く必要などないように思えます。しかし権力や財力を視覚的に見せつけるのも、この時期の城の重要な一面でした。

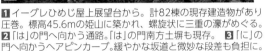

威圧感のある外観で相手を怖じ気づかせ、戦わずして屈服させるのが理想的。城とは、政治的なツールでもあったのです。とりわけ天守は、財力と権力の象徴。大阪城の天守を凌駕する巨大な姫路城の天守は、豊臣方の大名だけでなく、領民に対しても徳川の新時代を誇示する絶好のシンボルタワーとなったのでしょう。

行きは敵兵、帰りは城兵の目線で

まるで迷路のような城内の通路も、戦いを想定してのこと。軍事施設としての一面に注目して歩くと、姫路城の本質に迫れます。城内の通路は複雑に折れ曲がり、あの手この手で敵を翻弄《ほんろう》します。

たとえば「は」の門を抜け道なりに進むと正面に大天守が見え気持ちが高まりますが、180度Uターンさせられ、大天守に背を向けたまま暗いトンネルのような「に」の門への突入を余儀なくされます。左側の石垣がせり出し、通路の目隠しになっている点にも注目です。もちろん、土塀や櫓が鉄壁の如く並び、常に3方向以上から射撃を受け続けています。

目的地に近づいたと思った矢先に遠ざけられるのは、気持ちが萎《な》えるもの。また、進行方向がわからないと人は不安な気持ちになるものです。道幅が広くなったり狭くなったり、空間が明るくなったり暗くなったりと緩急をつけつつ、敵兵の不安と緊張をあおります。

右側にある、緩やかにカーブする土塀もくせものです。塀に沿って進んでしまいがちな人間の傾向を利用して、敵を行き止まりの空間へと誘導しています。待っているのは、頭上の櫓から放たれる矢と鉄砲の雨。塀さえも活用してしまう、心理戦も繰り広げられています。

石垣だけが残る城とは異なり、通路を歩いている途中にも本物の土塀や狭間《さま》に出会えるのが魅力です。タイムスリップした気分に浸れ、よりリアルに城攻めを脳内シミュレーションできます。城兵の目線で狭間を覗けば、城内に死角がなく

4

5

6

4西の丸から見る天守群。天守台は14.85m、天守は31.5m。東西2本の心柱が貫く。 5「ほ」の門（右）と「水」の一門（左）。間の油壁が目隠しになり、敵は大天守に通じる「水」の一門に気づきにくい。 6大天守3階の石打棚。

姫路城内マップ

化粧櫓

千姫が休息所とした櫓。石垣には陰陽道の魔除けと考えられる五芒星の刻印がある。にの門には十字の鬼瓦も。

「に」の門

天井が低く半地下のように暗い、変形櫓門。通路が直角に曲がっている。

「水」の門

「水」の一門から「水」の六門まで、天守入口まで続く、6つの小さな棟門。

井郭櫓

建物内部に井戸がある。

西の丸長局（百間廊下）

千姫に仕えた侍女たちの住まい。

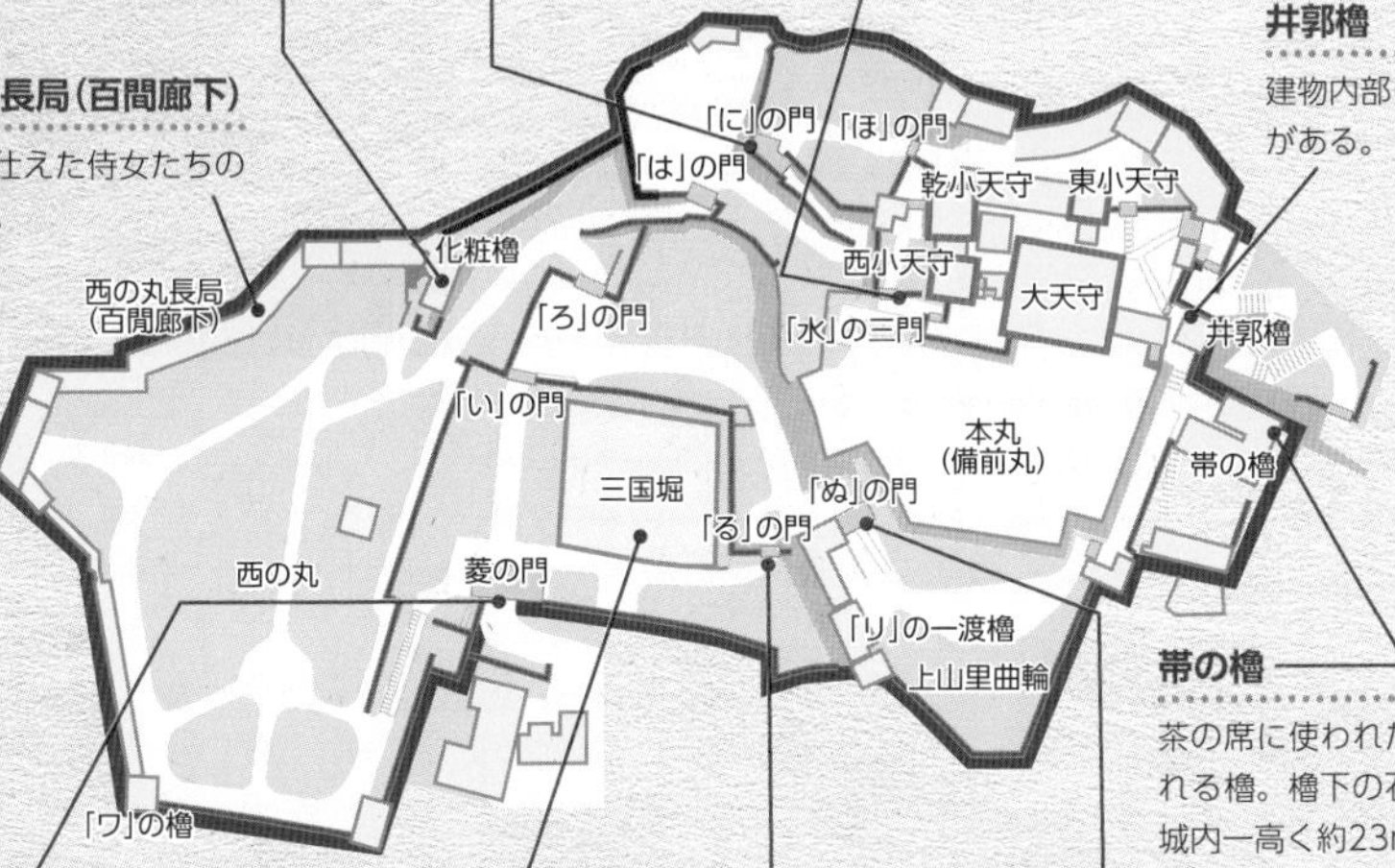
「に」の門
「ほ」の門
「は」の門
乾小天守
東小天守
化粧櫓
西小天守
西の丸長局
（百間廊下）
大天守
「ろ」の門
「水」の三門
井郭櫓
「い」の門
本丸
（備前丸）
帯の櫓
三国堀
「ぬ」の門
「る」の門
西の丸
菱の門
「り」の一渡櫓
上山里曲輪
「ワ」の櫓

帯の櫓

茶の席に使われたとされる櫓。櫓下の石垣は、城内一高く約23m。

菱の門

二の丸の入口。両柱の上の冠木にある木彫りの花菱の紋が名の由来。

三国堀

北面の石垣の積み足しは、秀吉時代の城を拡張した痕跡と考えられている。

「る」の門

「ぬ」の門と三国堀を近道で結ぶ隠門。五輪塔の転用石も。

「ぬ」の門

上山里丸の大手側の出入口にあたる、城内最大級の門。鉄板張りの脇戸がついた、厳重な二重の櫓門。

射撃でき、敵兵が隠れる場所すらないことにも気づけるでしょう。私の城めぐりの極意は「行きは敵兵の気持ち、帰りは城兵の目線で歩くこと」です。

　玄関となる菱《ひし》の門が煌《きら》びやかで巨大な門である一方、侵入路となる「い」の門や天守直下の「水」の一門からの棟門《むなもん》は、どんなに大軍で攻め寄せても1列にならざるを得ない小さな門です。ここで敵を1列にできれば、少ない城兵でも頭上から効率よく狙い撃ちできます。緩急をつけて、敵を翻弄。攻めにくく守りやすい、設計の妙を体感できます。

アシンメトリーに隠された秘策

　圧倒的な美しさを誇る五重六階地下1階の大天守も、やはり実戦仕様です。

　姫路城の大天守は理想的な逓減率《ていげんりつ》（初層から上層にかけて減少する割合）を保つために建築上の歪みが生じています。なんと、その欠陥を生かして、美観と実用性をさらに高めています。外側は大き

7 大天守から見下ろす西の丸。 8 屋根目地漆喰。 9 雨水が滴るように工夫された滴水瓦(てきすいがわら)。水受けもある。文禄・慶長の役の際に朝鮮半島から持ち帰ったもののひとつと考えられるが、池田輝政は朝鮮へ渡っておらず多用の理由は謎。城主の入れ替わりが激しく、瓦の家紋が多様なのも特徴。

さやデザインの違う破風をつけて全体を調整。内部はその破風の内側にできる空間を「破風の間」と呼ばれる攻撃・監視の施設として活用しています。

　天守の3階の南北と4階の四方にある「石打棚《いしうちだな》」も、その工夫のひとつ。手が届かないほど高所に窓が配置されてしまうため、階段を設けて射撃場としています。石打棚の内側は弾薬や武器を保管する倉庫だったよう。実に効率がいいですね。

　狭間や石落《いしおとし》、火縄銃の煙を排出する「煙出し」もふんだんに設置。天守内へ侵入した敵を仕留めることもできる、人ひとりがやっと入ることができる程度の狭い隠し部屋「武者隠し」まで装備されています。あれほどの美観を放っておきながら、内部はドン引きするほどのファイトモードです。地下1階には、流し台や厠《かわや》(トイレ)があるのも珍しいところですが、使った形跡はありません。生活のために備えたのではなく、籠城《ろうじょう》戦に備えたものと思われます。

　美観と実用を兼ね備えるのが、この時代の天守のあり方。それを技術を駆使しながら見事に完成させているのが、姫路城天守の真骨頂といえるでしょう。

美の秘密は「屋根目地漆喰」

　美しい漆喰《しっくい》の白壁も大きな魅力です。太陽の光を受けると、キラキラと繊細な輝きを放ちます。屋根までも真っ白に見えるのは、屋根瓦の継ぎ目や隙間に漆喰を塗る「屋根目地《めじ》漆喰」という技法のおかげ。瓦そのものは黒色ですが、見る角度によって、継ぎ目の白い漆喰だけが立体的に浮かんで見えます。

　2015年(平成26)3月に、実質工期約5年半に及ぶ大天守保存修理工事が完了。屋根瓦は全て葺《ふ》き替えられ、壁面の漆喰も全面塗り直しされました。漆喰の素材選びから配合、漆喰の塗り方にいたるまで、すべての工程でこだわり抜かれ、かつての輝きが再現されています。

　漆喰塗りは工程が複雑で、膨大な時間

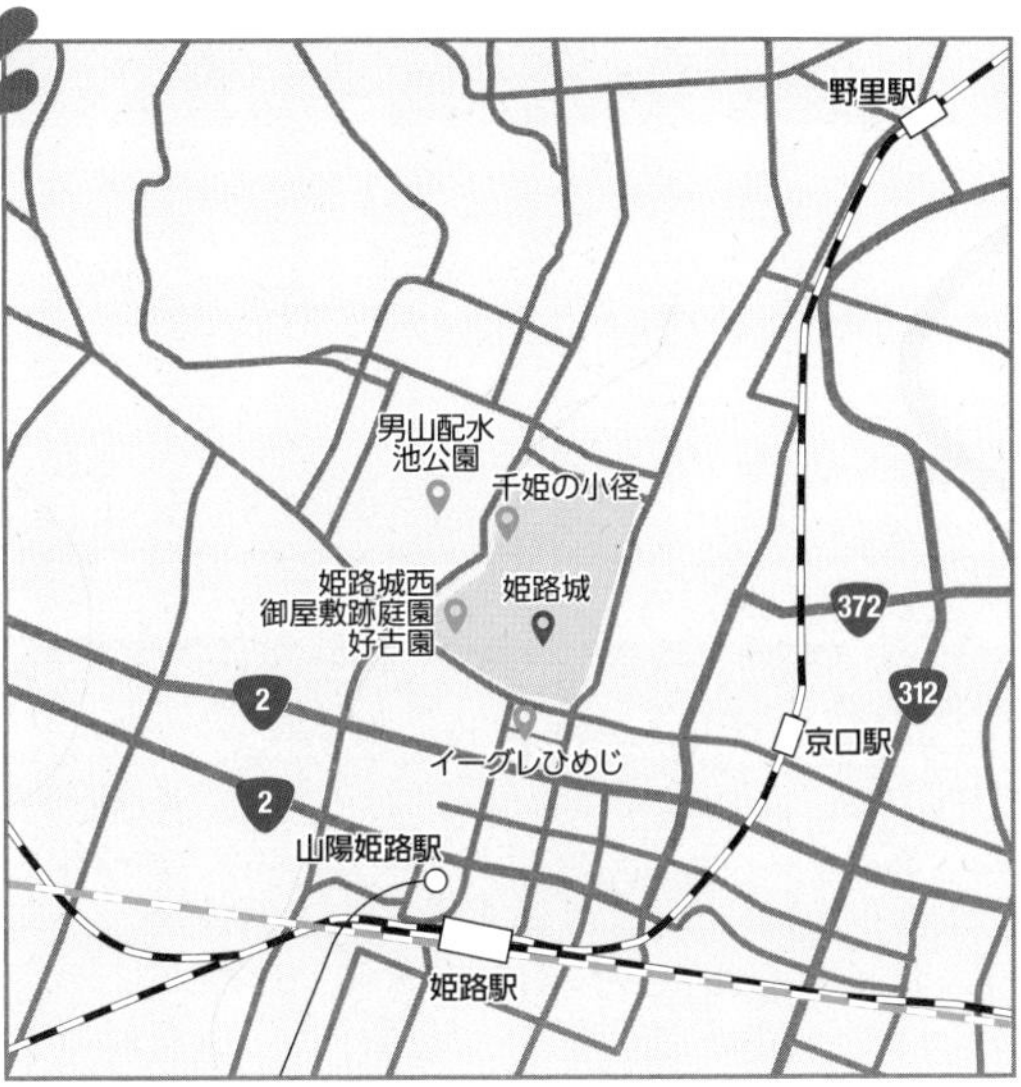

姫路城西御屋敷跡庭園 好古園

姫路城を借景にした池泉回遊式の日本庭園。江戸時代の地割を生かした9つの庭園群で構成される。

➡姫路市本町68

千姫の小径

中濠と船場川にはさまれた遊歩道。北側から見上げる西の丸は、延々と続く長局の美しい白壁が見事。

➡姫路市本町

男山配水池公園

天守群が遠望できる撮影スポット。千姫が本多家の繁栄を願って祀った男山千姫天満宮もある。

➡姫路市山野井町37-3

◆特別公開を狙え！

通常は立ち入り禁止の小天守群や渡櫓は、期間限定でときどき特別公開されています。

大天守と同じく、小天守群も比較的明るい空間で、とくに乾小天守は格子窓がなく、光が入り風が吹き抜けます。望楼が乗っているだけでなく、最上階の妻がほかの小天守とは異なり南北を向いているのも特徴。装飾性に乏しい東小天守に対して、乾小天守は華頭窓が三重目の壁面に飾られるなど、優雅な雰囲気も漂います。西面の唐破風は前身の姫路城で羽柴(豊臣)秀吉が築いた天守の千鳥破風を転用したものとされるのだとか。秀吉にあやかった特別な存在だったのかもしれません。

乾小天守の最上階からは、天守の外壁を彩る装飾を至近距離で見られるのもうれしいところ。全国でも最大規模を誇る天守西面の入母屋破風は、間近に見ると圧巻。迫力ある巨大な入母屋破風の妻には大きな懸魚が飾られていますが、よく見るとかなり繊細な彫刻が施され、何層にもていねいに塗り重ねられた漆喰が輝きを添えて、立体的な華やぎを生み出しているのがわかります。

と高い技術を要します。とくに、壁面の細かな彫刻や懸魚《げぎょ》、蟇股《かえるまた》などの塗り直しには職人技が光ります。木彫りの下地を傷つけないように古い漆喰を丁寧にはがし、その上で漆喰を均一に塗り直すのは、気の遠くなるような緻密な作業。なんと、100種類以上の鏝《こて》が使い分けられたそうです。

西の丸御殿も必見

天守群だけでも見どころが多く、いくら時間があっても足りない名城です。

西の丸は、後に城主となる本多《ほんだ》忠政《ただまさ》による増築です。本多忠刻《ただとき》に輿入れした徳川秀忠《ひでただ》の娘、千《せん》姫の化《け》粧料《しょうりょう》で造築されました。戦闘を強く意識した本丸周辺に比べ、居住空間である西の丸は雰囲気やつくり、見える景色も異なります。

化粧櫓から力の櫓まで続く櫓群のうち、ヨの渡櫓の北棟までは、侍女たちの住まった長局《ながつぼね》。身分の違いによる部屋の広さや明るさ、構造の差が感じられます。

幕末につくられた星型の要塞

日本100名城 2

五稜郭

【ごりょうかく／北海道函館市五稜郭町44】

POINT

❶ 5つの稜堡と
ひとつしかない半月堡

❷ 見隠塁と刎ね出し石垣

❸ 復元された箱館奉行所庁舎

城めぐりのコツ

まずは五稜郭タワーへ。展望台からは星型をバッチリ見下ろせます。展示スペースは、ミニチュア模型「メモリアルポール」が秀逸。郭内へは、正面一の橋から入り、半月堡を見てから二の橋を渡って箱館奉行所へ。途中、跳ね出しの石垣や見隠塁を要チェック。裏門橋は土方歳三が箱館戦争時に入城した場所。土塁の上を歩いて、広大な堀や稜堡の大きさを体感してみてください。難易度★☆☆☆☆

1 半月堡。　2 幅の広い堀も大きな特徴のひとつ。最大幅は約30m、深さは約4～5m。　3 五稜郭タワーから見る函館山。移転前の箱館奉行所は現在の元町公園にあった。

国防のため誕生した役所

戊辰《ぼしん》戦争終焉の地として知られる、函館のシンボル・五稜郭《ごりょうかく》。1868年（明治元）、榎本武揚《えのもとたけあき》率いる旧幕府軍が占拠し蝦夷《えぞ》地の領有を宣言。土方歳三《ひじかたとしぞう》らが新政府軍と激戦を繰り広げましたが、1869年（明治2）に新政府軍の攻撃を受け降伏し、五稜郭での激戦を最後に戊辰戦争は終幕しました。

内紛の激戦地として歴史に名を刻んだ五稜郭ですが、本来の築造目的はまったく別。日本を外国から守るために江戸幕府が築いた要塞でした。

築造のきっかけは、幕末の開国です。アメリカのペリー艦隊が上陸し翌1854年（安政《あんせい》元）に日米和親条約が締結されると、箱館《はこだて》と下田の開港が決定。松前《まつまえ》藩領だった箱館と周辺の地は、国際的な意味を持つ要地となりました。そこで幕府はこの地域を直轄地とし、外交問題の処理や貿易推進、治安維持や警護を強化すべく、「箱館奉行」という役職を復活させて置いたのです。

当初、箱館奉行所《はこだてぶぎょうしょ》（正式名称は箱館御役所）は、箱館山麓（現在の元町公園付近）に開設されました。しかし、1856年（安政3）から箱館湾口に弁天岬《べんてんみさき》台場が築かれたとはいえ、港に近くあまりに防衛上の不安が残りました。そこで、外国軍艦の大砲の射程（約2・5㎞）から外れる、海岸線から約3㎞離れた現在の地に移転されたのです。これが五稜郭です。箱館山麓の開けた地からは約3㎞程度と近く連携に支障をきたさないこと、亀田《かめだ》川からの引水できる丘陵地であることも選地の理由だったようです。1862年（文久元）に工事が開始され、1864年（元治元）に箱館奉行所庁舎ができ、1866年（慶応2）に完成しました。

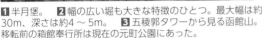

どうして星型なの？

「五稜郭」とは、5つの郭《くるわ》（稜堡《りょうほ》）を並べた星型の城の総称。日本の城には珍しい、

4 見隠塁。虎口は3か所としていた。　5 刎ね出し石垣。敵がよじ登るのを防ぐせり出し。　6 稜堡にもうけられた砲台。スロープから車載砲を引き上げて使った。

ヨーロッパで発達した様式です。五稜郭は、星型の頂点の部分に稜堡を5つ並べ、石垣、水堀、土塁《どるい》で囲む「稜堡式」。正面にあたる星型の凹みの部分には、「半《はん》月堡《げつほ》」というスペースが置かれます。離れ小島のように虎口《こぐち》の前面に突き出す半月堡は、戦国時代の城でいう馬出《うまだし》と同じ役割です。

設計したのは、蘭学者の武田《たけだ》斐三郎《あやさぶろう》。箱館奉行が1856年に開設した教育機関、箱館諸術調所の教授でした。箱館港に入港していたフランス軍艦の士官からの紹介を参考に、設計したとみられます。

戦国～江戸時代初期の日本の城と異なるのは、堀幅が広く、石垣を用いず土塁で囲んでいることです。幕末の兵器は、大砲が主流。かつて主流だった火縄銃とは異なり射程が約2・5㎞に及ぶため、弾が届かないよう堀幅をぐんと拡大しています。的にされないよう、高さのある建造物は建てず、高さ5～7mの土塁で覆い隠す構造になっています。

外から五稜郭内を見えなくするため、「見隠塁《みかくしるい》」という蔀《しとみ》が3か所の虎口につくられています。接近戦も想定した、日本の城らしい発想も散りばめられているといえるでしょう。石垣の最上段を庇《ひさし》のようにせり出させた「刎《は》ね出《だ》し石垣」は、敵がよじ登れないようにする工夫。124品川台場（東京都港区）や93人吉城（熊本県人吉市）など少数の城にしか現存しない、全国でも貴重なものです。

財政難や工期短縮で設計変更

半月堡はひとつしかありませんが、初期の設計図とみられる『五稜郭初度設計図』（函館市立博物館蔵）には5つ描かれており、計画の途中で変更されたとみられます。幕府の財政難や工期短縮の必要が生じ、工事の規模は大幅に縮小せざるを得なかったようです。最終設計図と思われる絵図には出入口に弁天岬台場と同じようなトンネルが描かれていますが、これも実現しませんでした。時を同じく

五稜郭内マップ

見隠塁
3か所の出入口に設けられた土塁と石垣。

箱館奉行所庁舎
1864年(元治元)に完成し、旧幕府軍が降伏した2年後の1871年(明治4)に解体。2010年(平成22)年に復元され、わずか7年で姿を消して以来、3分の1の規模が約140年ぶりによみがえった。

土蔵
唯一現存している建物。庇屋があった。

武田斐三郎先生顕彰碑
五稜郭を設計した武田斐三郎のレリーフ。

半月堡
正面入口を防御するための出塁。三角形状だが馬出と同じ機能。

五稜郭タワー
最上階の展望2階からは五稜郭を見下ろせるほか、函館山や津軽海峡、横津連峰の山並みも見渡せる。五稜郭の歴史を学べる展示スペース「五稜郭歴史回廊」も充実。土方歳三のブロンズ像も。

して幕府が築いた品川台場も建設が頓挫しており、幕府の逼迫した財政事情がうかがえます。

幕府のこだわりがここに！

財政難で城全体の工事を縮小する一方で、驚くべきところに莫大な費用がかけられていました。箱館奉行所庁舎です。

箱館奉行所庁舎は、外観も内装も大名屋敷のよう。江戸の職人が手がけた、本格的な書院造の建物でした。よく見ると、北国なのに寒冷対策がなされておらず、完全な江戸様式です。幕府は江戸で最高峰の御殿建築をつくらせたようです。

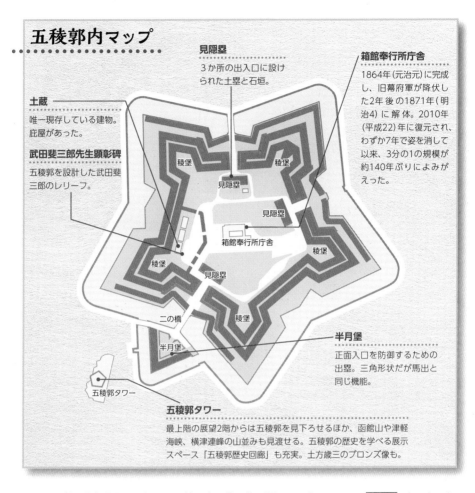

青森ヒバや秋田杉など材木もすべて一級品で、能代《のしろ》(秋田県)で加工され、わざわざ船で搬入されました。発掘調査から、北前船《きたまえぶね》で運ばれたとみられる北陸地方の笏谷石《しゃくだにいし》が礎石《そせき》に用いられ、屋根瓦は釉薬《ゆうやく》分析から越前《えちぜん》産の赤瓦と判明しています。

驚くのは、五稜郭の敷地内に植えられた立派な松。現在も85本が残り厳かな雰

7 復元された箱館奉行所庁舎。
8 佐渡島から運ばれた松は444本に及んだ。
9 瓦には徳川家の葵紋が付されている。

囲気を醸し出していますが、なんと築城時には444本あり、わざわざ佐渡島《さどがしま》から運ばれたそうです。

「松にお金をかけるより、半月堡をひとつでも多く建設したほうが明らかに防御力が高まるでしょうに……」とツッコまずにいられません。しかし、防御力に直結する半月堡の建設を途中でやめてまで、幕府はあえて外交の場となる建物の格を優先したのかもしれません。

長年の鎖国を解いた事態の中、幕府は諸外国と対等な関係を築いていく方策を模索したことでしょう。当時の緊張感が伝わると同時に、幕府の価値観や美意識も垣間見える気がします。

箱館奉行所庁舎は、屋根の上に太鼓櫓《たいこやぐら》が乗った、変わった建物です。戊辰戦争の際には、この太鼓櫓が目印となって大砲の照準を計算されてしまい砲撃を浴びた、というちょっとマヌケなエピソードも残ります。……やっぱり、松より大切なものがあったと思います。

品川台場 続100名城 124

財政難などの理由で、12基の計画のうち6基のみ建設。第三台場と第六台場が残され、第三台場は台場公園、第六台場は海上保全されている。

1853年（嘉永6）にペリー艦隊が来航すると、海防強化のため全国各地の沿岸部に約800～1000か所の台場が設置されました。124品川台場は、江戸幕府が江戸湾を警備すべく品川沖の海上に構築した台場（砲台）のひとつです。

一方、幕府の命令を受けて小藩の大名が築いた特例の城もありました。そのひとつが、松前藩の3松前城（福山城）です。

石高の低い無城大名（陣屋大名）は、城を持たず陣屋を構えるのが一般的。無城大名の松前氏は陣屋（福山館）を拠点としていましたが、蝦夷地近海での外国船の出没を受け、幕府の命令で北方警備強化のため松前城を築城。福山館を広げる形で1850年（嘉永3）に築城を開始しました。

1865年（慶応3）に完成した129龍岡城は、三河から信濃の佐久に移転した11代奥殿藩主・松平乗謨が築いた陣屋。内陸にあり外国船の攻撃に備えたとは考えにくいですが、松平乗謨は江戸幕府の老中格、若年寄で、西洋の事情に精通していたことなどから、フランス式の稜堡を取り入れた城を築いたようです。

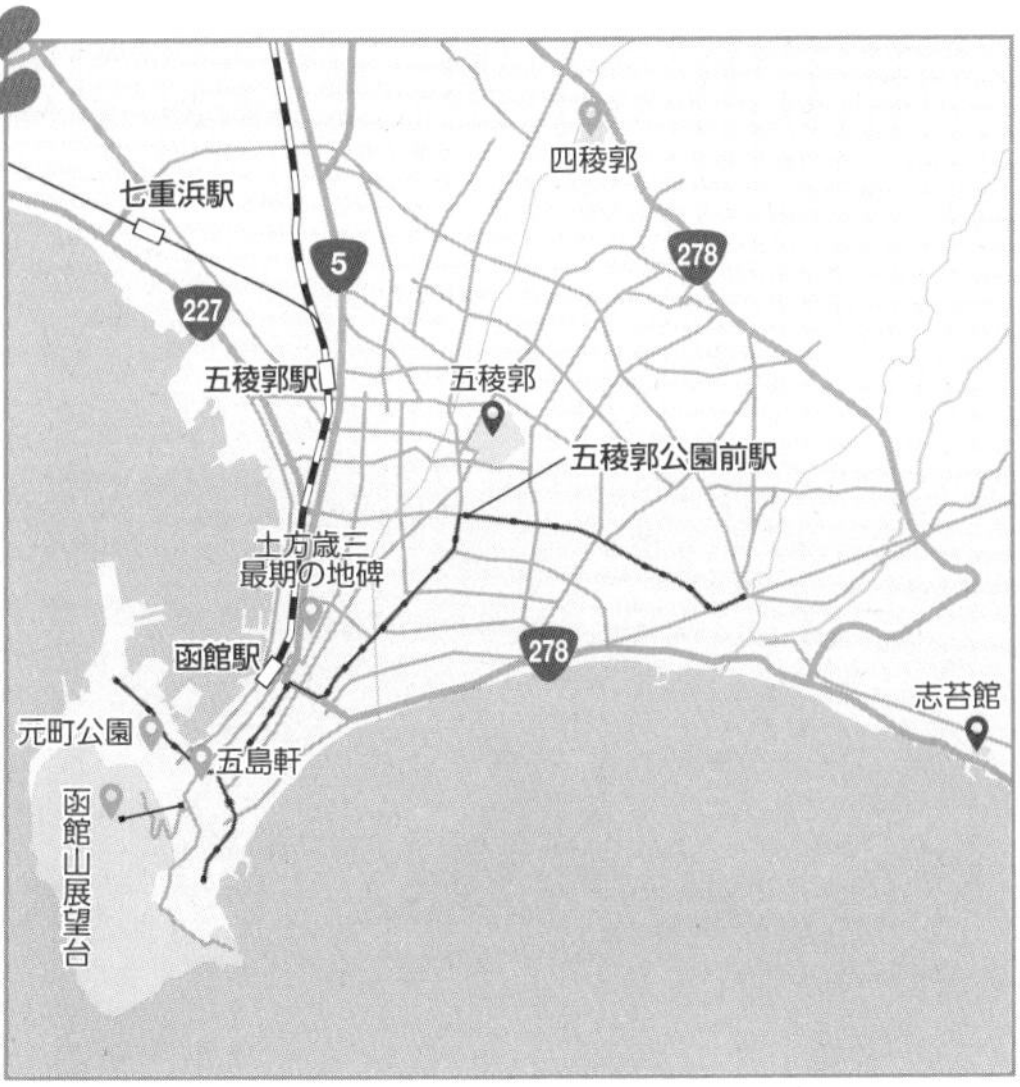

四稜郭

旧幕府軍が五稜郭の北方約3km地点に急造。4つの稜堡を持つ。

➡函館市陣川町59

土方歳三最期の地碑

土方が銃弾に倒れたとされる一本木関門跡に近くの若松緑地公園に建つ。

➡函館市若松町33

函館山展望台

100万ドルの夜景と謳われる夜景の名所。函館市と近郊を一望できる。

➡函館市函館山

元町公園

函館港を一望できる箱館の地名の発祥地。箱館奉行所があった。

➡函館市元町12-18

SPOT

老舗レストラン誕生にも箱館戦争

いち早く開国の地となり、諸外国との交流が盛んに行われてきた函館は、異国情緒に溢れる町です。

国際都市らしい函館の歴史と文化を伝えるのが、1879年(明治12)創始の老舗レストラン「五島軒」。現在はフランス料理やカレーの名店として知られますが、ルーツはロシア料理です。初代料理長の五島英吉さんは、旧幕府軍として箱館戦争を戦った五島列島出身の元通訳。終戦後、残党狩りを逃れてロシア領事館内のハリストス正教会に身を寄せ、ロシア料理人となったそうです。

やがて様々な西洋料理が日本に伝わると、五島軒でもフランス料理が主流になりました。異国の新風が吹き込む度に、五島軒の新たな味も開花したよう。五島軒の歴史は、まさに函館の歴史でもあるのですね。

➡函館市末広町4-5

◆併せてめぐりたい！ 幕末の城

龍岡城　続100名城 129

もうひとつの「五稜郭」。函館の五稜郭と同じ星形ながら、規模はかなり小さく、星形の部分の面積は4分の1ほど。刎ね出しの石垣もある。

松前城　100名城 3

海に向かって砲台場が設置された、明らかな海防重視の設計。戊辰戦争で旧幕府軍の攻撃対象となると、陸続きの北側から攻められ瞬く間に陥落した。

すべてが最高峰！　徳川将軍家の居城

日本100名城 21

江戸城

【えどじょう／東京都千代田区千代田】

POINT

❶ 徳川将軍家の城たる
スケールの大きさと高い技術力

❷ 「天下普請」による最高峰の石垣

❸ 天守台の日本一美しい算木積

城めぐりのコツ

2時間程度で皇居東御苑をざっと見るなら、大手門から入って大手三の門、中之門、御書院門を抜けて本丸へ向かい、富士見櫓、富士見多聞、天守台を見てから汐見坂経由で平川門へ抜けるのがいいでしょう。現存例の少ない番所にも注目です。本丸跡に建っていた本丸御殿は、諸大名が将軍と謁見をした場所。「忠臣蔵」の刃傷事件が起きた松の廊下も、女の園・大奥があったのもこの御殿です。難易度★☆☆☆☆

1 半蔵門方面から見る桜田濠。台地東端にあるため日比谷方面に向かって下り、谷戸地形を利用して濠を穿ってある。 2 外桜田門。城内側から水堀越しに射撃されるイレギュラーな枡形門。 3 外濠公園から見る外濠の名残り。

日本史上最大の広さ

264年間、江戸《えど》幕府の本拠地として君臨し続けた江戸城。名実ともに日本一の城といえます。

現在、皇居《こうきょ》となっているのが、西の丸や山里丸など。本丸・二の丸・三の丸の一部は皇居東御苑《ひがしぎょえん》として一般公開されています。そのほか、北の丸公園になっている北の丸や大手前などを含めた、おおよそ内堀通りで囲まれたエリアが「内《ない》郭《かく》」という江戸城の中心部にあたります。

これだけでも広大ですが、さらに外側に外濠で囲まれた「外郭《がいかく》」が存在します。御茶ノ水付近の神田川は、外濠の一部。御茶ノ水駅付近から四ツ谷駅付近まで電車と並行している川のようなものは、実は外濠なのです。JRの線路は外濠に沿った土塁を利用してつくられています。

外郭には「見附《みつけ》」と呼ばれる城門がいくつも置かれていました。四ツ谷駅、市ヶ谷駅、飯田橋駅の改札脇にある石垣は、それぞれ四谷門、市ヶ谷門、牛込門の土台です。外濠は虎ノ門方面と続き、東は隅田川まで。外郭の総延長は約16㎞、城の総面積は日本城郭史上最大です。

「天下普請」で最高峰の城

東日本の城には少ない見事な高石垣が広範囲に築かれているのは、全国の諸大名が江戸幕府の命令で行う「天下普請《てんかぶしん》」で築かれたから。天下普請とは、幕命により全国の諸大名が動員される事業。それまでの城づくりが領国内の業者に委託するマイホーム建設だとしたら、天下普請は国家プロジェクトです。現代でいうなら、大規模な公共事業に複数の大手ゼネコンが共同でひとつのプロジェクトを請け負うようなもの。加藤清正《かとうきよまさ》や福島正《ふくしまさ》則《のり》、堀尾吉晴《ほりおよしはる》など、織田信長《おだのぶなが》や豊臣秀吉《とよとみひでよし》のもとで実戦経験を積み城づくりの技術を磨いてきた先鋭たちが招集され、こぞって築城に励みました。

天下普請は、資材調達や人員確保、そ

れにかかる費用のすべてが大名の自己負担。幕藩体制を盤石にしたい江戸幕府にとって、反逆者となりうる大名の財力を削ぎ、抵抗心を制御するうってつけの政策でした。強制労働となると手を抜く大名がいそうですが、幕府へのアピールチャンスとばかりに、こぞって資金と人員を投じたようです。こうして、トップレベルの技術者とハイクラスの資材が集結した、日本一の城がおのずとできました。

　江戸城の大きな特徴は、天下普請による城であること、徳川将軍が在城した江戸幕府の本城だったこと。最高峰の技術が投じられた江戸城は、幕府の威光を示す存在。そのスケールの大きさと技術力の高さを味わうのがポイントです。

　たとえば外桜田門や平川門、田安門や清水門などの城門も、かなりの規模。思わず背筋が伸びる、幕府の城たる威圧感を感じてみてください。

　現存する三重櫓は本丸の富士見櫓のみですが、かつては城内に計8棟の三重櫓が建ち並んでいました。城内に複数の三重櫓が存在したのは、徳川幕府系の城を中心とした大城郭だけ。無血開城直後、幕末から明治初期に撮影された古写真が多く残るのもうれしいところです。富士見櫓のほか、伏見櫓や巽《たつみ》櫓も江戸時代から残る二重櫓です。

やさぐれない家康の大改造計画

　現在の江戸城を築いたのは、1590年（天正18）に秀吉の命で江戸に入った徳《とく》川《がわ》家康《いえやす》です。本格的な築城開始は、1603年（慶長8）3月以降。征夷大将軍《せいいたいしょうぐん》の任命後、将軍家にふさわしい城とすべく整備したとみられます。

　家康が秀吉の命令で江戸入りした頃、現在の皇居外苑や日比谷、新橋あたりまでは日比谷入り江と呼ばれる海で、前島《まえじま》と呼ばれる半島状の陸地が突き出していました。しかし荒野を前にしてもやさぐれず、忍耐強くコツコツ努力できるのが家康の強さ。持ち前のド根性で「大改造！

4 北桔橋門（きたはねばしもん）付近の石垣は、城内でもっとも高い。北桔橋門は北の丸と本丸をつなぎ、滑車で吊り上げられていた。 5 富士見櫓。現存する唯一の三重櫓。 6 7 平川門と、枡形に残る石狭間。

江戸城内マップ

田安門
御三卿のひとつ、田安家の屋敷門。

富士見多聞
現存する多聞櫓。御休息所前多聞櫓。高さ19mの石垣の上に建ち、西の丸側からの鉄壁となっていた。

百人番所
江戸城内最大の番所。実際には120人の役人が常駐していたとみられる。

中之門
諸大名の登城道上にある城門。枡形門ではなく、城内最大の巨石を積み上げているのが特徴。元禄大地震の翌年に積み直されている。

富士見櫓
城内に残る唯一の三重櫓。家康が土井利勝に青勝軒を与えた跡地に秀忠が建造した。関東大震災で大破したが修築されている。

清水門
御三卿のひとつ、清水家の表門。肘坪金具に万治元年の再築と刻まれている。

二の丸庭園
家光の頃に小堀遠州によって造園され、たびたび改変された。

平川門
通用口。鬼門の方角に位置し、死人や罪人を送り出すのに使われたことから不浄門ともいわれるが、渡櫓西側の山里門が不浄門とみられる。絵島生島事件の江島、刃傷事件を起こした浅野内匠頭長矩もこの門から出された。平川門にかかる平川橋には欄干に和田倉門前などから移された擬宝珠が冠されている。

田安門
北の丸
清水門
北桔橋門
梅林
平川門
天守台
本丸
二の丸
三の丸
富士見多聞
百人番所
大手門
中之門
半蔵門
皇居
巽櫓
富士見櫓
桔梗門
坂下門
伏見櫓
桜田濠
外桜田門

大手三の門
二の丸の入口となる門。御三家以外はここで馬を降りなければならなかったことから下乗門とも呼ばれた。

大手門
江戸城の表門。伊達政宗が構築。高麗門は明暦の大火(振袖火事)後に再建されたもの。渡櫓門は戦災で焼失。

伏見櫓
約20棟のうち2つ現存する二重櫓のひとつ。関東大震災で大破し、修復されている。東側と北側に多聞櫓が現存。2棟の続櫓をともなう現存例は全国的にも珍しい。

巽櫓
現存する二重櫓。東西入母屋二重造で、初層は寄棟造で南平側には切妻破風が飾られる。

大江戸ビフォーアフター計画」を遂行し、世界屈指の商業都市を創成したのでした。

まずは日比谷入り江を埋め立てて土地を確保し、濠《ほり》を穿《うが》って物資輸送に不可欠な荷揚げ場や江戸湾の整備を推進。大規模な土木工事により城内や城下の敷地を拡張し、船運ネットワーク、人口の増加に伴う上水システムを構築するなどのインフラ整備が行われました。

江戸城のすばらしさは、とにかく地形を巧みに利用し、都市経済の拠点となる大城郭を見事に完成していること。知れば知るほど、土木工事量の多さ、防衛力の高さ、船運・上水ネットワークの秀逸さに度肝を抜かれ、インフラ整備力の高さに感嘆します。そのポテンシャルは、現在の東京をみれば一目瞭然。江戸城なくして現在のような東京の世界的都市への発展はありません。

江戸城の築城工事は35年後まで続き、1638年(寛永15)、3代・徳川家光《いえみつ》のときに一応の完成をみます。全国の城が

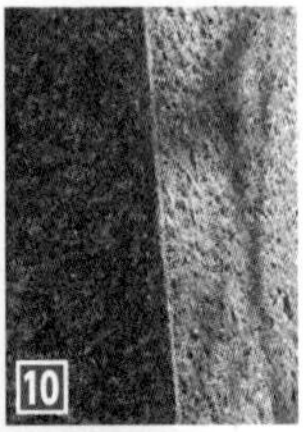

8 本丸に残る天守台。明暦の大火後に再建された。 9 10 すだれはつり、のみはつり、江戸切りなど。細部まで職人技が光る。 11 大手三の門。登城路にあたるため巨石を採用。築城時は伊豆半島から運んだ黒い安山岩、白い石は瀬戸内海沿岸から運ばれた花崗岩。

1615年（元和元）の武家《ぶけ》諸法度《しょはっと》で動きを止めた一方で、江戸城の築城は継続されたのです。築城期間が長いため、たとえば石垣にも技術の進化が見られるのが特徴です。しかも、天下普請で築かれていますから、担当した大名ごとの技術の違いを見ることができます。

はるばる運ばれた一級品の資材が投じられ、石材ひとつに施された「はつり」などの化粧も、細やかかつバリエーション豊か。博物館のような充実ぶりです。

天守も日本最大級！

天守は、家康、2代・秀忠、3代・家光がそれぞれ建てました。家光が1638年（寛永15）に建造した3代目天守は、現存する59姫路城（兵庫県姫路市）の天守もはるかに凌ぐ巨大さで、五重五階地下一階、棟までの高さは約14m（天守台を含めると約59m）だったと考えられています。江戸城本丸の標高は約20～21mありますから、城下町から見上げれば80m近くに及びます。

徳川家の栄華をあますところなく示し、耐久性も考えられた天守でしたが、完成から19年後、1657年（明暦3）の明暦《めいれき》の大火《たいか》（振袖火事）で焼失。まさか自分が没した数年後に燃えてなくなるとは、家光も予測していなかったでしょう。銅板張で防火対策も万全でしたが、激しい火災旋風により窓が吹き上げられ、炎が入り込んでしまったようです。

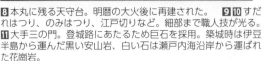

4代・徳川家綱《いえつな》が天守再建を計画したものの、補佐役の保科正之《ほしなまさゆき》の「実用性に乏しい天守建築は無駄」という鶴のひと声で見送られたのは有名な逸話です。甚大な被害を出した江戸の建て直しを考えれば、財政難に陥るのは必至。権力誇示にすぎない天守は、当時の江戸幕府にはもはや無用だったのでしょう。以後、再建計画は持ち上がったものの、幕末まで再建されることはありませんでした。

本丸に残っている天守台は、明暦の大火後、加賀藩5代藩主の前田綱紀《つなのり》により

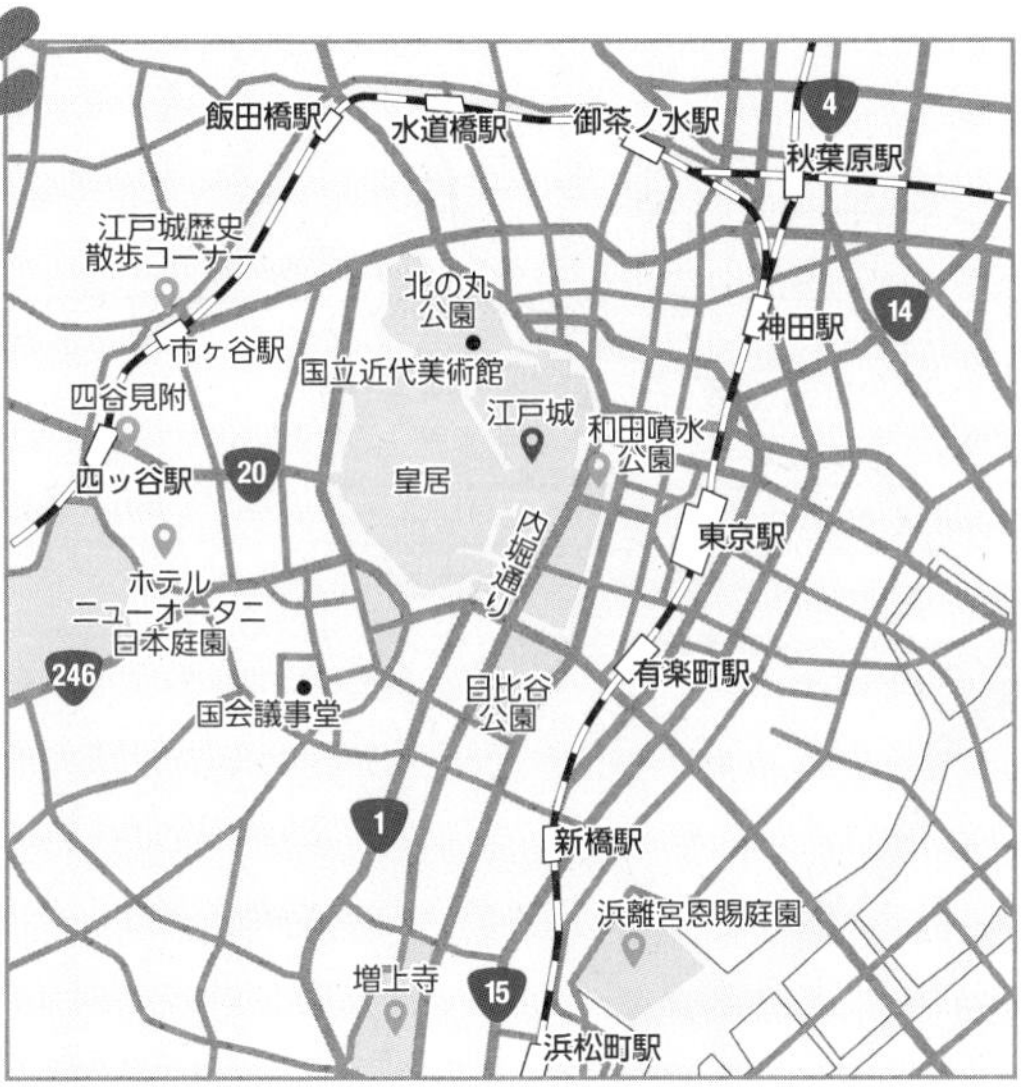

浜《はま》離《り》宮《きゅう》恩《おん》賜《し》庭《てい》園《えん》

潮入の池と2つの鴨場をもつ大名庭園。寛永年間は将軍家の鷹狩場だった。

➡中央区浜離宮庭園1-1

和田噴水公園

和田倉門枡形が残る。築城直後は城内へ物資を運ぶ荷揚場が置かれるなど、道三堀を利用した海上輸送の拠点だった。脇には上水道の分水石升も。

➡千代田区皇居外苑3-1

増上寺

上野の寛永寺と並ぶ徳川家の菩提寺。国指定重要文化財。

➡港区芝公園4-7-35

ホテルニューオータニ 日本庭園

喰違門（喰違見附）内に建つホテルは、彦根藩井伊家の中屋敷の跡地。約4万㎡に及ぶ庭園は、中屋敷の林泉回遊式庭園の片鱗。

➡千代田区紀尾井町4-1

SPOT

都内は刻印スポットであふれてる

東京ガーデンテラス紀尾井町の遊歩道・テラスの小径から見る、赤坂御門の石垣。多岐にわたる刻印のなかで圧倒的に多いのは、黒田家が用いた裏銭紋。赤坂御門は福岡藩主の黒田忠之が1636年（寛永13）に築いたという文献上の記述とも一致します。

地下鉄市ヶ谷駅構内の江戸歴史散歩コーナー、東京メトロ虎ノ門駅構内の展示コーナー、文部科学省に隣接する展示など、都内には無料で気軽に見られる石垣スポットが多くあります。

積み直されたものです。それまでの伊豆石ではなく、瀬戸内海沿岸の犬《いぬ》島や小豆《しょうど》島から花崗《かこう》岩がはるばる運ばれました。ほぼ統一された方形の石材がただ積み上げられているように見えますが、隙間ができないよう精巧に加工され、小さな石を散りばめるなどのセンスも光ります。さすがは最高峰の技術を持つ前田家の築造。日本でもっとも美しいといっても過言ではない算《さん》木《ぎ》積《づみ》は必見です。

◆恐るべし！ 水位調整システム

たとえば清水門にかかる土橋に立って内濠を見ると、北側の牛ヶ淵よりも東側の清水濠のほうが明らかに水位が低くなっています。これは、水位調整がされているからです。

江戸城は武蔵野台地の東端部にあり、北西から南東へと標高が下がります。そのため、水面をひと続きにせず堰《せき》で区切り、水位が一定の高さに達すると、穴から水が低いほうの堀に流れるようになっています。堀の水位は、区分ごとに城門前方の土橋を利用して自動的に調節されています。

ほかにもたくさん！

注目の縄張（設計）9城

2つとして同じものがないのが城のおもしろさ。
地形や地質にも注目すると、楽しみが広がります。

60 赤穂城

甲州流（武田流）軍学に基づくとされる、敵を多方向から射撃できる効率的な特殊設計。出っ張り（横矢出隅）や凹み（横矢入隅）などを巧みに取り入れた、塁線が折れ曲がるいびつな多角形をしている。三角州の先端にあり、かつては二の丸の南側半分と三の丸の西側が瀬戸内海に面した海城だった。

3 松前城

北方警備強化のため、幕末に江戸幕府が松前藩に命じて築城。明らかに海に向かって防御を固めている。本丸、二の丸、三の丸が南側に広がる海に向かって北側から並び、本丸の石垣はとくに南面が複雑に折れ曲がる。海岸に面した三の丸の南面は、海に向かって7基の砲台場が設けられていた。

129 龍岡城

日本に残る、もうひとつの五稜郭。大給（おぎゅう）松平氏の松平乗謨（のりかた）が1863年（文久3）年に田野口藩への改称を機に陣屋として建造。乗謨が西洋の事情に精通していたことから、フランス式の稜堡を取り入れたとみられる。西側から南側にかけては未完成で堀がない。

73 広島城

太田川河口部の三角州に、毛利輝元が築城。内堀に囲まれた本丸と二の丸を凹型の三の丸が囲み、中堀がめぐり、そのまわりに外郭が置かれ、外堀がめぐっていた。三重の堀で守りを固め、西側は太田川も外堀の役割を果たしていた。構造上の特徴は、二の丸が馬出のように独立した区画になっていること。

46 長篠城

寒狭川(豊川)と宇連川が合流し2つの河川で削られた河岸段丘を利用。本丸の南西側以外は土塁と堀に囲まれ、北側に土橋でつながれたところに虎口があった。この虎口とセットで馬出もあったようだ。断崖地形をうまく利用しながら平地が続く方向には土塁と堀をめぐらせる設計だった。

161 岸和田城

本丸は変則的な多角形。馬出のように置かれた二の丸とは土橋でつながっていた。本丸をコの字形に二の曲輪が囲み、外周を水堀と三の曲輪、さらに外曲輪で囲んでいた。

104 九戸城

中世の九戸城が、秀吉の天下統一後に蒲生氏郷らによって福岡城に拡張・改修。河岸段丘の地形を活かした群郭式の広大な平山城と、石垣で固められた近世の城の姿が共存する。

20 佐倉城

土井利勝が築城。台地の先端部を活かして印旛沼を外堀の一部とし、東側の台地上に城下町を整備した。堀や土塁が残る。

145 興国寺城

細長く突き出た舌状台地の先端を独立させて築城。城の背後には東海道新幹線の線路が台地を断ち切っており、地形がよくわかる。

COLUMN 4

清正や高虎、築城名人の城はどんな城？

■**今治城**／多聞櫓

日本100名城 79

今治城　【いまばりじょう／愛媛県今治市通町 3-1-3】

日本100名城 92

熊本城　【くまもとじょう／熊本県熊本市中央区本丸 1-1】

日本100名城 57

篠山城　【ささやまじょう／兵庫県丹波篠山市北新町 2-3】

続日本100名城 191

中津城　【なかつじょう／大分県中津市二ノ丁本丸】

■**熊本城**／東竹の丸（被災前）

■**篠山城**／本丸の石垣

■**中津城**／本丸石垣と模擬天守

築城名人というと、信長や秀吉のもとで築城・実戦経験を積んだ加藤清正《かとうきよまさ》、徳川将軍家の城を多く手がけた藤堂高虎《とうどうたかとら》が有名です。清正の集大成が、92熊本城。過剰防衛ともいえる防御のトリプルシステムが魅力です。

藤堂高虎は、江戸時代の城の基準をつくったともいえる人物。21江戸城、53二条城、57篠山城、54大阪城など、多くの城づくりに関わりました。155赤木城、83宇和島城、82大洲城、79今治城、152津城、47伊賀上野城も、高虎の城です。

79今治城は、縄張《なわばり》は単純ながら、枡形虎口《ますがたこぐち》と多《た》聞櫓《もんやぐら》のセットが強靭な鉄壁となっています。多聞櫓は土塀とは違って飛び越えられず、屋根があるため雨でも火縄銃の使用が可能。兵列交代も簡単で、敵から内部の動きを見られることもありません。武器や物資の保管庫としても使えました。

水堀から直接立ち上がる高石垣も構築。高さ約30mの徳川大阪城本丸東面の石垣、約26mの伊賀上野城本丸西面の石垣、高さ約26mの大阪城千貫櫓と大手多聞下櫓下の石垣など、全国屈指の高さを誇る石垣は高虎が携わった城ばかりです。ちなみに清正の石垣は勾配《こうばい》があり、高虎の石垣は直線的なのが特徴です。

85福岡城や191中津城を築いた秀吉の家臣・黒田孝高《よしたか》(官兵衛《かんべえ》)、28小諸城や30高遠城などを手がけた武田信玄の家臣・山本勘助《かんすけ》、146諏訪原城に携わった馬場信春《ばばのぶはる》も築城の名手として知られます。

城の楽しみ方⑤

戦国の山城を楽しむ

ハマッたら最後！ ワッフル型の甘い罠 日本100名城 40

山中城

【やまなかじょう／静岡県三島市山中新田】

POINT

❶ ワッフル型の最強兵器「障子堀」

❷ 関東ロームのすさまじい威力

❸ 逆V字で阻む、ホッチキス戦法

城めぐりのコツ

御馬場曲輪、すり鉢曲輪 、一ノ堀などをチェック。その後一度山中城跡案内所へ戻り本丸方面へ。壮大な障子堀や畝堀を堪能してください。二ノ丸から二ノ丸橋を渡り左折して箱井戸を抜け、山中公民館のある場所が三ノ丸です。宗閑寺には、豊臣方武将と北条方武将の墓があります。

難易度★★★☆☆

1

2

3

123西櫓と西ノ丸をめぐる障子堀。天気のよい日には富士山も見える。単列の畝堀が拡張されて複数列の障子堀になったと考えられる。

山城でデビュー戦にオススメ

“縄張《なわばり》の妙《みょう》”を楽しみたいなら、がぜん戦国時代の城がおもしろい！

戦国時代の城は、土木工事だけで山を迷宮化した土の要塞《ようさい》。地形の利点を活用し弱点を補いながら、効率よく迎撃できるようトラップをしかけていきます。

木々に埋もれて森と化した山中でトラップを発見しながら、山城の全体像を想像してバーチャル合戦するのがたまらなく楽しい！　たとえていうなら、ジャングル探検と巨大迷路とサバゲーが合体した感じ、でしょうか。建物が残っていなくても、地面に刻み込まれた城の骨組みが先人の知恵や工夫を教えてくれます。

設計の妙を読み解けるようになると「土木工事で山をここまで要塞化できるのか！」と感激し、その残骸が土の芸術にすら思えてきます。ところが、いきなり訪れてもそれを理解するのは難しく、おそらくただの山にしか見えません。

そんな山城ビギナーにおすすめなのが、山中城《やまなか》です。なぜなら「登らなくていい」からです。そして「わかりやすい」からです。デビュー戦は、山城なんてどうでもいいけどハイキング気分でレジャー感覚で楽しめる、程度の城がベスト。いきなりマニアが悶絶するような山城へ行っても、確実に「……何もないね」で終わりますから。

そして、全体像を読み解くのはハードルが高いので、まずは山城を構成するパーツを見つけるところからはじめましょう。

山中城は標高550〜586m地点にある山城ですが、城内を東海道《とうかいどう》（国道1号線）が貫通しているため、駐車場を降りればすでに城内。山麓から登る必要はありません。最寄りのバス停も城内にあり、登城口はすぐ目の前です。城内には多少のアップダウンがありますが、スニーカーかトレッキングシューズだけ準備すれば十分です。

そして、どんなに山城に興味がない人でもわかる、明らかに自然の地形ではない戦国の城の片鱗がやさしく待ち受けてくれています。それが、地面にボコボコと穴を空けたような、山中城の代名詞「障子堀《しょうじぼり》」です。ベルギーワッフルのような形をした、なんとも好奇心をそそられるビジュアルですが、「わあ、おいしそう！」と甘党の敵を油断させるのが目的ではなく、なかなかに恐ろしい必殺迎撃アイテムです。

　障子堀は、仕切り（障壁）を残して掘った空堀のこと。曲輪《くるわ》間を空堀で分断して移動を阻止する上、その堀底を複雑にしてさらに攻略の難易度を高めます。堀底に落ちた敵兵は、フィールドアスレチックのようにすばやく昇降を繰り返して先へ進むしかありません。堀の周辺からは、礫《れき》などが出土していて、堀底からはい上がろうとする敵めがけて投石していたことがわかっています。

脱出不能！ロームの蟻地獄

障壁の高さは、2m前後。現在は保護のための土と芝が被されていますが、かつてはもっと高さがあり、かつ土がむき出しでした。この地の土質は、保水性がよく透水性も大きいローム層。とくに、水を含むと陶芸の粘土《ねんど》のようにズルズル滑ります。敵兵は、ハマッたら最後。足を取られているうちに、頭上から攻撃の雨を受け、隠れる場所もなく、蟻地獄のように足止めを食らうわけです。

　実際に堀底に降りてみて、その威力を思い知りました（通常は堀底への立ち入りは禁止）。ローム層の威力はすさまじく、勾配《こうばい》もきついため滑ってなかなか登れません。これなら、城兵の数が敵兵より多少劣っていても、ロームにてこずっている敵兵を効率よく射撃できます。

「わざわざ堀底に降りなくても、障壁の上を攻め進めばよいのでは？」と思ったあなたは、討ち死に確定です。両側の曲輪からの角度や距離を考えると、障壁の上を狙い撃ちしやすいのは確実。かつての障壁は幅も狭く、綱渡りのような状態

4 西櫓台南側の畝堀。このような単列の障壁のある空堀を山中城では畝堀と呼ぶ。　5 岱先出丸一ノ堀。　6 岱崎出丸。秀吉軍に備えて増築され、未完成のまま秀吉軍に攻められたことが発掘調査でわかっている。

山中城内マップ

至 箱根峠
北ノ丸
天守台
本丸
西ノ丸
元西櫓
二ノ丸
西櫓
箱井戸
田尻の池
三ノ丸
国道1号線
宗閑寺
三ノ丸堀
旧東海道
御馬場曲輪
一ノ堀（畝堀）
岱崎出丸
すり鉢曲輪
至三島

本丸西橋

本丸と二ノ丸をつなぐ橋。木橋を叩き壊して本丸への侵入を阻止できるよう木橋がかかっている。

北ノ丸

L字型をした馬出のような曲輪。本丸とは畝堀で分断されて、木橋でつながっていた。

西ノ丸

本丸に次ぐ重要な曲輪。四方が土塁で囲まれ、西櫓側には物見台があった。

西櫓

西ノ丸よりやや低いところにあり、西櫓側以外の三方が土塁で囲まれる。西ノ丸とは木橋でつながっていた。堀の幅は、狭いところで10m、広いところは約30m。

元西櫓

秀吉軍に備え拡張する前の、西端の櫓。西ノ丸とは巨大な堀切で隔てられる。二ノ丸との間に幅約1.7m、長さ約4.3mの木橋が復元されている。堀底の畝堀はそのまま本丸と北ノ丸の間をめぐって東側の防御線になっている。

本丸

三段構造で、居住空間である広間もあった。最上段は東側を除く三方が大きな土塁で囲まれ、北西隅に高さ約8mの櫓台（天守台）がある。最下段には兵糧や武器庫があったと推定される。

二ノ丸

本丸側以外の三方に土塁がめぐり、北側の土塁は櫓台状高まっている。曲輪が傾斜しているのが特徴。

岱崎出丸

堀底からすり鉢曲輪までの傾距離は18～20mの急勾配。秀吉軍に攻められ、全員討ち死にしたとも。

岱崎出丸一ノ堀

三島方面に対する西側の防御壁。指定地内の約150mの間に17か所の障壁が確認されている。

すり鉢曲輪

すり鉢のように中央がくぼんだ曲輪。

で射撃を交わす余裕もないはずです。

山中城ほど、障子堀の機能が理解しやすい城はありません。もっとも、障子堀は全国の城に必ずあるわけではなく、北《ほう》条《じょう》氏の城を中心とした関東一円の城に多く分布する防御装置です。地形や地質の違いによる地域性、築城者のオリジナル技術が如実に現れるのも、戦国時代の土づくりの城の魅力。集合住宅のように規格化されず、すべてオーダーメイドの1点モノでオリジナリティにあふれます。

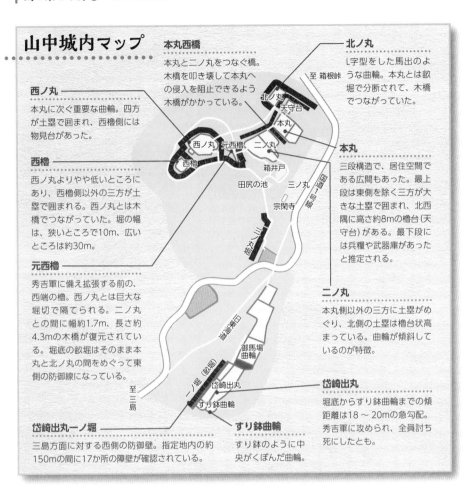

逆V字で迎撃、ホッチキス戦法

山中城は、1590年（天正《てんしょう》18）に豊臣《とよとみ》秀吉《ひでよし》に攻められ滅亡した、23小田原城（神奈川県小田原市）を本城とする北条氏の支城《しじょう》です。山中城は、この秀吉軍の来襲に備えて1587年（天正15）頃から大改修されました。

秀吉軍の進軍路は、東海道と東山道《とうさんどう》の2つ。北条氏は、東海道を東上してくる秀吉軍に対して山中城を含む3つの城で

7

8

9

78北ノ丸や本丸には大規模な空堀がめぐる。障子堀もある。
9二ノ丸から見る元西櫓、西ノ丸方面。折れと高低差を巧みに利用した秀逸な設計にも注目。

防衛ラインを張ったようです。箱根《はこね》峠《とうげ》を越えられれば小田原城はすぐそこですから、何としても山中城で箱根越えを食い止める作戦だったのでしょう。

山中城は東海道を中心にして、両翼を広げるように展開しています。登城口になっている旧東海道を抜けたあたりが大《おお》手《て》口で、本丸、二ノ丸、北ノ丸を中心として西側に西ノ丸と西櫓が置かれます。東海道を挟んで南側には、尾根上の最南端に岱崎《だいさき》出丸《でまる》が突き出します。

岱崎出丸は秀吉軍に備えて増築された最前線エリアで、改修の途中に秀吉軍の来襲を受けたことが発掘調査で判明しています。単列の障壁がある「畝堀《うねぼり》」と土塁のセットが一直線に設けられた一ノ堀は、東海道から攻め上がってくる敵に対しての強烈な防御壁。まさに壁のような約70度の急傾斜の土塁とボコボコの畝堀で、敵を強烈にシャットアウトする算段です。街道を挟んで対面に構築された西ノ丸や西櫓《にしやぐら》などの一帯も、おそらく東海道からの敵を迎え撃つために同時期に拡張されたのでしょう。

この逆V字の縄張が、北条氏の最終兵器。ホチキスでバチンと挟み込むように、東海道から迫る敵を一網打尽にする作戦だったに違いありません。

理論的には落とせないけれど

北条氏の城は、全国の城の中でも緻密で理路整然とした設計が特徴です。本丸を囲む土塁や曲輪をめぐる空堀の規模はすさまじく、曲輪間の連携や迎撃のラインを見ても秀逸な縄張で、兵力が互角であればまず攻略できません。

……と断言しつつ、実際にはわずか半日で落城しています。約４０００人の北条勢に対し、豊臣秀次《ひでつぐ》率いる軍勢は約7万人。あまりにも多勢に無勢でした。しかし豊臣方も多くの戦死者を出しており、山中城の堅牢《けんろう》さは確かといえそうです。

北条方はどうやら、豊臣方の兵糧《ひょうろう》不足から長期戦を想定していたよう。ところ

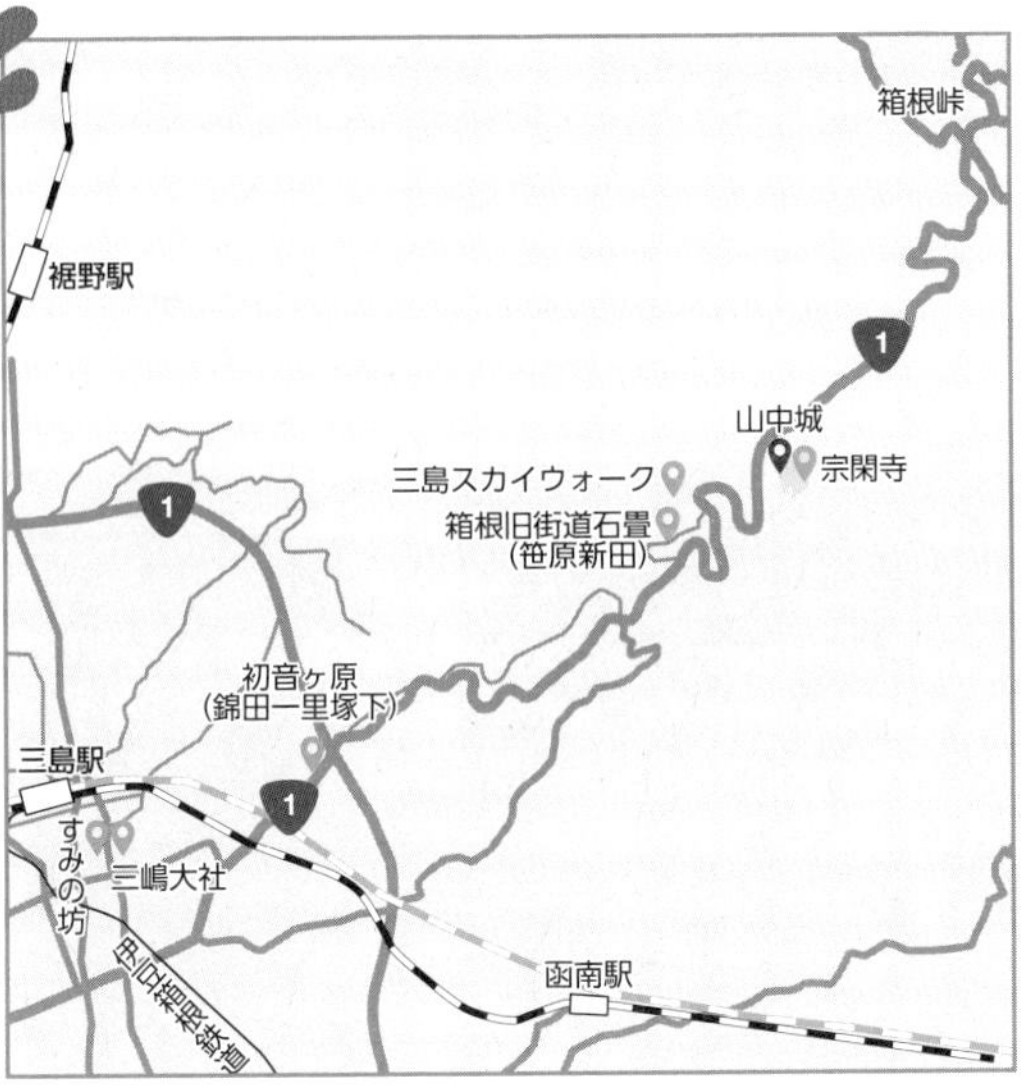
箱根峠
裾野駅
1
山中城
宗閑寺
三島スカイウォーク
箱根旧街道石畳
(笹原新田)
1
初音ヶ原
(錦田一里塚下)
三島駅
1
すみの坊
三嶋大社
伊豆箱根鉄道
函南駅

SPOT

箱根旧街道石畳

旧東海道(箱根旧街道)は江戸時代初期に江戸幕府が整備した東海道の一部。三島宿から標高846mの箱根峠を越えて小田原宿まで下る、通称「箱根八里(約32km)」の難所でした。滑り止めのために竹が敷かれていましたが、1680年(延宝8)に石敷きの道になりました。山中城の駐車場へ降りる階段の上方が、復元された腰巻地区の石畳です。

三嶋大社

伊豆国一宮。流人時代の源頼朝が源氏再興の百日祈願に通ったと伝わり、旗揚げに成功してからはより栄えた。源頼朝と北条政子が休息したとされる腰掛石も。厳島神社は北条政子が勧請したとされる。

➡三島市大宮町2-1-5

初音ヶ原(錦田一里塚下)

源頼朝が配流中にこの高原で鶯の初音を聞いたことが由来とされる。

➡三島市三恵台

三島スカイウォーク

2015年に開業した、日本一長い吊り橋、全長400mの箱根西麓・三島大吊橋。アスレチックやカフェ、ドッグランなども併設。

➡三島市笹原新田313

うなぎ すみの坊 本町店

三島は富士山の伏流水が湧き出る水の都。清らかな湧水でさらされた鰻は臭みもなく絶品。

➡三島市本町2-11

宗閑寺

山中城三ノ丸にある宗閑寺。境内には、秀吉軍に攻められ討ち死にした山中城将の松田康長と副将の間宮康俊の墓のほか、豊臣方の一柳直末などの墓も並ぶ。秀吉は、古参の一柳直末の死を知り悲しみに暮れたといわれる。

➡三島市山中新田94-1

が小田原城攻めの前哨戦《ぜんしょうせん》となる山中城攻めを秀吉は重要視し、戦い慣れた精鋭を投入したのでした。秀吉は無駄な血は流さずに確実に勝利を手にするタイプですが、ここという場面では犠牲を払っても瞬時に雌雄を決することの意義を知っていたのです。秀吉の小田原攻めにとって、山中城攻めは大一番。天下統一を決定づけた戦いのひとつといえるでしょう。

実は、障子堀は54大阪城(大阪府大阪市)の三の丸の堀でも発見されています。豊臣方が整備・強化し、1614年(慶長19)の大坂冬の陣の後、12月23日から翌年1月19日までの短期間に徳川家康《とくがわいえやす》が埋め立てたことがわかっています。

三の丸は外郭にあたり、秀吉が晩年に防御力強化のために構築したエリア。秀吉は小田原攻めで北条氏の城を攻略していく過程で障子堀の威力を目《ま》の当たりにし、後に自らの城に取り入れたのかもしれません。戦いを通じて技術が伝播《でんぱ》していくのもおもしろいところです。

トランスフォーム！ 信長を迎え撃て！

小谷城

【おだにじょう／滋賀県長浜市湖北町伊部】

POINT

❶ 籠城戦の末に滅亡した浅井長政の城

❷ 巨大な大堀切と山王丸の大石垣

❸ 信長軍に備えて拡張されたエリア

城めぐりのコツ

小谷城跡登り口から番所跡まで、ハイキングコースで約60分。トレッキングシューズにリュック、軽登山の装いが安心です。首据石から右に行くと、浅井長政自刃の地。黒金御門跡を越えて道なりに進めば、大広間→本丸→中丸→京極丸→小丸→山王丸と歩けます。せっかくなので大堀切を超えて山王丸まで登り、大石垣を忘れずに見ましょう。そこから先の大嶽方面は上級者向け。難易度★★★★☆

1 大広間。城内最大の曲輪で、主となる御殿が建っていたとみられる。　2 中央の清水谷を取り囲むように、逆「U」字型に城域が広がる。山頂が大嶽。　3 浅井長政が自刃したとされる赤尾屋敷跡。

戦国の風吹く巨大山城

戦国大名・浅井《あざい》氏3代（亮政《すけまさ》・久政《ひさまさ》・長政《ながまさ》）の居城、小谷《おだに》城。1573年（天正《てんしょう》元）、織田信長《おだのぶなが》との抗争の末に長政が非業の最期を遂げた現場です。

全国にはかつて3〜4万の城があったと考えられますが、実際に戦いの舞台になった城はそれほど多くはありません。小谷城は、戦国武将たちが凌ぎを削り、実際に3年間にわたる籠城《ろうじょう》戦の末に落城したドラマチックな城です。

信長にとって、長政との一連の戦いは天下統一への大一番。また、小谷城を攻略した羽柴《はしば》（豊臣《とよとみ》）秀吉《ひでよし》が出世のきっかけを掴んだ戦いでもありました。まさに、歴史の1ページが開かれた場所。城地に立つだけで戦国の風が感じられます。

信長との決裂が滅亡への引き金

小谷城を築いた長政の祖父・亮政は、もともと北近江《きたおうみ》（滋賀県北部）の守護《しゅご》・京《きょう》極《ごく》氏の家臣でした。弱体化した京極氏に代わって主導権を握り、北近江を支配。浅井氏は長政の代に最盛期を迎えます。

長政は信長の妹・市《いち》を正室に迎えて友好関係を結び、支配は盤石でした。ところが1570年（元亀《げんき》元）、信長が同盟国である越前《えちぜん》（福井県嶺北地方）の朝倉《あさくら》氏を攻めたことで事態は一変。信長から離反したのです。長政の寝返りで、信長は絶体絶命の大ピンチに陥りました。

当然、怒り狂った信長は浅井・朝倉連合軍に猛反撃してきます。信長・徳川《とくがわ》家《いえ》康《やす》連合軍と姉川《あねがわ》の戦いで敗北した長政は、小谷城に敗走。3年にわたる籠城戦へ突入したのでした。

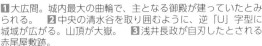

長政に反旗を翻《ひるがえ》された信長が九死に一生を得た逃亡劇「金ケ崎《かねがさき》の退《の》き口《ぐち》」は、ドラマや映画でもおなじみですね。長政の妻で信長の妹、お市の方が信長に窮地を知らせたという俗説も有名です。

お市の方は絶世の美女とされ、政略結婚ながら長政との夫婦仲はよかったようです。夫と兄との板挟みになった末、城の陥落と夫の死を目の当たりに……。しかも、再婚した柴田勝家《しばたかついえ》も秀吉に敗れ、最期は勝家とともに北ノ庄《きたのしょう》城で自刃《じじん》するという波乱万丈の人生でした。

3人の娘も戦国ドラマにもれなく登場します。長女の茶々《ちゃちゃ》（淀君《よどぎみ》）は秀吉の側室となって豊臣秀頼《ひでより》の母に、次女の初《はつ》は京極高次《たかつぐ》の正室に、そして三女の江《ごう》は徳川秀忠《ひでただ》の正室に。江の子、3代将軍・徳川家光《いえみつ》には、織田・浅井・徳川の血が受け継がれているのですね。

存在感ある巨大山城

小谷城は標高495mの小谷山に築かれ、山そのものがハンパない存在感を放っています。北陸本線の車窓や小谷城スマートICあたりから見上げると、まるで山が迫ってくるよう。おそらく、かつては北近江のどこからでも見え、浅井氏の分身のような存在だったのでしょう。

美濃《みの》（岐阜県西部）から越前《えちぜん》を結ぶ北国《ほっこく》道《どう》（北国脇往還《わきおうかん》）と、京都から通じる東山《とうざん》道《どう》が分岐した小谷道（山西街道）が小谷城下で合流。城下から姉川を経て琵琶《びわ》湖の湖上交通につながる舟運も確保していました。背後の美濃・近江の国境にそびえるのは、標高1377mの霊峰・伊吹《いぶき》山。立地に着目するだけで、浅井氏の強さと小谷城のすごさが想像できます。

信長に備えてトランスフォーム

とにかく広大な山城です。①小谷山山頂の「大嶽《おおづく》」、②南東尾根の中心部、③南西尾根の「福寿丸《ふくじゅまる》」と「山崎丸《やまざきまる》」、④山麓の居館「清水谷《しみずだに》」の大きく4つのエリアが、逆「U」字に広がります。

登城口から本丸までは、約60分。それなりのハイキングです。しかし、本丸などの曲輪《くるわ》が並ぶ一般的な見学エリアは、②南東尾根の中心部にすぎず、城全体からするとほんの一角です。小谷城全域を踏破しようとすると8時間コースですから歩かなくてもいいですが、地形図を片

4 中丸と鐘丸を分断する大堀切。 5 月所丸の二重堀切。六坊から月所丸を通ると、尾根伝いに越前へ通じるという。 6 大嶽の堀切。

小谷城内マップ

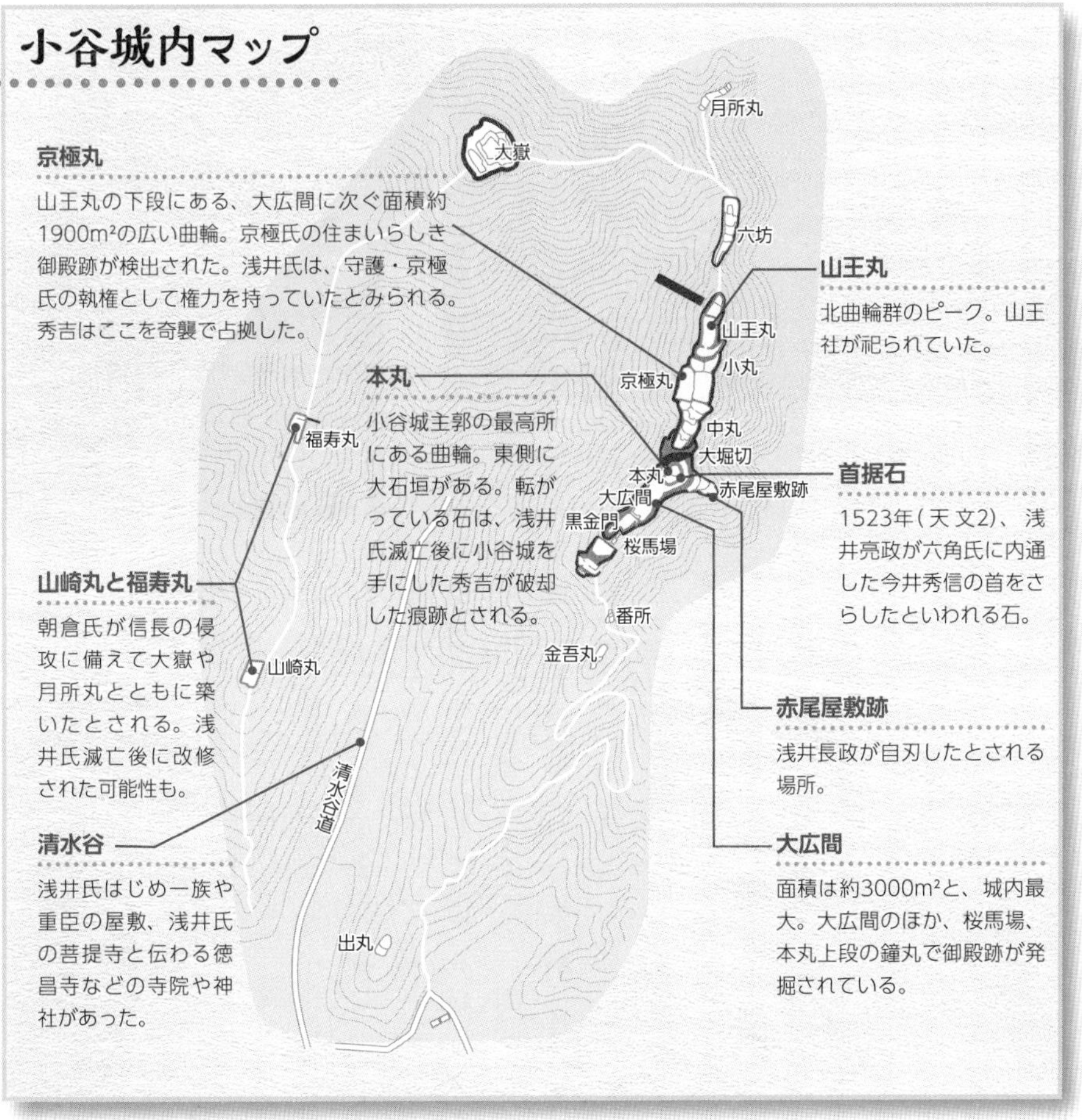
月所丸
大嶽
六坊
山王丸
小丸
京極丸
中丸
大堀切
本丸
大広間
赤尾屋敷跡
黒金門
桜馬場
番所
金吾丸
福寿丸
山崎丸
清水谷道
出丸

京極丸

山王丸の下段にある、大広間に次ぐ面積約1900m²の広い曲輪。京極氏の住まいらしき御殿跡が検出された。浅井氏は、守護・京極氏の執権として権力を持っていたとみられる。秀吉はここを奇襲で占拠した。

本丸

小谷城主郭の最高所にある曲輪。東側に大石垣がある。転がっている石は、浅井氏滅亡後に小谷城を手にした秀吉が破却した痕跡とされる。

山王丸

北曲輪群のピーク。山王社が祀られていた。

首据石

1523年（天文2）、浅井亮政が六角氏に内通した今井秀信の首をさらしたといわれる石。

山崎丸と福寿丸

朝倉氏が信長の侵攻に備えて大嶽や月所丸とともに築いたとされる。浅井氏滅亡後に改修された可能性も。

赤尾屋敷跡

浅井長政が自刃したとされる場所。

清水谷

浅井氏はじめ一族や重臣の屋敷、浅井氏の菩提寺と伝わる徳昌寺などの寺院や神社があった。

大広間

面積は約3000m²と、城内最大。大広間のほか、桜馬場、本丸上段の鐘丸で御殿跡が発掘されている。

手に対面の尾根を遠望し、その広大さを実感してください。それだけで、戦意喪失するはずです。

山頂の①大嶽や、南西尾根の③福寿丸と山崎丸は、信長の来襲に備えて朝倉氏の技術を借りつつ拡張したようです。大嶽に本陣を置き、東側の尾根にも出丸《でまる》(月所丸《げっしょまる》)を備え、両翼に城域を広げるように防御を固めたと思われます。小谷城は、戦国大名の巨大山城から戦いに備えた巨大山城へと、トランスフォームされた城であるのも魅力なのです。

福寿丸や山崎丸は、本丸などの中心部とは雰囲気が異なります。分厚い土塁《どるい》で囲まれ、枡形《ますがた》虎口《こぐち》を設けるなど技巧的なつくりが印象的。土塁は折れ曲がり、攻め込んできた敵に対してくまなく横矢《よこや》が掛かる設計です。いかにも戦うために増築したエリア、といったところです。

尾根続きになってしまう東側の尾根筋に、月所丸が設けられているのにもシビれます。二重の堀切《ほりきり》でシャットアウトし、

7 小谷城から見下ろす、信長軍の陣城・虎御前山城。北国脇往還を挟み、目と鼻の先に対峙していた。
8 山王丸の大石垣。高さは約5mもあり本丸の石垣を上まわる。
9 黒金門。主郭の中枢に入る表門。

折れを伴う土塁でがっちりガード。北側斜面の横移動を阻止するために畝状竪堀《うねじょうたてぼり》が掘り込まれているのもたまりません。

秀吉の攻略ルートをたどれ

一般的な見学スポットになっている②中心部(南東尾根の本城《ほんじょう》)は、中央の大堀《おおほり》切《きり》で北曲輪群と南曲輪群に分断され、それぞれ北から南に向かって曲輪が階段状に連なります。北曲輪群は、六坊《ろくぼう》、山王《さんのう》丸《まる》、小丸、京極丸、中丸など。南曲輪群は本丸を最高所として、大広間、桜馬場《さくらのばば》、御馬屋などが並びます。

秀吉は山麓の清水谷から攻め上り京極丸を占拠して、長政が守る本丸と父・久政が守る小丸を分断。連絡経路を絶たれ浅井軍は危機的状況に陥り、その日のうちに久政が、翌日には長政が自刃したとされています。京極丸の西下段の曲輪に枡形虎口があり、この虎口と清水谷が通じています。どうやら秀吉はこのルートを攻め上がったようです。

必見は山王丸の石垣

城内最大の大広間からは全域で礎石《そせき》が確認され、出土遺物からも居住空間があったことがわかっています。清水谷が公的な場だったことを考えると、山上の空間には私的な御殿《ごてん》があり、お市の方や浅井三姉妹が過ごした可能性もあります。

必見は、山王丸の大石垣です。隅角《ぐうかく》部はかろうじて算木積《さんきづみ》になっていて、いかにも古い戦国時代の石垣が堪能できます。東斜面の大石垣は高さ4mもあり、戦国時代の石垣としては圧巻の技術力。せっかく本丸まで登ったのなら、もうひと頑張りして見てきてくださいね。

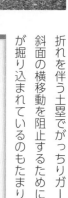

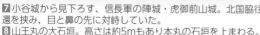

大広間の正面に構えられた黒金門《くろがねもん》跡の石垣も見事。本丸と中丸との間にある幅約20mの大堀切、京極丸東側の土塁も見ものです。

登城道の途中からは、信長が小谷城攻めの前線基地とし秀吉を城番とした虎御《とらご》前山《ぜやま》城が見えます。北国脇往還を挟んだ

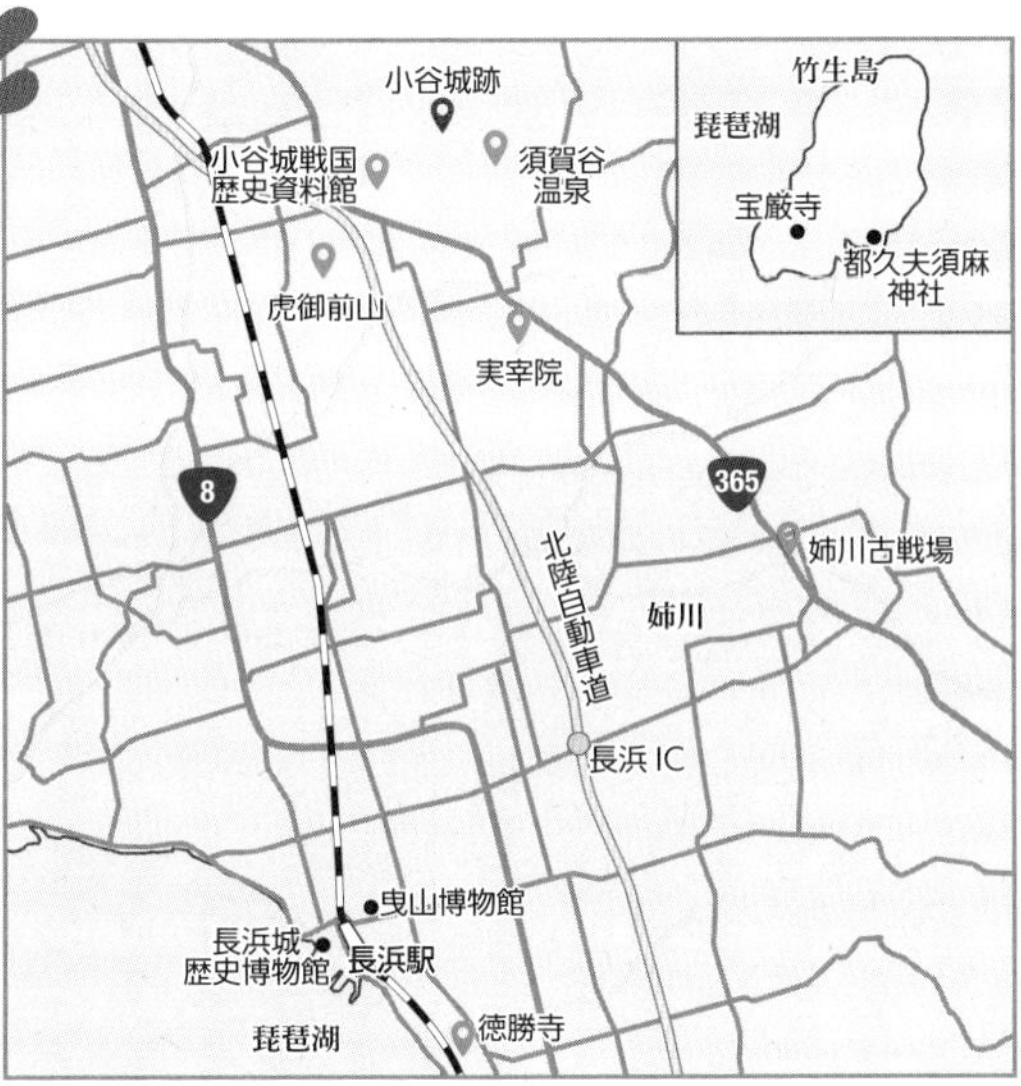

SPOT

琵琶湖に浮かぶ竹生島《ちくぶしま》

神の棲《すみか》とされた、周囲2kmほどの島。で、弁財天を本尊とする宝厳寺と浅井姫命を祀る都久夫須麻神社に分かれます。

浅井家は弁才天への信仰が厚く、信長や秀吉との関わりも深い場所です。宝厳寺の国宝「唐門」は、秀吉が築いた大坂城の建物で現存する唯一の遺構とも。「舟廊下」は、秀吉の御座船「日本丸」を部材が使われた伝承があります。

小谷城戦国歴史資料館

小谷城跡内にある「戦国大名浅井氏と小谷城」がテーマの資料館。

➡長浜市小谷郡上町139

須賀谷温泉

浅井長政も湯治に通ったという、小谷城の麓にひっそりと涌く秘湯。

➡長浜市須賀谷町36

徳勝寺

小谷城の清水谷にあった浅井家の菩提寺で、浅井氏三代の墓がある。

➡長浜市平方町872

実宰院

小谷城落城の直前、長政はお市の方と3人の娘を禅尼に託したと伝わる。

➡長浜市平塚町149

姉川古戦場

小谷城籠城戦のきっかけになった、姉川の戦いの激戦地。浅井・朝倉軍と織田・徳川軍が激突。

➡長浜市野村町

虎御前山

織田信長が最前線として陣城を築いた。周辺には山本山城、横山城など陣城が多くある。

➡長浜市大手町

+1城

丁野山城・山本山城・横山城

小谷城の大嶽から見る、丁野山城と山本山城。

攻城戦のカギを握るのは、ズバリ「連携の分断」。周辺の城の動向に着目すると、信長の戦略が見えてきます。

信長がなかなか小谷城を攻略できなかったのは、小谷城の西側にある浅井方の丁野《ようのやま》山城や山本山《やまもとやま》城が壁のように立ちはだかり、浅井・朝倉両氏の連携を断てなかったから。そこで信長は、小谷城の眼前に虎御前山城を構築。姉川の戦い後に奪っていた横山《よこやま》城との連携を強化して、本格的な攻城戦をスタートさせました。

浅井方の丁野山城を打ち破り、山本山城を守る阿閉貞《あつじさだ》征《ゆき》の調略に成功すると、ようやく小谷城の両面攻撃が可能に。これが打開策となり、援軍に来ていた朝倉軍を攻撃してそのまま越前まで追撃。朝倉氏を滅ぼし、満を持して小谷城へ総攻撃をしかけたのでした。

対面に、かなりの至近距離で対峙していました。小谷城のほうがはるかに巨大で完全に見下ろしているのに、なぜか脅威的。喉元に刃物を突きつけられているかのような緊迫感があります。

浅井氏が追い詰められていく様子を想像するのは胸が痛みますが、虎御前山城を見下ろしながら戦いの緊張感に迫り、秀吉が突撃したルートを確認しつつ歩いてみてください。

緻密な設計！ 横矢の猛襲！

続日本100名城 123

滝山城

【たきやまじょう／東京都八王子市高月町(都立滝山公園)】

POINT

❶ 縄張を読み解く3つの特徴

❷ 緻密で理論的で抜かりない縄張

❸ 二の丸のディフェンスが悶絶ポイント

城めぐりのコツ

地元の保存会の活動がすばらしく、見やすく整備されています。60 ～ 90分でざっと見学するなら、三の丸→二の丸→本丸を中心に。城内に設置された案内板やARアプリを駆使すると楽しめます。滝山街道沿いの滝山城址下バス停前が一般的な登城口。そのほか、二の丸に至る鍛冶谷戸からのコース、専国谷戸からのコース、鎌倉道からのコースなど。中の丸にお手洗いあり。難易度★★★☆☆

1 小宮曲輪を取り巻く、長大な横堀。 2 三の丸南側の巨大な横堀。折れを伴いながら二の丸まで続く。 3 本丸東側の枡形虎口。中の丸とは木橋で繋がれている。

公園に生き続ける東京の宝

「東京に城なんてあるの?」とよく尋ねられます。あります、あります、すごいのがたくさん。その筆頭が、この北条氏《ほうじょうじ》照《てる》が大改修した滝山《たきやま》城です。訪れるたびに発見があり、何度訪れても感動します。間違いなく、東京が誇るべき宝です。

滝山城は都立滝山公園として整備されている、大人も子供も集《つど》う緑豊かな憩《いこ》いのスポット。舗装された歩道があるため、山城《やまじろ》ビギナーにもおすすめです。とはいえ、開発の手が入りながらも主要な遺構がしっかりと残存しているのがこの城のミラクル。公園と名城のステキなハーモニーをお楽しみください。

横堀と横矢のパラダイス

滝山城の魅力は、秀逸な縄張《なわばり》(設計)です。特徴は、大きく3つ。ひとつ目は、規格外の巨大な「横堀《よこぼり》」で尾根筋《おねすじ》を遮断していることです。一般的に尾根は堀切《ほりきり》で分断しますが、滝山城では横堀を執拗《しつよう》なまでに這《は》わせて城を囲い込んでいます。たとえば、小宮曲輪《こみやくるわ》の西側に延々《えんえん》と続く長大な横堀は、やがて北へと折れ曲がり谷筋へとのびていきます。三の丸をめぐる横堀も、行方を追いきれなくなるくらいにズンズンと大地を這っていきます。このまま山梨県まで繋《つな》がっているのではないかと思えるほど、横堀はエンドレス。どこかの曲輪か土橋《どばし》にぶつかるまで、ノンストップで這い続けます。

2つ目は、「枡形虎口《ますがたこぐち》」と「馬出《うまだし》」を多用していること。これぞ、北条氏の城の真骨頂です。武田《たけだ》氏や徳川《とくがわ》氏の城で見られる丸《まる》馬出は、虎口前面で立ちはだかる前衛基地のような印象を受けます。しかし、北条氏の角《かく》馬出は、はじめから虎口とセットで機能することを想定しているように思えます。虎口前面に馬出を配置することで、動線を複雑化して敵をすんなり通さない発想でしょう。

そして3つ目は、徹底して横矢《よこや》を掛《か》け

ていることです。枡形虎口と馬出のセットも、きっと道のりを屈曲させることで横矢を掛けるのが目的。横堀も巨大だからといって決して大雑把ではなく、几帳面なほどに折れと高低差がつけられ、かなり横矢掛《がかり》が意識されています。

　枡形虎口と馬出、屈曲した道筋を複雑に組み合わせて、これ以上ないほど執拗に横矢を掛けるのがこの城のセオリー。3つの特徴を論理的に叶《かな》えた縄張は、構造パターンとしてはシンプルで理路整然としていますが、緻密《ちみつ》でテクニカルに仕上がっています。ああ、すばらしい！

システマチックでテクニカルな城

　北条氏が支配した関東は、低い丘陵《きゅうりょう》と平地が多い地域。そのため、早くから巨大な横堀が縄張の基盤となったようです。

　土塁《どるい》と横堀で曲輪を囲めばどこかに虎口が置かれるわけで、そうなれば虎口周辺に攻防が集中するのは必至。そのため複雑な虎口空間も発達したと思われます。方形がデッドスペースを少なくするための形状だとすれば、直線的な配置では多角的な攻撃が不可能。そこで、塁線《るいせん》を屈曲させて横矢を掛けるプランが発達したとも考えられます。

　こうした縄張の特徴は、北条氏の城の特徴といえそうです。厳密には北条氏の城もバリエーションがありますが、少なくともシステマチックでテクニカルな築城理念には共通性を感じます。

　北条氏の城は、とにかく緻密で理論的で抜かりない。頭がよくて細かいところまで気がつく優等生タイプといったところです。仲良くなれそうにありません。

北条氏照の城

　滝山城は、23小田原《おだわら》城（神奈川県小田原市）を本拠とする北条氏の支城《しじょう》です。3代・北条氏康《うじやす》の三男で4代・北条氏政《うじまさ》の実弟、氏照が大改修しました。

　氏照は、北条氏の領国体制強化のため関東管領上杉《かんとうかんれいうえすぎ》氏の重臣・大石《おおいし》氏の養子と

4 本丸と中の丸の間の大堀切。曲輪を結ぶ橋は引橋だった可能性が高い。　5 本丸北側の横堀と、そこから派生する竪堀。
6 中の丸からの眺望。城の北側には多摩川が迫っていた。

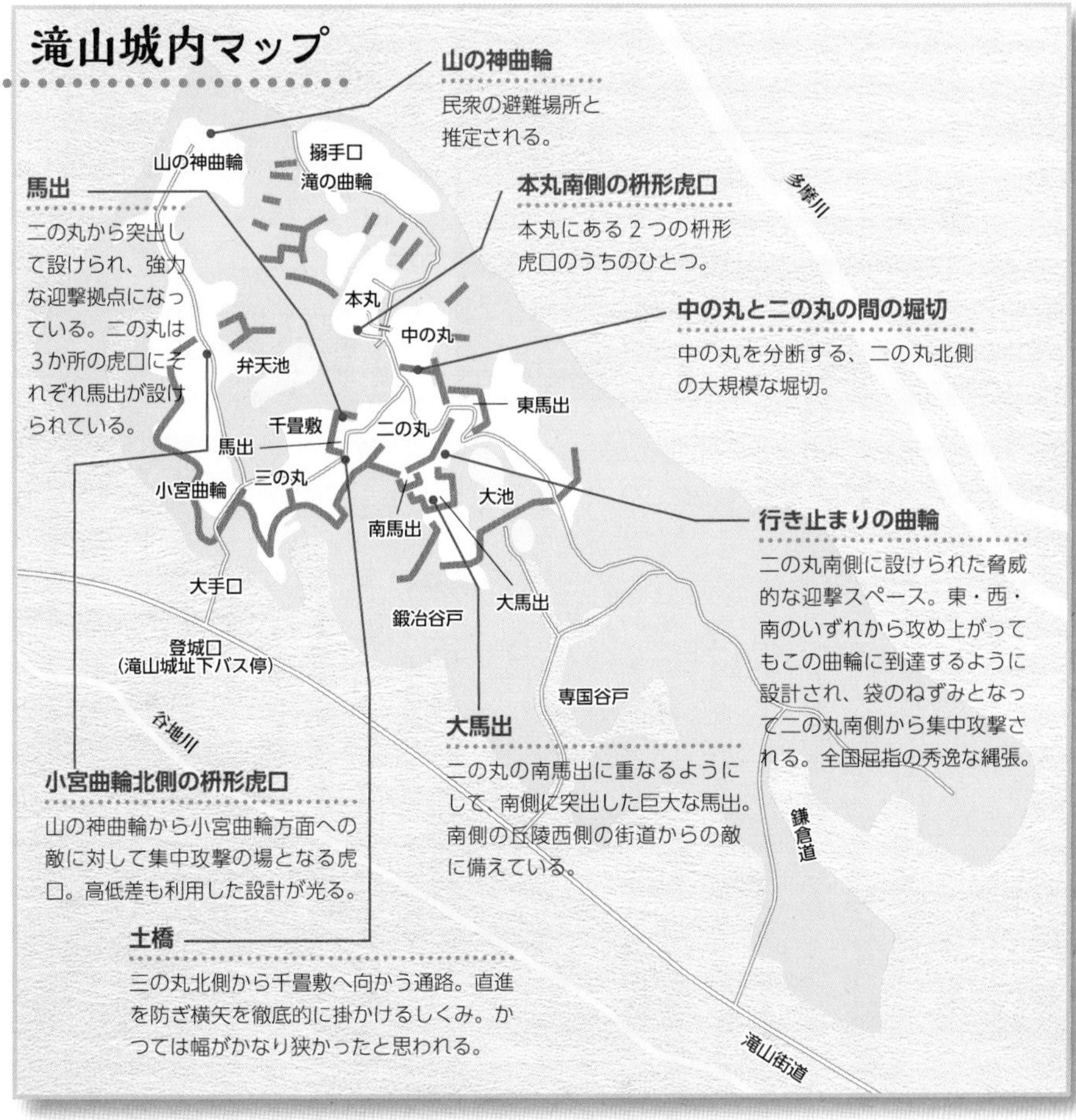

滝山城内マップ
山の神曲輪
民衆の避難場所と推定される。
本丸南側の枡形虎口
本丸にある２つの枡形虎口のうちのひとつ。
中の丸と二の丸の間の堀切
中の丸を分断する、二の丸北側の大規模な堀切。
馬出
二の丸から突出して設けられ、強力な迎撃拠点になっている。二の丸は３か所の虎口にそれぞれ馬出が設けられている。
行き止まりの曲輪
二の丸南側に設けられた脅威的な迎撃スペース。東・西・南のいずれから攻め上がってもこの曲輪に到達するように設計され、袋のねずみとなって二の丸南側から集中攻撃される。全国屈指の秀逸な縄張。
大馬出
二の丸の南馬出に重なるようにして、南側に突出した巨大な馬出。南側の丘陵西側の街道からの敵に備えている。
小宮曲輪北側の枡形虎口
山の神曲輪から小宮曲輪方面への敵に対して集中攻撃の場となる虎口。高低差も利用した設計が光る。
土橋
三の丸北側から千畳敷へ向かう通路。直進を防ぎ横矢を徹底的に掛かけるしくみ。かつては幅がかなり狭かったと思われる。
山の神曲輪
搦手口
滝の曲輪
多摩川
本丸
中の丸
弁天池
東馬出
千畳敷
二の丸
馬出
三の丸
小宮曲輪
大池
南馬出
大手口
大馬出
鍛冶谷戸
登城口
(滝山城址下バス停)
専国谷戸
谷地川
鎌倉道
滝山街道

なった人物。家督を相続すると大石氏の領地を北条氏のものとして、北条氏の勢力を拡大しました。1567年(永禄《えいろく》10)頃には滝山城へ入り、1582〜87年(天正《てんしょう》10〜15)頃に**22**八王子《はちおうじ》城(八王子市)を築いて移転するまで、滝山城を居城としたと思われます。

滝山城は1569年(永禄12)に武田信《しん》玄《げん》の攻撃を退けた歴史がありますが、おそらく現在の姿に改修されたのはこれより少し後のこと。1578年(天正6)の御館《おたて》の乱《らん》の後、関係が悪化した武田氏に備えて1580〜82年(天正8〜10)に氏照が大改修したとみられます。

丘陵にある歩きやすい城

滝山城は、奥多摩山地の東、標高100〜270mの加住《かすみ》丘陵に築かれています。加住丘陵は東西になだらかにのび、谷地《やち》川を境にして南北に分かれます。滝山城は多摩《たま》川に面する北丘陵上の東西900m×南北約1kmを城域《じょういき》とし、本丸を

7 二の丸南側の土橋。馬出と馬出を繋ぐような秀逸な設計。
8 行き止まりの曲輪と呼ばれる二の丸前面のスペース。すべての侵入路がこの場所に通じる。
9 行き止まりの曲輪を見下ろす、巨大な突出部と横堀。

169・2m地点に置きます。丘陵の南側には滝山街道と旧甲州《こうしゅう》道が通り、丘陵東端には鎌倉《かまくら》道と河越《かわごえ》道が通ります。

さほど比高がない上に公園化されていますから、あまり起伏を感じないでしょう。登城口から城内に入るまでは少し坂を上りますが、この程度の坂道なら町中にあり、意気込むほどではありません。

三の丸〜本丸の見どころ

登城口から小宮曲輪の横堀を見つつ、三の丸へ。三の丸では屈曲したラインと張り出した櫓台《やぐらだい》がポイントです。舗装路で気づきにくくなっていますが、三の丸から千畳敷《せんじょうじき》方面への枡形虎口、二の丸西側の枡形虎口と馬出も要チェックです。

二の丸を右手に突き当たったら、左折して本丸方面へ。中の丸からは景色を楽しむと同時に立地の確認をしましょう。眺望のよさは、立地のよさ。多摩《たま》川の流量は現在より多かったはずで、北側からは簡単に近づけない城とわかります。城の北側は多摩川に面し、急崖《きゅうがい》や浸食谷《しんしょくこく》を巧みに取り入れた縄張が特徴です。

中の丸と本丸の間の通路はただの通路ではなく、堀切の堀底。多摩川方面に下りていくと、ところどころに大小の竪堀《たてぼり》が設けられ、複雑な地形に沿って細部まで手を入れていることがわかります。

かつては引橋《ひきはし》だった可能性が高い木橋《きばし》を渡れば、本丸です。本丸は2か所の枡形虎口、周辺の曲輪群との見事な連動をチェックしましょう。

ディフェンスのハブターミナル

この城の悶絶《もんぜつ》ポイントは、二の丸の虎口周辺です。この二の丸こそ滝山城の防御拠点で、巧妙な縄張が集約されたディフェンスのベースキャンプです。

二の丸は中の丸と連動しつつ、東・西・南側の3か所に虎口を設け、それぞれに突き出すように馬出を配置しています。3方向の尾根伝いにある曲輪は、もちろん城を取り囲む長大な横堀とも連動

八王子城

八王子城城跡管理棟から御主殿へは徒歩約10分、山頂の本丸へは徒歩約40分。本丸から伝天守までは30分。写真は本丸から伝天守へ向かう途中の大堀切。

➡八王子市元八王子町ほか

道の駅八王子滝山

東京唯一の道の駅。八王子産の新鮮野菜の直売所や、地元食材を使ったレストランなど。

➡八王子市滝山町1-592-2

戸吹城(根小屋城)

大石氏の支城ともされるが詳細不明。※崩落が激しいため注意

➡八王子市戸吹町

高月城

滝山城以前の大石氏の本城とされる。※一部民有地につき注意

➡八王子市高月町

◆氏照が移転した八王子城

100名城 22

北条氏照が移転した22八王子城は、滝山城から直線距離にして9kmほど。1578年(天正6)には文献に登場します。

本丸西側の伝天守部分は、最前線となる堡塁《ほるい》群と思われます。山稜の西側は奥高尾山稜へ至るため、西端は岩盤を削り込んだ巨大な堀切で分断。堡塁群はすさまじく広範囲にわたり、山梨方面に向けての強靭な防衛ラインと考えられます。

武田氏が滅亡し信長が横死するのは、1582年(天正10)のこと。八王子城は秀吉の来襲に備えた城と語られますが、甲斐《かい》・武蔵《むさし》国境の情勢が激変する動乱期のなかで家康に抵抗する城として強化されながら、最終的に秀吉を迎撃する目的へと変わっていったのかもしれません。この時期の北条氏の動向を考える上でも興味深い城です。

していて、どこから侵入されても必ず二の丸南側の行き止まりの曲輪に集結される構造になっています。通路と横堀のハブターミナルというわけです。

西側の虎口は尾根伝いに展開する曲輪群、南側の虎口は大池《おおいけ》西側の通路と連動。厳重かつ強烈なのは東側の虎口で、本来の大手道《おおてみち》と思われる道筋に通じるため巨大な枡形虎口になっています。連動する東馬出もかなり大規模です。

私が愛してやまないのは、南側の虎口です。大馬出＋南馬出、といったように、このエリアは馬出を階層的に設置して、馬出に馬出がついたような複雑な構造になっているのが萌えポイントです。馬出は単体でも機能しますが、こうして連携することで援護射撃が可能になり、3倍も4倍もパワーアップします。

本丸西側の出丸を取り巻く横堀からのどん突き土橋、横堀と竪堀のコラボwith屈曲など、たまらないポイントはほかにもたくさん。時間の限り堪能しましょう。

マーベラス！ 幾何学的な戦闘空間

続日本100名城 140

玄蕃尾城

【げんばおじょう／福井県敦賀市刀根・滋賀県長浜市余呉町柳ヶ瀬地先】

POINT

1. 分子構造式のような幾何学的な縄張
2. 主郭南側の馬出と連携する土塁
3. 敵を完璧に誘導する通路

城めぐりのコツ

福井県側からのアクセスが便利。柳ヶ瀬トンネル（柳ヶ瀬隧道）の福井県側入口の脇から林道に入り、2kmほど走らせると駐車場があります。道が細いので十分に注意。豪雪地域のため、冬季は長期間にわたり林道が通行不能に。12月～4月は避けたほうがよさそうです。大雨の後なども注意。登城口から久々坂峠（刀根越え）まで約5分、そこから大手虎口まで約15分。難易度★★★★☆

1 南郭2から南郭1へ通じる虎口。 2 主郭北東隅の櫓台。礎石も見つかっており、2～3階建ての巨大な建物が想定され、天守の可能性もある。 3 主郭西側の土塁。

縦ラインを軸にした空間デザイン

続日本100名城でゾクゾクする縄張《なわばり》の城を聞かれたら、ココは外せません。123 滝山城《たきやま》(東京都八王子市)が東の横綱だとしたら、西の横綱は玄蕃尾城《げんばお》でしょう。折れに折れた通路、掛《か》かりまくる横矢《よこや》。滝山城が横のラインで設計されているのであれば、玄蕃尾城はどちらかというと縦のラインを軸に空間デザインされている印象です。最短距離で乱射なく横矢を掛けるようなスマートな設計力に、狂喜乱舞です。

細やかに整備されていて、堀や土塁《どるい》のフォルムがくっきり。存分に縄張の妙を堪能でき、妄想や撮影が楽しめます。

賤ヶ岳合戦で勝家の本陣に

玄蕃尾城は、福井県敦賀市と滋賀県長浜市の県境、標高468mの内中尾山《うちなかおやま》(柳ヶ瀬山《やながせやま》)にあります。そのため、登城口までの道のりもなかなかハード。長浜方面からは車を走らせて柳ヶ瀬トンネルを抜けた直後に右折して側道に入り、林道をぐんぐん上ると駐車場に到着します。

まず、この柳ヶ瀬トンネルが、黎明期《れいめいき》につくられた単線トンネルゆえにスリリング。城とは関係ないものの、「さすがは玄蕃尾城、敵を寄せつけないな!」と城攻め気分が高まります。雪深い地域につき、訪城できる期間も限られます。

「そこまでして行かなくてもいいや」と思ったあなた! 少しだけ頑張ってください。駐車場にさえ着けば、あとは少し登るだけ。山頂では、神隠しにあったかと思うほど異次元の世界が待っています。

玄蕃尾城は、1583年(天正11《てんしょう》)の賤《しず》ヶ岳《がたけ》の戦いで柴田勝家《しばたかついえ》が本陣を構えた城。信長《のぶなが》没後の主導権をめぐり、羽柴《はしば》(豊臣《とよとみ》)秀吉《ひでよし》との戦いが繰り広げられました。

秀吉軍に破れた勝家は、北ノ庄城《きたのしょう》(福井県福井市)に撤退し自刃。玄蕃尾城も戦いの終焉《しゅうえん》とともに廃絶したと考えられます。玄蕃尾城が機能したのは、わずか

1年足らず。使用期間と築城者、築城目的がはっきりしている、構造の意図や用途が読み解きやすい城でもあります。

分子構造式のような幾何学的な縄張

玄蕃尾城の縄張の特徴は、直線的であることです。基本的に塁線《るいせん》は直角に折れ、スパッと潔《いさぎよ》い、気持ちのよいシルエットに仕上がっています。

しかしそのストレートラインがただ単純に紡《つむ》がれるのではなく、虎口《こぐち》と馬出《うまだし》を織り交ぜながら曲輪《くるわ》と曲輪を結びつけ、分子構造式のような幾何学《きかがく》的な縄張を生み出しているのが萌えポイントです。

主郭《しゅかく》を中心に構造を見ていくと、縄張の巧妙さが理解できるはず。約40m四方の方形の主郭には、東・南・北側の3面に小曲輪が接し、分子構造式のように3方向に派生しています。

これらは、取ってつけたようなおまけのスペースではありません。馬出の機能を持ち、敵が迫れば化学反応を起こしたかのように強烈なはたらきをします。主郭に通じる虎口の前面に突出し、敵を殲《せん》滅《めつ》する迎撃《げいげき》空間になっています。

もちろん、この3つの小曲輪だけで主郭を守るわけではありません。3方向に派生するラインをベースに、曲輪や堀、土塁などが付随し、高低差と凹凸を究極まで活用したマーベラスな戦闘空間がつくり出されています。

とくに悶絶《もんぜつ》するのが、主郭南側の小曲輪1です。南・北は堀切《ほりきり》でがっちりと分断され、まさに飛び出す前衛基地。敵に対する3方は土塁で囲まれ、北側の主郭とは土橋《どばし》で連結されています。

開口している北西隅は南郭1と連結していて、土塁で通路を完璧に規制。南郭2→南郭1と侵入してくる敵をもれなく攻撃できるようになっています。敵はモノレールの車体と線路のようにがっちりと足元を固められ、強制的にこの曲輪と並行して進まされることに。常に敵兵を仕留められる、無駄のない設計です。

4 南郭1から見た小曲輪1。北側は土橋を渡って主郭へと至る。 5 小曲輪2。出丸のような突出した空間になっている。 6 主郭東側の横堀。かなり削り込まれ、主郭を独立させている。

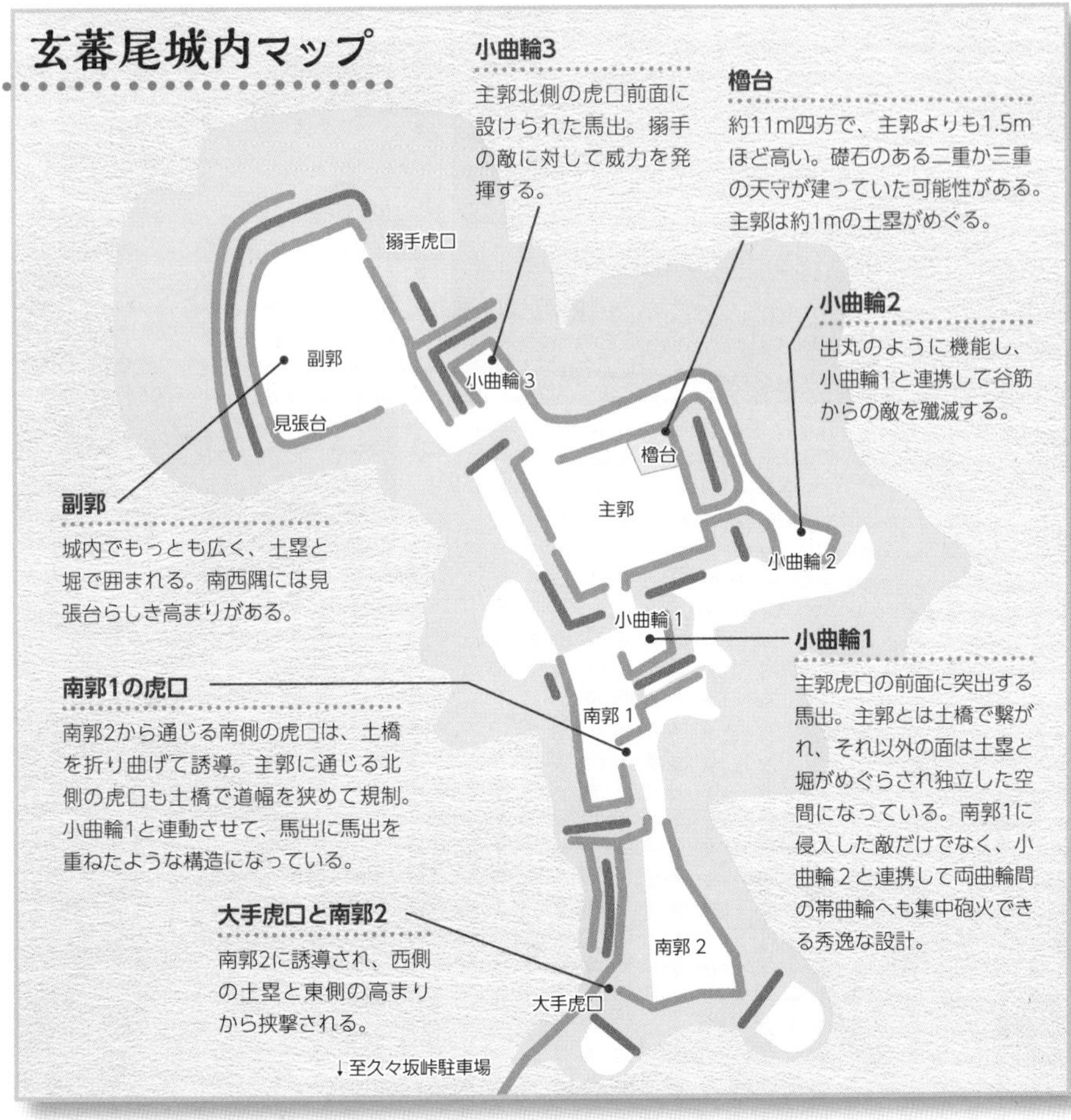
玄蕃尾城内マップ
小曲輪3
主郭北側の虎口前面に設けられた馬出。搦手の敵に対して威力を発揮する。
櫓台
約11m四方で、主郭よりも1.5mほど高い。礎石のある二重か三重の天守が建っていた可能性がある。主郭は約1mの土塁がめぐる。
搦手虎口
副郭
小曲輪3
見張台
櫓台
主郭
小曲輪2
出丸のように機能し、小曲輪1と連携して谷筋からの敵を殲滅する。
小曲輪2
副郭
城内でもっとも広く、土塁と堀で囲まれる。南西隅には見張台らしき高まりがある。
小曲輪1
小曲輪1
主郭虎口の前面に突出する馬出。主郭とは土橋で繋がれ、それ以外の面は土塁と堀がめぐらされ独立した空間になっている。南郭1に侵入した敵だけでなく、小曲輪2と連携して両曲輪間の帯曲輪へも集中砲火できる秀逸な設計。
南郭1の虎口
南郭2から通じる南側の虎口は、土橋を折り曲げて誘導。主郭に通じる北側の虎口も土橋で道幅を狭めて規制。小曲輪1と連動させて、馬出に馬出を重ねたような構造になっている。
南郭1
大手虎口と南郭2
南郭2に誘導され、西側の土塁と東側の高まりから挟撃される。
南郭2
大手虎口
↓至久々坂峠駐車場

よく見ると、南郭1も長大な横堀《よこぼり》と堀切、厚い土塁により独立した空間になっているでしょう。そう、つまり小曲輪1と南郭1は、馬出が2つ重なったような構造になっているのです。お見事！

これが縄張を楽しむ醍醐味だ！

小曲輪1は、南東側から攻めてくる敵にとっても脅威となります。この城は、南東側の谷筋からの侵攻も想定し、抜かりなく備えているのでしょう。

周囲を見渡すと、今度は小曲輪2が視界に入ってきます。出丸《でまる》のように機能するこの小曲輪2と連動して、強烈な挟撃を可能にしているというわけです。

「なるほど、谷筋から攻め上がるとこの場所に出て、そうなると左右から矢の雨が降ってくるのか！」……と、難しい数式が解けたときのような爽快感が駆け抜けることでしょう。そう、脳内シミュレーションで得られるこの快感こそが、縄張の妙を楽しむということなのです！

7 大手虎口。右手の南郭2に誘導される。　8 搦手の副郭。平坦基地と思われる広大な空間。ぐるりと土塁と横堀がめぐり、南西隅には見張台らしき高まりがある。　9 久々坂（刀根越え）。

……が、そんな戦略を理解した頃には、きっとこの世にはいられません。気づいた頃には、もはや逃げ場もないのです。

主郭東側にまわり込めばなんとか主郭へたどり着ける……と思いきや、当然ながらそんなにやさしい城ではなく、45度ほどに削り込まれた高さ8mもの切岸《きりぎし》が立ちはだかります。もちろん、延々《えんえん》と続く横堀との合わせ技で主郭を厳重にガードしていて、よじ登ることなどできそうもありません。

迷わず歩けるのも罠のうち

南郭2の攻略も、なかなか手強い構造です。登城口から主郭へ向かうとき、まずこの南郭2を通り抜けますが、迷うことなく1本道をラクに歩けるでしょう。

これは、裏を返せば、通路を規制して侵入者を迎撃しやすい場所に誘導できているということ。案の定、南郭2に入ると西側の土塁と東側の1段高い曲輪に挟まれて、頭上から一斉射撃を受けます。

主郭北側の小曲輪3も、橋頭堡《きょうとうほ》のような緊張感のあるスペースです。副郭《ふくかく》を舐《な》めまわすかのように、北西面を睨《にら》みます。副郭は城内でもっとも広く、土塁と堀で囲まれた空間。おそらく兵站《へいたん》基地で、食糧や武器が保管されたのでしょう。

気になるのは、副郭東側の虎口だけが枡形《ますがた》虎口ではなく平《ひら》虎口であること。主郭周辺をこれほど厳重に固めているわりには、このラインはフェイドアウトしていくような中途半端さを感じます。もしかすると、拡張工事の途中で戦いが終わってしまったのかもしれません。

2つの峠道を封鎖する立地

玄蕃尾城はかつての越前《えちぜん》（福井県嶺北地方）と近江《おうみ》（滋賀県）の国境にあり、2つの峠道と繋《つな》がる位置にあります。

登城道を登り切った尾根のピークが、久々坂《くぐさか》峠（刀根《とね》越え）。織田信長と朝倉義《あさくらよし》景《かげ》が争った刀根坂の戦いの舞台にもなった場所で、長浜市の柳ヶ瀬地区と敦賀市

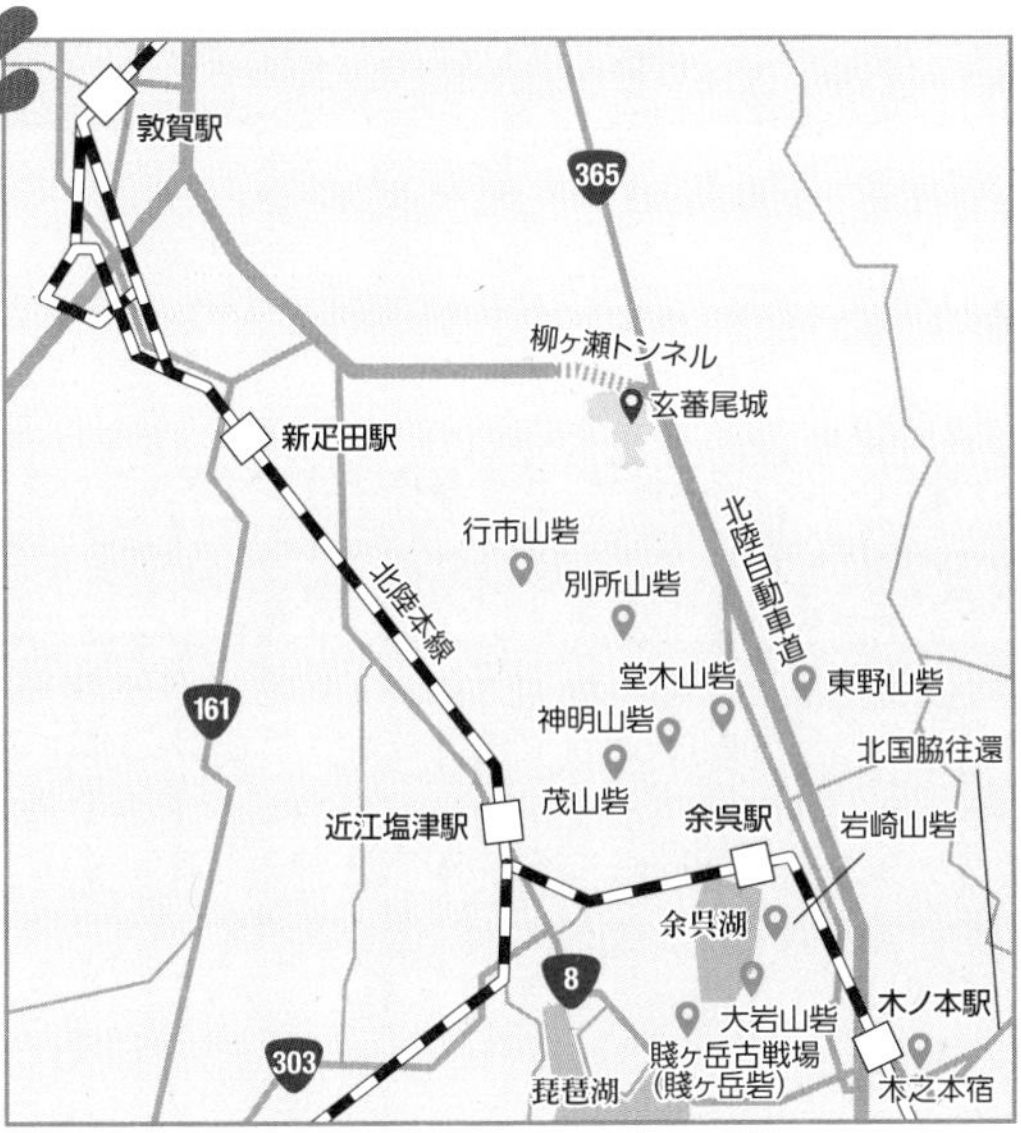

賤ヶ岳古戦場(賤ヶ岳砦)

賤ヶ岳リフトで山頂に上がれる(冬期運休)。天気がよければ琵琶湖、余呉湖、小谷城、姉川古戦場まで見える。

➡ 長浜市木之本町大音／木之本町飯浦

別所山砦

勝家方の佐久間盛政が布陣した砦。登山道入口から行市山砦など砦群をめぐり3時間コース。上級者向け。

➡ 長浜市余呉町小谷

木之本宿

木之本地蔵尊の門前町で、北陸と近畿を結ぶ北国街道と北国脇往還が交わる宿場町として賑わった。中山道鳥居本宿までが北国街道。

➡ 長浜市木之本町木之本

北国脇往還

木之本宿南端から関ヶ原宿へ向かう近道。秀吉が大垣から約52kmを約5時間で駆け抜けた「中国大返し」の道。

+1城

秀吉軍が築いた東野山砦

賤ヶ岳の戦いは、砦《とりで》(陣城)めぐりがおもしろい！ 縄張の違いから戦略が読み解けるのがたまりません。想像の羽を思いっきり広げれば、リアルタイムで行われている戦いを俯瞰《ふかん》で観戦するような、スペクタクルが味わえます。

東野山砦は、堀秀政《ほりひでまさ》が布陣した、秀吉方の砦のひとつです。秀吉軍は北国街道の封鎖する作戦だったようで、東野山砦はその最前線。勝家軍を迎え撃つ第1防衛ラインのひとつとして、対面の堂木山《どうぎやま》砦や神明山《しんめいやま》砦と連動していたとみられます。堂木山砦にまで、土塁が累々と築造されていたようです。

東野山砦は秀吉軍が築いた砦のなかでも技巧性に優れた縄張で、見ごたえがあります。山麓から林道があり車で登れます。上級者向け。

の刀根地区を結びます。

一方、東麓《とうろく》には北国街道《ほっこくかいどう》が走り、椿坂《つばきざか》峠を越えて北上すると栃ノ木《とちのき》峠で越前に至ります。玄蕃尾城は勝家領と長浜《ながはま》城との中間にある兵站《へいたん》地で、かつ2つの峠道の遮断を担っていたと思われます。

久々坂峠には「行市山砦《ぎょういちやまとりで》3・5キロ」の案内板があり、玄蕃尾城と行市山砦の分岐点になっています。行市山砦とは、勝家が賤ヶ岳の戦いの際に佐久間盛政《さくまもりまさ》に築かせた陣城《じんじろ》のこと。賤ヶ岳の戦いは合戦史上まれにみる陣城の構築合戦で、両軍が合計で20以上の陣城を築きました。

勝家は行市山に盛政、別所山《べっしょやま》に前田利《まえだとし》家《いえ》・利長《としなが》父子、林谷山《はやしたにやま》に毛受勝照《めんじゅかつてる》などを配置してそれぞれ陣城を築かせると、陣城間を結ぶ尾根《おね》筋《すじ》に連絡路をつくり、陣城同士が救援できるよう体制を整備。長期戦の構えに入ると陣城を増やして、塩《しお》街道《かいどう》や北国《ほっこく》街道北側を固めています。地図を広げて、戦いの動きをシミュレーションしてみるのも楽しいですよ。

上下に左右に！　驚愕の空間デザイン　続日本100名城 150

古宮城

【ふるみやじょう／愛知県新城市作手清岳古宮】

POINT

❶ 横堀と土塁を駆使した空間設計

❷ 萌える！ 丸馬出の変則技

❸ シナモンロールのような竪土塁

城めぐりのコツ

城の南側中央にある白鳥神社の脇が登城口。脇の階段を登るとすぐに虎口があり主郭に到達します。主郭から西城→東城とまわるといいでしょう。東西約200m×南北約150mとさほど広くなく、迷子になる可能性はなし。敵の気分で歩いたり城兵の目線で妄想したりと、存分に城内を歩きまわって縄張の妙を楽しみましょう。近くの道の駅つくで手作り村で休憩できます。難易度★★★☆☆

1 二の丸をめぐる横堀。かなり崩れているようだが、切岸も見事。　2 南側からの遠景。城は比高わずか25mの丘陵に築かれている。　3 主郭に通じる両袖枡形虎口。

ストレンジな縄張

心躍る城です。とにかく、縄張《なわばり》がファンタスティック。コンパクトながら、上下左右の空間を最大限に生かしたプランに悶絶《もんぜつ》します。この城を見て鼓動が高まらない人は、とりあえずグラウンドを10周してきてください。

北条氏照《ほうじょううじてる》の123滝山《たきやま》城とも柴田勝家《しばたかついえ》の140玄蕃尾《げんばお》城とも違う、土が織りなすシルエット。やはり城とは個性豊かなものなのだなあと思い出させてくれます。歴史も構造もよくわからない城ですが、誰が見てもわくわくする縄張なのは確か。無邪気に縄張の妙を楽しみましょう。

秀逸かつ、独創的で奇妙な縄張です。もっとも不思議なのは、城の東側と西側で様相が異なること。古宮《ふるみや》城は東西約200m×南北約150mの独立した丘陵《きゅうりょう》にあり、ちょうど丘陵の中央あたりで巨大な堀切《ほりきり》によってがっちり分断されています。その分割された東西(東城・西城)の構造が、別の城のように違うのです。それは、軒先《のきさき》の暖簾《のれん》の左右に違う店の名前が書かれているような、喉《のど》に小骨が刺さったような違和感があります。

ひと言で表現すると、西城はキリッと巧妙で、東城はだらっと粗放《そほう》。横矢《よこや》がバリバリ掛《か》かってエッジがシャープな西城に対して、東城はだらだら曲輪《くるわ》が並ぶ印象で、ソリッド感がありません。

ともあれ、高低差と左右の折れが豊富な西城の縄張は秀逸。この縄張の妙を堪能することをいちばんの目的として訪れるといいでしょう。

抜かりないコンビネーションテクニック

現在は平野にぽつんと置かれたような独立した丘陵ですが、もともと西側は国道301号を越えた向かい側の丘陵地と繋《つな》がり、丘陵上の塞之神《さいのかみ》城と連動していたようです。周囲が田んぼであることから察しがつくように、東・南・北側は敵が近づきにくい湿地《しっち》帯。現在もよく見ると、城のまわりは一部が水堀《みずぼり》のようになっています。

この城の防御の主眼は、丘陵続きの西側に置かれます。ですから、本来の大手《おおて》は白鳥神社《しらとりじんじゃ》脇の現在の登城口とは異なり、南西隅にあったようです。二の丸までの動線はいまいちよくわかりませんが、ぐるっと北側まで迂回《うかい》し、そこから西城最高所の二の丸まで、つづら折れのような土塁《どるい》に沿って進み2つの虎口《こぐち》を突破するのが最短と思われます。

現在は、白鳥神社脇の登城口から階段を登ればすぐ城内です。比高は25m程度ですから、本当にあっという間。ここの周辺は改変されてしまい構造がよくわからないのが残念ですが、その先にある両《りょう》袖枡形虎口《そでますがたこぐち》は見事です。

両袖枡形虎口は主郭《しゅかく》に通じる正面玄関で、主郭側に入り込むようにして内《うち》枡形が設けられ、いかにも頑丈そうな分厚い土塁で囲まれています。

このエリアは、よくできている必見ポイント。登城道を注意深く見ると、ゆるやかに2回折れ曲がっていて、西城から主郭へ通じる通路を交差させているのがわかるでしょう。よく見ると、櫓台《やぐらだい》も突出して枡形内に迫っています。両袖枡形虎口で敵を正面からがっちり囲んで迎撃《げいげき》しつつ、喰違う通路によって側面攻撃も食らわせる、抜かりないコンビネーションテクニックです。

シナモンロールのようなフォルム

古宮城のすばらしさは、空間デザイン力。「わずか25mの比高で、ここまで横矢を掛けまくる迷路がつくれるのか!」と感動します。高低差がない分、横堀《よこぼり》と土塁を駆使して、縦のラインではなく横のラインでデザインしていくイメージ。たとえていうなら、渦《うず》巻くシナモンロールのようなフォルムです。

西城最高所の二の丸は、高い土塁と巨大な横堀をめぐらせてガード。それらを横目に見せるようにして、土塁と横堀を

4 西城の竪土塁。迷路のように入り組んでいる。
5 二の丸の下に設けられた、馬出のような空間。西側からの敵に向けた絶妙な射撃場。馬出の下にも土塁と横堀がめぐる。
6 西城をぐるりと囲む横堀。

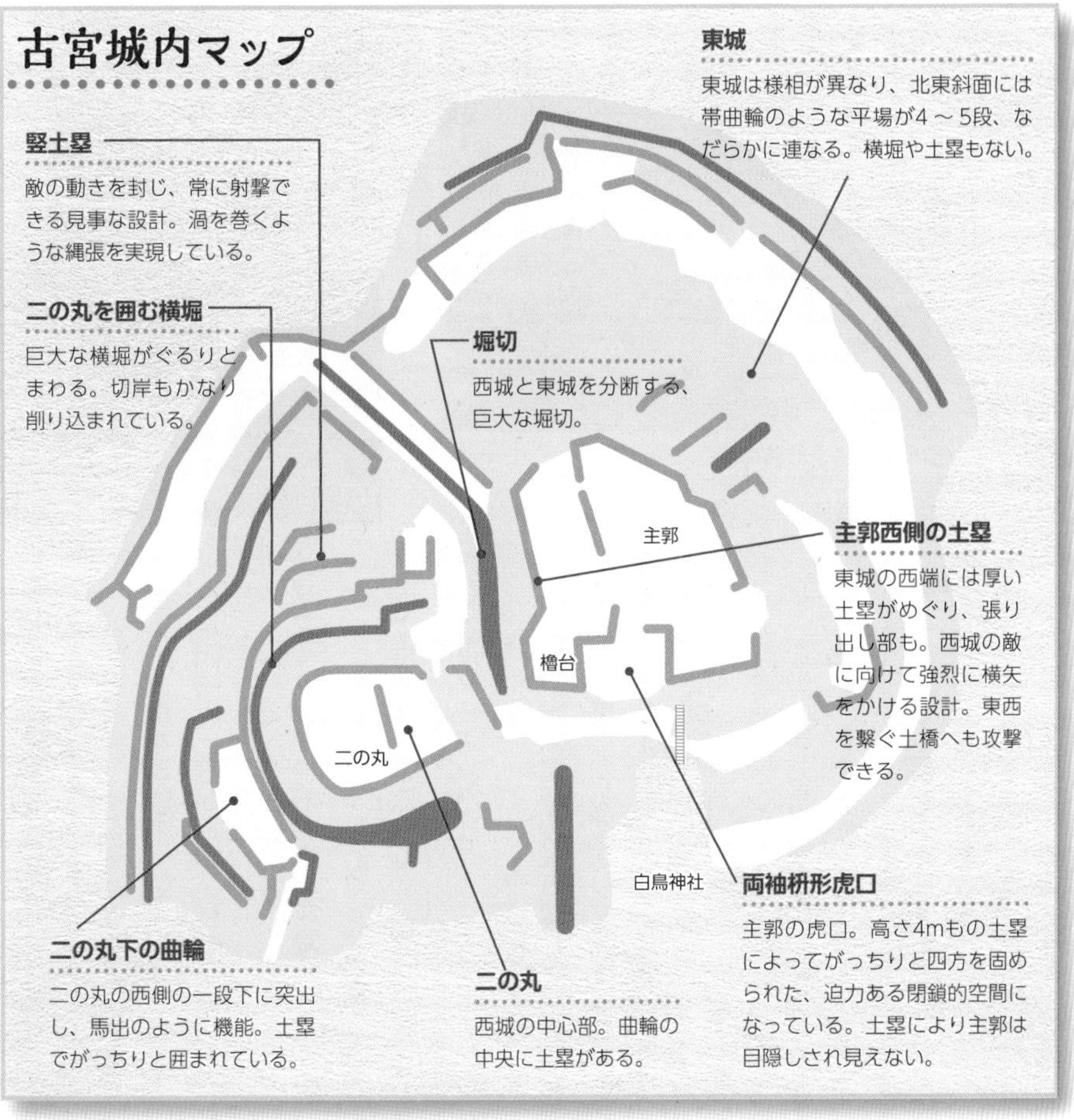
古宮城内マップ
東城
東城は様相が異なり、北東斜面には帯曲輪のような平場が4～5段、なだらかに連なる。横堀や土塁もない。
竪土塁
敵の動きを封じ、常に射撃できる見事な設計。渦を巻くような縄張を実現している。
二の丸を囲む横堀
巨大な横堀がぐるりとまわる。切岸もかなり削り込まれている。
堀切
西城と東城を分断する、巨大な堀切。
主郭
主郭西側の土塁
東城の西端には厚い土塁がめぐり、張り出し部も。西城の敵に向けて強烈に横矢をかける設計。東西を繋ぐ土橋へも攻撃できる。
櫓台
二の丸
白鳥神社
両袖枡形虎口
主郭の虎口。高さ4mもの土塁によってがっちりと四方を固められた、迫力ある閉鎖的空間になっている。土塁により主郭は目隠しされ見えない。
二の丸下の曲輪
二の丸の西側の一段下に突出し、馬出のように機能。土塁でがっちりと囲まれている。
二の丸
西城の中心部。曲輪の中央に土塁がある。

めぐらせた直線道を進ませます。頭上から矢の雨を降らすというより、横から槍《やり》で突きまくるような印象。敵はおのずと1列になるため、効率よく横矢を掛けられ、常に動きを制御できます。

　高低差が少ないとはいえ、曲輪直下の切岸《きりぎし》はかなり削り込まれてなかなかの斜度と高さです。さらに進むと竪《たて》土塁まで登場し、まさにシナモンロールのような渦巻きフォルムになります。

　これは、土塁の上を歩かせることで前後左右から射撃しまくるという算段でしょうか。360度至近距離で囲まれる緊張感は半端なく、思わず脇を締めて屈《かが》み気味で歩いてしまいます。防刃《ぼうじん》ベストでも着ない限り、突破はできなさそうです。

　悶絶ポイントは、二の丸下に設けられた馬出《うまだし》のような空間。この馬出、現地では気づかずに見逃しがちです。それはつまり、敵からも見えにくいということ。機能的にはかなりの実力派で、迫り来る敵に対して横矢が掛け放題です。

7 シナモンロールのように渦を巻く、竪土塁。
8 東城西端から望む二の丸。横矢が掛かりまくる。
9 西城と東城を分断する、巨大な堀切。

土塁からビュンビュン射撃

さらに感嘆《かんたん》するのは、西城のシナモンロール迷路を攻略中、巨大堀切を隔《へだ》てた東城西端の土塁からの援護射撃に晒《さら》されていることです。よく見ると東城のほうが高くなっていて、堀切を隔ててビュンビュン射撃できる設計です。

土塁を確認してみると、高さも幅もあり、かなりつくり込まれた戦闘空間だとわかり啞然とします。西城が主戦場と思いきや、実は攻撃のキモはここにあったのか、と感心するばかり。西城最高所の曲輪から東城へは、土橋《どばし》で連結。ど迫力の堀切にかかる土橋も圧巻で、もちろん張り出し部からは横矢がバシバシと掛かり、この一帯も折れを多用したかなりの戦闘モードです。

一変してなだらかな空間に

東城は、さっきまでの盛り上がりはなんだったのかと思うほど、一変してなだらかな空間になります。主郭の中央には土塁があり曲輪が分割されていますが、戦闘空間と居住空間の仕切りという解釈はいまいち消化不良。ちなみに二の丸も曲輪の中心に土塁があり、東西で高低差がつけられています。

主郭北東部の斜面地には西城のような横堀や土塁はなく、4〜5段の帯曲輪《おびくるわ》のような平場《ひらば》が展開しています。兵の駐屯《ちゅうとん》地《ち》なのでしょうか。北側の虎口から侵入した敵に対して、ここに隠れていた大勢の兵で迎撃する算段かもしれません。

武田氏の城の傑作…？

古宮城は、1571年（元亀《げんき》2）に武田《たけだ》信玄《しんげん》により、築城の名手として名高い馬《ば》場信春《のぶはる》の縄張で築かれたと伝わります。徳川家康《とくがわいえやす》領である東三河《ひがしみかわ》（愛知県東部）進出の拠点として築かれ、武田勝頼《かつより》が1575年（天正《てんしょう》3）に長篠《ながしの》の戦いに敗れた後は廃城になったとされます。

こうした歴史に加え、両袖枡形虎口や

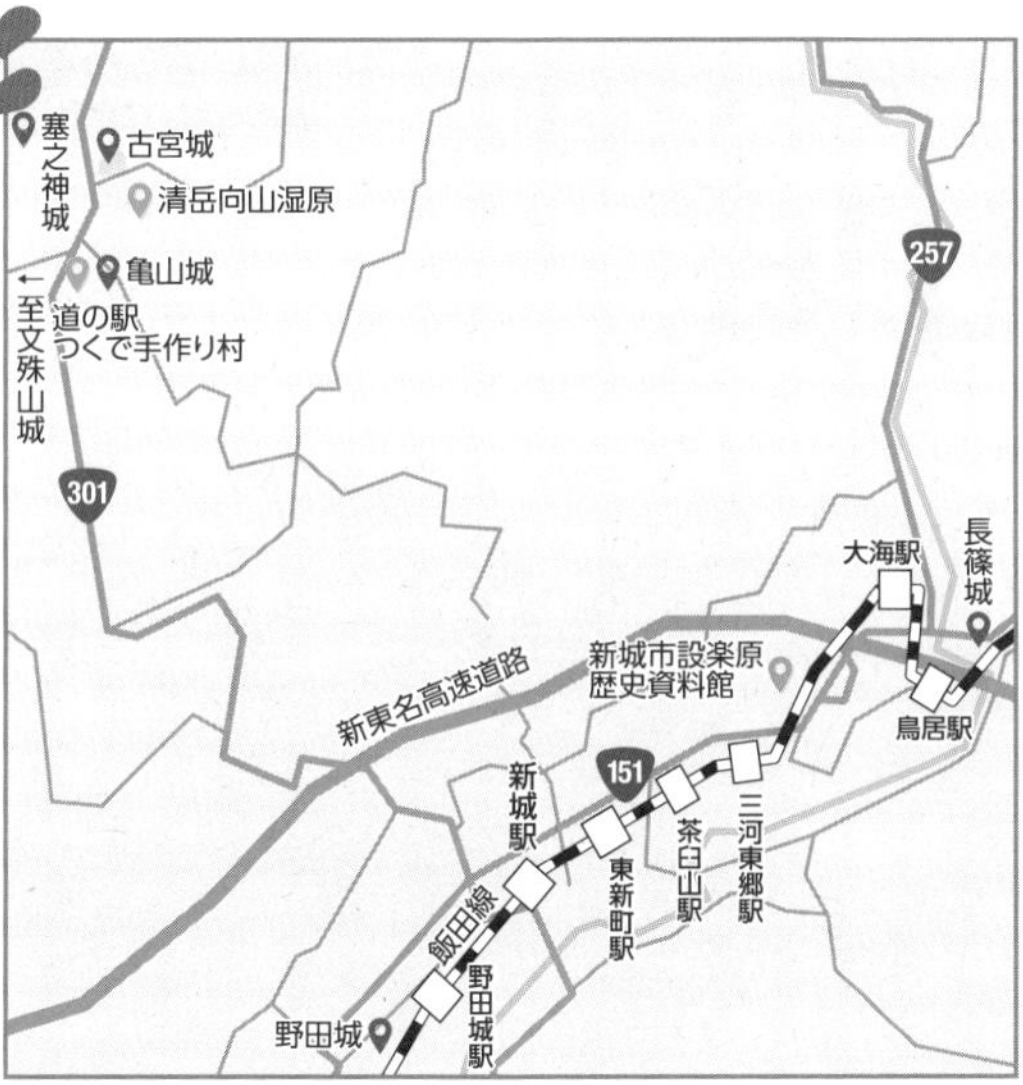

道の駅 つくで手作り村

「農業・自然・手作り」をコンセプトに、地元産の農林産物や加工品の販売。郷土料理や手芸体験も。

➡新城市作手清岳字ナガラミ10-2

亀山城

つくで手作り村の東側にある丘陵。整備○。主郭南側の横堀、枡形虎口など明瞭。

➡新城市作手清岳字城山

野田城

武田信玄の西上作戦の終盤戦、1573年(元亀4)の野田城の戦いの舞台。

➡新城市豊島字本城

長篠城

1575年の長篠の戦いで知られる城。豊川と宇連川の合流地点にある。

➡新城市長篠字市場

+1城

セットで訪れたい亀山城

古宮城の周辺は、武田氏に関係する城が集中する地域。武田方が築いたとされる塞之神城のほか、奥平氏が築いたとされる文殊山城もあります。わずか1kmのところにあるのが亀山城です。

亀山城は、1424年(応永31)に奥平貞俊が築城。奥平氏は武田方から徳川方となり1575年に長篠の戦いで長篠城主として名を残しました。亀山城には生活に伴う出土遺物がないため、居住的な空間ではなく軍事的な拠点の可能性が高いそう。古宮城を考える上でも興味深い城といえそうです。

比高約30mの半独立丘陵にあり、主郭は土塁囲みの楕円形で、虎口は東西2か所。西側には腰曲輪や馬出、東側には曲輪、北側は切岸、南側は巨大な横堀がめぐります。道の駅つくで手作り村に隣接し、地元の方々によりとてもよく整備されています。ぜひ立ち寄りを。

二の丸の丸馬出のような構造が武田氏の城で見られることから、古宮城は武田氏の傑作ともいわれます。

しかし、どうも腑に落ちない気も……。興味深いのが、すぐ近くにある亀山《かめやま》城の存在です。古宮城の西城のプランに似た亀山城は、1575年以降に徳川方の城として使用された可能性があります。

家康は武田氏との攻防を通じて武田氏の築城術を会得し導入したとも分析されます。近隣の城と比較しつつ考えていくと、古宮城の西城は1575年の武田氏撤退後、家康が手を入れた可能性があるのかもしれません。

10 亀山城の横堀。

広すぎる城内にひしめく美技

続日本100名城 111

向羽黒山城

【むかいはぐろやまじょう／福島県大沼郡会津美里町字船場】

POINT

❶ 説明不要のTHE竪堀

❷ 一曲輪西側の堀切もチェック

❸ マニアも大満足の巨大要塞

城めぐりのコツ

とにかく広大な、東北屈指の巨大山城です。白凰山公園の散策路を利用すれば、一曲輪や二曲輪の主要部分は見学できます。くまなくまわりたい場合は時間をたっぷり取り、縄張図持参で探検を。一曲輪と二曲輪の散策路はスニーカーでOKですが、それ以外もまわる場合はトレッキングシューズがおすすめです。点在する駐車場を駆使すれば、効率的に全体の主要部分を見てまわれます。難易度★★★★☆

1 二西曲輪群にある巨大な竪堀。
2 一曲輪の竪堀と階段状に並ぶ曲輪。
3 二曲輪からの眺望。磐梯山、阿賀川、会津若松城も見える。

ビギナーにもやさしい竪堀の楽園

「東北にもこんなにゾクゾクする巨大山《やま》城《じろ》があったのか!」と、きっと誰もがのけぞるはず。ダイナミックな遺構がよく残る、歩きがいのある広大な山城です。

この城は、〝竪堀《たてぼり》の楽園〟です。駐車場に車を停めて一曲輪《いちのくるわ》だけ見学するお手軽ショートコースだとしても、登城口から1分も歩けばどーんと一直線に落ちる竪堀に出会えます。さらに登ると、スケールアップした竪堀が出迎えてくれます。かなり食い気味の歓迎ぶりですから、見逃すことは絶対にありません。

竪堀とは斜面と平行に掘られた堀のことで……という説明など不要なほど、竪堀を理解できるTHE竪堀です。この城を見た後に、竪堀を見たことがないとは言わせません。竪堀のフォルムがしっかり脳内にインプットされ、きっと来年の夏には、流しそうめんが竪堀の洪水にしか見えなくなってしまうことでしょう。

いちいち大きい土塁や空堀

向羽黒山《むかいはぐろやま》城は、会津《あいづ》盆地の南端、阿賀《あがの》川の西側にある標高408mの岩崎《いわさき》山(向羽黒山)と羽黒山にある山城です。史跡の範囲だけで東西1・4km×南北1・5km。山頂からは会津盆地が見渡せ、会津盆地のどこからでもよく見えます。

岩崎山山頂の一曲輪群のほか、二曲輪群、西曲輪群、三曲輪群、北曲輪群などの区画に分けられます。主要部の構造は、竪堀または横堀《よこぼり》と竪土塁《たてどるい》のセットで、各曲輪を区画して囲み込むような印象。竪堀や堀切《ほりきり》がいちいち大きいので、区画の意図はわかりやすいでしょう。

ただし、広大すぎて今どこにいるのかわからなくなりがちなのが難点です。曲輪群によってエッジが異なるのもおもしろいところなので、小技のバリエーションを楽しみつつ、地図を広げて自分がいる場所を確認しながら、規模と全体構造をイメージしていくといいですね。

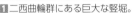

北曲輪群東側から西北曲輪群までは、横堀と土塁で三曲輪とを区画。連続するように、西曲輪群北側で西下段曲輪群とを横堀で区画しています。西曲輪群西側には竪土塁があり、連動するように一曲輪群西側も竪土塁や竪堀が設けられています。こうした惣構《そうがまえ》のような大きな囲みを構築しつつ、外枡形《そとますがた》のように西下段曲輪群や北曲輪群などが配置される構造です。西曲輪群と西上段曲輪群、西上段・二西曲輪群と二北曲輪群の間も竪堀と竪土塁のセットが見られます。

曲輪間は枡形虎口《こぐち》で接続されていて、なかなか凝ったつくりです。1か所や2か所ではないのが、設計力を感じるところ。二曲輪へは、二西曲輪群と二東曲輪群とをそれぞれ石積の枡形虎口で繋《つな》ぎ、一北曲輪群や一東曲輪群へも複数の枡形虎口を設置。一曲輪も、東西に桝形虎口を確認できます。西曲輪群と西下段曲輪、二北曲輪と北東曲輪群も枡形虎口で接続され、登城経路に沿って石積の虎口がつくられています。

悶絶！　竪堀と横堀のコラボ

一曲輪と二曲輪の間に駐車場があるので、中心部から見たいという人はまずこちらへ車を停めて一曲輪へ。山頂から落ちる竪堀と東側の屈曲する竪堀は、見上げる姿も迫力満点ですが、振り返って見下ろす姿もなかなかかっこいい。虎口空間もわかりやすく、迷路のように入り組み、横矢《よこや》が掛《か》かる設計も秀逸です。

山頂の標柱を撮影して引き返してしまう人は、極上フルコースの絶品デザートを食べずに帰る人と同じです。最後まで、しっかりと味わってください。

一曲輪の西側の階段を降りて進むと、巨大な堀切が待っています。しかも、合流した堀切が竪堀となって西曲輪群までズドンと落ちていきます。バックダンサーが突然前に出てきて、主役を食うパフォーマンスをしだすような衝撃です。その存在感たるや……。

4 二曲輪から三日町口へ通じる虎口と土橋。虎口は石垣で固められている。　5 二西曲輪群。竪堀や横堀が入り乱れる。
6 一曲輪西側の大きな堀切。そのまま竪堀となって落ちる。

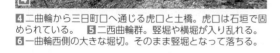

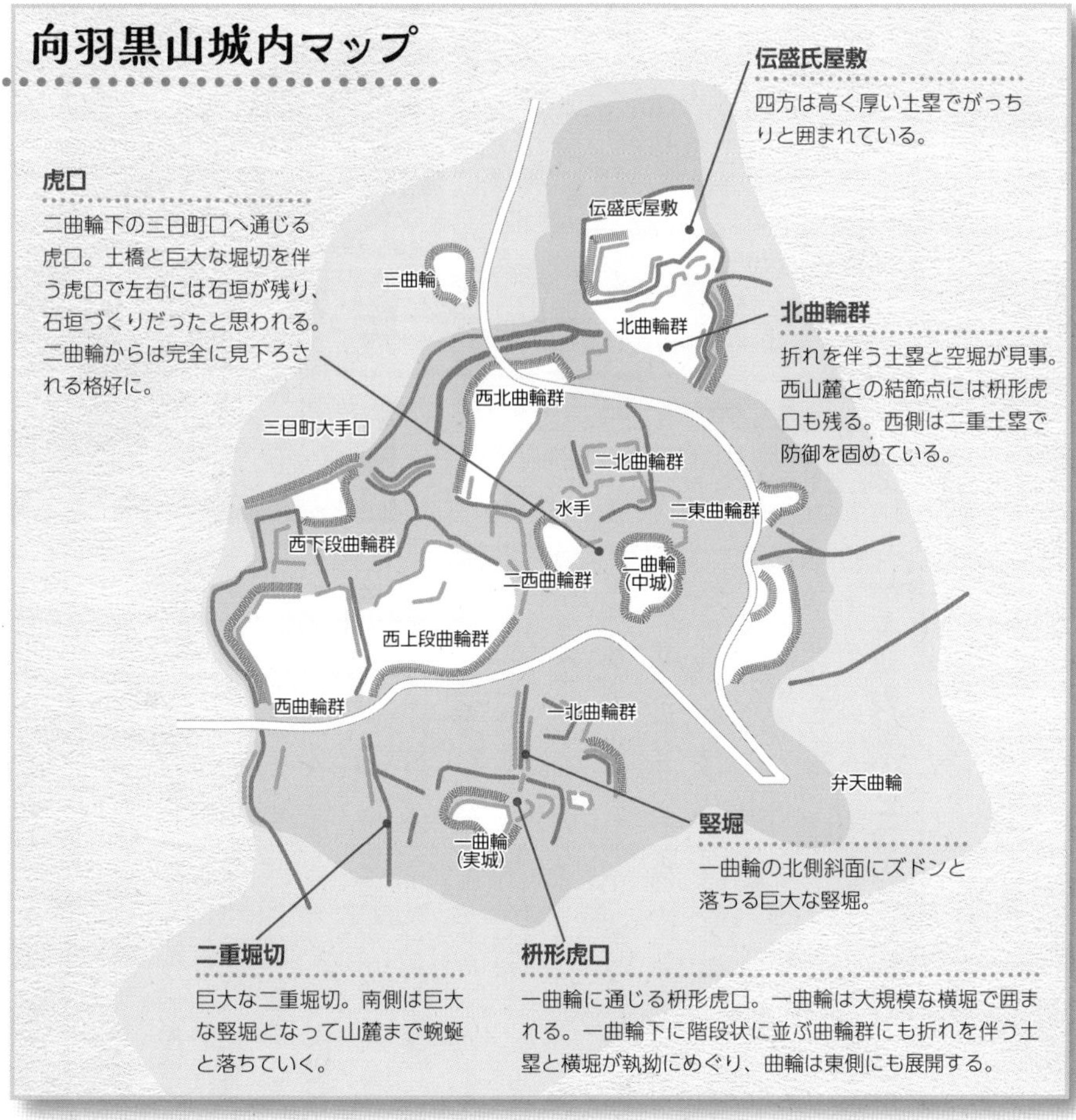
向羽黒山城内マップ
伝盛氏屋敷
四方は高く厚い土塁でがっちりと囲まれている。
虎口
二曲輪下の三日町口へ通じる虎口。土橋と巨大な堀切を伴う虎口で左右には石垣が残り、石垣づくりだったと思われる。二曲輪からは完全に見下ろされる格好に。
北曲輪群
折れを伴う土塁と空堀が見事。西山麓との結節点には枡形虎口も残る。西側は二重土塁で防御を固めている。
伝盛氏屋敷
三曲輪
北曲輪群
西北曲輪群
三日町大手口
二北曲輪群
水手
二東曲輪群
西下段曲輪群
二西曲輪群
二曲輪
(中城)
西上段曲輪群
西曲輪群
一北曲輪群
弁天曲輪
一曲輪
(実城)
竪堀
一曲輪の北側斜面にズドンと落ちる巨大な竪堀。
二重堀切
巨大な二重堀切。南側は巨大な竪堀となって山麓まで蜿蜒と落ちていく。
枡形虎口
一曲輪に通じる枡形虎口。一曲輪は大規模な横堀で囲まれる。一曲輪下に階段状に並ぶ曲輪群にも折れを伴う土塁と横堀が執拗にめぐり、曲輪は東側にも展開する。

さらに、その先にも堀切があるのですからぶったまげます。この堀切も竪堀となって、西曲輪群の西側のラインを勇ましく落ちていきます。西端の堀切付近も駐車できますから、少しでも歩く距離を減らしたい人は、車を駆使しましょう。

二曲輪も見どころ満載です。公園化による破壊、未整備で行く手を阻《はば》まれる部分も多いですが、周囲の曲輪との連動を考えていくと楽しめます。二曲輪では、まず景色を眺めながら立地を確認。12会《あい》津《づ》若松《わかまつ》城（会津若松市）や飯盛《いいもり》山、磐梯《ばんだい》山が見え、麓《ふもと》には阿賀川が流れます。西側に一段降りると、石垣で固められた枡形虎口も見られます。

私がもっとも興奮したのは、二曲輪からから三日町《みっかまち》口へ降りる道のり。まず、すぐに現れる巨大な連続枡形虎口の雄々《おお》しいこと！　大軍が攻めてきても動じなさそうな、万全の態勢と落ち着きを感じます。寄せ集めの兵ではなく、鍛錬《たんれん》されたハイレベルな兵の存在を連想させられ

7 伝盛氏屋敷と北曲輪の間に設けられた空堀と土塁。
8 伝盛氏屋敷。土塁と空堀で囲まれる。
9 一曲輪を取り巻く巨大な横堀。

る雰囲気です。喰違う虎口のラインと石垣との競演もたまりません。

　そのまま降りていくと、それはもうすばらしい世界が待っています。通路はジグザグに折れ、枡形や馬出《うまだし》のような空間も。そして極めつけは、巨大な竪堀と横堀との夢のコラボレーション！　山城の魅力が、ギュッと凝縮されています。

　せっかくなので、三曲輪と北曲輪群へも。三曲輪と舗装路を挟んで反対側にあるのが北曲輪群で、幅10mはあろうかという大きな空堀《からぼり》を隔《へだ》てて、高く分厚い土塁でがっちり囲まれているのが伝盛氏《もりうじ》屋敷です。折れ曲がる空堀のラインも見事で見ごたえあり。北曲輪の東側には枡形虎口があり、その先に通じる十日町《とおかまち》口が城の大手《おおて》口です。

東北の城の2つの転換期

　向羽黒山城は、1561～68年（永禄《えいろく》4～11）に、蘆名盛氏《あしなもりうじ》が築いた城です。蘆名氏といえば15～16世紀の奥州《おうしゅう》で最大の勢力を誇った一族で、その最盛期を築いたのが16代の盛氏でした。盛興《もりおき》に家督を譲ると隠居城《いんきょじょう》として向羽黒山城を築き、黒川城には盛興の後を継いだ盛隆《もりたか》、向羽黒山城に自身が入って実権を握ったとみられます。

「さすがは蘆名氏の城だな」と感心するのですが、現在見られる向羽黒山城は、おそらく蘆名氏滅亡後に改修された姿です。蘆名氏時代の姿が原型を留めないとは言い切れませんが、1598～1601年（慶長《けいちょう》3～6）にこの地を治めた上杉景勝《うえすぎかげかつ》によって、大改修されたと思われます。

　この地域における城には、大きな2つの転換期があります。ひとつは、1590年（天正《てんしょう》18）の豊臣秀吉《とよとみひでよし》による奥州仕置《しおき》。もうひとつは、1600年（慶長《けいちょう》5）の慶長出羽《でわ》合戦です。豪族の城は、豊臣政権の参入、そして関ケ原《せきがはら》の戦いに備えた上杉氏または伊達《だて》氏による強化、という2つの事変に影響を受けるのです。

　1590年、秀吉は伊達政宗《まさむね》が攻略し

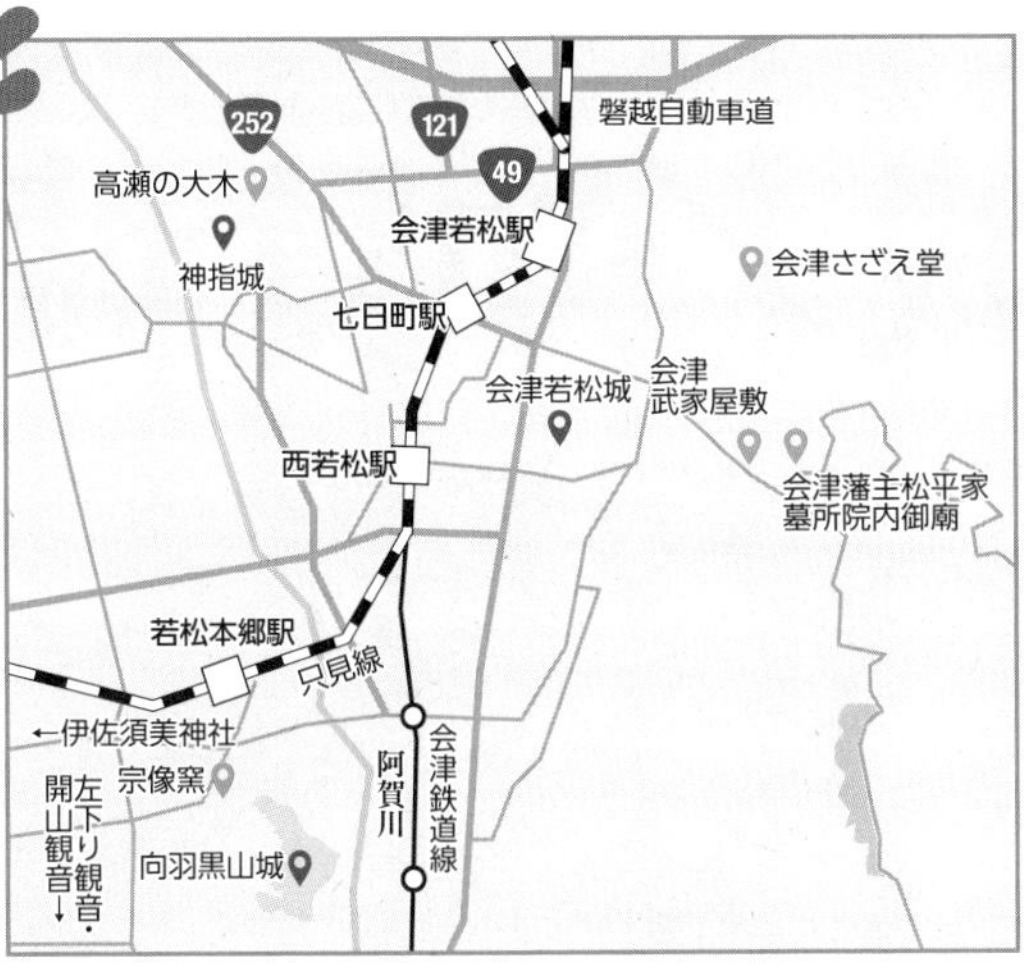

神指城

黒川城の防御性の低さを考えた上杉景勝が築城開始。関ヶ原の戦い勃発により未完のまま廃城。

➡ 会津若松市神指町高瀬

会津若松城

蘆名氏の居城であった黒川城を、蒲生氏郷が大改修。会津と改称して城下町も整備。

➡ 会津若松市追手町1-1

左下り観音

会津三十三観音第21番札所、臨済宗左下山観音寺の左下り観音。

➡ 大沼郡会津美里町大石字東左下り1173

伊佐須美神社

天海大僧正が植えたと伝わる檜がある。天海は会津高田の生誕との説も。蘆名氏とも縁が深い。

➡ 大沼郡会津美里町字宮林甲4377

関山観音

会津三十三観音第24番札所。真言宗日當山日輪寺の関山観音。

➡ 大沼郡会津美里町氷玉字上小松乙396

宗像窯

東北最古の登り窯をもつ窯元。

➡ 大沼郡会津美里町字本郷上甲3115

+1城

景勝の野望が眠る神指城

向羽黒山城から北へ約8km、阿賀川と湯川に囲まれた地に築かれた神指城（会津若松市）。1598年（慶長3）、会津に入った上杉景勝によって、1600年3月から築城開始されました。

1947年（昭和22）に米軍が撮影した航空写真には正方形の土塁が写っており、本丸と二の丸をそれぞれ堀と土塁が取り囲む、109米沢城（山形県米沢市）のような縄張だったようです。面積は50万㎡にも及び、12会津若松城をはるかに上回る規模。会津盆地の東南端にあり城や城下町の拡張が難しかった会津若松城とは異なり、城域を広げられるこの地を選んだとみられます。

6月には一応の形が整ったようですが、ほどなくして徳川家康との関係が悪化し工事は中断。関ヶ原の戦いが勃発し、1601年（慶長6）には上杉氏は会津から米沢へ転封《てんぽう》となりました。神指城は完成をみないまま、廃城となったのでした。

た黒川《くろかわ》城を没収し、家臣の蒲生氏郷《がもううじさと》を配置します。黒川城を変貌させた会津若松城をはじめ、氏郷によって領国内の多くの城が改修されました。1595年（文《ぶん》禄《ろく》4）、向羽黒山城は秀吉の命によって一度は廃城になったとみられます。

蒲生氏の統治後、会津は上杉景勝の支配下となりました。ちょうど、関ヶ原の戦いが2年後に迫る、軍事的緊張がピークに高まった時期。景勝は神指《こうざし》城の築城など領国内の防衛を強化しており、向羽黒山城も徳川家康《とくがわいえやす》に備える軍事的拠点としてこのとき大改修されたと思われます。

二曲輪西側の虎口や二西曲輪の石垣などは氏郷が積んだ可能性があるかもしれませんが、一曲輪南側の巨大な堀切をはじめ、大規模な竪堀と横堀、竪土塁などでつくり込まれた空間は、景勝によるものでしょう。大手も、蘆名氏・伊達氏時代の北西から蒲生氏時代には東に付け替えられ、上杉氏時代には十日町口へと変更された可能性が高いようです。

志布志城／知覧城

【しぶしじょう／鹿児島県志布志市志布志町帖6380　ちらんじょう／同県南九州市知覧町永里】

POINT

❶ シラス台地が生んだ“空堀天国”を満喫

❷ 縦横無尽にめぐる空堀

❸ 強靭なディフェンスにも注目

城めぐりのコツ

JR志布志駅から徒歩約22分で登城口(内城)。フェリー乗場からは車で約5分です。居館跡とみられる志布志小学校の裏手に登城口があり、ここから大手を登ると矢倉場に出ます。かなり広いため、60分以上は必要。案内板がところどころに設置されているので迷わず散策できます。城内はよく整備され急な上り坂はありませんが、トレッキングシューズがおすすめです。難易度★★★☆☆

1 中野久尾から大野久尾へ続く、長大な空堀。
2 空堀は折れを伴いながら蜿蜒と続く。
3 本丸西側にある空堀。ここもかなりの規模。

足の裏で城を感じるべし

私は城歩きに、足の裏も使います。地質の違いを感じるのです。城が千種万様《せんしゅばんよう》なのは、地勢との関係が密接だから。地形の利点を生かし、弱点を補い、与えられた条件下で知恵を絞って要塞をつくり上げます。もちろんそこには、地質の違いも影響してきます。

関東生まれの私にとって、土とは関東ロームのことを指します。保水性が高く透水性も優れた関東ロームは、水を含むと陶芸用の土のように粘土質《ねんどしつ》になります。だから、雨でも降ろうものなら、ちょっとした傾斜でもズルズルと滑りまくる。子供の頃は、「雨の日は土手に近づくと危険だよ」と教わったものです。

関東ロームが基準である私にとって、土はなかなかの脅威。ちょっとした斜度の土塁《どるい》も警戒してしまいます。ところが全国の城を歩くことで、この世には滑らない土があることを知りました。たとえば関西の城の土塁は、土がサクサクしていて、簡単に登れてしまうのです。

となれば、城壁としての土塁の防御力を考えた場合、同じ斜度や高さの土塁をつくっても、関西では関東ほど威力がないことになります。もっと斜度や高さを出さなければ、壁として機能しない。そうなると、関東の城と関西の城ではおのずと城全体のエッジも変わってきます。

キレキレの切岸と規格外の空堀

地質に特徴のある城の代表格が、「南九州型城郭」と称される九州南部の城です。志布志《しぶし》城はその代表例です。

とても好きな城です。この城の切岸《きりぎし》は半端ない。切岸とは曲輪《くるわ》の直下を垂直に近づくよう削り込んだもの……ですが、たとえば志布志城の本丸上段東側にある切岸は、垂直に近づいているのではなくほぼ垂直。想像を絶するキレキレの切岸に、歓喜の笑いが止まりません。

日本トップクラスの切岸は、空堀《からぼり》とし

ても規格外です。20〜30mはあろうかというほどの深さがあり、空堀を掘ったというよりは、台地をざっくり切り落とした、という表現がしっくりくるほど。深さに対して幅は2〜3mほどしかないため、閉塞感も半端なし。堀底はうす暗くて湿っぽく、谷底を歩いているような気持ちになります。不気味さこの上なく、閉所恐怖症の人には苦行かもしれません。

　見上げれば遥か頭上には曲輪がありますが、よじ登ることなど絶対に不可能。曲輪から落ちればひとたまりもなく、よって高所恐怖症の人も要注意です。

すごいぞ！ シラス台地

　これほど規格外の切岸がつくれるのは、この城が九州南部に分布するシラス台地と浸食谷《しんしょくこく》（開析谷《かいせきこく》）を利用して築かれているからです。

　シラス台地とは、細粒《さいりゅう》の軽石や火山灰などの火山噴出物が堆積《たいせき》した地層が、別の地層の上に平坦に重なって形成された台地のこと。枝状の浸食谷が急崖《きゅうがい》をなして複雑に入り組み、それがそのまま空堀になっています。だから、ザクザクと地面をかち割ったような、曲輪の独立性が高い特徴的な縄張《なわばり》になるのです。曲輪を空堀で仕切るというより、できてしまった空堀の残った部分を曲輪として使っている、が近いかもしれません。

　シラス台地は削りやすい土壌であることに加えて、地下水位が低いため垂直に掘削しておかないと雨水などにより浸食され崩れてしまいます。農業や交通・流通には適しませんが、城づくりには願ってもない特色といえるでしょう。崩落しやすいということは、切岸をよじ登ろうとする敵にとってはよろしくなく、実際にこの切岸はまったく登れません。

はしゃがずにいられない空堀天国

　志布志城は、4つの山城《やまじろ》（内城《うちじょう》・松尾《まつお》城・高《たか》城・新《しん》城）で構成されます。内城の山城部分だけで東西約300m×南北約6

4 本丸東側、搦手口へと向かう空堀。切岸はほぼ垂直に削り込まれている。
5 本丸に至る空堀の底。正面の曲輪が本丸。

志布志城（内城）内マップ

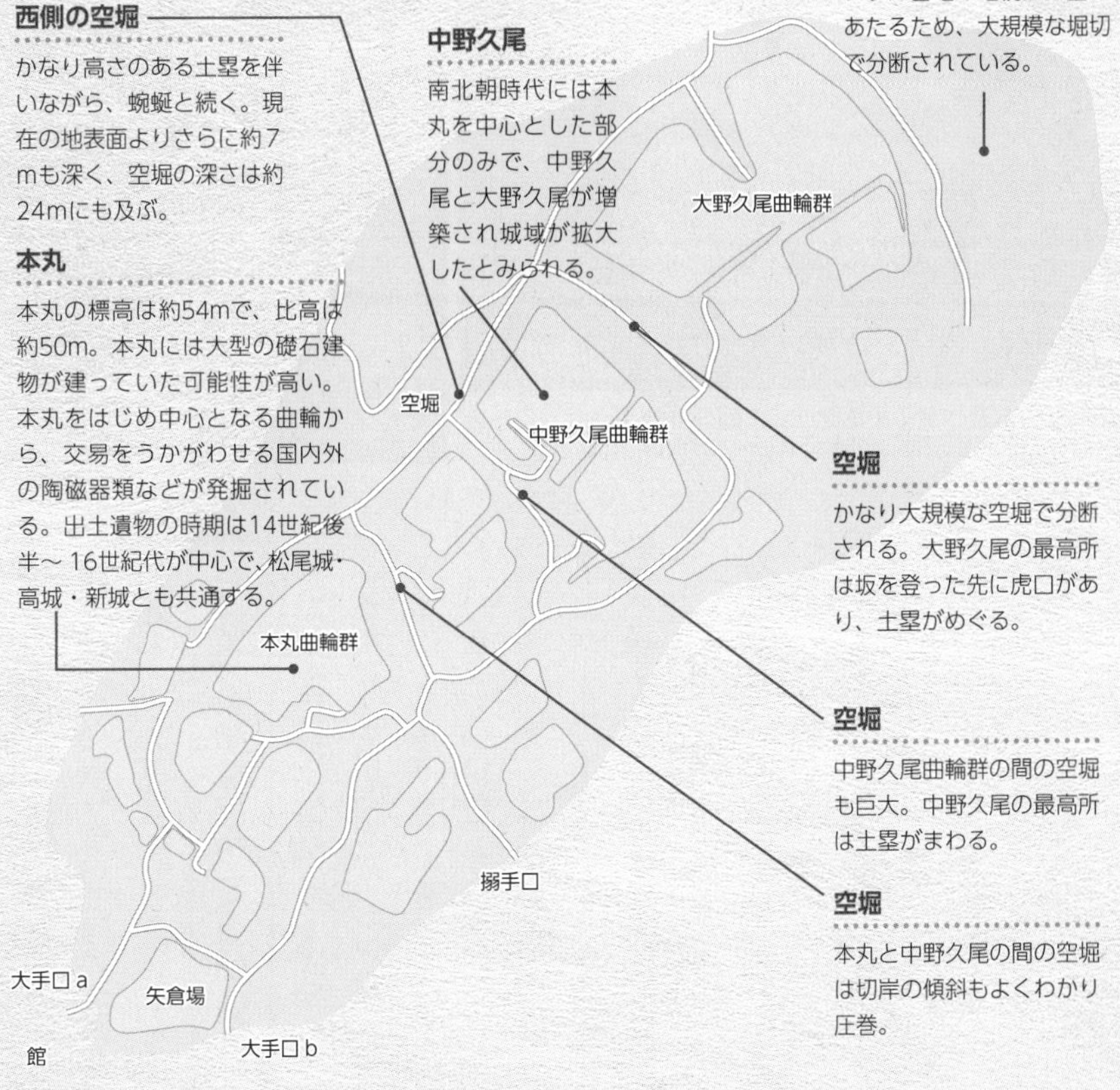

西側の空堀

かなり高さのある土塁を伴いながら、蜿蜒と続く。現在の地表面よりさらに約7mも深く、空堀の深さは約24mにも及ぶ。

本丸

本丸の標高は約54mで、比高は約50m。本丸には大型の礎石建物が建っていた可能性が高い。本丸をはじめ中心となる曲輪から、交易をうかがわせる国内外の陶磁器類などが発掘されている。出土遺物の時期は14世紀後半～16世紀代が中心で、松尾城・高城・新城とも共通する。

中野久尾

南北朝時代には本丸を中心とした部分のみで、中野久尾と大野久尾が増築され城域が拡大したとみられる。

大野久尾北側の堀切

シラス台地の地続きの面にあたるため、大規模な堀切で分断されている。

空堀

かなり大規模な空堀で分断される。大野久尾の最高所は坂を登った先に虎口があり、土塁がめぐる。

空堀

中野久尾曲輪群の間の空堀も巨大。中野久尾の最高所は土塁がまわる。

空堀

本丸と中野久尾の間の空堀は切岸の傾斜もよくわかり圧巻。

00mと、戦国時代の山城としては巨大。この地域では曲輪を「城」と呼ぶ傾向がありますが、なんだかそれも納得できる独立性の高さです。一般的には内城が見学スポットですが、とはいえ走りまわれるほどの広さ。最低でも60分は予定して、心してかかりましょう。

　志布志城は、ひと言でいうなら〝空堀天国〟です。三方を絶壁とし、背後にあたる北東側は大規模な堀切《ほりきり》で尾根を断絶。この大堀切から尾根の先端までに3つの曲輪群を直線的に並べて、その間は大規模な空堀でザクザクと大胆に分断しています。もちろん、それはシラス台地だからなせる技。東・西側には延々《えんえん》と長大な空堀をめぐらせ、その外側にも空堀群と曲輪群が展開しています。城内のどこにいても、視界から大規模な空堀が消えてなくなることはありません。

　とくに西側をめぐる空堀のスケールは相当なもので、地表面は現在より約7m深く、曲輪から堀底までは約24mにも及

6 知覧城の本丸へ至る枡形虎口。　7 志布志城の空堀。人と比べると、堀幅や深さ、切岸のスケールがよくわかる。

ぶことが判明しています。無数の曲輪群は基本的に上下二段構造で、その間を空堀が縦横無尽に取り巻いて巨大迷路をつくり出しています。

もはや戦略はどうでもいい

とにかく空堀に圧倒されっぱなしで、横矢が掛かっているとか、どこが死角でどうやって攻撃するかなどはどうでもよくなります。いいんです、理屈ではなく感覚で楽しんでも。この城の魅力は、空堀のスケール。小さなトラップを躍起になって探すより、この地域にしかない空堀を、とにかく存分に堪能しましょう。

空堀に頼りっきりのディフェンスと思いきや、実は曲輪にも凝ったしかけがしてあります。たとえば本丸も、突き出している下段はおそらく馬出《うまだし》のように機能します。北端には櫓台《やぐらだい》らしき突出もあり、ここから本丸と中野久尾《なかのくび》の間の大空堀に横矢を掛けているのでしょう。「そもそも誰も登ってこられなさそうだし、堀底までの距離がありすぎて弓矢も届かないのでは……」という気もしますが、これぞ戦闘意欲の表れなのでしょう。

台地をブツ切り、知覧城

同じく鹿児島県の知覧《ちらん》城も、南九州型城郭の代表例です。登城口の案内板にある空撮写真を見ると、ボコボコとした形をしていて、まさに地形ありきの特異構造とわかります。まるで、台地をまな板の上に置いてブツ切りにしたようにも見えます。

知覧城は、標高170mの台地上を刻む浸食谷を利用して、大きく南北の2群の城と、周辺の屋敷群から構成されます。各曲輪は崖のような切岸に守られ、高さはなんと40mもあります。

中心となるのが北の1群で、おもに本丸、蔵之城《くらんじょう》、今城《いまんじょう》、弓場城《ゆんばじょう》の4つの曲輪が、浸食谷に仕切られながら並びます。並ぶといっても、蔵之城と今城の間には深さ40m×幅30mの空堀があり、やはり独立

◆「外城制」と知覧武家屋敷庭園

続100名城 198

戦国時代の城主・佐多氏は、1610年(慶長15)に再び地頭になり復帰。島津に名を改め、知覧城の北方に麓《ふもと》(武家集落)を築いて明治維新まで存続しました。

薩摩藩には外《と》城《じょう》制と呼ばれる地方支配制度があり、領国内を区分けして地頭や武士を置き、政治や軍事をそれぞれ行わせていました。外城とは、領内各所に置かれた政治・経済・文化・軍事の中心となる「麓」と呼ばれる集落のことで、地頭仮屋という政庁のようなものも構えられていました。知覧城もそのひとつと考えられています。

武家屋敷群は、麓の典型例。屈曲した本馬場通りに沿って石垣と生垣が連なります。国の重要伝統的建造物群保存地区に選定されているほか、7つの庭園が国の名勝に指定されています。

➡ 南九州市知覧町郡13731-1

知覧城内マップ
本丸
周囲には土塁がまわり、虎口の内側を隠すような土塁も。本丸と蔵之城の間には馬出のような巨大なスペースがある。
第2次世界大戦の防空壕
知覧には特攻隊の基地があり、知覧城にも防空壕がいくつか残る。
東ノ栫
西ノ栫
本丸
小谷大手口
蔵之城
今城
弓場城
伊豆殿屋敷
蔵屋敷
式部殿城
児城
南ノ栫
蔵之城
15～16世紀のアジア製の磁器類などが出土。北側は作業場や炊事場、南側は居住空間とみられる。南側は土塁が見つかっている。
大堀切
蔵之城と弓場城の間は巨大な堀切で分断されている。

城めぐりのコツ

本丸と蔵之城の間にある大堀切から城内に入り、本丸→蔵之城→今城→弓場城へ。曲輪間の大規模な堀切と切岸の鋭さがとにかく圧巻です。各曲輪の連携は折れを伴う通路や枡形虎口で緻密につくり込まれている点にも注目です。歴史博物館「ミュージアム知覧」にパンフレットやジオラマなどあり。隣接する知覧特攻平和会館へも。トレッキングシューズがベター。難易度★★★☆☆

性の高さは尋常ではありません。

北の1群から幅70mの空堀を隔てて南西に式部殿城《しきぶでんじょう》、南ノ栫《かこい》、児城《こがじょう》から成る南の1群があり、この3つの曲輪間も南から西にかけての巨大な堀に囲まれています。さらに、南北2群のほかにも東ノ栫、蔵屋敷、西ノ栫などが取り囲む広大な城になっていて、樹海のような、人を寄せ付けない世界が形成されています。

◆志布志城のひとつ、松尾城

内城、松尾城、高城、新城の4つの山城で構成される志布志城。最初に築かれたとされるのが松尾城で、徐々に拡大され内城が主城になってからも引き続き使われていたと考えられています。内城の西側の山にあります。すぐに強烈な切通に出迎えられ圧倒されます。未整備につき上級者向け。

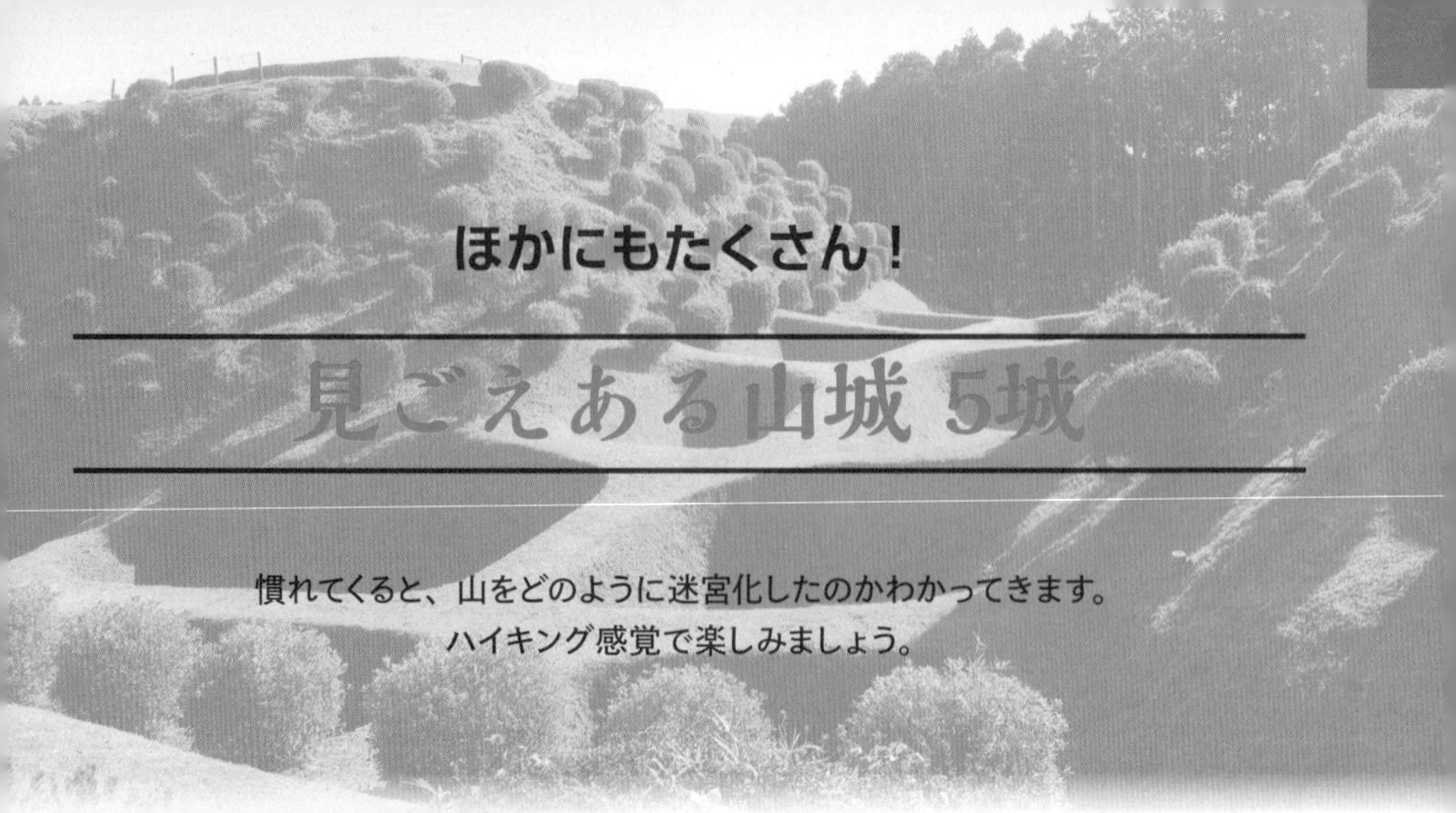

ほかにもたくさん！

見ごえある山城 5城

慣れてくると、山をどのように迷宮化したのかわかってきます。
ハイキング感覚で楽しみましょう。

135 増山城

越中三大山城のひとつに数えられる、富山県内最大級の山城。和田川を外堀として、平野全域をほぼ見渡せる和田川東岸の標高約120mの丘陵上に位置。南北約1.4km×東西0.9kmの城域内に主郭を中心に主要な曲輪が並ぶが、それぞれ独立性が高く主郭との連動性が低い。守護代・神保氏時代の城をベースに、上杉謙信や佐々成政が部分的に改変を重ねたとみられる。堀切や竪堀、畝状竪堀で構築された大防衛線の偉容を実感できるのが、二ノ丸と安室屋敷の間の大堀切。幅16m、深さは10m以上あり、台地をダイナミックに分断した様子に圧倒される。

34 七尾城

能登守護の能登畠山氏が拠点とした、全国屈指の広大な山城。1577年（天正5）に陥落させた上杉謙信が本丸からの景観の素晴らしさを讃えている。標高564mの七尾山山頂にある本丸を中心に、曲輪が山麓まで無数に連続。山全体を一大要塞化していたようすが明らかになりつつあり、山麓に点在する小城群を含むと城域は2.3kmに及ぶ。城の外側の大防衛線である惣構も確認されている。代名詞ともいえる桜馬場北側の4段の石垣や、整備された本丸周辺の石垣が見どころ。畠山氏滅亡後に前田利家が改修しており、利家の構築とも考えられる。

65 月山富田城

大内義隆を退けた第１次月山富田城の戦い、大内氏を滅ぼした毛利元就が開城させた第2次月山富田城の戦いで知られる尼子氏の城。標高190mほどの月山に築かれ、外堀でもある麓の飯梨川に向かって馬蹄形に伸びる尾根上に多くの曲輪が置かれる。山頂の主郭部、山中御殿から北西尾根に連なる曲輪群、主郭から北東側に展開された曲輪群から構成され、中腹の山中御殿を中枢部として勢力の拡大とともに城域も拡張されたらしい。本丸、二の丸、三の丸、山中御殿や花の壇などの石垣は尼子氏の滅亡直後に入った吉川広家、関ケ原の戦い後に入った堀尾吉晴により築かれたと考えられる。

32 春日山城

長尾景為が本格的な城へと改修し、1548年（天文17）に城主となった上杉謙信が大規模に拡張・整備して完成させたとみられる。戦国大名の居城としては典型的なつくりで、広い敷地に一族の屋敷や重臣の屋敷などを含めた200以上の曲輪を並べて全山を要塞化している。標高約180mの春日山（蜂ヶ峰）に築かれ、山頂に本丸（実城）を置き、山全体に膨大な数の曲輪を配する構造。本丸からは、日本海や頸城平野、それを取り巻く山並みをも一望できる。毘沙門堂が建っている尾根筋には毘沙門堂や護摩堂などが点在していた。

69 鬼ノ城

吉備高原南端の標高約400mの鬼城山に位置する古代山城。石塁と土塁が一体化した城壁が、数mから10数mの直線を折り曲げながら、4つの谷を包摂して鉢巻き状に延々と続く。城壁の全長は約2.8kmで、9割が版築土塁や自然地形を利用したもの、残りの1割は石垣になっている。城壁は高さ約6mもあり、幅は平均で7m。

COLUMN 5

夢地帯！ 名城ひしめく比企地域

■**杉山城**／南三の郭と馬出郭、土橋と横堀。

続日本 100 名城 119

杉山城

【すぎやまじょう／埼玉県比企郡嵐山町杉山】

続日本 100 名城 120

菅谷館

【すがややかた／埼玉県比企郡嵐山町菅谷 757】

■**杉山城**／北三の郭から北二の郭への土橋と虎口。

■**菅谷館**／二ノ郭北側の空堀。

■**菅谷館**／本郭の空堀と土橋。

縄張が明瞭かつ明快で「中世城郭の教科書」といわれる119杉山《すぎやま》城。関東近郊で“縄張とは何か”を理解しようとするなら、まずこの城を訪れることをオススメします。

まじめにきっちりつくられた、正統派な縄張といった印象。何を正統派というかはさておき、とにかく見事で美しい。曲輪をきれいに並べ、しっかり横堀をまわして極限まで横矢を掛け、土橋で繋ぎ、土橋や馬出を駆使して虎口を固める、といったお手本的な設計です。

杉山城のある比企《ひき》地域には、名城が目白押し。争乱の舞台になったためで、18鉢形《はちがた》城から松山《まつやま》城（比企郡吉見町）の間には２～３㎞ごとに城が配されています。15世紀以降、鎌倉公方《かまくらくぼう》・山内上杉《やまのうちうえすぎ》氏・扇谷《おうぎがやつ》上杉氏の３氏の確執により関東地方は戦乱状態に。やがて北条《ほうじょう》氏が台頭すると、今度は北条氏《うじ》康《やす》・上杉謙信・武田信玄《たけだしんげん》が戦いを繰り広げました。短期間で情勢が変動し、微妙に勢力の境目は移動していくため、誰がいつ手を入れたのか判断が難しく謎もつきませんが、それもまたこの地域の城をめぐる楽しみです。

私は120菅谷館《すがややかた》が好き。武蔵《むさし》武士の畠山重忠の館と伝わりますが、遺構や発掘調査による遺物は戦国時代のもの。15世紀後半の山内上杉氏による改修の可能性が高いと思われます。

城の東側に鎌倉街道上道《かまくらかいどうかみつみち》が隣接して都幾《とき》川の渡河点に至る立地、対岸には大蔵宿《おおくらじゅく》があり、大蔵館ほか中世遺跡が密集すること、城の北西側には太《おお》田《た》資康《すけやす》が陣を置いた平沢寺《へいたくじ》があることなども、興味深いところです。

城の楽しみ方❻

城の変遷を楽しむ

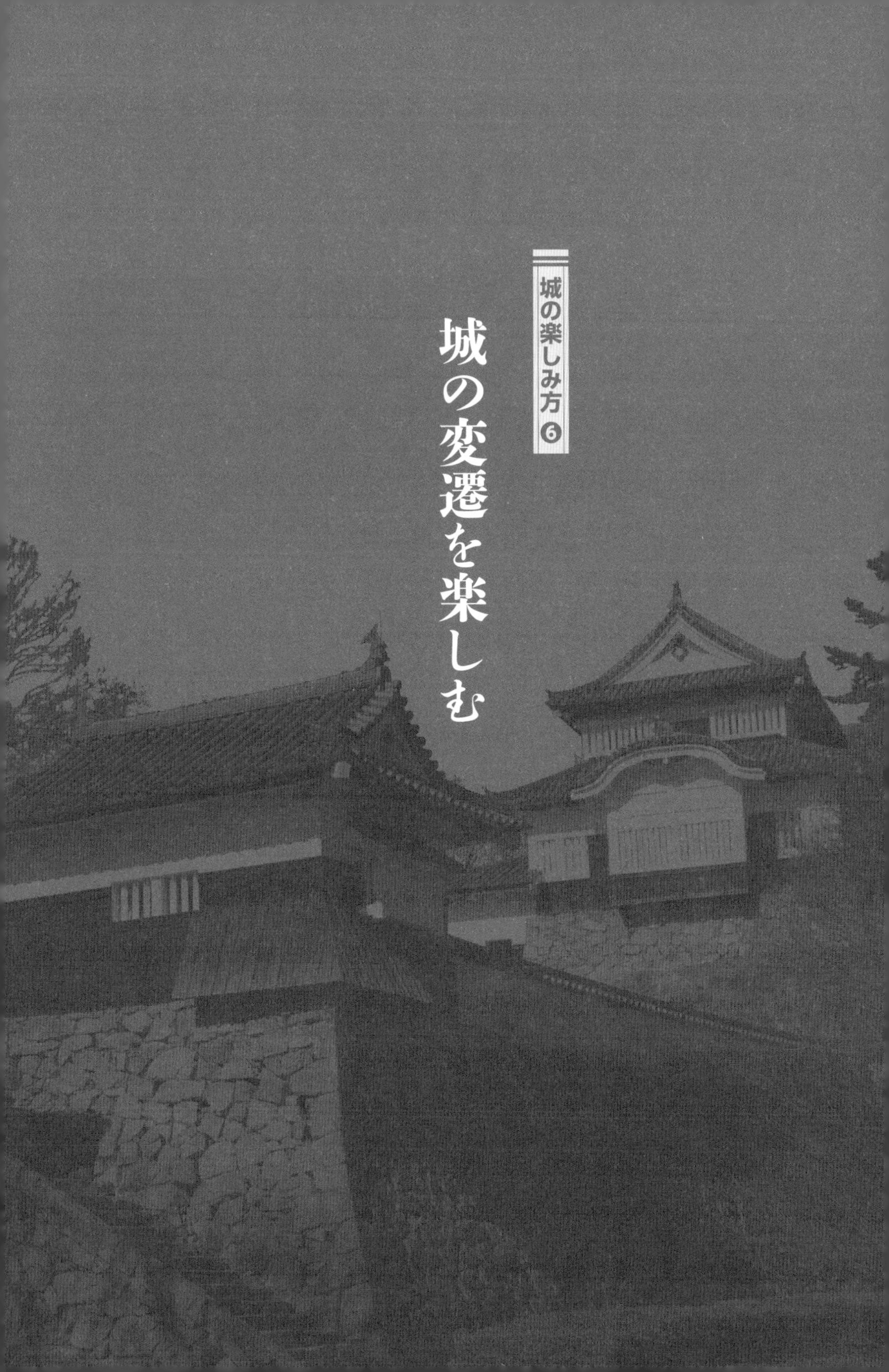

近世の城にリフォーム！ 新旧ブレンドの山城

日本100名城 68

備中松山城

【びっちゅうまつやまじょう／岡山県高梁市内山下1】

POINT

❶ 日本最高所にある現存天守

❷ 岩盤と石垣のコラボレーション！

❸ トレッキングや城下町散策も楽しめる

城めぐりのコツ

8合目のふいご峠からスタートし、本丸と御根小屋の中継所である中太鼓櫓で城下や周辺の位置関係を確認したら、あとは道なりに登るだけ。現存天守のほか、二重櫓も忘れずに。堀切で分断された後曲輪の北側までが、近世の城に改修された城域です。時間と体力があれば中世エリアもおすすめ。スニーカー、ハイキングの装いがベター。中世エリアはトレッキングシューズで。難易度★★★☆☆

1二の丸から見る、復元された六の平櫓、南御門、五の平櫓。奥が現存天守。　2橋がかかる堀切を境に、中世の城になる。
3天守とともに建てられたと考えられる、現存する二重櫓。

現存天守がある唯一の山城

備中松山城《びっちゅうまつやま》は、全国で唯一、天守が江戸時代から残る山城《やまじろ》です。山城とは、山全体を城地にした城のこと。中世の城は山城が主流でしたが、天守が建ち石垣で囲まれた城が誕生すると、小高い山や丘陵などを城地とする平山城《ひらやまじろ》が主流になりました。そのため、あえて山城に天守を築くことはほとんどありません。

山城なのに天守があるのは、備中松山城が中世の城から近世の城へとリフォームされた、新旧ブレンドの城だからです。

備中松山城のある標高約480mの臥《が》牛山《ぎゅうさん》は、大松山《おおまつやま》、天神《てんじん》の丸《まる》、小松山《こまつやま》、前《まえ》山《やま》の4つの峰から成ります。鎌倉時代に大松山に築かれた砦《とりで》が、備中松山城のはじまり。戦国時代になると、全山が一大要塞化され、1573年(天正《てんしょう》2)には備中兵乱と呼ばれる戦いの舞台となって、翌年には落城も経験しています。

その後、城主の交代を経て、関ヶ原の戦いの後に小松山だけが天守のある近世の城に大改造されました。これが、現在認識されている備中松山城です。

天守背後の堀切《ほりきり》を越えると、そこにあるのは戦国時代の城。現在でも、大松山や天神の丸には戦国時代の備中松山城の姿が断片的に残ります。中世の城と近世の城、一度に2つの城をめぐれるのも、この城の大きな魅力です。

圧巻！ 岩盤と石垣のコラボ

駐車場のあるふいご峠から登城道を登ること約20分、城内に入りまず圧倒されるのが、大手門跡付近の石垣です。なんと、剥き出しの岩盤の上に差し込むようにして石垣が築かれています。臥牛山の岩盤は強度の高い花崗岩《かこうがん》のため、採石後はそのまま台座として利用できるのです。天然の岩盤と人工の石垣のダイナミックなコラボレーションは、迫力満点！ 私はこの石垣が大好きで、何度訪れても思わず足を止めて撮影してしまいます。

備中松山城は、備中兵乱の後に支配した毛利《もうり》氏、1600年(慶長《けいちょう》5)に行(幕府に派遣された藩主のような役職)として入った小堀正次《こぼりまさつぐ》・政一《まさかず》(遠州《えんしゅう》)親子が近世城郭化を進め、1642年(寛永《かんえい》19)に城主となった水谷勝隆《みずのやかつたか》が本格的に大改修したと考えられます。石垣をはじめ、現存する天守や二重櫓は、勝隆の子の水谷勝宗《かつむね》により1683年(天和《てんな》3)頃に築かれたとされます。

54大阪城(大阪府大阪市)や**44**名古屋城(愛知県名古屋市)、**21**江戸城(東京都千代田区)の石垣とは異なり、備中松山城の石垣には素朴《そぼく》な味わいがあります。石材のひとつひとつに、みなぎる生命力を感じるのです。それは、分業制の天下普《てんかぶ》請《しん》とは異なり、地元の職人が技術を結集してつくり上げた石垣だからかもしれません。どこか温かみを感じる石垣です。

二重櫓も必見

二重二階の天守は、高さは約11m。現存する12棟の天守の中でもっとも低いものですが、均整が取れていて独特の美があります。西側から見ると二重三階のように見えるのは、渡櫓《わたりやぐら》という廊下のような建物が天守に直結していて、その連結部だけが残っているためです。

天守の特徴のひとつは、内部に囲炉裏《いろり》があること。装束《しょうぞく》の間《ま》と呼ばれる、籠城《ろうじょう》時に城主一家が籠《こも》るとされる部屋もあります。装束の間は、忍びの者も侵入できないように床下に石が詰め込まれているという工夫もあるといわれます。

2階の正面には御社壇《ごしゃだん》が設けられ、三振の宝剣《ほうけん》が御神体《ごしんたい》として祀られていました。なんと、江戸時代にはこの宝剣を警備する役職があったほど。中世における山城の意義、江戸時代における天守の存在を考える上でも興味深い事例です。

装束の間にある出入口の先に通じるのが、天守とともに現存する二重櫓です。出入口が南北に2か所あり、南側は天守に、北側は後曲輪《うしろぐるわ》に通じ、中継所として

4 1683年(天和3)頃に築かれた現存天守。二重二階の層塔型。八の平櫓と続櫓で接続していた。 **5** 天守から見る二重櫓。
6 三の平櫓東土塀。希少な現存土塀のひとつ。

備中松山城内マップ

三の平櫓東土塀
全国でも貴重な土塀の現存例。城内に現存する2か所の土塀のうちのひとつ。

黒門跡
二の丸へ至る門。

五の平櫓・六の平櫓・南御門
復元された、本丸の正面玄関になる門と両側の櫓。

天守
標高約430mの小松山山頂、天然の岩盤の上に建つ現存天守。

大手門跡
枡形門の東側は、むき出しになった天然の岩盤が威圧する。

鉄門跡
二の丸への出入口にあたる門。

本丸東御門
天守左脇の勝手口に復元された門。

二重櫓
南は天守、北は後曲輪に通じる２つの出入口を持つ現存櫓。

の役割も担っていたようです。
　この二重櫓も、岩盤の上に積まれた石垣とのアンサンブルがたまりません。天守を見て引き返してしまう人が多いのですが、ぜひ北側にもまわってみてください。本丸東御門前の石垣や搦《からめ》手《て》門跡も見応えがあります。

木々に守られひっそりと

　明治に入り1873年（明治6）に廃城《はいじょう》令《れい》が公布されると、備中松山城も廃城となって売却されました。しかしあまりに高所にあるため解体費用すら捻出できなかったようで、そのまま放置されたとみられます。ぞんざいな扱いを受けましたが、そのおかげで天守や二重櫓は木々に隠されてひっそりと生き延びました。
　1927年（昭和2）に地元中学の教諭がその存在を知らしめて機運が高まり、やがて解体修理工事が実現。当時撮影された写真には、学生たちが重い瓦《かわら》を山頂まで背負い上げる姿が映っています。

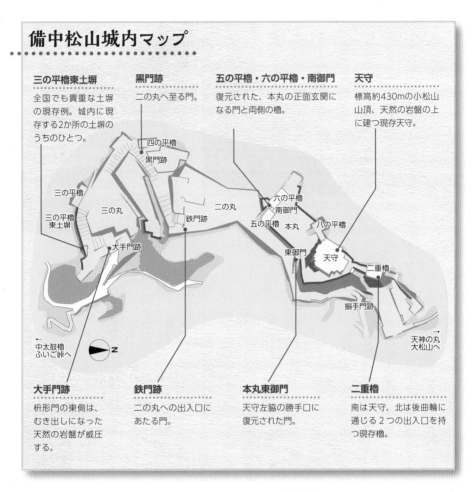

7 雲海展望台から。秋～冬の早朝には雲海に浮かぶ現存天守が見られる。城下町まで見渡せる日中の景観も◎。　8 武家屋敷が並ぶ、城下町の石火矢町ふるさと村。　9 松蓮寺。

地元の人々の熱意によって守られ、太平洋戦争の戦火も逃れて奇跡的に残った天守や二重櫓を見上げると、胸に込み上げるものがあります。

全国屈指のステキな城下町

城下町も魅力です。山上の城はさすがに不便だったようで、山麓に城主の居館と政庁と兼ねた御根小屋《おねごや》が築かれました。江戸時代の史料には御根古屋が「御城」と記されており、実質的な城として機能していたようです。現在の高梁高校がその跡地で、石垣がよく残っています。

近世の城下町は、城を中心として侍町(武家地)、町家《ちょうか》(町人地)、寺町が同心円状または階段状に並びます。そこに街道や地勢の条件が加わり、規則的ながらも独自性の高い町並みが完成します。

備中松山城の城下町は南北に長く、北側に城と御根小屋を置き、その周囲を家《か》老《ろう》格の武家屋敷が固め、上級~中級格の武家屋敷、下級格の武家屋敷が南方向に向けて並んでいました。石火矢町《いしびや》に残る2軒の武家屋敷(武家屋敷旧折井《おりい》家・旧埴原《はいばら》家)もそれに準じています。城に近い160石の折井家住宅より120~150石の埴原家住宅のほうが立派な設えなのは、4代藩主・板倉勝政《いたくらかつまさ》の生母の実家だからです。

松山街道沿いを歩けば、往時の賑わいが感じられるでしょう。松山街道は城下町の西側を流れる高梁《たかはし》川と並行して通り、街道沿いに町家が建ち並んでいました。

江戸時代の備中松山藩の財政を支えたのが、高梁川を使った水運でした。この地は、近隣の阿哲《あてつ》や成羽《なりわ》の鉄、吹矢《ふきや》の銅などの中国産地の恵みを、高瀬舟を利用して流通させていました。水谷勝隆が開発した玉島《たましま》(倉敷市玉島地区)を水運の拠点として、鉱物をはじめ、和紙や漆《うるし》、煙草《たばこ》などの物産を運んだのです。水谷氏時代の石高は5万石でしたが、実際の財力は10万石以上だったともいわれます。こうした経済力があったからこそ、子の

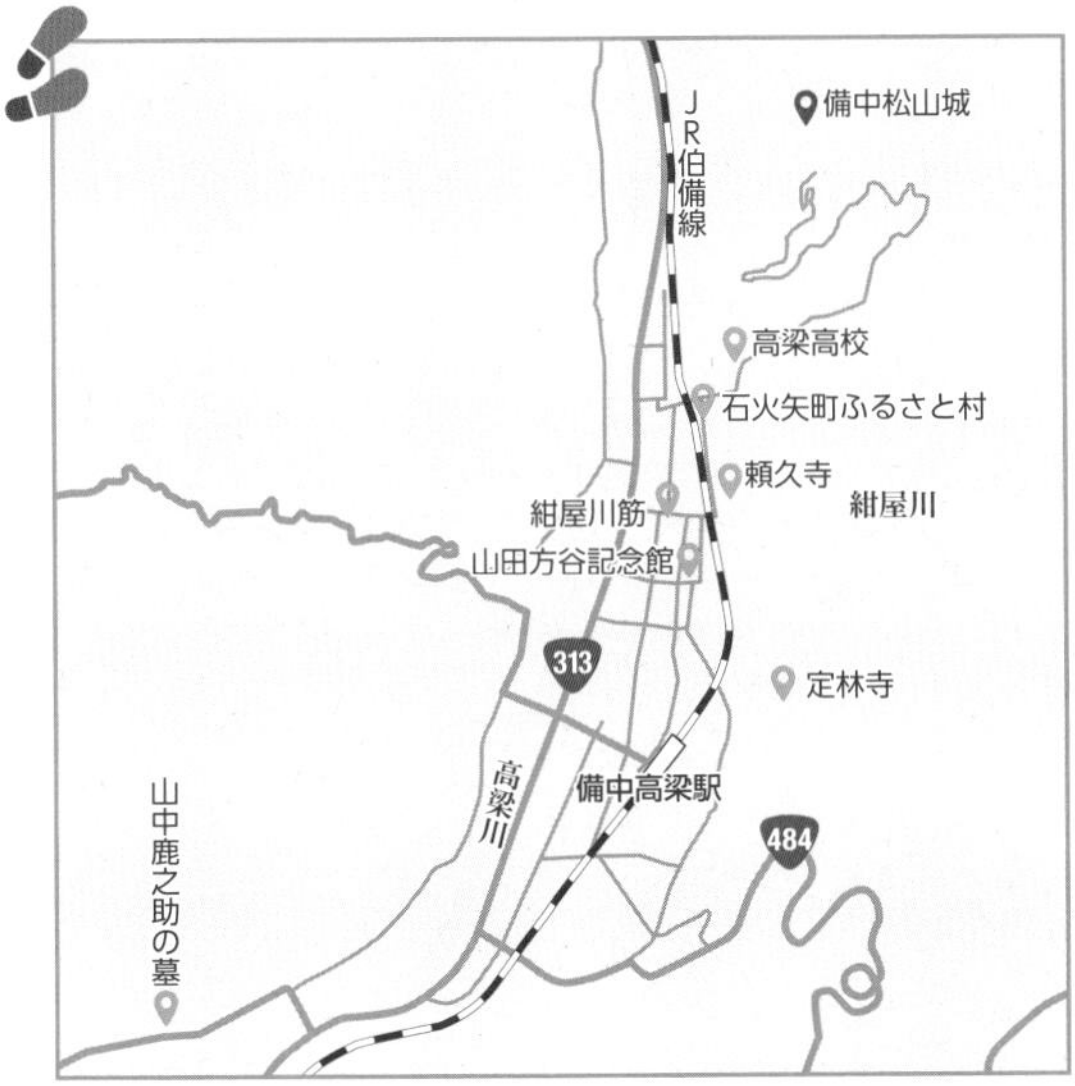

紺屋川筋

かつて備中松山城の外堀の役割を果たしていた川。日本の道100選。

➡高梁市鍛冶町

山中鹿之介の墓

尼子氏再興を狙うも失敗し、護送中に高梁川の渡し場で殺害された。

➡高梁市落合町阿部

石火矢町ふるさと村

臥牛山南麓に広がる城下町。路地の両脇には白壁の長屋門や土壁が続く。一角には武家屋敷旧折井家・旧埴原家がある。

➡高梁市石火矢町

山田方谷記念館

藩政改革により藩を立て直し、越後長岡藩の河井継之助も師事した山田方谷の記念館。

➡高梁市向町21

SPOT

小堀遠州作庭の頼久寺庭園

頼久寺は、足利尊氏が建立させた安国寺のひとつ。16世紀初頭に安国寺を再建した備中松山城主の上野頼久にちなみ、頼久寺と改称されました。境内には、上野頼久、備中兵乱で毛利氏・宇喜多氏に敗れた松蓮寺で自刃した三村元親、その父の家親、子の勝法師丸の墓があります。

国指定名勝の庭園は、備中国奉行の小堀遠州が作庭した蓬莱式枯山水庭園。備中兵乱で荒廃した備中松山城に代わって仮の館としたのを機に、作庭したと伝わります。愛宕山を借景に、白い砂敷の中央に鶴島、後方に亀島を配置。サツキの大刈込で大海の波が表現されています。広くはないものの、うっとりするほど美しい庭園です。

勝宗は立派な石垣で囲まれた天守がそびえる城を築けたのかもしれません。

城下東側の山麓に立ち並ぶ寺院も見逃せません。高石垣で囲まれ、まるで城のような外観です。松蓮寺《しょうれんじ》は1657年(明暦《めいれき》3)に水谷勝隆によってわざわざ移築され、水谷氏の菩提寺《ぼだいじ》である定林寺《じょうりんじ》や池田氏の菩提寺である威徳寺《いとくじ》なども、城下南東方向を意識した位置に建立《こんりゅう》されています。寺院配置の延長線上は、備中兵乱での毛利軍の進行経路と重なります。

幕末に新撰組《しんせんぐみ》が壬生寺《みぶでら》や西本願寺《にしほんがんじ》を屯《とん》所《しょ》としたように、江戸時代における寺院は公的な場で、陣を置いたり兵を収容する場所になりえます。1615年(元和《げんな》元)の武家諸法度《ぶけしょはっと》公布後は城の増改築が厳しく規制されたため、出城《でじろ》として寺を置いて城下町を城塞化したのでしょう。

城は、時代のうねりのなかで必要に応じて存在意義を変え、姿を変化しながらあり続けるもの。備中松山城はそのことを教えてくれます。

天下人の豪華セッション！ 日本100名城 54

大阪城

【おおさかじょう／大阪府大阪市中央区大阪城1-1】

POINT

❶ 徳川幕府が天下普請で築城

❷ 本丸東面の石垣は全国1位の高さ！

❸ 地下から呼び覚まされた豊臣時代の石垣

城めぐりのコツ

広大かつ出入口が複数あるので、時間と体力に合わせて。大手門からのルートがおすすめ。南外堀と六番櫓を味わってから大手門→桜門→本丸へ。大阪城天守閣を見た後は、刻印石広場→山里丸→極楽橋へ。内堀沿いに西側に進めば、焔硝蔵のある西の丸へ行けます。肥後石を見ながら京橋口を出て西外堀を左手に歩けば、乾櫓が見えてきます。刻印石探し、巨石めぐりも楽しいですよ。難易度★☆☆☆☆

1 徳川秀忠の命令で豊臣大阪城を埋め立てて築かれた。
2 日本一の高さを誇る、本丸東面の高石垣。
3 広大な南外堀と、現存する六番櫓。

〝太閤・秀吉の城〟じゃなかった！

大阪のランドマーク、大阪城。〝太《たい》閤《こう》・秀吉《ひでよし》の城〟として親しまれていますが、実は豊臣秀吉《とよとみひでよし》が築いた城ではないのをご存知でしょうか。

私たちが目にしている大阪城は、1615年（慶長《けいちょう》20）の大坂夏《おおさかなつ》の陣《じん》で豊臣家が滅亡した後、2代将軍・徳川秀忠《とくがわひでただ》の命令で改築された徳川の城です。改築といっても建物を建て替えるような部分的なリフォームではなく、豊臣大阪城を1〜10mほど埋め立て、その上に築いたまったく別の城。天守も石垣も堀も、現存する櫓《やぐら》もすべて徳川によるもので、秀吉時代の大阪城は地下に埋没しています。

信長が10年がかりで攻略

大阪城があるのは、秀吉の主君だった織田信長《おだのぶなが》が10年がかりで苦心の末に手に入れた石山本願寺《いしやまほんがんじ》の跡地です。上町《うえまち》台地の突端という攻めにくい地形にあり、また弾薬や食糧を輸送できる海上交通の要《よう》衝《しょう》。物資輸送の大動脈だった瀬戸内海航路の終着点で、かつ大阪平野が広がり、城を中心とした城下町を発展させるにはうってつけの好立地でした。信長は天下統一の暁には大阪城を築き、大商業都市を構築して国家の中心地にしようと考えていたようです。

信長が1582年（天正《てんしょう》10）に本能寺《ほんのうじ》の変《へん》で倒れると、秀吉は翌年から大阪城の築城を開始しています。信長の後継者であることを示すべく、信長の構想を受け継いだ城を急ぎ完成させたようです。豊富な実戦経験を生かし、最高峰の技術者集団を集め、権力と財力を投じて天下無双の城をつくり上げたようすが史料からうかがえます。信長が横死《おうし》しなければ、また豊臣家が滅亡しなければ、現在の日本の首都は大阪だったかもしれません。

「世界七不思議」に次ぐ城

豊臣大阪城はすべてにおいて規格外で、

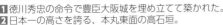

17世紀にオランダで出版されたモンタヌスの『日本誌』で〝七不思議に次ぐ世界8番目の不思議〟と記されているほどです。大阪城を訪れた大友宗麟《おおともそうりん》や毛利輝元《もうりてるもと》はその荘厳さに恐れおののき、秀吉に服従したといわれます。

大阪城は最強で、秀吉は「絶対に落とせない」と豪語していたようです。しかし、攻略法を尋ねた徳川家康に「力づくで攻めてから和睦を結んで堀を埋め、その後大軍で一気に攻めれば簡単に落とせる」と上機嫌で答えてしまったのだとか。皮肉にも、このひと言が豊臣家滅亡の引き金になります。秀吉の没後、家康は伝授された通りにそれを実践。1614年(慶長19)の大坂冬の陣の後に和睦を結ぶと、外堀を埋めるふりをして二の丸の内堀まで徹底的に埋め立ててしまったのです。堀のない城など、裸同然。籠城《ろうじょう》の選択肢を失った豊臣方は討って出るしかなくなり、家康は翌年の大坂夏の陣でとどめを刺したといわれています。

徳川の大阪城も最強！

現在の徳川大阪城も、豊臣大阪城に劣らず見事です。江戸幕府の威信をかけた城だけのことはあり、スケールの大きさも技術の高さも群を抜きます。シンプルに見えて実は防御性もかなり高く、歩けば歩くほどその軍事力にも震えます。織田・豊臣系の徹底抗戦の設計とは異なり、無駄をなくして効率性を重視。まさに、徳川幕府系の合理的な縄張《なわばり》の極みです。

全国の大名が幕命で行う築城工事「天《てん》下普請《かぶしん》」により、秀吉のもとで築城の技術を磨いた精鋭の大名により積まれた最高峰の石垣は、見どころのひとつです。巨石がダイナミックに交差する隅角部《ぐうかく》の算木積《さんぎづみ》、石垣で日本一の高さを誇る約30mの本丸東面の高石垣などは芸術品の域に達します。日本一大きな鏡石《かがみいし》「蛸石《たこいし》」も見事です。縦5・5m×横11・7m、重量は108t。「よくぞ運んだもんだ！」と感激しますが、意外にも薄っぺらく、

4 大阪城天守閣。
5 桜門。正面に蛸石が据えられている。
6 大手門前の土橋。左の千貫櫓と奥の多聞櫓も現存建造物。

大阪城内マップ

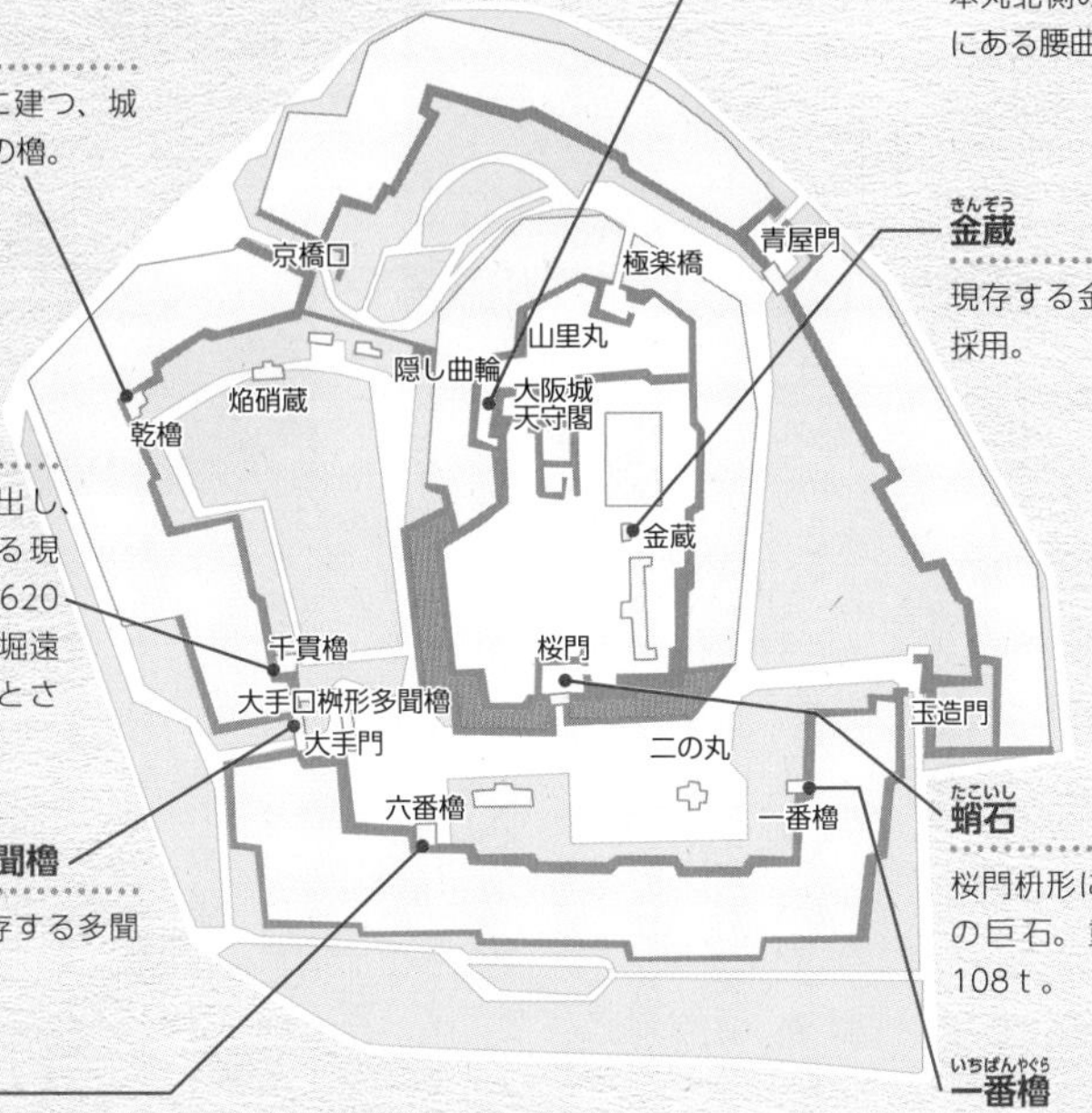

乾櫓《いぬいやぐら》

西の丸西北隅に建つ、城内最古のL字型の櫓。

千貫櫓《せんがんやぐら》

大手門に突き出し、門前を防備する現存の二重櫓。1620年（元和6）に小堀遠州が設計したとされる。

大手口枡形多聞櫓

城内で唯一現存する多聞櫓。

六番櫓《ろくばんやぐら》

二の丸南面を守備した現存の櫓。二〜七番櫓まで並んだ。

隠し曲輪

本丸北側の山里丸の西側にある腰曲輪。

金蔵《きんぞう》

現存する金庫。海鼠壁を採用。

蛸石《たこいし》

桜門枡形にある、城内一の巨石。重さは推定約108ｔ。

一番櫓《いちばんやぐら》

二の丸南面東端に立つ現存の二重櫓。平側の外観は六番櫓と同じ。

奥行きは90㎝ほどしかありません。

建物の規模も桁外れです。本丸の周囲は11棟の三重櫓と多聞櫓《たもんやぐら》がずらりと建ち並んでいました。壮大な高石垣の上に天守並みの三重櫓が並び立つようすは、かなりの威圧感だったでしょう。玉造口《たまつくり》から大手口《おおて》までの石垣の上にも、7つの櫓がそびえていました。

ベースはそのままリニューアル

大手門、千貫櫓《せんかん》、一番櫓、六番櫓、金《きん》名水《めいすい》井戸《いど》屋形《やかた》、火硝蔵《えんしょうぐら》など、城内には13棟の重要文化財が残っています。

城内最古の建物は、1620年（元和6）に建てられた乾櫓と千貫櫓。乾櫓は西の丸の西北（乾・戌亥）側に建つ、西側と北側が西外堀に面した二重二階の櫓です。堀越しに見るとわかりませんが、西の丸からは珍しいL字型が見られます。千貫櫓は、石山本願寺を攻めたとき、難渋した信長が「この櫓を落とした者に千貫文の銭を与える」と言った伝承が由来。

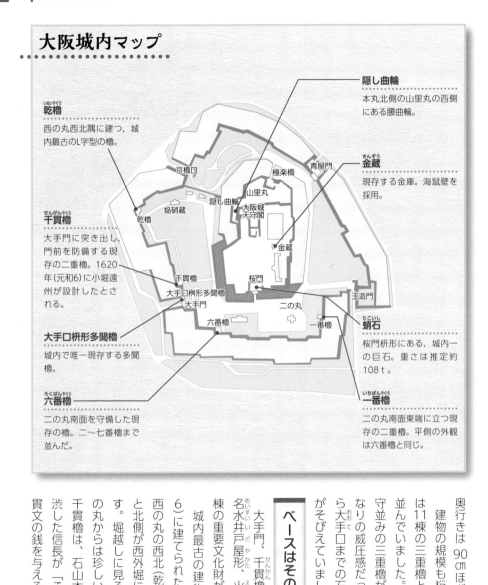

78現存の乾櫓。珍しいL字型をしている。　9焔硝蔵。1685年(貞享2)に建てられた、現存の火薬庫。天井のほか壁や床も石づくりで屋根には瓦が乗る。刻印石があり、石垣の石材を再利用した可能性も。

大手門の門前にせり出し、これでもかと横矢《よこや》の嵐を掛けてきます。

実は、徳川大阪城の骨組みはほぼ豊臣大阪城のままで、城門や櫓の名称も継承されています。豊臣大阪城が地下に埋められたのは、設計を担当した藤堂高虎《とうどうたかとら》が出した「石垣の高さを2倍に、堀の深さを2倍に」という条件を満たすためだったとか。名城を活用しながら、より堅固な城へリニューアルしたようです。

多くの観光客が訪れる大阪城天守閣は、徳川大阪城の天守台の上に、1931年(昭和6)に建造されたものです。豊臣大阪城の天守は31年、徳川大阪城の天守は40年で焼失したため、築80年超の大阪城天守閣は最長の歴史を誇ります。外観は忠実ではなく鉄筋コンクリート製ですが、1997年(平成9)には国の登録有形文化財に指定されています。これもまた、大阪城の歴史ですね。

壁面が最上階だけ黒いのは、最上階だけが豊臣大阪城、そのほかの階は徳川大阪城の天守を参考にデザインされているから。江戸時代初期に描かれた『大坂夏の陣図屏風《びょうぶ》』(大阪城天守閣所蔵)を見ると、豊臣大阪城の天守はすべての壁面が真っ黒。黒漆塗りの壁に金の彫刻が施され、最上階には金箔で虎《とら》や白鷺《しらさぎ》が描かれていたようです。大阪城天守閣は、豊臣と徳川の合作というわけなのですね。

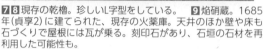

眠りから覚めた秀吉の城

地下からは、秀吉時代の片鱗がいくつ見つかっています。1959年(昭和34)には、本丸の地下7・3m地点で高さ4m以上の中ノ段帯曲輪《おびくるわ》の石垣が、1984年(昭和59)には金蔵東側の地下で高さ約6mの石垣が見つかっています。

また近年は、オーストリアにあるエッゲンベルグ城の壁から『豊臣期大坂図屏風』が見つかっています。秀吉が亡くなる前夜の大阪城下を描いた絵はほとんど残っておらず、かなり貴重。秀吉の没後、1607~14年(慶長12~19)に栄華を賛

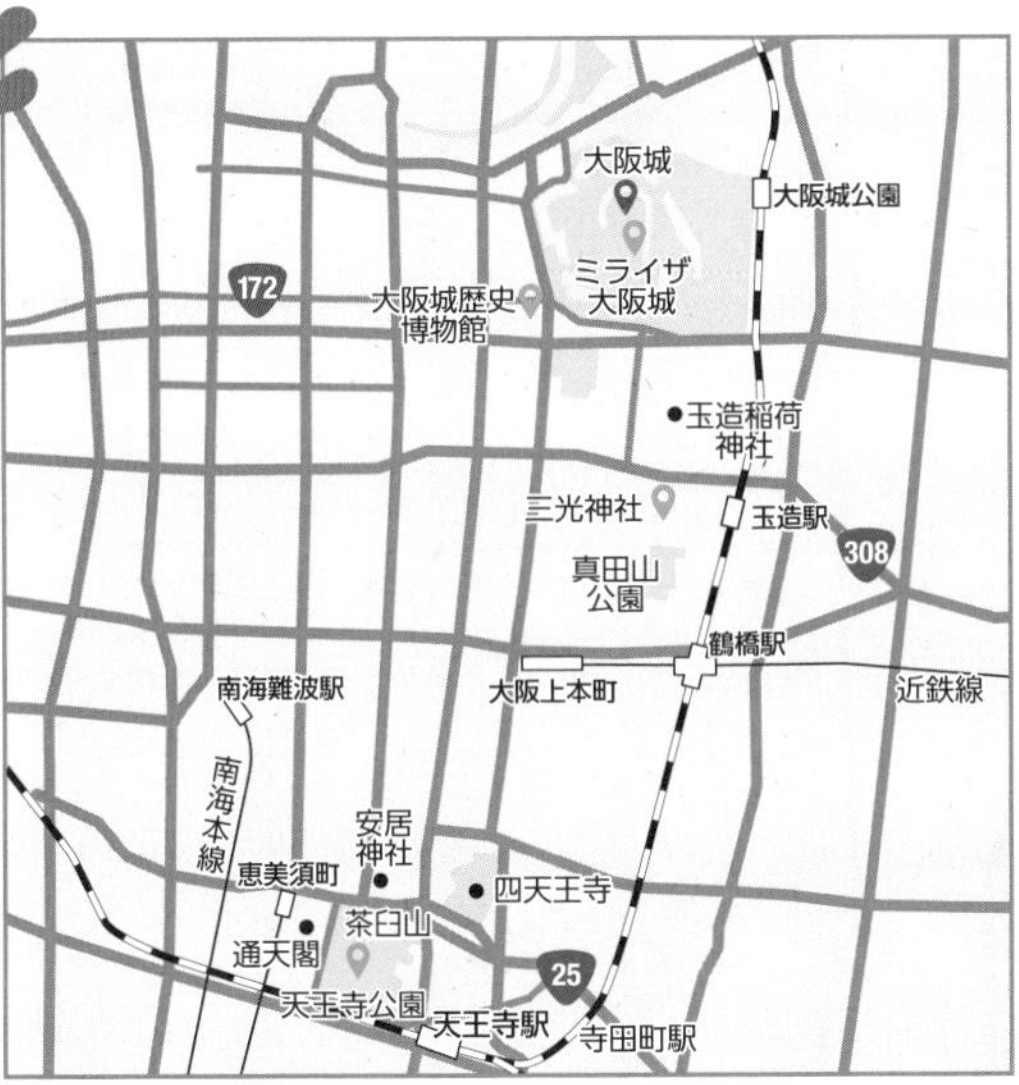

大阪歴史博物館

大阪の古代から現代までを展示。10階からは大阪城を見渡せる。

➡大阪市中央区大手前4-1-32

三光神社

真田丸が置かれ、真田幸村が掘ったといわれる伝説の抜け穴がある。

➡大阪市天王寺区玉造本町14-90

茶臼山

大坂冬の陣での家康本陣。茶臼山公園内の旧黒田藩蔵屋敷長屋門は移築現存。

➡大阪市天王寺区茶臼山町1

ミライザ大阪城

陸軍第四師団司令部庁舎として建てられ、大阪市立博物館として親しまれてきた建物にオープンした複合施設。

➡大阪市中央区大阪城1-1

◆信長は几帳面、秀吉は…？

秀吉時代の大阪城に用いられていた、金箔を押した瓦「金箔瓦」は、信長が採用。信長が織田一族のみに使用を制限したのに対し、秀吉は家臣の城や屋敷にも許可しました。27上田城、12会津若松城、35金沢城、29松本城、70岡山城、41駿府城などでも見つかっています。

おもしろいのは、信長が瓦の凹面に金箔を押したのに対して、秀吉は瓦の凸面に金箔を貼り付けていたこと。信長方式のほうが耐久性は上がりますが、秀吉方式は光が反射しやすく、約3倍も金の輝きや存在感がアップします。信長のほうが金箔の純度が高く、塗り方も緻密。几帳面な城づくりかがうかがえます。秀吉は家臣の城にも使わせていたため、おのずと量産型になったのかもしれません。

美すべく描かれ、1660～80年頃にオランダ商人から購入されたようです。城だけでなく町家や神社仏閣、500人もの武士や町人が描かれ、当時の様子がうかがえます。天下無双の城の手がかりは、ほかにも世界のどこかに眠っているかもしれませんね。

大阪城は、幕末には戊辰《ぼしん》戦争で激戦の舞台にもなり、城内の石垣には太平洋戦争時の弾痕も残ります。崩れることもなく400年間の動乱をくぐり抜けた秀吉時代の石垣は、タイムカプセルのような生還劇といえそうです。

秀吉は大阪城を築いた後に聚楽第《じゅらくてい》や伏《ふし》見《み》城（ともに京都府京都市）を築きますが、いずれも家康によって破却されます。全国各地で現在見られる城は徳川の時代になってからのものがほとんどですから、秀吉の城が断片的でも残存するのは貴重。大阪城は、織田・豊臣・徳川の3氏が関わった城であり、今もなお豊臣と徳川の城が共存する奇跡の城なのです。

“渇え殺し”の舞台から大藩の城へ

日本100名城 63

鳥取城

【とっとりじょう／鳥取県鳥取市東町】

POINT

❶ 史上最悪の籠城戦の舞台

❷ 共存する、異なる３時代の姿

❸ よみがえりつつある江戸時代の姿

城めぐりのコツ

山下ノ丸だけなら、見学の所要時間は40分ほど。山下ノ丸から山上ノ丸までは、やや急な石段を30分ほど登ります。山上ノ丸から太閤ヶ平へは外神砦を経由して約60分。山下ノ丸だけならスニーカーで十分ですが、山上ノ丸や太閤ヶ平へ行くならトレッキングシューズがマストです。ルートや所要時間を確認して、安全な山城歩きを。山下ノ丸／難易度★★☆☆☆ 山上ノ丸／難易度★★★★☆

1 内堀。　2 復元された中ノ御門表門と擬宝珠橋。中ノ御門は鳥取城の大手門にあたり、1621年(元和7)に池田光政によって創建された。　3 山下ノ丸にある、二ノ丸。

息づくさまざまなドラマ

豊臣《とよとみ》(羽柴《はしば》)秀吉《ひでよし》の三大城攻めのひとつ〝渇《かつ》え殺《ごろ》し〟の舞台、鳥取《とっとり》城。1581年(天正《てんしょう》9)、織田信長《おだのぶなが》の命令を受けた秀吉は、大軍を率いて吉川経家《きっかわつねいえ》や城兵ら約3400人が籠《こも》る鳥取城を包囲。鳥取城への援軍や兵糧《ひょうろう》の搬入を絶ち、飢餓状態に追い込む兵糧攻めで開城させました。城内が餓死者の山と化す、戦国史上もっとも悲惨な籠城戦とされています。

　鳥取城を訪れると、山麓一帯に石垣や水堀が残っています。しかし、これは籠城時の鳥取城の名残ではありません。経家が籠城した戦国時代の鳥取城の中心は、久松《ひさまつ》公園内にそびえる標高263mの久松山の山頂にありました。

　山麓の石垣や水堀は、江戸時代の鳥取城の片鱗です。立地に恵まれた鳥取城は籠城戦の後も存続し、時代が変わっても改修されながら領国の中心地であり続けたのです。

　さまざまな時代の顔が残り、息づくドラマを見ることができるのが鳥取城の大きな魅力。戦国時代から江戸時代の姿へ、数段階の城の移り変わりを追うこともできます。これほど明瞭に戦国時代の姿と江戸時代の姿が共存する城は珍しく、ロマンも見ごたえも抜群です。

3つの時代の姿が共存

鳥取城には、大きく3時期の姿があります。ひとつは、籠城戦の舞台となった戦国時代の鳥取城です。久松山の山頂にあった、まだ石垣のない土づくりの山城でした。

　2つ目は、籠城戦の後に改変された姿です。秀吉の家臣・宮部継潤《みやべけいじゅん》が城主となると、鳥取城は石垣を用いた近世的な山城へと変貌しました。1600年(慶長《けいちょう》5)の関ヶ原の戦いの後には徳川家康《とくがわいえやす》の家臣・池田長吉《いけだながよし》が城主となり、引き続き山上の鳥取城を改修。宮部継潤や池田長吉は山上の城を改修する一方で、山上から山麓へと城の中心を移し、石垣や櫓《やぐら》を築造したようです。こうして、山麓にも新たな鳥取城が誕生しました。

そして3つ目が、豊臣家が滅亡後、池田光政《みつまさ》が大改修した姿です。因幡《いなば》（鳥取県北部）と伯耆《ほうき》（鳥取県中・西部）が統合されて1617年（元和《げんな》3）に鳥取藩が誕生すると、32万石の大藩にふさわしい城へと大改修されました。城下町も、このとき大幅に整備されています。その後、1632年（寛永《かんえい》9）に岡山藩主と鳥取藩主が入れ替わり、鳥取池田家が成立。鳥取城は鳥取池田家の城として、改修されながら明治維新まで機能しました。

三階櫓がそびえた江戸時代の姿

山上の鳥取城を「山上ノ丸《さんじょうのまる》」と呼ぶのに対し、光政が大改修した山麓（中腹）の鳥取城は「山下ノ丸《さんげのまる》」と呼ばれます。

藩政の中心になっていた山下ノ丸の二ノ丸には、天守の代わりに層塔型《そうとうがた》の三階櫓《やぐら》がそびえていました。1720年（享保5）に、火災で城内の建物がほぼ焼失。二ノ丸御殿は再建されなかったものの、三階櫓は1735年（享保20）に再建されています。撤去された1879年（明治12）に撮影された写真からは、圧倒的な存在感が伝わります。

山下ノ丸の最上段に位置する天球丸《てんきゅうまる》は、池田長吉の姉で光政の大叔母・天球院の居所にちなみます。発掘調査から、それ以前は階段状の曲輪《くるわ》だったことが判明。光政が曲輪を拡張して、段差のない曲輪に変更したようです。

天球丸にある球面の石垣「巻石垣《まきいしがき》」は、全国的にも珍しいスポットのひとつです。これを見るとチャーハンを食べたくなるのは私だけでしょうか……。石垣の崩落を防ぐために1807年（文化4）年頃に積まれたもので、現在は絵図などを参考に復元されています。江戸時代、河川の護岸や堤防、港の突堤を築く際に球面の石垣が用いられており、その技術が応用されたと考えられています。

4 山上と山麓、両方に石垣が残る。　5 天球丸の巻石垣。
6 外神砦の枡形虎口。東坂の上城門と同じように石垣が積まれている。宮部継潤が築いた可能性が高い。

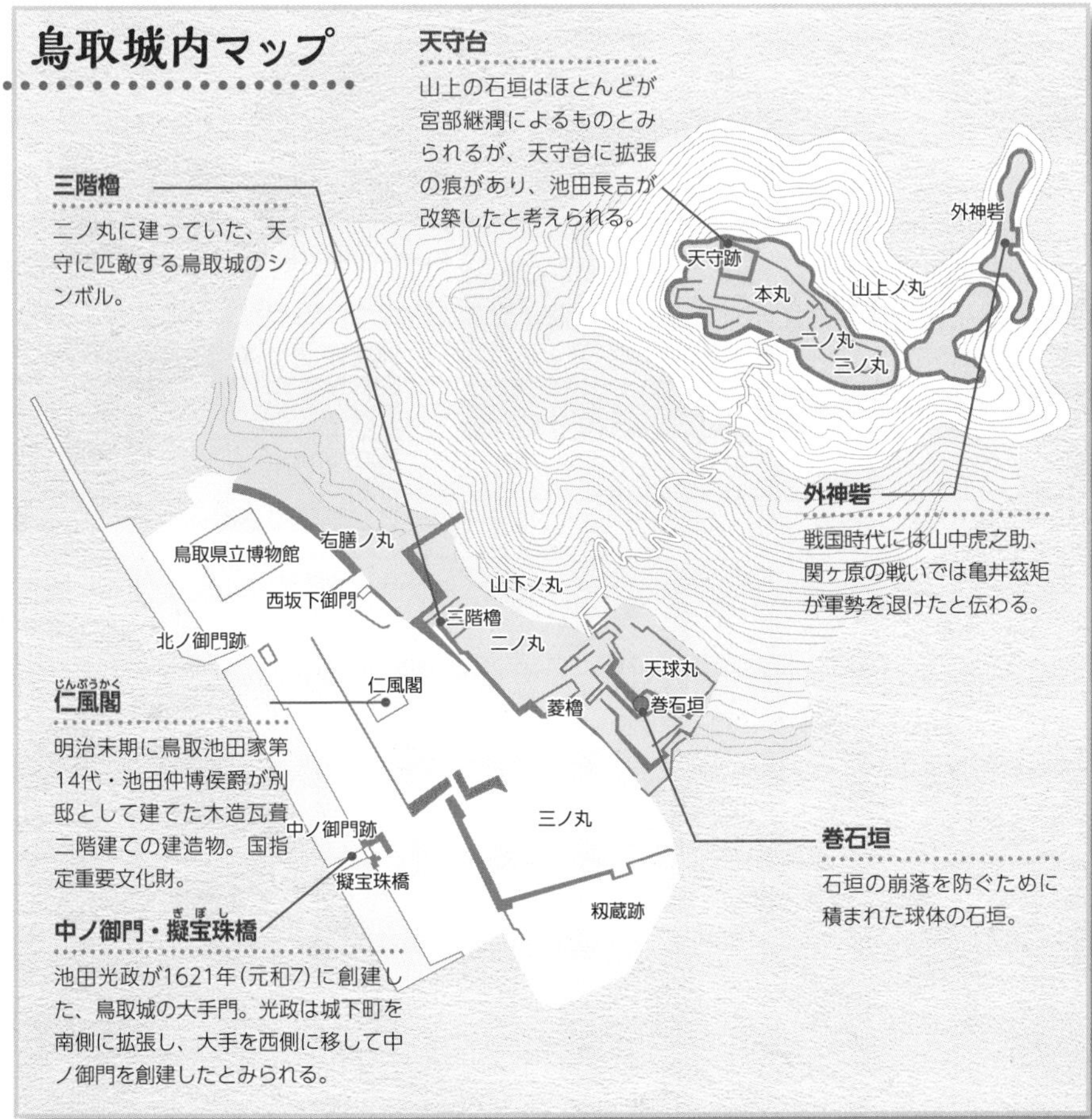
鳥取城内マップ
天守台
山上の石垣はほとんどが宮部継潤によるものとみられるが、天守台に拡張の痕があり、池田長吉が改築したと考えられる。
三階櫓
二ノ丸に建っていた、天守に匹敵する鳥取城のシンボル。
外神砦
戦国時代には山中虎之助、関ヶ原の戦いでは亀井茲矩が軍勢を退けたと伝わる。
仁風閣《じんぷうかく》
明治末期に鳥取池田家第14代・池田仲博侯爵が別邸として建てた木造瓦葺二階建ての建造物。国指定重要文化財。
巻石垣
石垣の崩落を防ぐために積まれた球体の石垣。
中ノ御門・擬宝《ぎぼし》珠橋
池田光政が1621年(元和7)に創建した、鳥取城の大手門。光政は城下町を南側に拡張し、大手を西側に移して中ノ御門を創建したとみられる。
天守跡
本丸
山上ノ丸
二ノ丸
三ノ丸
外神砦
鳥取県立博物館
右膳ノ丸
山下ノ丸
西坂下御門
三階櫓
二ノ丸
北ノ御門跡
天球丸
仁風閣
菱櫓
巻石垣
三ノ丸
中ノ御門跡
擬宝珠橋
籾蔵跡

抜群の眺望、壮大な石垣

籠城戦の舞台となった山上ノ丸へは、山麓から登山道を30分ほど登ります。山上ノ丸は、西から本丸、二ノ丸、三ノ丸を置き、さらに北東へ延びる尾根沿いにも曲輪が続きます。本丸の西端に天守台があり、天守が建っていたようです。

山城に似つかわしくなく、曲輪は高い石垣で固められ、壮大な総石垣の城だったことがわかります。標高263mの山上にこれほどの石垣を築き天守を建てていたとは驚くばかり。地域支配の象徴であった久松山を織田・豊臣流の石垣づくりの城へと変貌させることは、支配者交代の可視化だったのでしょう。

本丸からは、抜群の眺望が広がります。鳥取砂丘や日本海、晴れていれば大山《だいせん》まで見渡せることも。陸水運の利便性が高い、領国の拠点としてふさわしい立地です。久松山は眺めのよさと防御性の高さから、吉川経家が「日本にかくれなき名

7 本丸の天守台。
8 太閤ヶ平から見る、鳥取城、雁金山城、丸山城。
9 山上に残る石垣。

山」と評したほど。鳥取城は、かの織田信長に堅牢な名城と言わしめた城でもありました。

秀吉の完璧な包囲網

秀吉は1580年（天正8）から鳥取城攻めをしています。〝渇え殺し〟と呼ばれる兵糧攻めは、1581年（天正9）7〜10月の第二次因幡《いなば》攻めです。臨時の城主として鳥取城に入った吉川経家は、兵力や気象条件などから籠城戦を選択。この地域は11月になれば大雪に見舞われるため、10月まで持ち堪えれば秀吉軍は戦いを中断せざるをえず、その間に援軍を得られると考えたのです。

ところが経家が入城したとき、城内は深刻な兵糧不足に陥りかけていました。秀吉は前年の侵攻時に兵糧を徴収し、刈《かり》田《た》もしていたのです。事前に近隣の商人を鳥取城下へ侵入させ、米を相場の倍以上の高値で買い占めさせていたという説も。また、鳥取城への支援ルートも断絶しかけていました。

経家はすぐこの危機に気づき味方の吉川元春《もとはる》に救援を要請しましたが、すでに時は遅く、秀吉の進軍も予想以上の速さでした。秀吉は、第一次因幡攻めから段階的に三重の包囲網を完成させ、完璧な事前工作をしていたのです。秀吉本隊が鳥取城下に到着した頃には、ほぼ勝敗は決していたといってよいでしょう。

吉川元春は救援に乗り出すも、これでは手の打ちようがありません。残された方法は日本海からの海上輸送でしたが、秀吉軍は賀露《かろ》の湊《みなと》をはじめ千代川《せんだい》河口付近を中心に海上封鎖も行っており、もはや活路を見出せませんでした。鳥取城の本丸から賀露の湊を見ると、中間地点に丸山城《まるやま》があり、丸山城と鳥取城を結ぶ尾根上には雁金山砦《かりがねやまとりで》が見下ろせます。秀吉は、物資補給の中継点となるこれら2つの城も攻略して補給路を徹底的に遮断。鳥取城を孤立無援に追いやりました。

籠城から3か月後には食糧は尽き、草

日本海
千代川
鳥取砂丘
9
山陰本線
丸山城
9
太閤ヶ平→
雁金山砦
湖山池
鳥取県立博物館
鳥取城
53
鳥取温泉
鳥取藩池田家墓所→
29
鳥取駅

鳥取県立博物館

鳥取城跡内にある博物館。鳥取藩政に関する資料を始め、県内の考古、民俗資料が揃う。

➡鳥取市東町2-124

鳥取砂丘

鳥取に来たら一度は立ち寄りたい名所。日本海の風と砂丘の砂がつくり出す風紋が美しい。

➡鳥取市福部町湯山

鳥取温泉

鳥取駅から徒歩5分の好立地にある温泉。市街地に温泉が湧くのは全国でも珍しい。

鳥取藩主池田家墓所

鳥取藩主池田家、初代・光仲から11代・慶栄までの歴代藩主と妻子らの墓所。

➡鳥取市国府町奥谷、宮下

+1城

悶絶！ 驚愕！ 秀吉本陣「太閤ヶ平」

鳥取城攻略のため前線に置かれた臨時の城にもかかわらず、かなりの完成度です。大規模かつ技巧的な設計で、膨大な曲輪群を造成して大軍の駐屯地を確保。過剰防衛と思えるまでの執拗なまでの防衛体制から、信長の出陣を前提につくられた可能性も指摘されています。鳥取城側の南西隅と北西隅には櫓台と思われる突出部があり、ここから鳥取城や補給路を見渡していたようです。

本陣と鳥取城の間には、総延長700mに及ぶ長大な竪堀や横堀が二重に掘り込まれた、強靭な大防衛ラインを構築。その北端部には300m以上の土塁も残っています。内郭の北西側約250mのところには三重の堀が100mほど続き、その先には本陣の前線基地らしい羽柴秀長の陣城といわれる砦があります。

木や牛馬まで食べ尽くして餓死者が続出。城内は死肉を食べるほどの飢餓状態に陥ったといわれます。地獄絵図のような光景を目にした経家は、自らの命と引き換えに城兵の助命を秀吉に申し出、鳥取城は開城し経家は自刃《じじん》したのでした。

久松山の尾根伝いには、秀吉が本陣を置いた太閤《たいこう》ヶ平《がなる》(本陣山)が見えます。直線距離にしてわずか約1・3㎞という目と鼻の先に、秀吉は本陣を置き対峙していました。

太閤ヶ平からも、久松山がはっきりと見えます。山城だった頃の久松山山頂は現在のように木々に覆われてはおらず、相手の動きや深刻化する困窮のようすは丸見えだったはず。おそらく、太閤ヶ平で煮炊きする匂いは鳥取城へ届いたでしょう。拡声器でも使えば声が届きそうなほど近く、実際に太鼓《たいこ》や鉄砲の音は届くそうです。こんなにも至近距離で対峙していたのかと思うと、それだけでゾクゾクするものがあります。

古代の城と近代の城がコラボレーション　続日本100名城 186

金田城

【かねだじょう／長崎県対馬市美津島町黒瀬ほか】

POINT

❶ 全国トップクラスの石塁と水門

❷ 穏やかな浅茅湾を見渡す絶景

❸ 山頂に突如現れる近代遺跡

城めぐりのコツ

対馬空港からは車で約15分、厳原港からは約25分。県道24号線の城山入口から登山口までの1.8kmの道は細いので要注意。林道の突き当たりが登城口で、乗用車が数台駐車できます。本文に記載の①②③コースを参考に、時間に応じて計画を。①のみでも60～90分を予定しておくといいでしょう。手荷物はリュックにまとめ、トレッキングシューズがベスト。近くにお手洗いがないので、事前に済ませてから向かいましょう。難易度★★★★☆

1 三ノ城戸。
2 石英斑岩で築かれた石塁は、延長約 2.9km に及ぶ。
3 山頂からの眺望。防人も見たと思われる水平線が広がる。

古代から近代まで遺跡の宝庫

金田《かねだ》城のある対馬《つしま》は、古代から近代までの遺跡の宝庫。〝織田信長《おだのぶなが》ゆかりの城なら東海や近畿〟、〝グスクを見るなら沖縄〟と、あちこち飛びまわらなければならないのが城ファンの宿命ですが、対馬には古代山城《こだいさんじょう》に戦国時代の城、さらには明治時代の戦争遺跡まで取り揃えられています。しかも、どれも状態のよい特上モノ。日本の戦いの歴史がギュッと凝縮された、データベース的な夢の島です。

その理由は、対馬の立地にあります。対馬は、九州と朝鮮半島南端の中間点に浮かぶ離島。博多港から対馬南端の厳原《いづはら》港《こう》までは高速船で約２時間、韓国の釜山《プサン》から対馬北端の比田勝《ひたかつ》港までも高速船で約２時間という、まさに日本と韓国を繋《つな》ぐ飛び石のような存在なのです。

そうした地理的条件から国境の島といわれ、対馬は大陸と日本を結ぶパイプであり国家交流の窓口でした。一方で、遣《けん》隋使《ずいし》、遣唐使《けんとうし》、防人《さきもり》、遣新羅使《けんしらぎし》、元寇《げんこう》、倭寇《わこう》、朝鮮出兵、日露戦争など、外国との軍事的緊張が高まれば、海に浮かぶ大要塞として国防の最前線にもなりました。豊臣秀吉《とよとみひでよし》が朝鮮出兵（文禄《ぶんろく》・慶長《けいちょう》の役《えき》）の際に城を築いたのも、納得の立地でしょう。江戸時代には２００年にわたり、対馬藩が朝鮮通信使（李氏《りし》朝鮮の外交使節団）の交渉役を担っています。

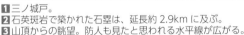

防人が置かれた古代山城

金田城は今から約１３５０年前、ヤマト朝廷によって国防のために築かれた古代山城のひとつです。同盟国の百済《くだら》が唐・新羅の連合軍に攻撃され滅亡すると日本は百済復興のために大軍を派遣しましたが、６６３年（天智《てんじ》２）の白村江《はくそんこう》の戦いで敗北。唐・新羅連合軍の来襲に備えて、国土防衛の整備に迫られます。

そこで百済の兵法者の技術により築かれたのが、古代山城でした。６６７年（天智６）に築かれた金田城には防衛目的の兵士(防人《さきもり》)が派遣され、通信手段のために狼煙台《のろしだい》が設置されたと『日本書紀』に記されています。

古代山城のなかでも、満足度の高さはトップクラス。遺構の残存度が申し分なく、スケールの大きさを体感できます。絶景も楽しめ、累々《るいるい》と残る長大な石塁《せきるい》は圧巻。防人も見たであろう水平線を眺めながら、古代に思いを馳《は》せられます。

半端ないスケール

対馬は対馬海流が東西に流れ、全島の実に約89%が山地という、各地に原生林が残された自然豊かな島です。金田城が築かれているのは、対馬の中央にある浅《あ》茅湾《そうわん》南岸の標高276mの城山《じょうやま》。地元では金田城ではなく城山と呼ばれます。

浅茅湾は、複雑に入り組んだ海岸線と無数の島々が特徴のリアス式海岸で、湾内は外洋の波浪や風の影響を受けにくいのが特徴です。まるで、時間が止まったように静か。前期倭寇(14世紀に活動した武装集団)の拠点としても最適の立地だったのだろうと想像できます。

さて、金田城でまず堪能したいのは、石塁の美です。城山は石英斑岩《せきえいはんがん》という斑《はん》状組織《じょうそしき》の火成岩《かせいがん》の巨大な岩塊で、金田城はその地形を利用して築かれています。

古代山城の特徴は、万里《ばんり》の長城《ちょうじょう》のように、石塁や土塁《どるい》が斜面や谷筋をめぐること。金田城の場合は自然の断崖と石塁でがっちりと囲い込むつくりで、その石塁がかなり広範囲に残ります。その迫力、尋常に非ず。天然の断崖も生かしつつ構築され、総延長は約2・9㎞に及びます。

北側と西側は自然の断崖に守られ、傾斜が緩やかな東側には、谷を塞ぐようにして巨石を使った3つの城門(一・二・三ノ城戸《きど》)が築かれています。

私が好きなのは、三ノ城戸。排水溝まであり、1350年以上前の技術にただただ圧倒されます。上流からの水の流れによって城戸はかなり破壊されていますが、それも年月が生み出したアート。石

4 一ノ城戸南側の張り出し部。上半分の積み方と石材が違うのは、江戸時代後期以降に積み直されたため。 5 一ノ城戸。谷間に築かれた石垣がよく残り、底部には水門も。 6 二ノ城戸。

金田城内マップ
浅茅湾
城山砲台
山頂に日露戦争に備え陸軍が構築。28cm榴弾砲2門×2、弾薬庫などが残る。堡塁もある。
大吉戸神社
城山を守る八幡宮。戦前の対馬要塞司令官が刻んだ金田城の起源を示す石碑もある。
一ノ城戸
下半分が古代の石垣。石塁の下部には水門が設けられている。
旧軍施設
土塁
東屋
山頂
二ノ城戸
礎石建ての城門が発見されている。床面は石敷で、両側には階段もあった。
南門
城山
黒瀬湾
南西部石塁
累々と石塁が続く。古代山城では土塁が用いられることが多いが、金田城は石塁で囲まれている。
三ノ城戸
城戸は、城内に入る城門。4つ(一・二・三ノ城戸、南門)が確認されている。
登山口
防人住居跡(ビングシ山)
二ノ城戸と三ノ城戸の中間地点にある。掘立柱建物跡1棟が確認され、防人の見張りのための住居跡と思われる。
東南角石塁
石塁の角を外側に出して張り出しをつくっている。高さは4m前後。

垣の高さは約7ｍと城内最高で、下から見上げるアングルがたまりません。

もっとも状態よく残っているのが、一ノ城戸です。谷間を埋めるように積まれた石垣は、三ノ城戸に負けず劣らずの迫力。底の部分には水門も残ります。

防人の居住空間の痕跡もあります。城内最大の平坦地があるビングシ山で確認された掘立柱建物《ほったてばしらたてもの》跡からは、炉《ろ》の跡も発見されています。掘立柱建物跡はそれなりの広さですから、大人数の兵が駐屯《ちゅうとん》していたのでしょう。かなり孤独そうな職場……。門の礎石《そせき》と二重構造の土塁も発見されています。

3つのコースから選択を

金田城にはおもに3つのコースがあります。①+②でひと通り見られますが、時間と体力により①または②を選択しても。③は上級者コースにつき、登山の装備と経験者道の同行が必須です。
①は、登山口から黒瀬《くろせ》湾に沿って城山

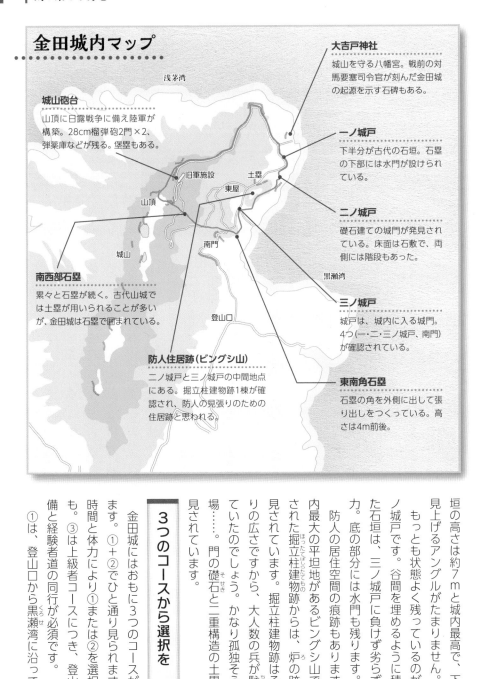

7 8 9 10 明治時代、日露戦争の際に山頂付近に城山砲台が築造された。地下室や砲座などの遺構がよく残る。砲台跡に続くトレッキングルートは、陸軍がつくった馬車道（旧軍道）。

の東海岸をたどるコース。南門、東南角《かど》石塁《せきるい》、三ノ城戸、二ノ城戸、一ノ城戸、大吉戸《おおきど》神社《じんじゃ》などをまわります。所要時間は、登山口から三ノ城戸までは約30分、そこから大吉戸神社までは片道約20分ほどです。②は登山口から頂上を目指すコースで、片道約50分。③は一ノ城戸から山頂を目指すコースで、片道約50分です。①と②へは東屋《あずまや》を経由でき、逆ルートも可能です。

日露戦争の痕跡が城内に

頂上付近に到着すると、突如として砲台や弾薬庫跡などが出現します。これは古代の遺跡ではなく、明治時代に陸軍によってつくられたものです。

そう、金田城は、近代に再び要塞化されるのです。司馬遼太郎《しばりょうたろう》さんの『坂の上の雲』に登場したように、対馬は日露戦争や日本海海戦の舞台になります。日清戦争時や太平洋戦争時にも戦地となり、島内には31もの砲台が残ります。

金田城の登城口付近の登城道がやけに歩きやすいのも、実は陸軍が改変した軍用道路だからです。統一された道幅は、戦車の幅に合わせたもの。排水路には切《きり》石《いし》が敷き詰められ、緻密《ちみつ》な仕事ぶりが垣間見えます。

南下政策をとるロシアは不凍港《ふとうこう》を求め、浅茅湾の占拠を狙ったと考えられます。そのため金田城にもかなりの緊張が走り、改造して利用されました。そして1901年（明治34）、日本海軍は万関瀬戸《まんぜきせと》を開《かい》削《さく》して水雷艇《すいらいてい》を対馬海峡東水道に出撃させることになるのです。

金田城は、古代の山城と近代の要塞が共存する不思議な城。ほかの場所ではできないタイムトリップを楽しみましょう。対馬は遺跡がとても多く、広大で移動時間も必要ですから、少なくとも3日間は滞在したいところ。トレッキング、城、寺、古代、戦国時代、江戸《えど》時代、近代など、テーマを決めて観賞スポットを絞りプランニングするのがオススメです。

豊砲台
比田勝港
382
和多都美神社
西漕手
対馬空港
金田城
姫神山砲台
桟原城
清水山城
金石城
万松院
厳原港
お船江

+1城
金石城と対馬藩お船江

金石《かねいし》城は、対馬藩主・宗《そう》氏の代々の居城。旧金石城庭園や、金石城の西側にある、宗家歴代の菩提寺・万《ばん》松院《しょういん》も必見です。その北側の対馬藩宗家墓所も見どころ。対馬藩お船江《ふなえ》は、全国的にも珍しい人工の入江。寛文《かんぶん》年間に築造されました。

和多都美神社
彦火火出見尊と豊玉姫命を祀る、竜宮伝説がある海宮。鳥居の2つが海中にある。

➡対馬市豊玉町仁位55

万松院
宗家20代義成が父・義智の冥福を祈り創建。一族の墓所がある。
➡対馬市厳原町厳原西里 192

桟原城
金石城から移した宗氏の居城。立入不可だが、一部石垣が見える。

➡対馬市厳原町桟原

西漕手
遣唐使や遣新羅使がここで別の船に乗り換えて、浅茅湾から大陸に向かったといわれる。

➡対馬市美津島町小船越

豊砲台
第一次大戦後に築かれた世界最大級の砲台。砲台は姿を留める。

➡対馬市上対馬町鰐浦

姫神山砲台
日露戦争の際、浅茅湾への侵入を阻止すべく築かれた。観測所からは浅茅湾が一望できる。

➡対馬市美津島町緒方

◆秀吉が築いた清水山《しみずやま》城

三の丸の石垣。

山頂の主郭から望む厳原港。

1591年(天正《てんしょう》19)、朝鮮出兵の中継地として秀吉の命令によって築かれました。対馬の宗義智《そうよしとし》を中心に、肥後《ひご》の相良長毎《さがらながつね》、筑《ちく》後《ご》の高橋直次《たかはしなおつぐ》、筑紫広門《ちくしひろかど》が合力で築城。曲輪ごとに構造や石垣の積み方が異なるのはそのためです。

厳原港と宗氏の金石《かねいし》城を一望でき、海から入港する軍勢に対して力を見せつけるように、3段の曲輪を長大な石垣が繋ぎます。織豊《しょくほう》系城郭の概念が色濃く感じられる、古代山城とはまったく異なる城です。

清水山は九州に面した対馬南西端にあるため、近代には使用されず朝鮮出兵後に廃城となりました。秀吉の朝鮮出兵で築かれた数少ない城として貴重です。

大内氏館・高嶺城

【おおうちしやかた／山口県山口市大殿大路　こうのみねじょう／山口県山口市上宇野令】

POINT

❶ 守護所として築かれた大内氏館と詰城として築かれた高嶺城

❷ 詰城から拠点への変化に注目

❸ 毛利氏と思われる高嶺城の石垣

城めぐりのコツ

大内氏館まで、JR山口駅からは徒歩約30分、県庁前バス停からは徒歩約10分。高嶺城へはJR山口駅から山頂まで徒歩約90分、県庁前バス停から約70分、おとどいやま森林公園駐車場から徒歩約45分。城内にお手洗いはないため、途中で済ませて。山口市歴史民俗資料館に立ち寄ってから訪れるのがおすすめです。高嶺城へはトレッキングシューズ、ハイキングの装いで。大内氏館／難易度★☆☆☆☆、高嶺城／難易度★★★★★

1 主郭北面、西端の石垣。　2 山口県庁から見上げる高嶺城。標高 338m の鴻ノ峰に築かれている。　3 主郭北面、東側石垣の算木積。

大内氏が築いた居館と詰城

大内氏館《おおうちしやかた》は、室町時代に周防《すおう》(山口県東部)・長門《ながと》(山口県西部)の守護《しゅご》となり戦国大名化した大内氏が、守護所として築いた方形館《ほうけいやかた》。高嶺城《こうのみね》は、その大内氏が詰城《つめのしろ》として築いた山城《やまじろ》です。大内氏館から西へ約2㎞、山口盆地北縁の標高338mの鴻ノ峰《こうのみね》に築かれました。

関東人の私にとって山口は気軽に訪れられる場所ではありませんが、高嶺城はその甲斐があったと感激しました。まず、山口県庁から見上げたときの鴻ノ峰がかっこいい！　これは重要なことで、遮《さえぎ》るものなく城のある山が見えるということは、城からの眺望《ちょうぼう》もよいということ。実際に登ってみれば納得で、足元に大内氏館と城下が見下ろせるだけでなく、山口盆地が一望できました。

地図を広げてみると、鴻ノ峰は西側から侵攻された場合に大内氏館の前面で立ちはだかるような立地にあります。いくつもの城が配置されて侵入路を塞いでいますが、それらが突破されたとき、身を挺《てい》する最後の砦《とりで》のような存在です。どうやら、軍事拠点として最高の立地だったといえそうです。

高嶺城のすぐ西側には兄弟山城《おとどいやま》が対峙《たいじ》していますが、高嶺城のほうが標高が高く、両者は深い谷で隔《へだ》てられているため、たとえ兄弟山城を乗っ取られても高嶺城のほうが優勢でしょう。北側には山々が連なっているため、こちらからも簡単に包囲される心配はなさそうです。

大内氏の城から毛利氏の城へ

高嶺城は、大内氏最後の当主となった大内義長《よしなが》が、毛利元就《もうりもとなり》の侵攻に備えて1557年(弘治《こうじ》3)の正月から築城を開始したとされます。

元就の攻勢(防長経略《ぼうちょうけいりゃく》)は予想外に早く、3月には山口に侵攻。義長は未完成の高嶺城に入ったものの、城を捨てて長門に逃亡し、4月には自刃《じじん》しました。

注目は、毛利氏が高嶺城を廃さず、改修して完成させていることです。大内氏の滅亡後には城番《じょうばん》が置かれ、1615年(慶長《けいちょう》20)の一国一城令《いっこくいちじょうれい》を機に1638年(寛永《かんえい》15)に廃城になるまで、山口の支配拠点として存続しました。

1569年(永禄《えいろく》12)には大内一門の大内輝弘《てるひろ》が騒乱《そうらん》を起こし山口に攻め入りますが、高嶺城の毛利軍は少ない手勢で守りを固めてこれを退《しりぞ》けたといわれます。それほど、高嶺城は軍事施設としてすばらしい立地だということなのですね。

織豊期の石垣に悶絶

感激したのは、主郭《しゅかく》を固める高い石垣です。いかにも古い野面積《のづらづみ》で、算木積《さんぎづみ》は未完成。反りもありません。織豊《しょくほう》期のものと思われる石垣が、これほど良好に残っていたなんて……! と心が震えました。石材は、山中で採石された三郡変成岩《さんぐんへんせいがん》。中国地方東部から九州北部にかけて広く分布する、変成度の低い結晶片岩《けっしょうへんがん》です。

主郭北面の石垣は特殊な形状で、異なる方向を向いた3段の石垣が重なり、張り出しのような部分も見られます。石垣を高く積む技術がないために、低い石垣を数段重ねたのでしょう。地形に沿っているとはいえ、逆にこのほうが難しそうな気がするほどの複雑さ……。建物が張り出していたのなら、なおさら難易度は高そうです。織豊期の城には類似した石垣と建物の複雑な組み合わせが散見されますが、そうだとすればなかなか高度な技術といえそうです。

主郭南側にある虎口《こぐち》空間と思われる小さな曲輪《くるわ》の石垣は、少し様相が異なります。この2面だけ積み方も異なり、鏡石《かがみいし》のようにところどころに巨石が立てられています。このあたりの構造はよくわかっていませんが、よく似た立石《たていし》は吉川元《きっかわもと》春館《はるやかた》跡(広島県北広島町)など毛利氏の城で見られます。主郭の石垣も技術的に大内氏時代の築造とは考えにくく、やはり毛利氏段階の改変と感じます。

4

5

6

4 主郭北面の石垣。数段積まれ、最上部には張り出しのような部分も。
5 6 主郭南側の虎口空間の石垣。巨石が立てられている。

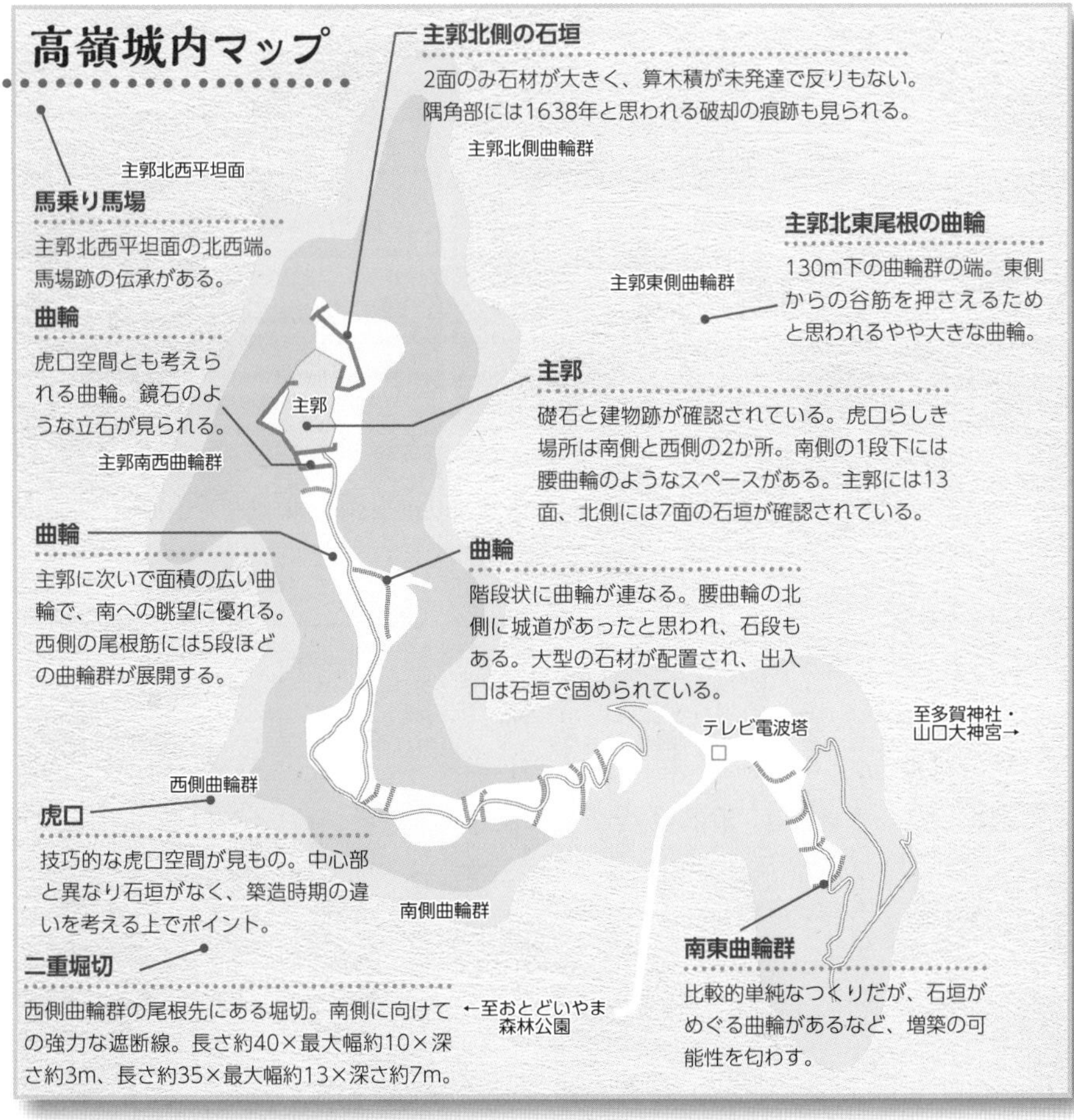
高嶺城内マップ
主郭北側の石垣
2面のみ石材が大きく、算木積が未発達で反りもない。
隅角部には1638年と思われる破却の痕跡も見られる。
主郭北側曲輪群
主郭北西平坦面
馬乗り馬場
主郭北西平坦面の北西端。
馬場跡の伝承がある。
主郭北東尾根の曲輪
130m下の曲輪群の端。東側からの谷筋を押さえるためと思われるやや大きな曲輪。
主郭東側曲輪群
曲輪
虎口空間とも考えられる曲輪。鏡石のような立石が見られる。
主郭
主郭
礎石と建物跡が確認されている。虎口らしき場所は南側と西側の2か所。南側の1段下には腰曲輪のようなスペースがある。主郭には13面、北側には7面の石垣が確認されている。
主郭南西曲輪群
曲輪
主郭に次いで面積の広い曲輪で、南への眺望に優れる。西側の尾根筋には5段ほどの曲輪群が展開する。
曲輪
階段状に曲輪が連なる。腰曲輪の北側に城道があったと思われ、石段もある。大型の石材が配置され、出入口は石垣で固められている。
テレビ電波塔
至多賀神社・山口大神宮→
西側曲輪群
虎口
技巧的な虎口空間が見もの。中心部と異なり石垣がなく、築造時期の違いを考える上でポイント。
南側曲輪群
二重堀切
西側曲輪群の尾根先にある堀切。南側に向けての強力な遮断線。長さ約40×最大幅約10×深さ約3m、長さ約35×最大幅約13×深さ約7m。
←至おとどいやま森林公園
南東曲輪群
比較的単純なつくりだが、石垣がめぐる曲輪があるなど、増築の可能性を匂わす。

高嶺城の構造

城は山頂に主郭を置き、主郭北側曲輪群、主郭東側曲輪群、主郭南西側曲輪群と3方の尾根《おね》にそれぞれ8・6・7つの曲輪を持つ曲輪群が派生しています。主郭北西の尾根を下りた先が主郭北西平坦面で、主郭南側の南北に細長い曲輪からは、西側に西側曲輪群、南側に南側曲輪群が連なります。テレビ電波塔がある場所から南側の尾根にも曲輪群が続き、山《さん》麓《ろく》の山口大神宮《やまぐちだいじんぐう》の南丘陵《きゅうりょう》にも、独立性がありそうな曲輪群が確認されています。

主郭は約1000㎡の平坦面があり、現状では礎石と2棟の建物の存在を確認。主郭南側の南北に細長い曲輪が大手《おおて》にあたる空間のようで、東側に連なる曲輪には見られることを意識したような石段や石積み、大きな石材が確認できます。

気になるのは、堀切《ほりきり》があまり見当たらないこと。西側曲輪群の尾根先には2本の大きな堀切があり遮断線として効いて

789大内氏館。15世紀半ばには空堀と土塁で囲まれた防御性の高い方形館だったと考えられる。西辺で発見された門跡、土塁、池泉庭園が復元整備されている。

いますが、どうもここだけが異質。大内氏時代に築かれたものなのか、毛利氏が大内輝弘の侵攻に備えて増設したものか気になるところです。

繁栄を示す大内氏館

一方、大内氏が領国支配の拠点としていたのが大内氏館です。14世紀末から15世紀初頭頃に、現在の場所に築かれたとみられます。中世の山口は、いくつもの交通路が集中する上に、平野の南を流れる椹野《ふしの》川を利用すれば比較的簡単に瀬戸内側に出られる好立地でした。

大内氏館は堀と塀がめぐらされた1辺最大200m以上の方形館で、少なくとも5度の改修が明らかです。これまでに判明している4つの庭園のうち、最大規模の池泉庭園《ちせんていえん》が復元整備されています。中世の庭園が改変されずに見つかっている例はとても貴重。遺物からは、大内氏の栄華がうかがえます。

大内氏の別邸で、15世紀後半に大内教《のり》弘《ひろ》が築造したとされるのが、築山館《つきやまやかた》。1辺約140mの正方形と考えられ、北西部には築地《ついじ》という土塁《どるい》が残っています。中世の山口は、大内氏館と築山館を中心に発展したとみられます。

大内氏はもともと周防国衙《こくが》に仕える在庁官人でしたが、鎌倉時代には実質的な支配者となり、南北朝時代には周防・長門の守護となって勢力を拡大して西国《さいごく》一の大名となりました。

本州西端の立地を生かし、大内氏は14世紀末からは朝鮮と、15世紀中頃からは明と貿易を開始。1539年（天文《てんぶん》8）に遣明船《けんみんせん》が再開すると経営をほぼ独占し、莫大な富を得たといわれています。

交易による莫大な富と異国の文物が入る上、京からは公家《くげ》や文化人が訪れて、大陸と京の文化が融合・混在した大内氏独自の文化が花開いていたようです。ちなみに国宝瑠璃光寺《るりこうじ》五重塔は、大内義弘《よしひろ》の菩提《ぼだい》を弔《とむら》うため、弟の盛見《もりはる》が建立した塔。大内氏文化の最高傑作と賞されます。

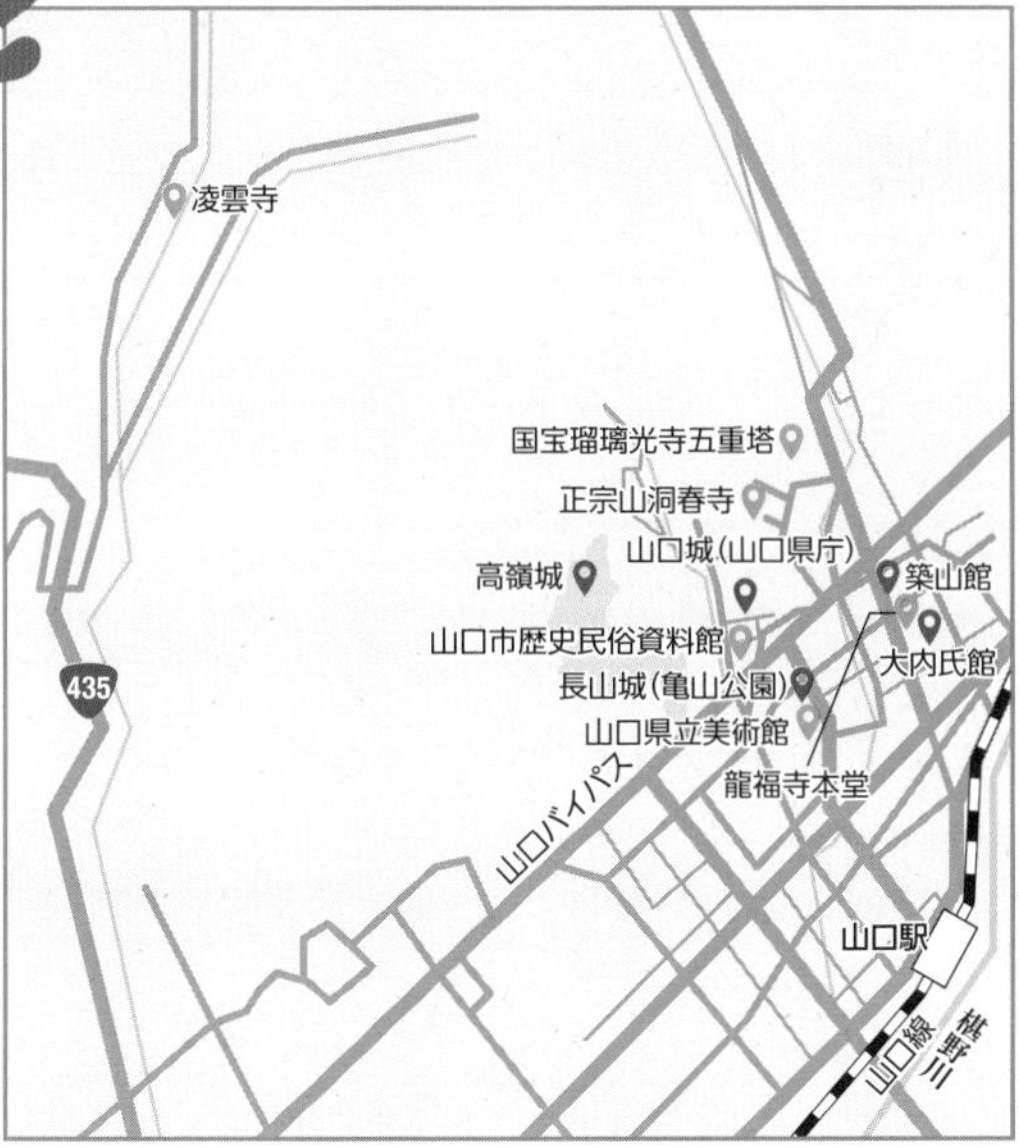

+1城

明治維新の拠点・山口城

1864年(元治元)、毛利敬親《たかちか》により現在の県庁の敷地に山口屋形として築城。第一次長州征伐の際に萩に退いたものの、1866年(慶応2)に戻って藩庁を移し、第二次長州征伐では防長2州の政治・軍事の拠点として機能しました。表門と堀の一部が残ります。

山口城

毛利敬親により築かれ、藩庁が萩から移された。表門、堀、土塁が残る。

➡山口市滝町1

長山城

毛利秀元が改修したと伝わる。亀山公園として整備され、毛利敬親像が建つ。

➡山口市亀山町

凌雲寺

大内義興が開基と推定され、義興没後に菩提寺となったとされる。

➡山口市吉敷中尾

国宝瑠璃光寺五重塔

1399年(応永6)の応永の乱で没した大内義弘の菩提を弔うために建立され、1442年(嘉吉2)完成したといわれる。

➡山口市香山町7-1

龍福寺本堂

1557年(弘治3)、毛利隆元が大内義隆の菩提寺として再建。興隆寺の本堂が移築された。

➡山口市大殿大路119

正宗山洞春寺

毛利元就の菩提寺。山門は1404年(応永11)に大内盛見が創建した当時のものと思われる。

➡山口市水の上町5-27

◆見逃せない城郭寺院・凌雲寺

高嶺城の石垣は大内氏ではなく毛利氏によるものと思われますが、大内氏が築いたと思われる石垣が、義長の祖父・大内義興《よしおき》が創立した凌雲寺《りょううんじ》にあります。

総門跡《そうもんあと》といわれる遺構は、寺としては極めて異質。明らかに戦闘に備えて改造した、城郭寺院と分類されるものです。

それはまるで、古代遺跡のよう。動画を撮影してみると、「インディ・ジョーンズ」さながらのムービーが撮れました。

高嶺城とは異なる石垣の築造技術は、貿易を盛んに行った大内氏の海外との交流の証といえるのかもしれません。凌雲寺跡は、高嶺城跡、大内氏館跡、築山館跡とともに大内氏城館跡として国史跡に指定されています。

武田と徳川、どっちの城？

続日本100名城 146

諏訪原城

【すわはらじょう／静岡県島田市菊川】

POINT

❶ 誰でも理解できるTHE丸馬出

❷ 武田vs.徳川の争奪戦の舞台

❸ 特殊な地形にも注目

城めぐりのコツ

大手南外堀の脇に、駐車場とお手洗いが完備。駐車場の脇に置いてあるパンフレットを見ながら散策すると◎です。大手南外堀→大手曲輪→大手北外堀→外堀と進み、二の曲輪中馬出へ。二の曲輪北馬出もチェックして、二の曲輪→本曲輪へ。水の手曲輪→二の曲輪大手馬出→二の曲輪東内馬出→二の曲輪東馬出→二の曲輪南馬出、で1周できます。60～90分が目安。2017年には、二の曲輪北馬出の城門が木造復元されました。難易度★★☆☆☆

1 二の曲輪東内馬出。 2 二の曲輪東内馬出を取り巻く横堀(三日月堀)。 3 外堀の北端。二の曲輪の西側から南側にかけて、幅約15～25mの薬研堀が確認された。

丸馬出の代名詞

諏訪《すわ》原《はら》城といえば、丸馬出《まるうまだし》。「丸馬出を見たければ諏訪原城へ行け」はもはやスローガンに近く、諏訪原城には教科書的なTHE丸馬出が存在します。

とりわけ二の曲輪《くるわ》中馬出や二の曲輪大《おお》手《て》馬出は、スケールも大きくて見ごたえバツグン。価値なんかわからなくても、なんだか心揺さぶられてしまうでしょう。この城へ来れば丸馬出とは何かが一目瞭然で、どんなに親切なイラストよりも機能を理解できるはずです。

馬出とは、虎口《こぐち》(出入口)の前に置かれた、前線基地にも防御拠点にもなるスペースのこと。方形のものを角《かく》馬出、諏訪原城のような半円型を丸馬出といいます。馬出のまわりは堀で囲まれ、諏訪原城の丸馬出も三日月堀《みかづきぼり》と呼ばれる半円型の空《から》堀《ぼり》がぐるりと囲みます。

角馬出は北条《ほうじょう》氏の城、丸馬出は武田《たけだ》氏の城でよく見られます。そのため「諏訪原城=丸馬出」が「丸馬出=武田の城」という方程式に当てはめられて「諏訪原城=武田の城」と変換され、諏訪原城は武田氏の城の代表作として名を馳《は》せてきました。私もそれを信じて疑わず、かつては「やっぱり武田の丸馬出はすごいなあ!」などと感慨《かんがい》に浸《ひた》っていたものです。

ところが近年、どうやらこの巨大な丸馬出を築いたのは武田氏ではなく徳川《とくがわ》氏だった可能性が濃厚になりました。

勝頼が築き、家康が奪取

諏訪原城は1573年(天正《てんしょう》元)、徳川家康《いえやす》領の遠江《とおとうみ》(静岡県西部)侵攻を狙う武田勝頼《かつより》により築かれました。この地は、駿河《するが》(静岡県中・北東部)から遠江に入る交通・軍事上の重要な場。大井《おおい》川西岸の防衛線として、また遠江の拠点である掛《かけ》川《がわ》城(掛川市)の牽制、147高天神《たかてんじん》城攻めの前線基地として機能しました。翌年に高天神城を攻略した後は、兵站《へいたん》基地としての役割を担《にな》いました。

しかし、1575年（天正3）の長篠《ながしの》・設楽原《したらがはら》の戦いで武田氏が大敗すると、諏訪原城は好機とばかりに三河《みかわ》（愛知県東部）・遠江の勢力奪還に乗り出した家康によって攻略されます。家康は翌年に高天神城を奪還して遠江から武田氏を駆逐《くちく》する決定打とするのですが、諏訪原城を奪い大井川への補給路を断ったことが勝利に大きく影響しています。

それだけ重要な役割の城ですから、家康が強化してもおかしくはありません。諏訪原城は牧野《まきの》城と改められ、駿河と遠江の国境を制圧するための陣城《じんじろ》として、今川氏真《いまがわうじざね》、松平家忠《まつだいらいえただ》、松平康親《やすちか》により改修されました。どうやら丸馬出は、このときに増築されたとみられます。『家忠日記』には盛んな改修工事の記述があり、かなりの大改修が行われたようです。

掘り起こされた衝撃の事実

なぜ、丸馬出が徳川氏に改修されたといえるのでしょうか。それは、2010年（平成22）の発掘調査で、本曲輪と二の曲輪南端の東外馬出から焼土を挟んで2層の遺構面が確認されたからです。下層は武田氏時代、上層は徳川氏時代と推定されます。これに対して二の曲輪より外側は、遺構が一面のみで焼土層も見つかっておらず、徳川氏が拡張した面しか存在しませんでした。

とくに注目なのは二の曲輪北馬出です。巨大な二の曲輪中馬出に連なる重《かさね》馬出として機能し、二の曲輪中馬出および東側の外堀とともにつくられたと考えられますが、二の曲輪北馬出の遺構も一面で、徳川氏による拡張が濃厚です。そうなると、二の曲輪中馬出と外堀、外堀と連携する二の曲輪大手馬出も徳川氏の拡張と考えるのが妥当ということになります。

また、二の曲輪東内馬出周辺からは武田段階の薬研堀《やげんぼり》を拡張した徳川段階の箱《はこ》堀《ぼり》が見つかっています。さらに、武田氏時代の地層からは激しい戦闘の証である鉄砲玉が出土したにもかかわらず、二の

4 二の曲輪中馬出。三日月堀は長さ約100m、深さは9mにも及ぶ。 5 二の曲輪大手馬出をめぐる三日月堀。 6 二の曲輪の西側を覆うように掘られた、全長400mに及ぶ外堀。

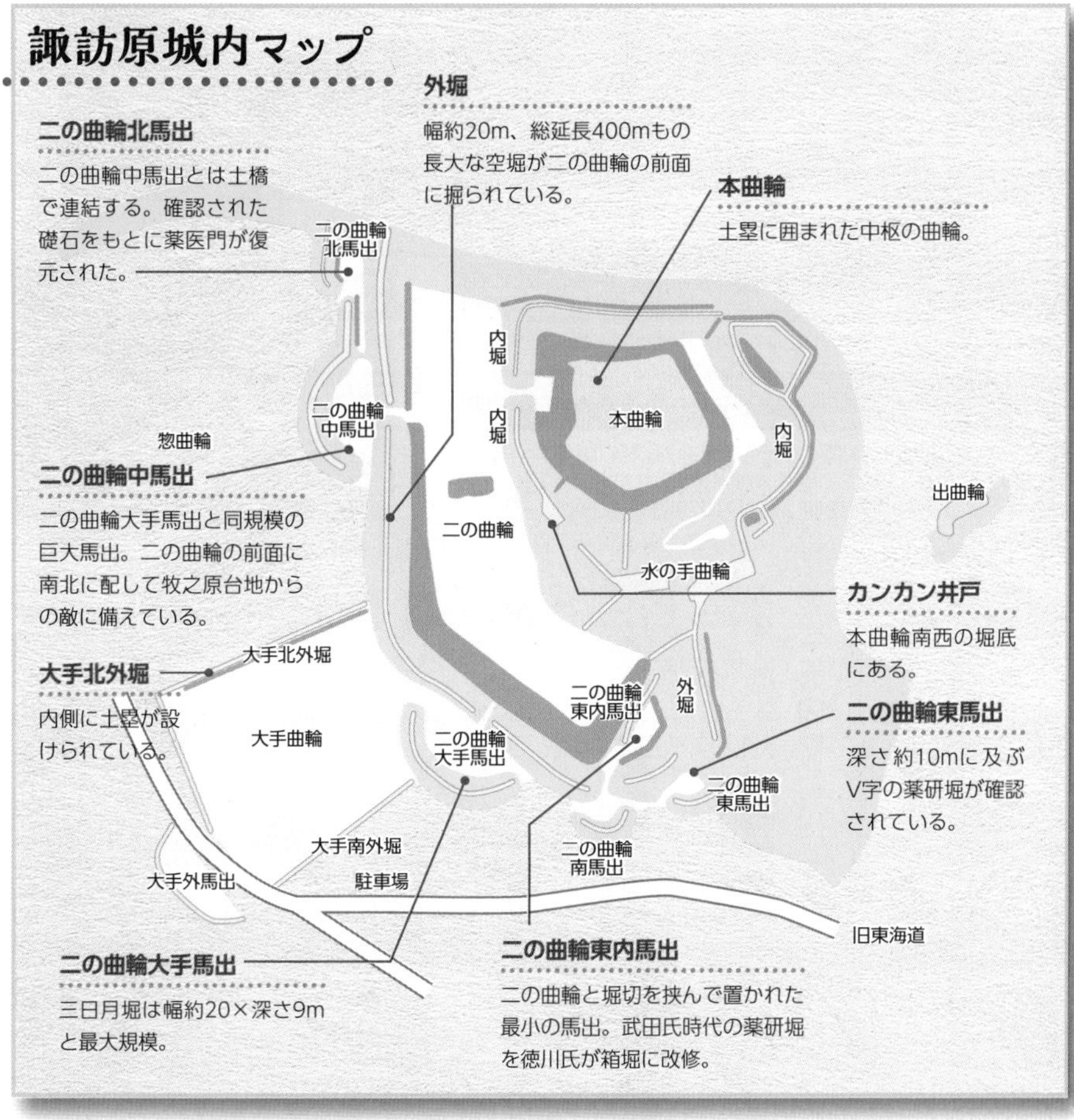
諏訪原城内マップ
外堀
幅約20m、総延長400mもの長大な空堀が二の曲輪の前面に掘られている。
二の曲輪北馬出
二の曲輪中馬出とは土橋で連結する。確認された礎石をもとに薬医門が復元された。
本曲輪
土塁に囲まれた中枢の曲輪。
二の曲輪北馬出
内堀
内堀
本曲輪
内堀
二の曲輪中馬出
惣曲輪
出曲輪
二の曲輪中馬出
二の曲輪大手馬出と同規模の巨大馬出。二の曲輪の前面に南北に配して牧之原台地からの敵に備えている。
二の曲輪
水の手曲輪
カンカン井戸
本曲輪南西の堀底にある。
大手北外堀
大手北外堀
内側に土塁が設けられている。
外堀
二の曲輪東内馬出
二の曲輪東馬出
深さ約10mに及ぶV字の薬研堀が確認されている。
大手曲輪
二の曲輪大手馬出
二の曲輪東馬出
大手南外堀
二の曲輪南馬出
大手外馬出
駐車場
旧東海道
二の曲輪東内馬出
二の曲輪と堀切を挟んで置かれた最小の馬出。武田氏時代の薬研堀を徳川氏が箱堀に改修。
二の曲輪大手馬出
三日月堀は幅約20×深さ9mと最大規模。

曲輪中馬出および大手馬出の周辺では戦いの痕跡が一切ありませんでした。

これらの調査結果から推察すると、武田時代の諏訪原城は本曲輪と東内馬出周辺のみで、それ以外は徳川氏によって改修・拡張されたと考えられます。武田氏が築いた諏訪原城は、徳川氏の牧野城として大変貌を遂《と》げたようです。

家康の築城術はどこから？

発掘調査の成果がすべてとはいえませんが、丸馬出が巨大であることも気になるところです。武田氏が同時期に築いた城を訪ね歩き丸馬出を比較していくと、伊豆《いず》・駿河・遠江では諏訪原城ほどの巨大な丸馬出はつくられていないのです。

武田信玄《しんげん》・勝頼親子と家康が争奪戦を繰り広げたこの地域の城からは、家康が武田氏との戦いを通じて築城技術を取り入れたような傾向が見られます。堀切《ほりきり》で遮断し土塁《どるい》で囲むだけだった城が、長篠・設楽原の戦い以降、横堀《よこぼり》を多用したり虎

7 二の曲輪。西側には巨大な土塁が設けられている。
8 二の曲輪中馬出と二の曲輪北馬出の間の空堀。　9 本曲輪から見下ろす帯曲輪。東側はかなりの急崖になっている。

口を複雑化したりと、武田氏の城を接収したことで様変わりしていくのです。その技術は、1584年(天正12)の小牧《こまき》・長久手《ながくて》の戦いに備えて強化した城にも投じられているように思われます。

　というわけで、ダイナミックな二の曲輪中馬出や大手馬出も家康による改修である可能性が高くなりました。あれほど感激していた武田の丸馬出が徳川氏作だったとしたら、なんだか裏切られた気に……。でも、そんな変遷《へんせん》があるからこそ、城はミステリアスでおもしろいのです。

ハートを撃ち抜かれるW馬出

　7つの馬出のなかでも私がそそられるのは、巨大な二の曲輪中馬出と、その北側の二の曲輪北馬出です。2つの馬出が喰違うように配置されていて、土橋《どばし》で繋《つな》げることで二重馬出になっています。馬出を馬出でカバーするような合わせ技に、ハートを撃ち抜かれます。

　きっと、縄張図《なわばりず》や案内図を片手に歩きまわると楽しみが倍増するはずです。曲輪の巧妙な配置はもちろん、自分の居場所を確かめながら歩くことで、丸馬出や空堀のスケールが実感でき、空堀の曲線美も堪能できます。

　牧之原《まきのはら》台地の北端付近を空堀でがっちりと分断し、内側を本丸、外側を二の丸にした城です。二の丸の外側には巨大な外堀をめぐらせた、扇《おうぎ》のような形。二の丸の堀に3か所の土橋をかけて虎口とし、前面に丸馬出を配置しています。

　丸馬出ばかりに気を取られがちですが、搦手《からめて》も見逃せません。土塁の折れが繊細で、竪堀《たてぼり》も見事。登城口がすでに台地上の平坦面にあるため城内に傾斜がなく平《ひら》城《じろ》のように思えますが、この城は開析《かいせき》された台地上に築かれているのが大きな特徴なのです。

　たとえば本曲輪の東端に立って曲輪直下を覗き込むと、急にガクンと下がり断崖になっているでしょう。本曲輪は西側を除く三方が断崖地形で、足がすくむほ

SPOT

東海道石畳 金谷坂《かなやざか》

JR金谷駅から諏訪原城までの間にある石畳《いしだたみ》は、旧東海道の金谷坂の石畳が復元されたもの。石畳茶屋から菊《きく》川へ抜ける旧東海道にある金谷坂は、急坂で粘土層が露出して大名行列や旅人を困らせたため、江戸時代末期に大井川の河原《かわら》石と同じ丸石が約720m敷き詰められました。

諏訪原城と菊川宿の間にある菊川坂の一部には、江戸時代に敷設されたとみられる石畳が残っています。

蓬莱橋

牧之原台地と島田宿を渡す世界最長897.4mの木造歩道橋。

➡島田市南町地先

島田宿大井川川越遺跡

江戸時代の大井川の川越制度に関する遺跡。おもに川会所、札場、立合宿、番宿がある。

➡島田市河原1

ふじのくに茶の都ミュージアム

静岡の名産品、お茶に関する展示ほか、茶摘み体験や講座も。

➡島田市金谷富士見町3053-2

島田市博物館本館／分館

本館は江戸時代後期の大井川、島田宿などのようすを展示。分館は大井川川越遺跡に隣接。

➡島田市河原1-5-50 ／ 2-16-5

千葉山智満寺

源頼朝や今川氏、徳川氏から厚く信仰された天台宗の古刹。

➡島田市千葉254

小夜の中山

夜泣き石伝説で知られる、金谷宿と日坂宿の間の山地。東海道三大難所といわれる。

➡掛川市佐夜鹿

◆諏訪原城と呼ばれる理由

勝頼が馬場信春《ばばのぶはる》に命じて築かせた諏訪原城。その名は、城内に諏訪大明神《すわだいみょうじん》を祀《まつ》ったことからついたといわれます。諏訪大明神は、武田家の守り神。信玄が篤く信仰し、陣中に諏訪南宮法性《なんぐうほっしょう》大明神の幟《のぼり》を立て、諏訪法性兜《かぶと》を所用していたことでも知られます。勝頼の母は、諏訪家の由布《ゆう》姫。勝頼には諏訪家の血が流れ、元々は諏訪氏を継いだ人物。諏訪大明神の縁が深いのです。

どの高低差があります。遠くに目をやれば、富士山や南アルプスの山々が見えてなかなかの眺望《ちょうぼう》。敵の動きを察知すべく遠くまで見渡せるのが城の絶対条件なのだ、とふと思い出させてくれます。

COLUMN 6

テーマを決めると楽しい！「武田の城」を歩こう

■武田氏館

日本100名城 24

武田氏館 【たけだしやかた／山梨県甲府市古府中町 2611】

続日本100名城 127

新府城 【しんぷじょう／山梨県韮崎市中田中町中條字城山】

続日本100名城 128

要害山城 【ようがいさんじょう／山梨県甲府市上積翠寺町】

日本100名城 25

甲府城 【こうふじょう／山梨県甲府市丸の内 1-5-4】

■新府城

■要害山城

■甲府城

武将や戦い、地域や地形など、テーマを決めていくつか関連する城を歩くと、地域性や情勢に伴う城の変化なども立体的に見えてきます。

[24]武田氏館は、武田氏3代（信虎《のぶとら》・信玄《しんげん》・勝頼《かつより》）が本拠とした居館跡。勝頼が1581年（天正９）に[127]新府城を築いて移るまでの62年間、武田家３代の領国支配の中心地となりました。

方形館《ほうけいやかた》を城郭化した小規模でシンプルな城を、武田氏滅亡後に浅野長政が大改修。大手口からは、石塁の下から武田氏時代のものらしき三日月堀《みかづきぼり》が発見されています。復元された石塁は、武田氏滅亡後に築かれました。天守台（立ち入り禁止）も武田氏滅亡後のものです。

興味深いのは、武田氏館から信虎が詰城として築いた[128]要害山城も、改修し維持され続けたとみられることです。

勝頼が領国支配体制を強化するため築いた[127]新府城も、武田氏らしい縄張が見事で見ごたえがあります。七里岩を利用した断崖に築かれ、突端部を守るための丸馬出《まるうまだし》や三日月堀のほか、枡形《ますがた》虎口《こぐち》や喰違《くいちが》い虎口などがよく残ります。未完成だったようで、勝頼の戦略と無念が伝わります。

武田氏館や要害山城は武田氏滅亡後も維持され続けましたが、情勢が落ち着き[25]甲府城が築かれると役目を終えました。浅野長政・幸長《よしなが》父子が石垣づくりの甲府城を完成させ、関ヶ原の戦い後は徳川家康もその立地から重視して甲府城を徳川一門の城に位置付けています。

城の楽しみ方 ❼

絶景を楽しむ

神秘的！ 雲海に浮かぶ天空の城

日本100名城 56

竹田城

【たけだじょう／兵庫県朝来市和田山町竹田字古城山169】

POINT

1 雲海に浮かぶ幻想的な姿

2 1600年以前の野面積の石垣

3 くまなく横矢が掛かる設計

城めぐりのコツ

冬季は入山禁止など制限あり。事前に確認してからお出かけください。大手門からは北千畳、三の丸、二の丸と道なりに進めば本丸に到着します。天守台へ登り360度の空中大パノラマを堪能したら、南二の丸、南千畳へ。南千畳から通じる登城道を通れば駐車場に戻れます。やや足場の悪いところがあるため歩きやすい靴で訪れましょう。難易度★★★☆☆

1 南千畳から見上げる本丸方面。階段状に連なる石垣が美しく見えるスポット。　2 天守台から南千畳。幻想的な世界が広がる。　3 霧が晴れれば播磨方面への眺望がきく。

季節限定で出会える絶景

晩秋の早朝、標高357・7mの古城《こじょう》山《ざん》山頂に残る竹田《たけだ》城の石垣が雲海から頭を出します。幻想的なその姿は、まるで大海をさまよう難破船のよう。浮遊感に包まれ、しばし時間を忘れます。

雲海の正体は、竹田城の東側を流れる円山《まるやま》川から発生する朝霧です。雲ひとつない晴天の日、夜間にぐっと気温が冷え込むと発生率が高まります。明け方から午前8時、9月〜11月の日夜の寒暖差が激しい日が狙い目。気象条件によるため運次第ですが、それもまた、出会えたときの感激を高めてくれます。

三英傑が狙った理由

竹田城が雲海に浮かんで見えるのは、視界を遮《さえぎ》るものがない山上にあるから。敵を監視する役割も担う城にとって、これは大切な要素です。城のある風景がフォトジェニックで、かつ城からの眺望が抜群であるのは当然なのです。

歴史を紐解けば、竹田城は国境《くにざかい》の城として古くから重要な役割を担っていました。この地は、但馬《たじま》(兵庫県北部)、丹波《たんば》(京都府中部、兵庫県北東部、大阪府北部)、播磨《はりま》(兵庫県南西部)の交通上の要衝《ようしょう》。播磨の姫路から但馬・丹波方面へ北上する街道と、但馬・丹波の2国を縦断する街道の交差点にあります。竹田城からは丹波との国境が見え、鳥取方面に通じる街道も見渡せます。

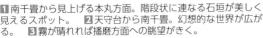

竹田城のはじまりは室町時代に遡り、但馬守護《しゅご》の山名《やまな》氏と播磨守護の赤松《あかまつ》氏との衝突がきっかけでした。源平合戦から南北朝時代にかけても、山陰道から播但道へと軍勢が往来した地域でした。

竹田城から15㎞ほど南にある、生野《いくの》銀山の存在も忘れてはなりません。織田信《おだのぶ》長《なが》の命令で但馬へ侵攻した羽柴《はしば》(豊臣《とよとみ》)秀《ひで》吉《よし》がこの地を抑えた理由のひとつが、生野銀山の掌握《しょうあく》と思われます。竹田城から直径20㎞内には、生野銀山のほか明延《あけのべ》銅

4南千畳の石垣。　5二の丸から見下ろす城下町。円山川はかつては今よりさらに城側にあった。　6算木積。城内の石垣スポットは膨大。縄張も秀逸で見どころ満載。

山など直轄《ちょっかつ》鉱山が集中。財政資源として絶対的な価値があったのでしょう。

但馬守護の山名祐豊《すけとよ》が堺《さかい》に亡命した際には、信長の御用商人の今井宗久《いまいそうきゅう》に一千貫《かん》の借金をして信長に献納し但馬復帰を果たしたという逸話もあります。宗久の狙いは、ずばり生野銀山の経営権。それに同意して山名氏を援助した信長の主目的は、銀山経営による但馬経略でした。

1600年(慶長《けいちょう》5)の関ヶ原の戦いの後には、いち早く江戸幕府が直轄地としています。これも、生野銀山の確保が目的なのでしょう。

城ファンが悶える魅力

竹田城の価値のひとつは、土の城から石の城への変遷期に、最高峰の技術で築かれた城であることです。

竹田城の石垣は、同時期に積まれた石垣と比較しても膨大かつ高い技術力を誇ります。石垣を積んだのは、1585年(天正《てんしょう》13)に入った秀吉配下の赤松広秀《あかまつひろひで》。信長が登用した石工《いしく》集団、穴太衆《あのうしゅう》が手がけたとされますが、広秀が穴太衆を単独で掌握していたとは考えにくく、秀吉のバックアップがうかがえます。秀吉は広秀の前に、実弟の羽柴秀長《ひでなが》を一次的に在城させています。実弟に任せるくらいですから、やはり重視していたのでしょう。

秀吉の関わりは、秀逸な縄張《なわばり》(設計)からも推察できます。竹田城は山頂の天守台を中心に、三方向に向けて尾根上に曲《くる》輪《わ》が段層的に広がります。ベンツのマーク、スリーポインテッド・スターのような形状です。

要所に櫓台《やぐらだい》を置き、枡形虎口《ますがたこぐち》や喰違《くいちが》い虎口を多用。城内にはくまなく横矢《よこや》が掛けられ、搦手にあたる花屋敷《はなやしき》には向かい合った石塁《せきるい》で防御性を高めるなど、かなり技巧的な設計といえます。さらに、南《みなみ》千畳《せんじょう》から城下に向けた大規模な2本の竪《たて》堀《ぼり》をはじめとして、周囲に堀切《ほりきり》や竪堀などの防備装置を効率的に配置。こうした設計は、織田・豊臣系の城の典型的な特

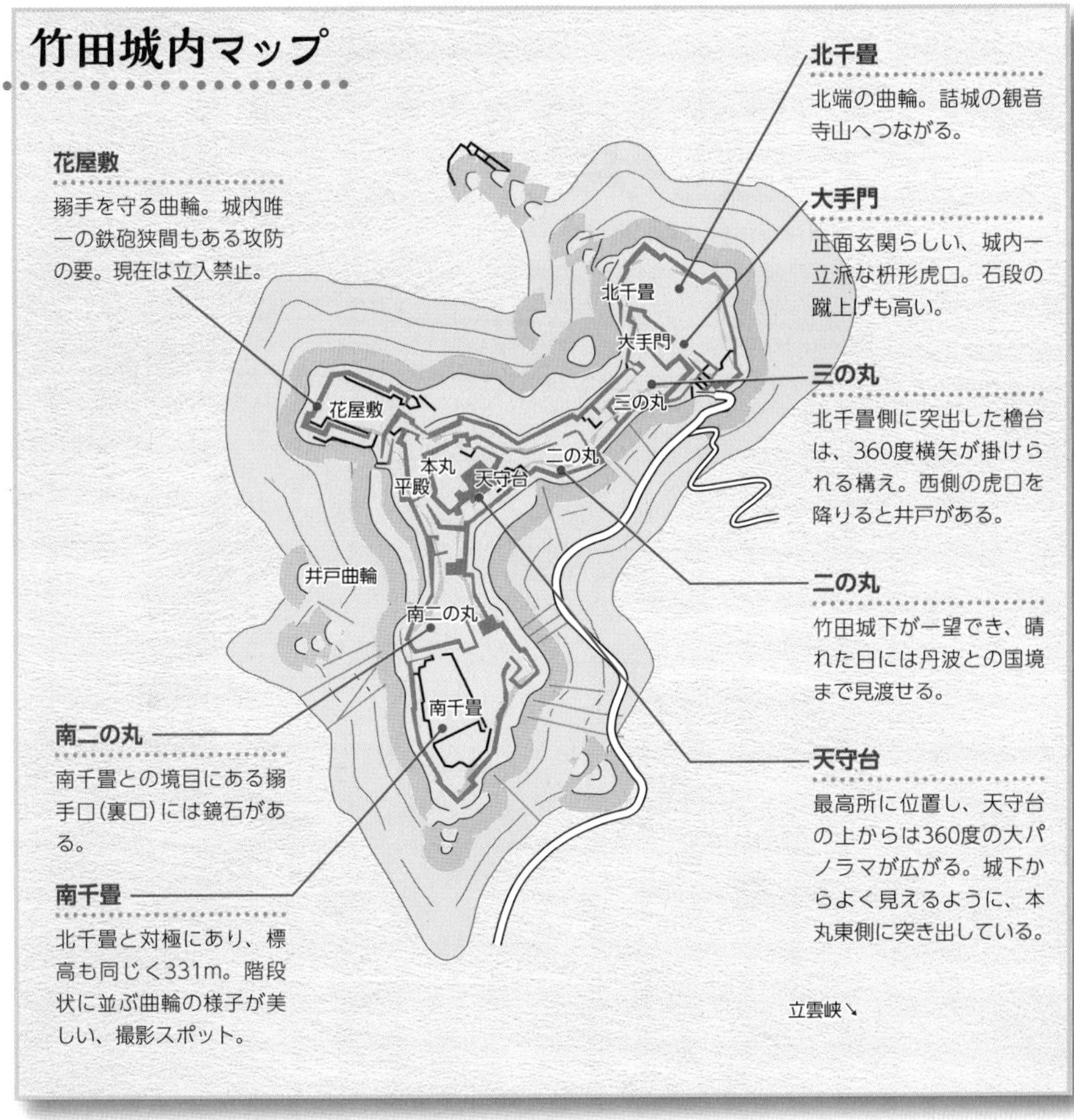

竹田城内マップ
花屋敷
搦手を守る曲輪。城内唯一の鉄砲狭間もある攻防の要。現在は立入禁止。
北千畳
北端の曲輪。詰城の観音寺山へつながる。
大手門
正面玄関らしい、城内一立派な枡形虎口。石段の蹴上げも高い。
三の丸
北千畳側に突出した櫓台は、360度横矢が掛けられる構え。西側の虎口を降りると井戸がある。
二の丸
竹田城下が一望でき、晴れた日には丹波との国境まで見渡せる。
天守台
最高所に位置し、天守台の上からは360度の大パノラマが広がる。城下からよく見えるように、本丸東側に突き出している。
南二の丸
南千畳との境目にある搦手口(裏口)には鏡石がある。
南千畳
北千畳と対極にあり、標高も同じく331m。階段状に並ぶ曲輪の様子が美しい、撮影スポット。
北千畳
大手門
三の丸
花屋敷
本丸
平殿
天守台
二の丸
井戸曲輪
南二の丸
南千畳
立雲峡↘

徴といえるでしょう。

江戸時代に修復されず終焉を迎えた奇跡的な城であることも高価値です。

広秀は、関ヶ原の戦いで石田三成《いしだみつなり》率いる西軍に従属した後に東軍へうまく移るも、徳川家康《とくがわいえやす》の怒りを買い切腹。竹田城に戻ることはありませんでした。城主不在となった竹田城は、幕府直轄地となり400年以上の時を超えています。

全国の城は、関ヶ原の戦いの後に新たな城主によって改修されたり、廃城となるケースがほとんど。幕府直轄地となり改修の手が入らなかった竹田城の石垣は、全国的にかなり希少なのです。

とにもかくにも、圧巻の石垣が竹田城の最大の見どころ。大小さまざまな石材を組み合わせて積んだ野面積《のづらづみ》の石垣は、荒々しくも独特の美があります。隅角《ぐうかく》部の算木積《さんぎづみ》もまだ未発達で、それもまた古めかしく趣《おもむき》深し。ところどころにはめ込まれた縦長の石も、古い時代の石垣の特徴です。

太閤・秀吉の夢幻の城

日本100名城 87

名護屋城

【なごやじょう／佐賀県唐津市鎮西町名護屋】

POINT

❶ 栄華の片鱗と激しい破城の痕跡

❷ 防御性の高い設計

❸ 戦国オールスターズが集結！
陣屋跡めぐりも楽しい

城めぐりのコツ

かなり広いため、たっぷり時間を取って散策を。まずは佐賀県立名護屋城博物館に立ち寄るのがオススメ。朝鮮出兵の概要や、名護屋城の全貌をジオラマや絵図で頭に入れておけば、城歩きがぐっと楽しくなるはずです。天守台は、晴れていれば壱岐島まで遠望できる最高のロケーション。絶景を堪能しつつ、秀吉の野望にも存分に思いを馳せてください。陣屋敷めぐりもぜひ。難易度★★☆☆☆

1 大手口の石垣。　2 本丸から見渡す遊撃丸と玄界灘。リアス式の地形で水深も深く大型船も接岸できることなどからこの地が選ばれたらしい。　3 本丸北側の石垣。

日本軍の出撃拠点

玄界灘《げんかいなだ》に突き出す、東松浦《ひがしまつうら》半島の先端部。心地よい風と絶景が堪能できるこの場所に、太閤《たいこう》・豊臣秀吉《とよとみひでよし》の夢の跡があります。秀吉による朝鮮出兵（文禄《ぶんろく》・慶長《けいちょう》の役《えき》）における出兵拠点として築かれた、名護屋《なごや》城です。

歴史好きなら、一度は訪れてみたい憧れの場所ではないでしょうか。秀吉は天下統一を果たすと、明《みん》国の征服を宣言。その足がかりとして大陸への侵攻を決意し、1591年（天正《てんしょう》19）に黒田長政《くろだながまさ》、加《か》藤清正《とうきよまさ》、小西行長《こにしゆきなが》らに名護屋城の築城を命じました。わずか数か月の超スピード工事で完成したといわれています。

この城から、秀吉の命令で結集した全国の諸大名が朝鮮半島へと渡海。1592～93年（文禄元～2）の文禄の役、1597～98年（慶長2～3）の慶長の役、足かけ7年にわたる大戦が朝鮮半島で繰り広げられました。

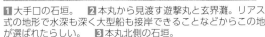

大坂に次ぐ一大都市

城は広く、敷地面積は約17万haに及びます。日本軍の軍事拠点といっても殺伐とした雰囲気とはかけ離れていたようで、狩野光信《かのうみつのぶ》が1593年（文禄2）頃の城と城下を描いたとされる『肥前名護屋城図《ひぜんなごやじょうず》屏風《びょうぶ》』（佐賀県立名護屋城博物館蔵）を見ると、城は豪華で、城下は大変な賑わいです。城の周囲には、全国から集まった諸大名がそれぞれ陣屋《じんや》（屋敷）を構築。城下町には武士や商人が行き交い、人口20万がひしめく、大坂に次ぐ一大都市を形成していたとみられています。

本丸北東の山里丸《やまざとまる》という暮らしのエリアは、太閤・秀吉の権力と財力が投影された、賑やかかつ華やかな世界だったようです。現地で見初《みそ》めた側室を住まわせ、能や芝居、茶会を催す華やぎぶり。居館《きょかん》を置いた上《かみ》山里丸には54大阪城（大阪府大阪市）から黄金の茶室を運ばせて、外国使節の応接に使ったようです。下《しも》山里丸に設けた能舞台では、能を開催。秀吉自らも稽古に没頭し、明国の使節にも披露していたとか。堀秀治《ほりひではる》の陣跡からも茶室と能舞台の遺構が確認されており、優雅な生活ぶりがうかがえます。

秀吉の死とともに終息

開戦直後は破竹の勢いを見せた朝鮮出兵は、徐々に戦況が悪化。休戦を経て、秀吉が講和内容に激怒し2度目の出兵へ突入しました(慶長の役)。

宣教師のルイス・フロイスが「絶望的だけど従わざるを得ない、老関白への屈服と従順さは異常だ」と記すほど、秀吉の権力は圧倒的でした。厭戦《えんせん》ムードが高まるも戦いは延々と続き、1598年(慶長3)8月の秀吉の死をもってようやく終結。多くの家臣を失い疲弊しきった諸大名は、命からがら帰国したのでした。

二度に渡る出兵は諸大名の経済力や軍事力に大きな負担を与え、豊臣政権の終焉を早めました。悲惨な爪痕を残しただけでなく、大名の内部分裂を引き起こし、豊臣政権の崩壊を招くことになるのです。名護屋城に在陣したものの渡海しなかった徳川家康《とくがわいえやす》は結果的に力を温存でき、豊臣政権の亀裂に乗じて地位を確立して政権奪取へと突き進むことになります。

石垣ラバーの心揺さぶる破城

名護屋城の魅力のひとつは、石垣が明らかに破壊されていることです。これほどまでに、石垣ラバーの心を揺さぶる城があるでしょうか。石垣の見事な破壊と放ったらかしっぷりがたまりません。秀吉の絶頂期に築かれた石垣が、この有様。残骸に哀愁がありすぎです。

隅角部《ぐうかく》だけが崩れているのは、老朽化などによる自然な崩落ではなく、人為的な破壊の証。とくに城の中心部となる天守台や本丸周辺は、激しく崩されています。朝鮮出兵が終結すると用済みになった名護屋城は廃城となり、石垣だけの寂しい姿に。1638年(寛永《かんえい》15)の島原《しまばら》・

4 天守台。城内の石垣のなかでも破壊が激しい。 5 上山里丸山里口。秀吉の居館があったとされる曲輪で、厳重な出入口が特徴。 6 本丸大手付近の石垣。隅角部が激しく破壊されている。

名護屋城内マップ

遊撃丸《ゆうげきまる》
1593年(文禄2)に明国の講和使節がもてなされたという曲輪。

天守台
五層七階の天守が建っていた。金箔瓦も出土。壱岐島までの眺望が楽しめる。

二の丸
本丸には直結しない。北西側に船手口、北東側には遊撃丸へと続く虎口がある。

本丸大手
三の丸と本丸を結ぶ道路。城門の礎石やL型の石段などが見つかっている。門は伊達政宗が仙台城に移築したといわれている。

太閤井戸
台所丸
船手口
遊撃丸
水手曲輪
上山里丸
天守台
二の丸
山里口
本丸
弾正丸
本丸大手
三の丸
東出丸
搦手口
大手口
名護屋城博物館

弾正丸《だんじょうまる》
二の丸の南側にある曲輪。浅野弾正少弼長政の曲輪とされる。

東出丸
大手口からの直線通路の先にある長方形の曲輪。千人枡《せんにんます》とも。

本丸南西隅櫓跡
建物を解体した後で30㎝以上盛土していたことが判明している。

伝馬場
三の丸と二の丸を結ぶ、長さ約100mの直線通路。

天草一揆《あまくさいっき》の後、反逆の拠点にならないよう徹底的に破却されたとみられます。

秀吉時代の石垣は全国でも残存例が少なく、それだけで貴重。その石垣が破壊されたまま放置されているのですから、歴史のロマンを感じずにいられません。まさに、太閤・秀吉の夢の跡といったところ。名護屋城は、秀吉政権の栄華を示す城である一方で、わずか7年後に歴史の帳《とばり》に消えた夢幻《むげん》の城でもあるのです。

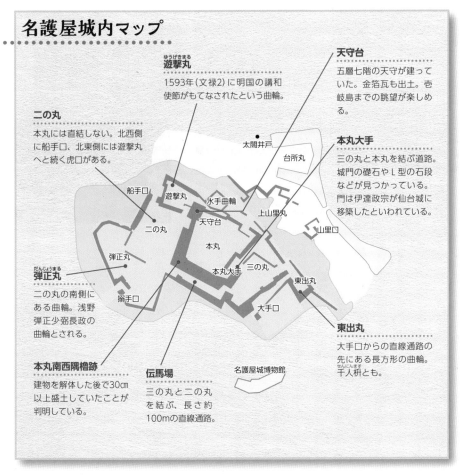

スケールと設計の妙を感じて

城は本丸を中心として西側下段に二の丸と遊撃丸《ゆうげきまる》、東側下段に三の丸と東出丸、南西側下段に弾正丸《だんじょうまる》と搦手《からめて》口、北東麓に山里丸と台所《だいどころ》丸が置かれています。名護屋城博物館で予習をしたら、大手《おおて》口へ向かいましょう。城の正面玄関となる大手口には、185唐津城下(佐賀県唐津市)と名護屋城を結ぶ太閤道《たいこうどう》も通じていました。

大手口から進んだとき正面に立ちはだかるのが、東出丸です。三の丸に進むた

7 本丸多聞櫓跡から見る、天守台と遊撃丸。
8 二の丸に面する本丸南西隅櫓台も破壊されている。本丸南西側は拡張され、二の丸に面して多聞櫓が建ち並んでいた。
9 島津義弘陣跡に残る石垣。

めには左に折り返す必要があり、右手にせり出すこの東出丸から横矢《よこや》を掛けられます。突貫《とっかん》工事のせいか石垣の大きさや加工がまちまちで、積み方も乱雑です。

　東出丸、三の丸と虎口《こぐち》の跡を辿りながら本丸に抜け、天守台へ。その後は伝馬場、二の丸、搦手口とまわり、遊撃丸へ。時間と体力があれば、水手《みずのて》曲輪、水手口、山里口、太閤井戸《いど》へもどうぞ。

　本丸の天守台には、かつて五重六階地下一階の天守が建っていたとみられます。天守の高さは、石垣を含めると推定25～30m。24個の礎石《そせき》が据《す》えられていたと考えられ、穴蔵の床には玉石《たまいし》が敷き詰められていたことが調査から判明しています。本丸東側の虎口を入った北西隅に天守を配置するのは、秀吉が築いた大阪城や126石垣山城(神奈川県小田原市)と同じです。本丸には格式高い檜皮葺《ひわだぶき》の本丸御殿や茶室風の建物もあったようです。

　天守に連動するように設置された出曲《でくる》輪《わ》、遊撃丸も心震える存在で、天守から枡形虎口《ますがたこぐち》が制圧できるようになっています。四方を多聞櫓《たもんやぐら》で囲んだ厳重警備だったと思われ、防備力の高さが伝わります。

　本丸旧石垣は、地下に埋没していた築城当初の石垣。名護屋城は短期間に何度も改修されたようで、西側と南側への拡張の際に埋められたとみられます。

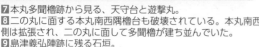

まるでオリンピックの選手村

　陣屋跡めぐりも、名護屋城の楽しみのひとつです。オリンピックの選手村のように、伊達政宗《だてまさむね》、上杉景勝《うえすぎかげかつ》、前田利家《まえだとしいえ》、徳川家康《とくがわいえやす》、加藤清正、鍋島直茂《なべしまなおしげ》など160ともいわれる戦国大名オールスターズがもれなく大集結し、城の半径3km圏内に屋敷を構えて在陣していました。150以上の陣跡が確認され、23か所が国の特別史跡に指定されています。

　陣屋といっても一時的な駐屯地《ちゅうとんち》ではなく、城のような立派な外観でした。『肥前名護屋城図屏風』には陣屋も描かれていて、たとえば豊臣秀保《ひでやす》の陣屋は、白い

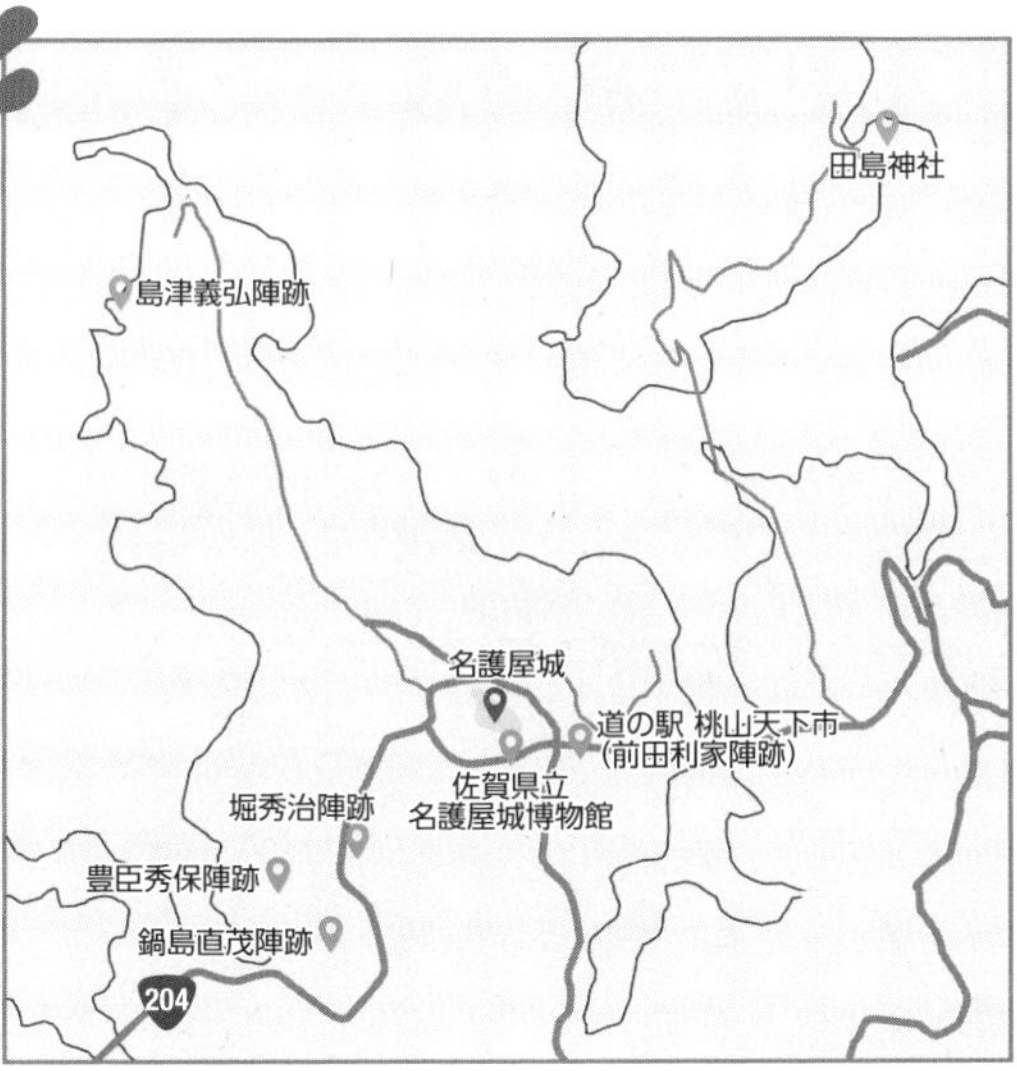

佐賀県立名護屋城博物館

日本列島と朝鮮半島との交流の歴史を調査・研究・展示紹介原始〜現代までの資料を展示。

➡唐津市鎮西町名護屋1931-3

田島神社

6万の兵を率いて参陣。秀吉が槍を突き立てると気迫に負け割れたという太閤石が残る。

➡唐津市呼子町加部島3956

堀秀治陣跡

陣跡で唯一、全体が整備されている。約10万㎡の丘陵全域に広がり、防御機能と遊興空間を併せ持つようすが確認されている。

島津義弘陣跡

波戸岬の近く、半島の最先端付近にある。茶会や蹴鞠をした記録が島津家の日記に残る。

道の駅　桃山天下市

名護屋城の玄関口にある道の駅。新鮮な農産物や水産物などが揃い、食事処では活魚料理が味わえる。背後が前田利家陣跡。

◆忘れ形見が唐津城と仙台城に

廃城となった名護屋城の建物の廃材は、185唐津城などに運ばれたとされています。

唐津城は、初代唐津藩主となった寺沢広高が、1602年(慶長7)から築いたとするのが定説。近年の調査で、広高以前に2段階の築造があった可能性が高まりました。名護屋城とは太閤道で通じ、かつ唐津湾を押さえた立地であることを踏まえると、朝鮮出兵に伴う何らかの関連施設があったことも考えられそうです。

名護屋城の本丸大手門は、伊達政宗が8仙台城に移築し大手門として再利用したという伝承があります。仙台城の大手門は国宝に指定されていましたが、空襲で焼失。古写真によれば、2階建てで瓦葺きの立派な櫓門でした。

漆喰壁《しっくいかべ》の櫓と板葺《ぶき》らしい屋敷が建ち、周囲は石垣と塀《へい》でがっちり囲まれています。

文禄の役で水軍を率いて敵将・李舜臣《りしゅんしん》と戦った島津義弘《しまづよしひろ》の陣屋には、高さ2〜3mの石垣や石塁、曲輪群が今でも残り、かつての威容を彷彿とさせます。鍋島直茂陣跡にも、雛壇状の曲輪を囲む高さ2〜3mの石垣が。発掘調査では延長100mの石垣、石塁、土塁のほか、L字型の厳重な虎口も確認されています。

これが150余も建ち並んでいたのですから、想像を絶します。ひなびた村落が大都市に一変し、かと思えば7年後には何事もなかったかのように静かな村に逆戻り――。まさに夢幻の地ですね。

ちょっと立ち寄る程度では済まない規模なので、陣屋跡めぐりはあらかじめ時間を確保した方だけどうぞ。時間がない方は諦めて、名物・呼子《よぶこ》のイカに舌鼓を。ガラスのように透き通りキラキラ光る呼子のイカは、コリコリとして身が厚く、噛むほどに口の中に甘味が広がります。

ファンキー！ 巨岩と石垣の絶品コラボ

続日本100名城 142

苗木城

【なえぎじょう／岐阜県中津川市苗木】

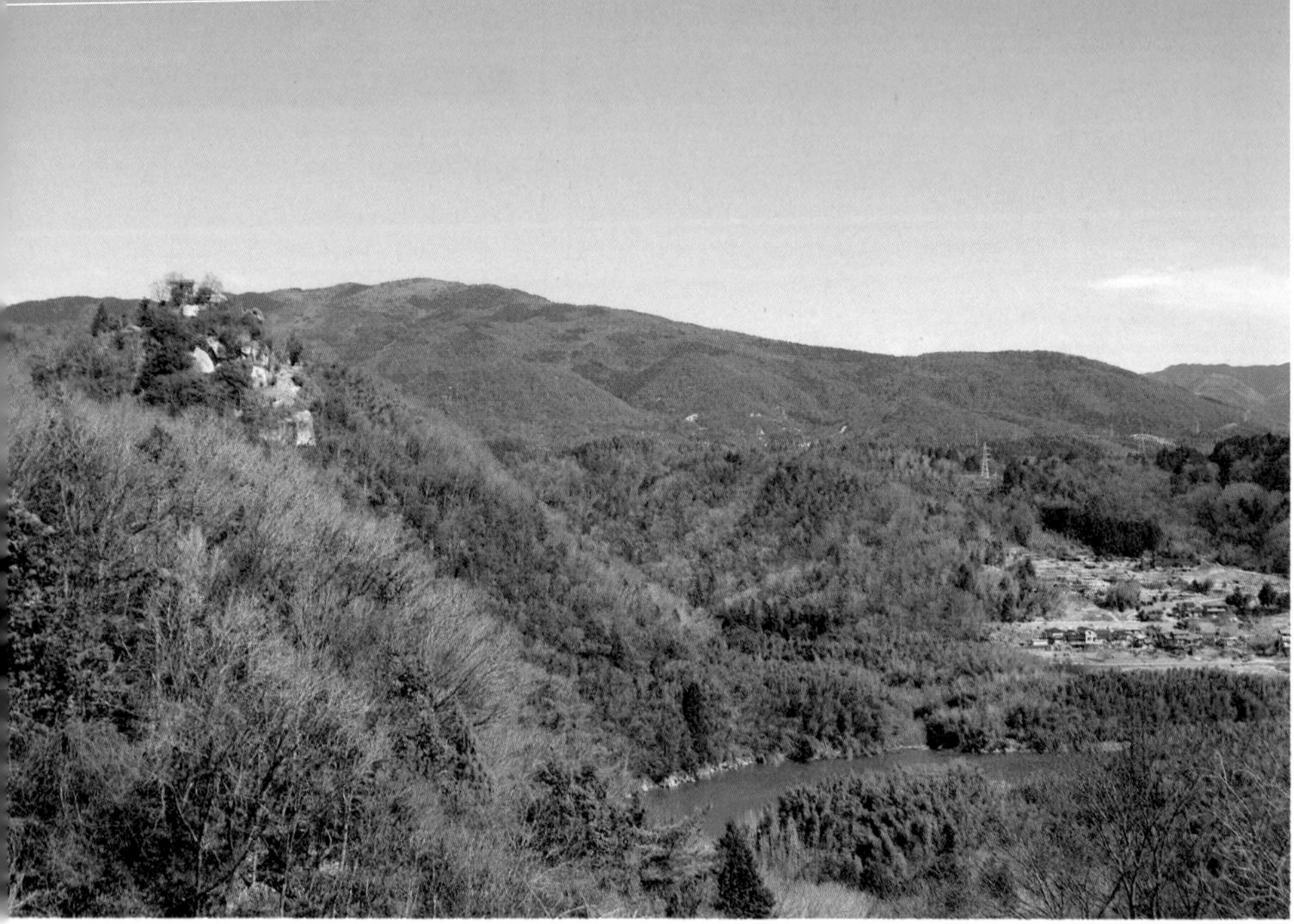

POINT

❶ 岩盤とコラボした迫力満点の石垣

❷ 城を望む景観と城からの絶景

❸ 石垣フェチも満足の多彩な石垣

城めぐりのコツ

駐車場は苗木遠山史料館または竹門前。史料館で城内散策MAPをもらい、5分も歩けば風吹門を抜けて三の丸です。ショートコースなら、三の丸から直接本丸へ。三の丸→北門→大矢倉→二の丸→不明門→八大龍王→帯曲輪→仕切門→的場～千石井戸→本丸口門→武器蔵→笠置矢倉→馬洗岩→玄関口門→天守展望台、帰りは坂下門→台所門を通って戻れば1周できます。時間があれば、本来の大手道である四十八曲りから登るのがオススメ。難易度★★★☆☆

1 玉蔵橋から。右手の山上に見えるのが苗木城。　2 武器蔵前あたりから見上げる天主台。懸造の天守が建っていた。

すべてを忘れられる絶景

落城するのではないか、と思うほどに多くの人が押し寄せている話題の城です。人気の理由は、この城でしか見られない迫力満点の石垣と、城からの絶景です。

苗木《なえぎ》城は標高432mの高森山《たかもりやま》に築かれ、最高所の天守展望台からは、どんなに荒《すさ》んだ人の心をも洗うであろう絶景が広がります。袂《たもと》にはエメラルドグリーンに輝く木曽《きそ》川が悠々《ゆうゆう》と流れ、2191mの名峰・恵那《えな》山《さん》を借景《しゃっけい》とする贅沢ぶり。眺めているだけで雑念が払われます。

城からの絶景も最高ですが、城を望む景色もすばらしい。苗木城と木曽川は、熟年仲良し夫婦のように一心同体。はやる気持ちを抑えて、まずはあらゆる角度から遠景《えんけい》を堪能するといいですね。

おすすめの撮影スポットは、玉蔵橋《ぎょくぞうばし》からと、城山大橋《しろやまおおはし》から。もう、とにかく苗木城がかっこいい。雄大な景色に溶け込む、後世に残したい景観です。

2つの街道を押さえる要衝

城からの眺望《ちょうぼう》や城を望む景色が抜群によいのには、理由があります。

苗木城のある中津川《なかつがわ》市は長野県と隣接する岐阜県南東端にあり、つまりかつての美濃《みの》と信濃《しなの》の国境《くにざかい》近くに位置します。

注目は、東西には信濃の木曽谷《きそだに》へと続く中山道《なかせんどう》が、南北には付知《つけち》川に沿って飛騨《ひだ》街道が通うこと。2つの街道は、現在の中津川インターあたりで合流します。そう、苗木城は、中山道と飛騨街道を一望できる国境付近の要衝《ようしょう》だったのです。城からの視界が開けているのは、周囲を見渡すためなのですね。

そんな立地ゆえ、苗木城主は板挟みとなり苦労したようです。築城した苗木遠《とお》山《やま》家が16世紀中頃まで居城としていたのは、苗木城から北へ9㎞ほどの広恵寺《こうえじ》城。北は飛騨口、南は岩村《いわむら》との連絡路で、西は木曽西古道を押さえる飛騨への要路《ようろ》でした。しかし応仁《おうにん》の乱《らん》以降は信濃からの侵攻に備える必要性が生じ、木曽と飛騨方面の入口を押さえる苗木城へと移ったと思われます。

遠山氏はなかなかドラマチックな一族。城主の遠山直廉《なおかど》は実兄の38岩村城（岐阜県恵那市）の城主・遠山景任《かげとう》とともに武《たけ》田信玄《だしんげん》に与《くみ》する一方、織田信長《おだのぶなが》の妹と結婚。信長がその娘を養女として武田勝頼《かつより》に嫁がせるなど、両属状態を維持し、上手に両家のパイプ役を果たしていました。

しかし、直廉・景任兄弟が没すると苗木遠山家は断絶。信長はすかさず飯羽間《いいばま》城主の遠山友勝《ともかつ》を置いて恵那までを制圧します。これにより、苗木城は勝頼の東美濃侵攻を受けました。やがて、武田氏が滅亡し信長も横死。1583年（天正《てんしょう》11）、ついに豊臣秀吉《とよとみひでよし》配下の森長可《もりながよし》に攻略され、遠山友忠《ともただ》・友政《ともまさ》父子は徳川家康《とくがわいえやす》のもとに敗走したのでした。

しかし、関ヶ原《せきがはら》の戦いの功績によって遠山友政が見事に苗木城主へと返り咲きます。以後、明治維新《めいじいしん》まで約270年間を遠山家が統治。苗木城は、家康から1万523石を拝領した友政により現在の姿へと大きく整備されたようで、石垣のほとんどは友政によるものと思われます。

ファンキーな石垣

絶景の感動も薄れさせてしまう、苗木城のすばらしい魅力が、岩盤とコラボレーションした石垣です。

苗木城は全山《ぜんざん》が巨岩からなるため、石材が豊富。そもそも中津川は奇岩《きがん》の地で、日本有数の景勝地《けいしょうち》である恵那峡《きょう》も奇岩が多いことで知られます。城のまわりにも、奇岩スポットがたくさんあります。

石垣の構造は、実にファンキー。山そのものが岩ですから、岩盤の上に石垣を貼りつけたり差し込んだりしています。

ゴツゴツとした岩盤に巨石が荒々しく埋め込まれていたり、そうかと思えば、統一サイズに加工した石がていねいに積み上げられていたり。自然の岩盤と人工的な石垣との異色のコラボはもはや芸術

3 本丸口門から見下ろす大矢倉。1、2を争う撮影スポット。
4 大矢倉の石垣。圧巻！

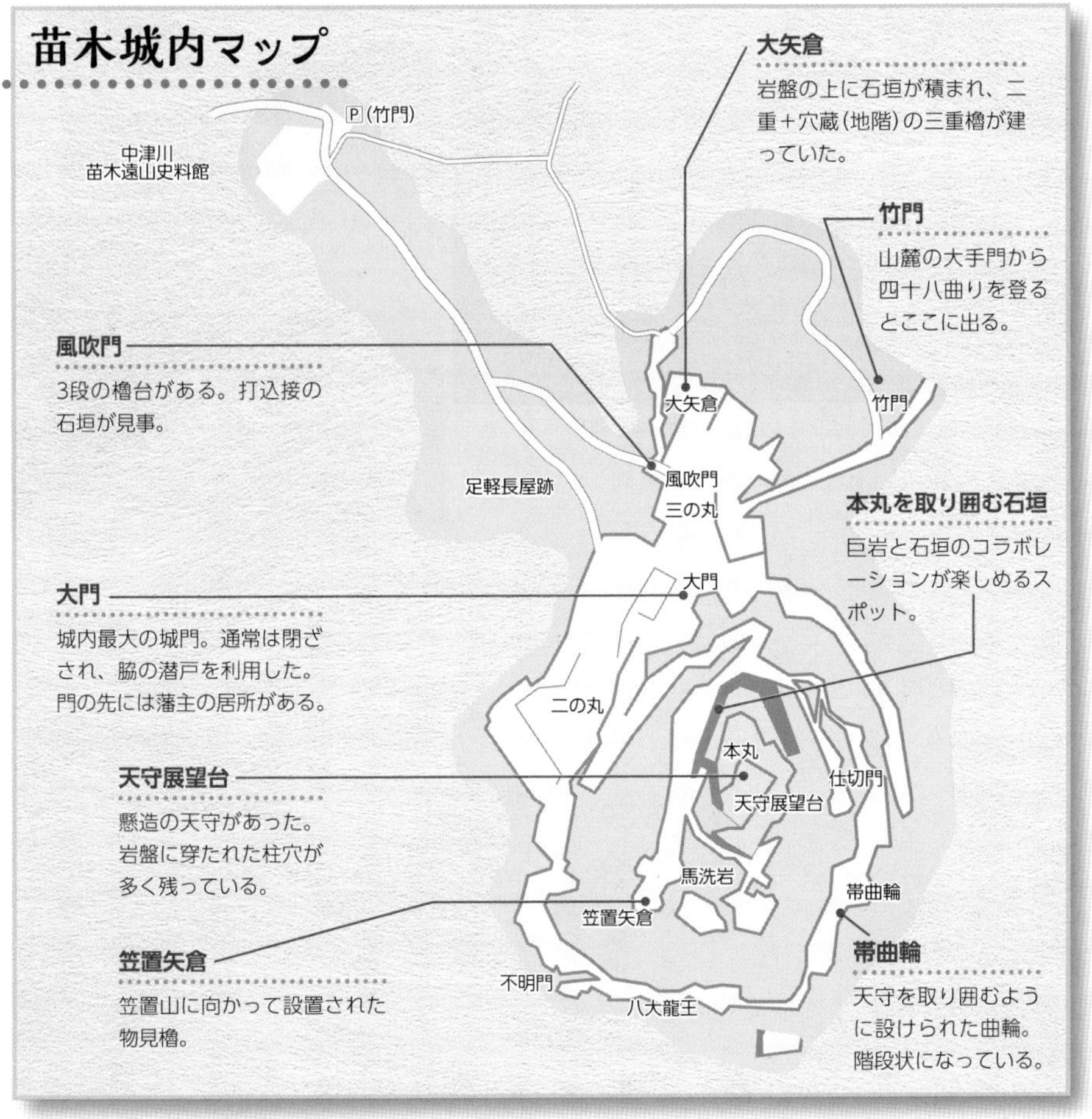
苗木城内マップ
大矢倉
岩盤の上に石垣が積まれ、二重＋穴蔵（地階）の三重櫓が建っていた。
竹門
山麓の大手門から四十八曲りを登るとここに出る。
風吹門
3段の櫓台がある。打込接の石垣が見事。
本丸を取り囲む石垣
巨岩と石垣のコラボレーションが楽しめるスポット。
大門
城内最大の城門。通常は閉ざされ、脇の潜戸を利用した。門の先には藩主の居所がある。
天守展望台
懸造の天守があった。岩盤に穿たれた柱穴が多く残っている。
笠置矢倉
笠置山に向かって設置された物見櫓。
帯曲輪
天守を取り囲むように設けられた曲輪。階段状になっている。
P（竹門）
中津川
苗木遠山史料館
大矢倉
竹門
足軽長屋跡
風吹門
三の丸
大門
二の丸
本丸
仕切門
天守展望台
馬洗岩
帯曲輪
笠置矢倉
不明門
八大龍王

の域で、美術館で感性を撃ち抜かれたときのようなインパクトがあります。一度見たら忘れられない、ここにしかないオリジナリティのある石垣です。

なるべく曲輪《くるわ》の敷地面積を確保するためか、石垣は岩盤に密着。石垣の裏側に詰め込まれた裏込石《うらごめいし》は幅50㎝以内と薄く、石垣の裏側はほとんどが岩盤です。玉石《たまいし》ではなく、こっぱ石という割石《わりいし》が詰められているのもポイントです。

岩盤に沿って積まれているため、石垣のラインが規格的ではなく変則的でナチュラル。隅角部《ぐうかくぶ》が鈍角《どんかく》になる鎬積《しのぎづみ》になっていることが多いのもそのためでしょう。高さは3～5mがほとんどで、いちばん高いところで約12mです。

豊富で多彩な石垣バリエ

じっくり観察していると、石垣の積み方や加工のバリエーションが豊かなことに気づきます。

たとえば、大矢倉《おおやぐら》下の石垣は積石《つみいし》の形

5 足軽長屋跡から。地元の方々の尽力でかなり眺望がよくなった。　6 大門跡付近。大門は領主の江戸参勤出立時など以外は閉ざされ、左側にある潜り戸を通行していた。
7 天守展望台からの眺望。

が不規則で大小入り乱れた打込接《うちこみはぎ》ですが、台所門付近の石垣は隙間なく加工された切込接《きりこみはぎ》。本丸口門南側の石垣は5面に分かれますが、上部だけは岩盤が露出。上下段の石垣も、積み方や勾配《こうばい》が大きく違っています。

積み方は3種類あり、もっとも古いものはほぼ加工していない野面積《のづらづみ》で、目地《めじ》が通りません。苗木城の石垣は大きく6パターンあり、時期により違う表情を見せてくれます。風吹門と二の丸の接続部分や大門の「切込石整層積」もかっこいいし、帯曲輪の「打込石乱層積」はおしゃれ。帯曲輪の石垣は大軍を阻止するためか階段状になっていて、歩きにくいけれどぐっときます。石材はほとんどが花《か》崗岩《こうがん》ですが、古い石垣には濃飛流紋岩《のうひりゅうもんがん》も使われています。

天守台も、かなり個性的。石垣というより岩そのもので、よく見ると柱穴《ちゅうけつ》がたくさん彫り込まれています。どうやら、清水の舞台のような懸造《かけづくり》の天守だったようです。赤壁《あかかべ》城と呼ばれるのは、建物の壁面が赤土のままだったからです。

感激したのは、天守台の岩盤に筋のような溝が彫られていたこと。なんと、雨水を流す排水路！緻密な仕事ぶり、あっぱれです。

1万石のプライドと知恵

苗木城のすごいところは、城主の遠山家の石高がわずか1万石余だったことです。江戸《えど》時代の大名は、家格によって国《こく》主《しゅ》（国持《くにもち》）大名、国持並（準国主）大名、城持（城主）大名、城持並（城主格）大名、無城大名の5区分に分かれていましたが、一般的に3万石以上の大名しか城は持てず、1万石の小大名は陣屋《じんや》を居所《きょしょ》とするのが普通でした。幕末《ばくまつ》には1万石の大名は53家あったそうですが、城を持っていたのは苗木城のみだそうです。

1万石ゆえ、城下町がミニマムなのはご愛嬌。ここは素直に、よくぞ城を築き維持したと讃《たた》えたいところです。

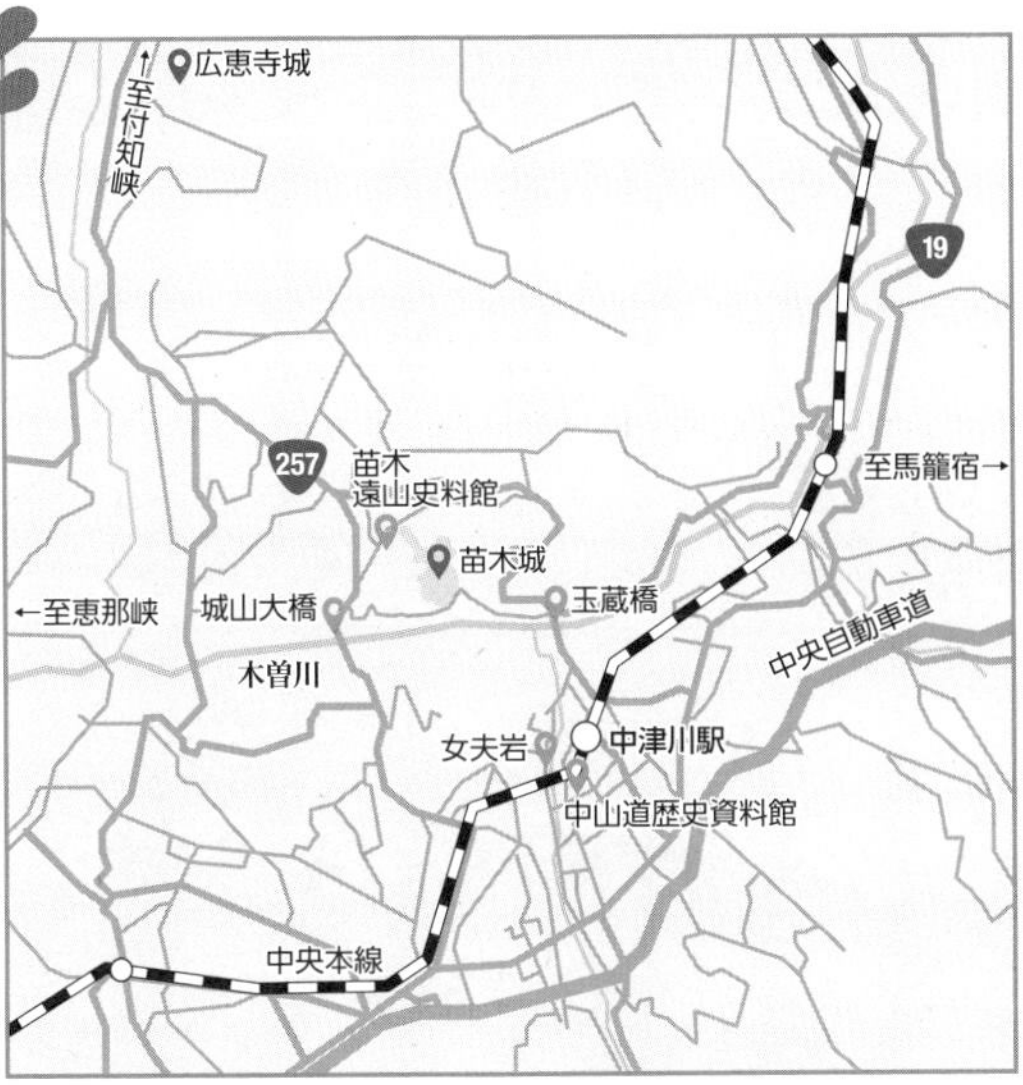

広恵寺城
至付知峡
19
257
苗木遠山史料館
苗木城
至馬籠宿→
←至恵那峡
城山大橋
玉蔵橋
木曽川
中央自動車道
女夫岩
中津川駅
中山道歴史資料館
中央本線

中山道歴史資料館

江戸から45番目の宿場町・中津川宿は、東濃地方随一の商業の町として栄えた。

➡中津川市本町2-2-21

馬籠宿

石畳が敷かれた坂に沿う宿場町。観光地として整備されている。

➡中津川市馬籠

付知峡

森林浴の森日本100選、岐阜県の名水50選、飛騨・美濃紅葉33選。

➡中津川市付知町6-39

苗木遠山史料館

苗木遠山氏、苗木藩、苗木城に関する資料を多数展示。苗木藩の廃仏毀釈に関する資料も。

➡中津川市苗木2897-2

◆「ひがしみのの山城」へも

100名城 38　続100名城 143

（上から）岩村城、苗木城、美濃金山城。

岐阜県が認定する「岐阜の宝もの」。2017年（平成29）には、38岩村《いわむら》城跡と岩村城下町、142苗木城跡、143美濃《みの》金山《かねやま》城跡の3城が「ひがしみのの山城」として認定されました。岩村城は日本100名城、美濃金山城と苗木城は続日本100名城に選定されています。併せて訪れるのもいいですね。

復元模型と絵図を駆使しよう

ありがたいことに、1718年（享保《きょうほう》3）の大地震による修復工事の際に描かれた絵図が残っていて、城内の道筋や建物のようすがわかります。まずは苗木遠山史料館で、絵図をもとに作成された復元模型を見ながら、在りし日の姿を頭の中にインプットするといいでしょう。移築された風吹門を見て、パンフレットをもらっていざ城内へ。5分も歩けば岩盤と石垣のコラボが出迎えてくれます。

3階建てだった大矢倉下の石垣はもちろん、本丸周辺や玄関口門あたりの石垣も存分にお楽しみを。帯曲輪や仕切門のあたりもなかなか圧巻です。

時間があれば、山麓《さんろく》の大手門《おおてもん》から本丸を結ぶ四十八曲りからの登城がおすすめ。比高150mを登り切る、約600mの登城道です。江戸時代の絵図にも激しく屈曲する道のりが描かれていて、同じ道を辿《たど》っていると思うと感激します。

海・空・城の一体感がたまらない！

米子城

【よなごじょう／鳥取県米子市久米町】

POINT

❶ 本丸からの360度パノラマビュー

❷ 発見された登り石垣と巨大竪堀

❸ 天守がなくてもド迫力！
2つの天守台と時代ごとの石垣

城めぐりのコツ

米子市立山陰歴史館で模型や資料をチェックし、パンフレットをもらうと○。登城道はいくつかありますが、徒歩の場合は山麓東側の表中御門枡形から旧小原家長屋門→二の丸→裏御門→内膳丸と上がるのがいいでしょう。山麓西側の駐車場からは内膳丸に通じる登城道があり、二の丸からの登城道とはここで合流します。本丸からは、水手御門を抜けると深浦側へ降りられます。御船手郭、飯山へもぜひ。難易度★★★☆☆

1 本丸からの眺望。水平線がくっきり、境港も見える。
2 本丸へ至る鉄（くろがね）門跡。
3 御船手郭。深浦に面し、水軍の船が停泊していたと思われる。

海城が叶えたパノラマビュー

隠れた名城だとは思っていたが、ここまでとは……！　発掘調査による驚愕の新発見が続いている、ここ数年でテンションが上がり続けている名城です。

まず、本丸からの絶景がすばらしい！　標高90・5mの湊山山頂の本丸には、360度の大パノラマが広がります。海も空も町も身近に感じられ、城を取り巻く時空をも近くに思えてきます。

本丸にいると、大海に浮かぶ船に乗って佇んでいる気分になります。西には中《なか》海《うみ》が広がり、境港《さかいみなと》や島根《しまね》半島、その向こうの日本海まで。北には城下町が眼下に見下ろせ、遠くには秀峰・大山《だいせん》も望めます。海と空と山と町、すべてを手に入れたような格別の空間です。

海の上にいるような錯覚に陥るのは、中海に臨む海城《うみじろ》だから。かつての米子《よなご》城は西・南・北面が中海に面し、城の半分が中海に突き出していました。

米子城は標高90・1mの湊山に築かれ、山頂に本丸、その北に内膳丸《ないぜんまる》、東に出丸《でまる》として飯山《いいのやま》（采女丸《うねめまる》）を置く構造です。本丸南西側の下段には水手御門《みずのてごもん》と水手御門下郭《したくるわ》、本丸南側の中腹には八幡台郭《はちまんだいくるわ》があり、山麓《さんろく》には、二の丸、三の丸、御船手《おふなで》郭《くるわ》が配されました。現在の市営湊山庭球場が、城主の御殿《ごてん》や武器庫などがあった二の丸。旧湊山球場一帯が、米蔵や馬屋などがあった三の丸です。

御船手郭は南麓の深浦《ふかうら》に面した郭で、船頭屋敷や船小屋などがありました。西側の港が城下町に通じて商業に使われる一方で、深浦は機密基地的な使われ方をしていたよう。静かで広く、水軍の船が停泊していたのでしょう。米子城の裏の顔を見たようでゾクゾクします。

中海から水を引き込んだ内堀は、三の丸をぐるりと取り囲むように飯山の東側までめぐっていました。その外側に武家屋敷が配され、さらに外側に、外堀、町人地、寺町がありました。

発見！ 登り石垣&竪堀コンビ

海城は敵が侵攻しやすいため、戦国時代の城は海から少し離れた場所に築くのが一般的です。それにもかかわらず、なぜ米子城は海に面しているのでしょうか。

米子城は、1591年(天正19)に65月《がっ》山《さん》富《と》田《だ》城(島根県安来市)に入った吉川広家が、月山富田城を改修しながら並行して築いた城です。1591年は、朝鮮出《ちょうせんしゅっ》兵《ぺい》(文禄《ぶんろく》・慶長《けいちょう》の役)が始まる前年。この時期は豊臣秀吉《とよとみひでよし》の家臣がこぞって海に面した城を築いており、米子城も、海上交通の拠点とする秀吉の意向で築かれた可能性が指摘されています。

広家と朝鮮出兵の関わりを示すのが、発掘調査で確認された「登り石垣」です。山麓方向に向け斜面に沿って積まれた登り石垣は、朝鮮出兵において朝鮮半島南沿岸部に築かれた倭城《わじょう》で多く確認されています。広家は朝鮮に渡海しており、登り石垣の効力を目の当たりにした可能性があります。

1593年(慶長3)に秀吉の死によって朝鮮出兵が終結した後、豊臣政権は大きく揺れ、2年後の関ヶ原の戦いまで国内はかなりの緊張状態に包まれていたと考えられます。帰国した広家は米子城を強化すべく、倭城の影響を受けて登り石垣を構築したのかもしれません。

登り石垣は、高さは推定3m。本丸北端の遠見櫓《とおみやぐら》と北側尾根先の内膳丸をつなぐように一直線に積まれ、内膳丸まで含めると全長約230mにも及びます。絵図には石垣の上に土塀が描かれており、まさに鉄壁となっていたようです。

さらに、登り石垣とセットで機能していたらしい巨大な竪堀も発見されています。本丸番所跡から北東麓の虎口に向けたもので、長さ約63m、番所《ばんしょ》跡直下は切岸、竪堀の南側には全長68mの竪土塁《たてどるい》(斜面に沿って盛られた土壁)が設けられていました。両手を広げるように「ハ」の字に広がる登り石垣&竪堀コンビは、山麓

4 発掘された登り石垣。内膳丸から本丸遠見櫓までぐんぐんのびる。 5 表中御門枡形の石垣。1.5mほど埋まっており、絵図の記載の通り約4mの立派な枡形であることが判明した。中村一忠が裏中御門から大手を移した可能性がある。裏中御門では、吉川広家が積んだと見られる石垣も姿を現した。

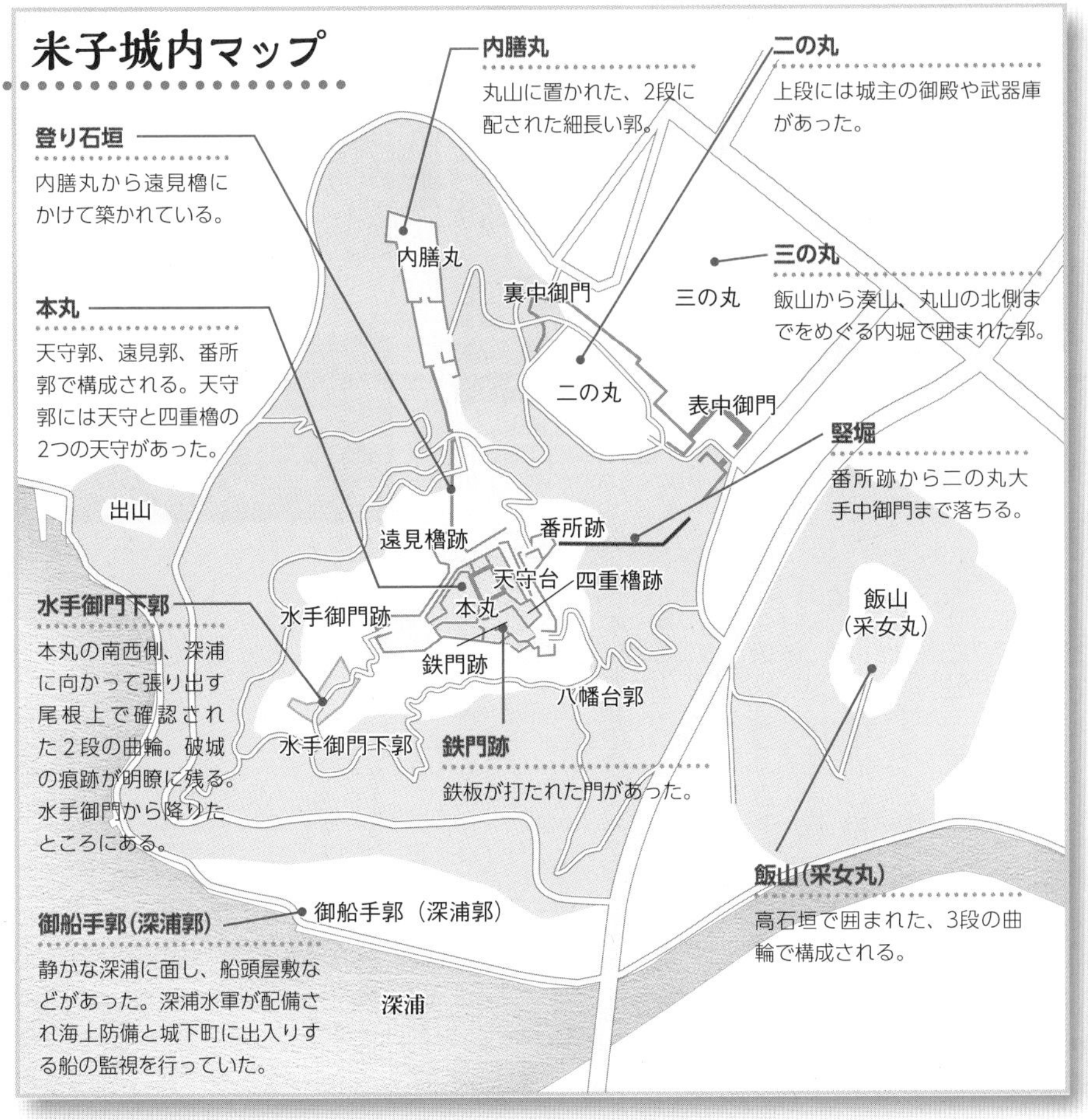
米子城内マップ
内膳丸
丸山に置かれた、2段に配された細長い郭。
二の丸
上段には城主の御殿や武器庫があった。
登り石垣
内膳丸から遠見櫓にかけて築かれている。
三の丸
飯山から湊山、丸山の北側までをめぐる内堀で囲まれた郭。
本丸
天守郭、遠見郭、番所郭で構成される。天守郭には天守と四重櫓の2つの天守があった。
竪堀
番所跡から二の丸大手中御門まで落ちる。
水手御門下郭
本丸の南西側、深浦に向かって張り出す尾根上で確認された2段の曲輪。破城の痕跡が明瞭に残る。水手御門から降りたところにある。
鉄門跡
鉄板が打たれた門があった。
飯山（采女丸）
高石垣で囲まれた、3段の曲輪で構成される。
御船手郭（深浦郭）
静かな深浦に面し、船頭屋敷などがあった。深浦水軍が配備され海上防備と城下町に出入りする船の監視を行っていた。
内膳丸
裏中御門
三の丸
二の丸
表中御門
出山
遠見櫓跡
番所跡
天守台
四重櫓跡
本丸
水手御門跡
鉄門跡
八幡台郭
飯山
（采女丸）
水手御門下郭
御船手郭（深浦郭）
深浦

の居館を防御すべく構築されたよう。本丸御殿を守るように2本の登り石垣が設けられている50彦根城（滋賀県彦根市）と同じ構造です。

いくつものドラマが眠る魅惑の城

変遷を物語る改修の痕が残ることが、米子城のもうひとつの魅力です。さまざまな時代の姿に出会え、城を通して社会の変化を知ることもできます。

築城に心血を注いだ広家は、完成を待たずに1600年（慶長5）に転封。代わりに入った中村一忠《なかむらかずただ》が、1602年（慶長7）頃に米子城を完成させたとみられています。石垣を増設して門前を固め、天守を築造。18万石にふさわしい城へと変貌させ、城下町も整備されました。

米子城は出雲《いずも》（島根県）・伯耆《ほうき》（鳥取県中・西部）の境に近い立地ゆえ国境警備の城として機能したようで、一国一城令の後も廃城にならずに存続を認められています。一忠の後は加藤貞泰《かとうさだやす》、その後は

6 奥が四重櫓台。隅角部のラインも整った切込接の石垣。4つの時代の石垣が見られるスポット。 7 水手御門下郭の破城の痕跡。 8 二の丸北東側の石垣。見事な高石垣が確認され、見やすく整備された。

池田由之《いけだよしゆき》の預かりとなり、1632(寛永9)に池田光仲の家老・荒尾成利《あらおなりとし》が米子城預かりとなると、明治維新まで荒尾氏が城を管理。さらに、幕末にも海防拠点として改修されています。

幕末の絵図を見ると、2つの天守が象徴的に描かれ、強烈なインパクトを放っています。この特殊性も、改変の歴史あってのことです。一忠は、広家が築城時に建てた天守の代わりに四重五階の天守を新造。城主が代わり改修の手が入ったことで、珍しい姿へと変貌したのです。

本丸西側中腹の水手御門下郭や水手御門腰郭で見つかった、意図的に破壊された石垣も気になるところです。配置から考えると、深浦を押さえ中海に向けた最前線。1739年(元文4)の『米子御城《よなごおしろ》明細図《めいさいず》』には、石垣は描かれているものの建物はなく、この頃には城内の一角と見なされていなかったようです。広家が米子城を去るときに自ら破却したのか、一忠が改修時に壊したのか、はたまたその後に別の理由で不要とみなされたのか……。さまざまな可能性をめぐらせながら歩くのがたまりません。

朝鮮出兵の収束から関ヶ原の戦いまでの2年間の軍事的緊張に代わり、関ヶ原の戦い後から大坂《おおさか》の陣《じん》までの15年間は別の軍事的緊張が全国を襲ったはず。2つの社会情勢の変化も、城の変遷《へんせん》を考える上で大きなヒントになりそうです。

4つの時代の石垣が集結

城内に残る石垣が、近代も含めた時代ごとの改変の歴史を教えてくれます。次々に場面が展開する舞台のように、米子城は表情豊かな城です。

誰もが圧倒されるのは、番所跡から本丸に上がるとどーんと出迎えてくれる、天守台と四重櫓台でしょう。超広角レンズでなければ撮影できないほどのスケールに、ほとんどの人が歓声を上げます。

ココ、実は4つの時代の石垣がいっぺんに見られるお得なスポットです。天守

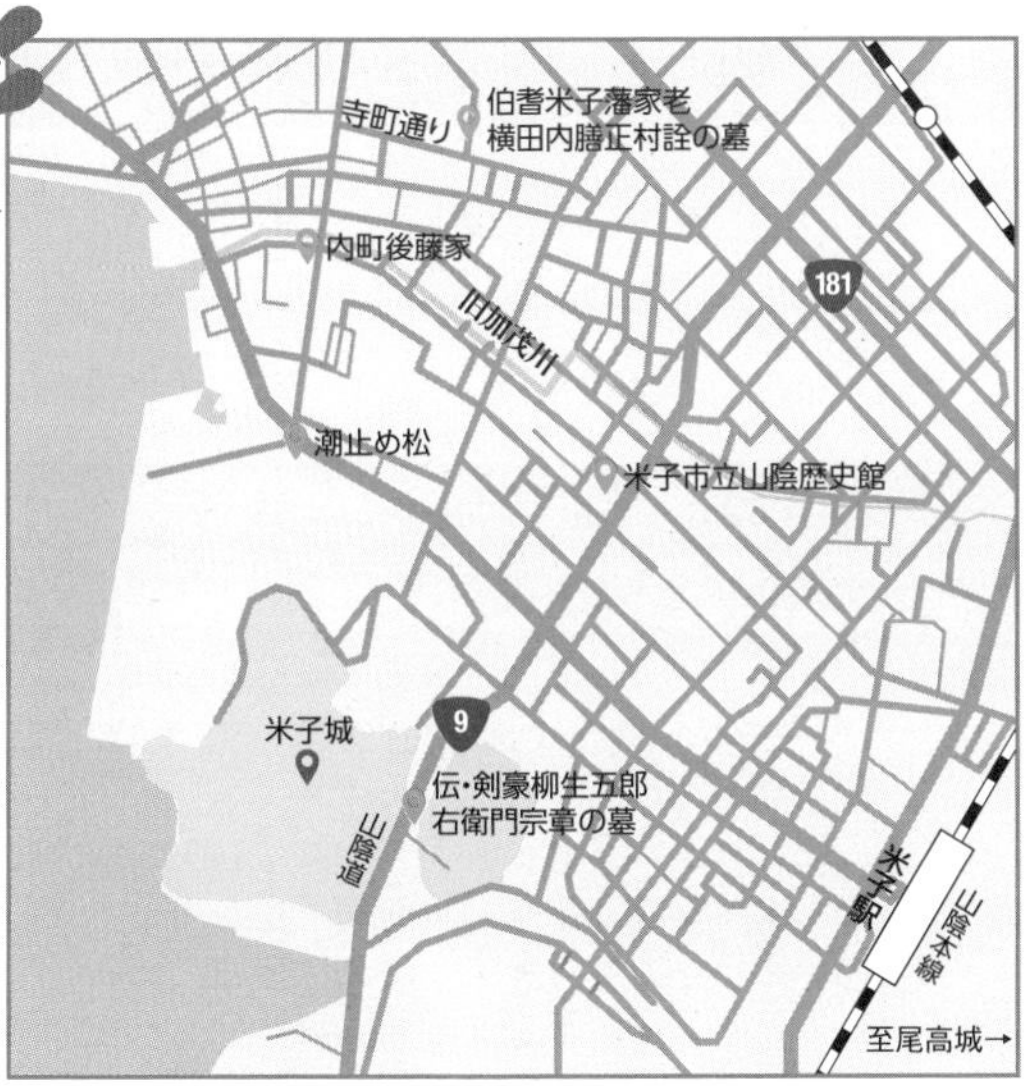

寺町通り

米子城築城の際に移築された、9つの寺が並ぶ。城下町には古い街並みが続き、白壁土蔵群や旧加茂川の川べりに続く並木道がある。

➡米子市寺町

内町後藤家

廻船問屋・後藤家の建物。地域唯一の、木造平屋建てで本瓦葺屋根の民家。※内部は非公開

➡米子市内町72

米子市立山陰歴史館

1930年（昭和5）に建てられた赤レンガの洋館。米子市役所だった。

➡米子市中町20

尾高城

行松氏から毛利氏の城となり、中村一忠も米子城が完成するまで居城とした。土塁・空堀などがよく残る。

➡米子市尾高

SPOT

城下町歩きも楽しい

実は、米子は城下町も楽しい。本丸からは、城下町の外側に9つの寺がずらりと並ぶ寺町《てらまち》通りが見渡せます。構造と範囲を把握したら、城下町へと繰り出しましょう。

代表的な景観は、中海へ注ぐ加茂川沿いの町並み。加茂川は外堀でもあり、武家屋敷と町人地を隔てる境界線でもありました。

米子城は南麓の深浦に軍港を構え、城下町には商業用の米子湊を置いていました。城主不在となった後も商業都市として繁栄し続けたのは、日本海へ通じる舟運のおかげ。その大動脈が加茂川で、物資輸送の流通経路でした。

おもしろいのが、川沿いに建ち並ぶ一般家屋の玄関に向けて橋が架けられていること。川沿いには、かつて使われていた「いとば」と呼ばれる荷揚げ場の石段が残されています。

台は慶長期に積まれた打込接《うちこみはぎ》。手前に積まれた控えの石垣は、上段が平成、下段が昭和の積み直し。表面がフラットに加工された四重櫓台の切込接《きりこみはぎ》は幕末に補修されています。わりと最近積まれたものもあるけれど、そんなことはどうでもいい！　かっこいいものはかっこいい！　どっぷりと堪能してください。

発掘調査の成果もさることながら、整備もすばらしく、訪れるたびに感涙しています。二の丸北東側の石垣や表中御門《おもてなかごもん》枡形の石垣は、裾部が旧湊山球場の建設時に埋められていましたが、現在は撤去されて城下町側からの江戸時代の景観が見事によみがえっています。

高さ約9mの二の丸北東側の石垣はこれまでも圧巻でしたが、実際にはさらに高く、12mほどありました。2・5mほどしか見えていなかった表中御門枡形の石垣も、地下から裾部が出現。幕末の絵図に記されている通り、2間（約4m）の巨大な枡形が確認されています。

神秘の島で、気分は水軍の将

続日本100名城 164

洲本城

【すもとじょう／兵庫県洲本市小路谷1272-2】

POINT

❶ 水軍の城らしい眺望のよさ

❷ 石垣の築造時期の違いを比較

❸ 必見！ 希少な登り石垣

城めぐりのコツ

馬屋跡の駐車場からは、大手門→日月の池→本丸大石段→本丸へ。天守台からは絶景を堪能しましょう。その後東の丸→武者溜→東一の門と下り水軍基地の緊張感を味わったら、一度引き返して東二の丸→南の丸→搦手口→高石垣→籾蔵へ。独立した出城である西の丸までは、籾蔵から約200m。途中、籾蔵と西の丸の間に、山上に建つ天守を撮影できる展望所があります。スニーカーまたはトレッキングシューズで。難易度★★★☆☆

1 本丸から望む大浜と洲本市街地。「洲本八景」のひとつにも数えられる。　2 搦手の虎口から。　3 東の丸東面の、文禄・慶長期とみられる石垣。東二の段の曲輪にあり、最前線として南の谷まで続く。

悠久の彼方に誘われる神秘の島

神戸から明石《あかし》海峡大橋を渡ると、瀬戸内海最大の島、淡路《あわじ》島に着きます。淡路島は、自然と文化が融合し、神々が宿る神秘の島。『古事記《こじき》』『日本書紀《にほんしょき》』の冒頭を飾る「国生みの神話」によれば、世界で最初に創造された島とされるそう。悠《ゆう》久《きゅう》の彼方へと誘われるような、不思議な感覚に陥《おち》る場所です。

洲本《すもと》城は、淡路島の中部西から南東に位置する洲本市の東端、標高133mの三熊山《みくまやま》にあります。三熊山は瀬戸内海国立公園に属し、紀淡海峡《きたんかいきょう》(紀州と淡路島間の海峡)を一望できる景勝地。青く美しい大阪《おおさか》湾に面し爽やかな風が吹くこの場所には、穏やかな時間が流れるばかり。しかし戦国時代から江戸《えど》時代にかけては、淡路の拠点がありました。

歴代城主は水軍の将

洲本城のはじまりは、16世紀初頭。熊《くま》野《の》水軍《すいぐん》の頭領であった三好《みよし》氏の重臣・安《あ》宅《たぎ》氏が築城者と考えられます。由良《ゆら》城を本拠地とし、島内に築いた支城《しじょう》のひとつが洲本城でした。

1581年(天正《てんしょう》9)、織田信長《おだのぶなが》配下の羽柴《はしば》(豊臣《とよとみ》)秀吉《ひでよし》が淡路島に侵攻すると、洲本城は翌年に開城。本能寺《ほんのうじ》の変《へん》を経て秀吉配下の仙石秀久《せんごくひでひさ》が淡路島の諸城を支配すると、四国攻めに備えた水軍城として石垣づくりの城へと整備されました。

1585年(天正13)の四国攻めでは、秀吉の弟・羽柴秀長《ひでなが》が3万の軍勢で洲本城に入城し、四国を目指しています。

同年に転封《てんぽう》となった秀久に代わり3万石で城主となったのが、脇坂安治《わきざかやすはる》です。1609年(慶長14)に5万3000石で伊予大洲に移るまで、洲本城は安治の城となりました。安治は城を整備し、水軍の編成も強化。城内に残る石垣の大半は、安治の時代に積まれたものと思われます。

淡路水軍を吸収して脇坂水軍を再編成した安治は、秀吉配下の家臣として洲本城から九州攻めや小田原《おだわら》攻めに出陣し活躍しています。1592年（文禄《ぶんろく》元）からの文禄・慶長《けいちょう》の役にも、水軍の将として従軍。安治を筆頭に、洲本城の歴代城主は水軍の将なのです。

東の丸の東面に積まれた高く長い石垣は、海に備えたものなのでしょう。最前線として、南の谷まで延々《えんえん》と続きます。

水軍基地としての機能も連想させられるつくりです。大手《おおて》（正面）が南に向くのは、紀淡海峡や大阪湾の海上を睨《にら》み、いざとなれば海峡を通って諸国に討って出る構えだからでしょう。出入口の堅固《けんご》さも見事で、とくに中心となる本丸周辺は厳重に守られています。

現在でも、南側の馬屋《うまや》からは紀淡海峡が見下ろせます。右は明治政府により堡《ほ》塁《るい》砲台が築かれた由良、左は友ヶ島《ともがしま》。この地に立ったなら、洲本城が水軍基地として機能していたことがわかるはずです。大阪湾に面する洲本港には、幕末には炬《たけの》口《くち》砲台も構築されました。

山城から山麓の平城へ

洲本城は、戦国時代の平山城《ひらやまじろ》と、江戸時代に築かれた山麓《さんろく》の平城《ひらじろ》に分かれます。

観光スポットになっているのが、戦国時代に築かれた山上の城。史跡指定面積は約2679㎡に及びます。

洲本市立淡路文化史料館、裁判所、税務署が建っているあたりが、江戸《えど》時代に築かれた平城の居館《きょかん》跡。1642年（寛《かん》永《えい》19）には、山麓の平城へ政庁機能が移されたようです。

見逃せない石垣たち

奇抜な天守に目が行きがちですが、全国的にも希少な、見逃し厳禁の石垣がたくさんあります。秀久や安治によって築かれた、天正期や文禄・慶長初期の石垣です。この時期は石垣築造技術の発達期にあたり、城内でその過程を見ることもできます。隅角部《ぐうかくぶ》の算木積《さんぎづみ》が発達し、低い石垣を階段状に積む方法から高石垣《たかいしがき》が

4 文禄・慶長初期のものとみられる、南の丸隅櫓の石垣。櫓台中央に、拡張を示す斜めの継ぎ足し線がある。 5 本丸虎口へといたる、本丸大石段。関ヶ原の戦い以降に積まれたとみられる。 6 馬屋から望む紀淡海峡。海峡の右側が由良で、左側が和歌山県の友ヶ島。

洲本城内マップ

天守台
南西隅部は関ヶ原の戦い後、南丸南東隅角部は文禄・慶長初期の築造と思われる。
東一の門
武者溜の東端部にある虎口。
登り石垣
北斜面に脇坂安治によって築かれたとされる、2つの登り石垣。西側の登り石垣は安治時代の山上の城と中務屋敷を結ぶ。
残念石
城内で唯一発見されている残念石。矢穴は残るも割れなかったよう。
東登り石垣
武者溜
西登り石垣
東の丸
東一の門
天守台
東二の門
本丸
搦手門
大石段
大手門
南の丸
籾蔵
馬屋
西の丸
城内最古の石垣
東の丸二段の曲輪の石垣はもっとも古い時期、天正期のものとみられる。
天守
天守台と小天守台があり、その間に両者を繋いでいたと思われる櫓台がある。天守は伊予に転封となった脇坂安治により、大洲城(愛媛県大洲市)に運ばれたともいわれる。現在の天守は1928年に展望台として建てられた。
稜線が二重の石垣
南の丸南東隅の櫓台。石垣の稜線が二重になっていて、4mほど拡張されているのがわかる。
馬屋
紀淡海峡が見下ろせ、海上を監視できる。海峡の右側が由良で、左側が和歌山県の友ヶ島。

実現します。

東の丸二段の曲輪《くるわ》の石垣は古く、天正期に積まれたとみられるものです。南東隅角部を見ると算木積が未発達で、反りもなく直線的。南面の石垣を見ると、高さもないことがわかります。たとえば慶長期に積まれた天守台南西隅部《すみぶ》と比べると、その違いは一目瞭然。天守台は石材が均一化されて隅角部の稜線《りょうせん》が通り、算木積の発達によって高さも出ています。

この中間となるのが、文禄・慶長初期の石垣です。南の丸の南東隅角部や東の丸東面の石垣がそれで、算木積は発展途上にあるもののまだ完成とはいえず、高さもやや高くなりはじめた程度。隅角が90度以上の鈍角なもの（シノギ角）があるのも、この時期の石垣の特徴です。

最大の見どころは、北斜面に安治が築いたとされる、2本の登り石垣です。山頂から山麓に向けて構築されています。一直線ではなく、横矢が掛かるよう折れを伴うのも驚愕。石垣フェチは必見です。

7 城内最古と考えられる東の丸二段の曲輪の石垣。南東隅角部の算木積に注目。　8 天正期に積まれたと考えられる、東の丸二段の曲輪の石垣。　9 西の登り石垣。脇坂安治時代の山上の城と中務屋敷を結び、斜面に築かれている。全国的にも貴重な遺構。

文禄・慶長の役で苦戦を強いられた安治は、帰国すると54大阪城（大阪府大阪市）を防衛するため洲本城の強化を図ったとみられます。登り石垣は、その証なのでしょうか。南の丸、東二の門、日月《じつげつ》の池も、このときの改修と思われます。

洲本城の攻略ルート

山上の城へは車でも行けますが、史料館近くの登城口から登るのがおすすめです。所要時間は20分ほど。てくてくと歩けば、絶景と石垣が待っています。東西約800m×南北約600mに及ぶ広大な城は保存状態もよく、気持ちよく歩けます。山頂北側に置かれた本丸を南の丸が囲み、東に東の丸、東下段に武者溜《むしゃだまり》、南下段に馬屋を置く構造で、南の丸の西側には籾蔵《もみぐら》、その西に西の丸が独立します。

山麓からの登城道は、西側の登り石垣を見ながら上がっていくと、搦手門《からめてもん》に着きます。そこからまずは天守台の石垣をチェックしながら本丸へ上がり、眺望《ちょうぼう》を楽しみましょう。本丸南西の虎口《こぐち》から大石段を下りて東の丸へ向かい、城内最古の石垣やシノギ角の石垣を堪能。東一の門まで行ったら折り返して東二の門経由で戻り、大手門、馬屋、南の丸、籾蔵、西の丸へと向かえば1周できます。

終わらないドラマ

安治が去った後にも、洲本城にはドラマがあります。江戸時代になり藤堂高虎《とうどうたかとら》の支配を経て池田忠雄《いけだただかつ》が淡路領主になると、由良成山《ゆらなるやま》城を拠点としたため洲本城は一度は廃城となります。しかし1615年（元和《げんな》元）に蜂須賀至鎮《はちすかよししげ》の支配下となり家老の稲田《いなだ》氏が由良城代《じょうだい》となると、由良城から洲本城へと城下町ごと移されたのです。

1631年（寛永《かんえい》8）から行われた「由良引け」と呼ばれる大移転は、実に4年を要したとか。その後は洲本城が淡路支配の中心地として存続し、明治維新まで稲田氏が城代を務めました。

洲本市立淡路文化史料館

淡路島の歴史と文化のほか、美術工芸品や文芸作品なども展示した博物館。

➡洲本市山手1-1-27

江国寺

蜂須賀家の家老の稲田家の菩提寺。庚午事変の犠牲者を供養する招魂碑も。

➡洲本市栄町3-3-19

大浜海水浴場

環境省「日本の快水浴場百選」にも認定されている白砂青松の海水浴場。

➡洲本市海岸通1

炬口城

淡路水軍を率いた安宅氏の城。16世紀前半に築城したと考えられる、安宅八家衆の城のひとつ。

➡洲本市炬口97-1外

+1城

セットで訪れたい炬口城《たけのくち》

大阪湾に面した炬口漁港の西側にある、炬口城。戦国時代、織田・豊臣政権が淡路に侵攻する前に安宅氏が築いた城です。

本丸、二の丸、出丸で構成され、本丸は南北約80m×東西約50m。コンパクトながら、本丸を囲む最大3m超の土塁は見ごたえがあります。運よく改変の手が入らなかったのか、虎口も堀切もしっかりと残っていて感激します。写真は尾根から望む洲本城。炬口漁港と紀伊半島も見えます。

洲本城とセットで訪れると、違う時代の城の姿を1日で見られていいですね。標高約96mと登り坂が続くわけではありませんが、中世の城ゆえ足元は悪いのでトレッキングシューズがベターです。炬口八幡神社脇の登城口から約15分。

◆日本最古の模擬天守

本丸の北西端にある天守は、1928年(昭和3)に展望台として建てられたもの。よく見ると天守台と小天守台があり、その間には櫓台《やぐらだい》があります。2つの建物が櫓で繋がれていたと思われます。

洲本城の天守は、日本最古のコンクリート製の模擬天守です。天守には「現存天守」「復元天守」「復興天守」「模擬天守」などの呼称があり、このうち模擬天守は、もともと天守が存在しなかった、もしくは存在したかどうか不明な城に建てられたものを指します。

海の覇者・村上海賊の城へ、いざ！ 続日本100名城 178

能島城

【のしまじょう／愛媛県今治市宮窪町能島】

POINT

❶ 激しく渦巻く、時速18kmの潮流

❷ 海蝕テラスと岩礁ピット

❸ 海岸ごとの役割と機能

城めぐりのコツ

村上海賊ミュージアムの展示でイメージを膨らませたら、いざ、水軍の気分で能島へ。島への上陸には事前の許可が必要なため、しっかり計画してから出かけましょう。観光船「能島城跡上陸＆潮流クルーズ」が運航中。村上海賊ミュージアムの前から出航し、クルージングと能島城現地ガイド案内で、約75分のショートトリップが楽しめます。難易度★★★☆☆

1 北東端の矢櫃の下あたり。川のような一定方向の激流もあれば、ぐるぐると渦巻く部分もある。
2 東側から。小さな船ならのみ込まれそうなほどの流れ。

多島海を制圧した村上海賊

広島県尾道市と愛媛県今治市を結ぶ、瀬戸内しまなみ海道。眼下には、心ほどけるエメラルドグリーンの瀬戸内海が広がります。とても穏やかに見えますが、実はこの海域は芸予《げいよ》諸島によって海峡が狭まるため、潮の干満《かんまん》により激しい潮流《ちょうりゅう》が襲う難所です。こうした特殊な地形を知り尽くし、瀬戸内海の覇者として名を馳せたのが村上海賊《むらかみかいぞく》でした。

海賊というと、船を襲って金品を略奪する荒くれ者たちのようなイメージがあります。しかし本来は、航路の安全を守り、交易と流通を支える海の管理者。村上海賊も、海上の警固《けいご》を行い、通行料の徴収と引き換えに安全な航海をサポートする水先案内人でした。瀬戸内海は東に斎灘《いつきなだ》、西に燧灘《ひうちなだ》を望む海上交通の大動脈。村上海賊は島々を流通の基地とした商人の顔も持ち、茶や香を嗜《たしな》み連歌《れんが》を詠《よ》む、大名顔負けの文化人でもありました。

信長を苦しめた日本一の水軍

村上海賊は、3家(因島《いんのしま》村上家、来島《くるしま》村上家、能島《のしま》村上家)に分かれます。瀬戸内海の広い海域を支配して、周辺の軍事・政治や経済の動向をも左右。戦国時代には機動力を発揮し、水軍として名を馳せました。

1576年(天正《てんしょう》4)の第一次木津川口《きづがわぐち》の戦いが、よく知られるでしょうか。村上海賊は、あの織田信長《おだのぶなが》を苦しめた、毛《もう》利《り》方の水軍として大活躍。船舶を巧みに操り、ほうろく火矢と呼ばれる火薬を使った戦闘を得意とした一族でした。

なかでも独立性が高かったのが、能島城を本拠とした能島村上家でした。毛利・大友《おおとも》・三好《みよし》・河野《こうの》氏と友好関係や敵対関係を繰り返しながらも、独自の姿勢を貫いて勢力を拡大。広範囲にわたり海上交通を掌握《しょうあく》しました。最盛期を築いたのが、小説『村上海賊の娘』でも知られる村上武吉《たけよし》です。武吉の子である村上元吉《もとよし》と景《かげ》親《ちか》兄弟は、豊臣《とよとみ》政権下では水軍として文《ぶん》禄《ろく》・慶長《けいちょう》の役にも参陣しています。

まずは絶景の展望台へ

能島城は瀬戸内海のほぼ中央、宮窪の沖合約800mの小島に浮かぶ海城《うみじろ》です。能島と鯛崎島《たいざきじま》、2つの島を城域とし、周囲は約1㎞、面積は1万7829㎡です。

まずはドライブがてら、能島城を一望できるカレイ山展望公園を訪れるのがおすすめです。城の立地がわかり、城を取り巻く潮流の動きも観察できます。

大島《おおしま》と伯方島《はかたじま》の中間に鵜島《うしま》があり、能島は鵜島と大島に挟まれています。鵜島と伯方島との間の船折瀬戸《ふなおれせと》は、燧灘から斎灘へ向かって芸予諸島を通過する最短ルート。鯛崎島は、監視目的の出丸《でまる》のような位置付けなのでしょう。

お風呂の栓と同じ原理

村上海賊ミュージアムから「能島城跡上陸&潮流クルーズ」の船に乗り、いざ、能島へ。潮流に歓声を上げながら、5分の航路を20分かけて向かいます。このクルーズが、かなり楽しいです。

現在でも、「船ではなく潮に乗れ」が地元の漁師さんの決めゼリフだとか。それほど、能島城を取り巻く潮流は特殊です。

海水は月と太陽の引力に影響され、水平方向に動きます。この海面の動きを潮《ちょう》汐《せき》、それにより起こる海水の流れや方向を潮流と呼びます。潮流の速さは月の欠け具合に影響されますが、土地や海底の形状も関係し、湾口や瀬戸で速くなります。芸予諸島は、島が障害物となるばかりか、その一帯の水深が深いのが特徴。そのため激しい潮流が起こるようです。原理は、水を溜めたお風呂の栓を抜いたときと同じ。ゴゴゴゴッと、スクリューのように渦を巻きます。

能島城を取り巻く潮流の速度は、最大で10ノット(時速18㎞以上)。ときに船が流されてしまうほどの激流が襲い、これでは容易に近づけません。

3 船だまりに残る岩礁ピット。海蝕テラスもめぐる。
4 船だまりは潮流の影響を受けず、潮が引けば砂浜も。
5 二の丸から見下ろす船だまり。身近島(みちかじま)や海峡も見渡せる抜群の眺望。

能島城内マップ

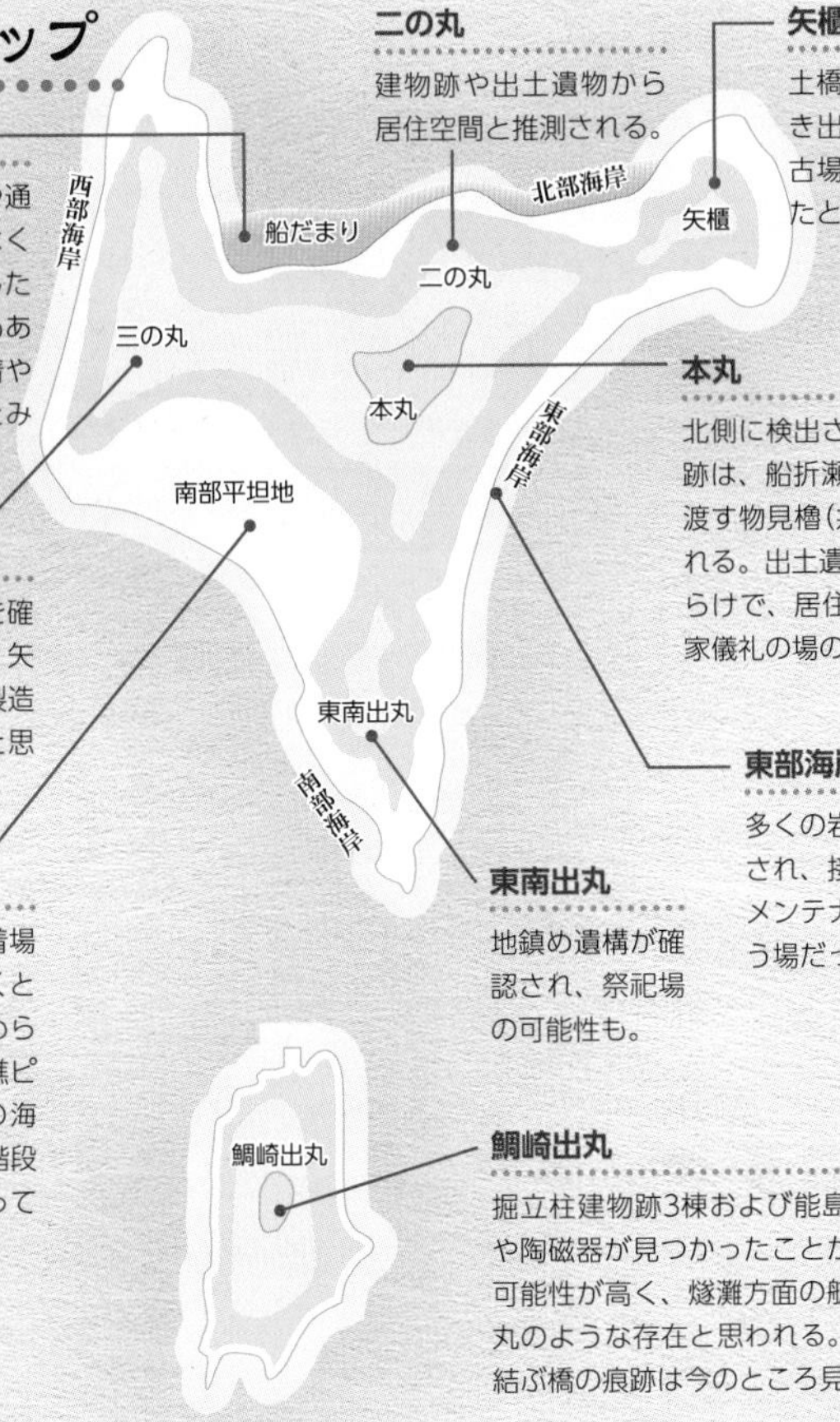

船だまり

繋船用の岩礁ピットや通路状のテラスが状態よく残る。船折瀬戸に面した小さな湾で広い砂浜もあることから、船の発着や繋留に使われた場所とみられる。

二の丸

建物跡や出土遺物から居住空間と推測される。

矢櫃

土橋を経て北東に突き出す曲輪。弓の稽古場や武器庫があったと伝わる。

三の丸

大型の掘立柱建物跡を確認。鍛冶場の痕跡も。矢じりなどの鉄製品の製造や修理を行っていたと思われる。

本丸

北側に検出された掘立柱建物跡は、船折瀬戸や見近島を見渡す物見櫓(井楼)とも考えられる。出土遺物の94%がかわらけで、居住空間ではなく武家儀礼の場の可能性がある。

南部平坦地

陸地の集落を繋ぐ船着場と推察される。少なくとも3段階の改変が認められ、盛土の下から岩礁ピットや奥行3.5mもの海蝕テラス、南側には階段状のテラスも見つかっている。

東部海岸

多くの岩礁ピットが確認され、接岸や繋留、船のメンテナンスや修理を行う場だったと推察される。

東南出丸

地鎮め遺構が確認され、祭祀場の可能性も。

鯛崎出丸

掘立柱建物跡3棟および能島と同時期の土器や陶磁器が見つかったことから機能していた可能性が高く、燧灘方面の航路を監視する出丸のような存在と思われる。鯛崎島と能島を結ぶ橋の痕跡は今のところ見つかっていない。

海蝕テラスと岩礁ピット

海岸に見られる能島城特有の遺構は、「海蝕《かいしょく》テラス」と「岩礁《がんしょう》ピット」です。海蝕テラスとは、島のまわりを武者走《むしゃばしり》のようにめぐる、奥行き1〜3・4mの通路状のスペースのこと。自然作用で形成されるものですが、南部平坦地や船だまりでは人工的に掘削《くっさく》した痕跡があります。

岩礁ピットは、岩礁に穿《うが》たれた柱穴。直径約20〜30㎝、深さ約30㎝程度が典型で、穴に船を繋《つな》ぐための柱や杭《くい》を差し込んで立てます。直径1mを超える謎の巨大ピットもあります。

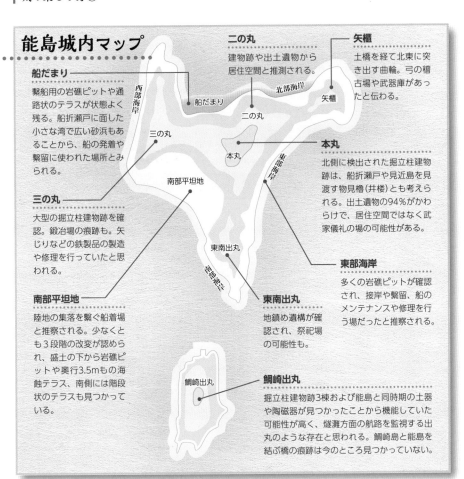

能島城では海岸全体で約380基の岩礁ピットが確認され、とくに東部海岸と船だまりに集中しています。東部海岸は桟橋《さんばし》のような建物状にピットが並び、接岸と繋留《けいりゅう》、船の修理やメンテナンスを行う場だったと考えられています。

船だまりは、船折瀬戸に面した航路にありながら、潮流の影響をまったく受け

6 東南出丸から望む本丸、二の丸、三の丸。階段状に並ぶ。南部平坦地は造成地。
7 二の丸から望む東南出丸方面。その先には鯛崎島が見える。

ない静かな湾。広い砂浜もあり、船の発着や繋留に使われた玄関口とみられます。
岩礁ピットは芸予諸島の岩礁によくあり、村上海賊の城にみられる遺構とされます。因島村上家の城は系譜が異なるようで、あまり見られません。

遊覧船が発着する南部平坦地は、15～16世紀中頃にかけて造成された埋立地。もともとは砂浜のある小さな入り江だったようで、奥行き3・5mの広い海蝕テラスのほか、階段状のテラスも見つかっています。海岸部には、砂礫《されき》または砂中《さちゅう》に直接立てられた木柱が約120本も発掘されたそう。護岸《ごがん》に使われたとみられ、漁港の作業ヤードのような、物資の荷揚げや加工、軍事演習など多目的スペースだったようです。このように、海岸ごとに地形や設備が異なり、それぞれに役割を持たせて機能していたとみられます。

潮流に守られた城ではない？

ぐるぐるとまわったり、さざ波のようによれたり。潮流は自由で無邪気な少年のようでもあり、右脳を刺激する現代アート作品のようでもあります。稼働する洗濯機をちっとも飽きずに眺め続ける子供のように、ずっと見ていられます。

だけれど、のんびり眺めていると、少しずつ潮の流れる方向や勢いが変化して、能島城のまわりからも潮流がなくなることに気づきます。城内を散策中にふと海に目をやると、30分前には私たちの船を襲っていた潮流が、ろうそくの火を吹き消したようにふっと消えていました。

聞けば、10ノットの潮流が常に城の周囲を渦巻いているわけではなく、約6時間の周期で満潮と干潮をくり返し、その前後に潮止まりという穏やかな時間が訪れるのだとか。干潮時には船を着け放題なほどだというのですから驚きです。

縄張《なわばり》を見ても、能島城は決して堅牢《けんろう》な城とはいえません。本丸・二の丸・三の丸が階段状に削平され、東と南に張り出した尾根に東南出丸と矢櫃《やびつ》などの出曲輪《でくるわ》

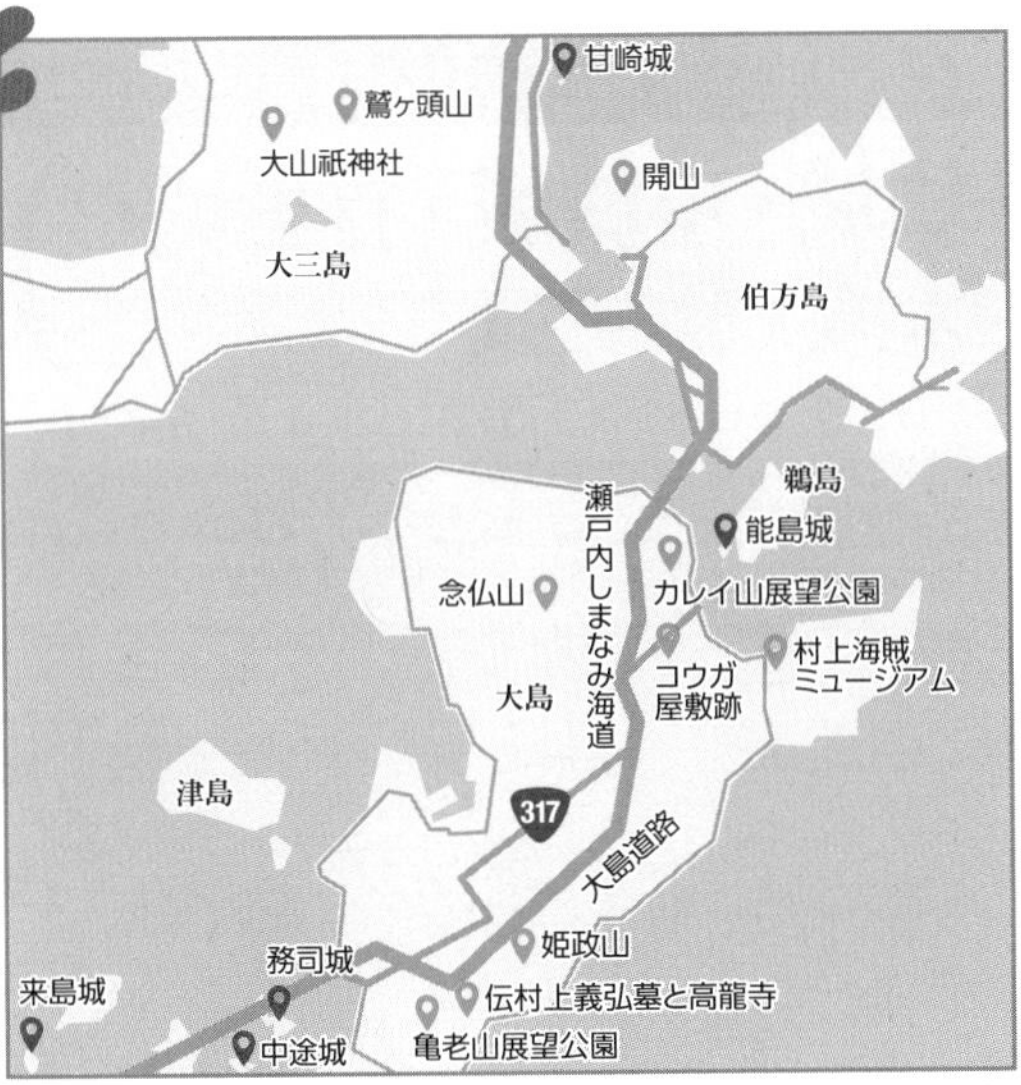

亀老山展望公園

瀬戸内海国立公園。来島海峡大橋、来島海峡、石鎚山が望める。
➡今治市吉海町南浦487-4

カレイ山展望公園

展望台からは能島城、船折瀬戸、伯方大島大橋が見下ろせる。
➡今治市宮窪町宮窪6355-2

コウガ屋敷跡

能島城主が構えた館跡とされる。
➡今治市宮窪町

村上海賊ミュージアム

能島村上家伝来の品々を展示。鎧や小袖の着付け体験も。
➡今治市宮窪町宮窪1285

甘崎城

日本最古の水軍城。
➡今治市上浦町甘崎4661

来島城

来島瀬戸に浮かぶ、能島来島家の本拠。定期船で上陸可。
➡今治市来島

+1 城

気分はモーゼ！　海割れの甘崎《あまざき》城

来島村上家の城、甘崎城。江戸時代にも藤堂高虎が使用した、近世城郭に改修された日本唯一の海城です。

城ファンにとっては、いつか訪れたい憧れの城です。というのは、年に数回、潮の干満の大きい時には海が割れて、歩いて島に渡ることができるから。その瞬間はなんとも神秘的で、モーゼになった気分です。

干潮時に海中から姿を現すのは、高虎が築いたと思われる石垣や基底部。岩礁ピットも多く見られます。

上陸できるのは、潮が満ちるまでのわずかな時間。潮位の下調べをはじめ、入念な計画が必要です。

を置くシンプルな構造。堀も土塁《どるい》もなく、防御性は低いほうでしょう。今のところ、柵《さく》も確認されていません。

また、出土遺物などから各曲輪《くるわ》の役割も明確になっていて、本丸は武家儀礼を行う場、二の丸は居住空間と推察されています。三の丸からは鍛冶場《かじば》とみられる遺構も見つかっています。

激流が堀となり土塁となって敵を撃退する……と説明をされがちですが、実際には軍事的な城ではなく、支配拠点的な城だったのかもしれません。能島城には、時代のうねりのなかで人を寄せつけない無敵の水軍へとイメージを変えた、村上海賊の真の姿が隠されているのですね。

ともあれ、信長も恐れた能島村上家がここにいたのは間違いなし。潮流とともに生きた村上海賊と同じ地を踏み、同じ景色を眺めているなんて、ロマンいっぱいではありませんか。かつて彼らが掌握した航路を感じながら、美しく楽しい瀬戸内の海を満喫しましょう。

エキゾチックな風吹く極上リゾート　日本100名城 続日本100名城 98・99・100・199・200

グスク（今帰仁城・中城城・首里城・座喜味城・勝連城）

【なきじんじょう・なかぐすくじょう・しゅりじょう・ざきみじょう・かつれんじょう／沖縄県】

POINT

❶ 美しいカーブを描く石垣

❷ 空と海を取り込んだ空間と絶景

❸ 中城城と座喜味城のアーチ門

城めぐりのコツ

座喜味城は那覇市街地から車で約60分で、勝連城は那覇空港から約90分。座喜味城から勝連城は車で40分ほどの距離です。今帰仁城は離れていて、那覇空港から車で2時間45分ほどかかるのでプランニングに工夫を。御嶽は祭祀などを行う神聖な場でもあるので、騒いだりしないよう注意しましょう。多少歩きにくいところもあるので、スニーカーがオススメです。難易度★★☆☆☆

1 座喜味城の城壁は、高いところで約13m。標高127mほどの丘陵に築かれている。　2 3 座喜味城のアーチ門。アーチが噛み合う中央部分にはくさび石がはめられている。

ヨーロッパの城を連想させるグスク

　グスクとは、奄美諸島《あまみしょとう》から沖縄諸島、宮古島《みやこじま》、八重山《やえやま》群島などの島々に300以上確認されている沖縄地域の城のこと。世界文化遺産「琉球《りゅうきゅう》王国のグスク及び関連遺産群」には9つの構成資産のうち5つのグスク(今帰仁《なきじん》城・中城《なかぐすく》城・首里《しゅり》城・座喜味《ざきみ》城・勝連《かつれん》城)が含まれています。

　スペインの城塞都市トレドを思い出させる、型破りの存在感を放つ城壁。沖縄の青い空とエメラルドグリーンの海をも取り込んだ、言葉にならない空間が広がります。グスクには、リゾートのような華やかな開放感と贅沢感があふれます。「旅行先に城を提案しても、承認を得られない……」。そんなあなたも、沖縄のグスクめぐりならきっと勝算があります。

　5つのグスクに共通しているのは、とにかく絶景であることです。なぜなら、本土の城とは築かれる立地が違うから。森の中や集落近くの丘上に築かれるケースもありますが、グスクの多くは海岸に突き出した岬の上や険しい断崖の上などに築かれることが多いのです。

　石垣に用いられているのは、加工しやすい沖縄地方特有の琉球石灰岩。また技術の系譜が少し異なるため、本土の城にはない石垣の曲線美が叶《かな》います。旋律《せんりつ》を奏《かな》でるかのようになめらかな石垣と、御《う》嶽《たき》と呼ばれる祭祀《さいし》の場や拝所《うがんじゅ》という聖域を置く構造が、グスクの特徴です。

三山時代から琉球王国誕生へ

　グスクは14世紀中頃から、按司《あじ》と呼ばれる地方領主が地域支配拠点として築いたとみられます。按司たちが抗争を繰り返し、3つの勢力が拮抗する三山《さんざん》時代(北山《ほくざん》、中山《ちゅうざん》、南山《なんざん》)が到来。これを1429年に統一したのが、中山の尚巴志《しょうはし》でした。尚巴志により琉球王国が成立し、首里城が国王の在所としてトップオブグスクの座に君臨します。

　北山王の居城・今帰仁城攻めで活躍し

た人物が、座喜味城と中城城を築いた護《ご》佐丸《さまる》です。北山王の血縁者とされる読谷《よみたん》山《ざ》の按司でしたが、北山攻めに従軍。北山討伐後に北山監守に任ぜられると、旧北山勢力を監視すべく座喜味城を築きました。6代・尚泰久《たいきゅう》王の頃には、経済を支える支配者となっていたようです。

一方、勝連城を築いたのは若くして10代目の勝連按司となった阿麻和利《あまわり》です。勝連半島を勢力下に置き、奄美諸島や日本との交易で莫大な富を得た人物でした。

三山統一を実現したものの、第一尚氏王統琉球王国は政情が不安定。尚泰久は娘の百度踏揚《ももとふみあがり》を阿麻和利に嫁がせて絆を強め、一方で忠臣の護佐丸を中城按司に任じ、中城城を築かせて阿麻和利を牽制しました。ところが1458年、護佐丸は阿麻和利の謀略によって自刃《じじん》することになります(護佐丸・阿麻和利の乱)。

悪人として語られる阿麻和利ですが、近年では名君ぶりが証明されてきています。護佐丸・阿麻和利の乱は、2人の力を恐れた琉球王府が2人を排除するために仕組んだという説もあるそうです。

座喜味城と中城城

中城城と座喜味城は、どちらも護佐丸が築いたグスクです。構造は違えど雰囲気が似ています。

座喜味城は、一の郭《くるわ》と二の郭の2つの郭から成るシンプルな構造。上から見ると8の字のような形をしています。そのラインは独特で、郭が織りなすグスクならではの芸術が爆発しています。

石垣は、富山県の黒部ダムのように平面的なアーチ型。ほかのグスクとは異なり国頭《くにがみ》マージという崩れやすい赤土のため、軟弱な地盤をカバーするために屏風《びょうぶ》のように幅を広げているようです。惜しみないくねりが意味を持つものなのか、それとも美を追求しただけなのかはわかりませんが、とにかくすばらしい！　各郭に設けられたアーチ門も見事です。チェックポイントは、アーチ門の中央部分

4 中城城。二の郭の城壁はとりわけ美しいカーブを描く。
5 1853年に来島したペリー探検隊一行が高い技術に驚き称賛。ペリー探検隊はかなり詳細に測量を行っている。

◆時を忘れるほど美しい！
壮大な石塁と絶景が魅力の今帰仁城

100名城 98

御内原からの景色。

外郭の石塁。高さ2mほどの石垣が数100mにわたり続く。

大隅の北面。岩盤を削った上に7～8mの石塁が積まれている。

沖縄美ら海水族館からほど近い、沖縄本島北部の今帰仁村にある今帰仁城。本部半島は東シナ海に突き出し、今帰仁城は半島北端の海岸から800mほどの標高約100mの高台にあります。そのため、最高所からはグスクを取り巻く石塁と、その向こうにライトブルーとインディゴブルーのツートンカラーの海を見渡せます。

全長1.5kmの石塁は、琉球石灰岩が積まれたグスク特有のものですが、よく見ると、首里城や中城城とは質感や色が異なります。同じ石灰岩ですが、今帰仁城の石材は約2億3000年前の古期石灰岩なのです。首里城や中城城などと比べるとキメが粗く、色も青黒くて落ち着いた雰囲気です。

今帰仁城のすごいところは、グスクを囲む外郭の石塁、その外側に置かれた出城らしきグスク、ハンタ道と呼ばれる登城道、人々が暮らした集落跡にいたるまで広範囲にわたり残存していること。1609年に薩摩軍に侵攻されると炎上し廃城となりましたが、その後も信仰の場として大切にされ、太平洋戦争の被害も受けず生き残っています。

にはめられたくさび石。珍しい技術に感服です。

中城城にもすばらしいアーチ門があり、こちらはなんとペリー提督のお墨付きです。北の郭のアーチ門は、１８５３年に来島したペリー探検隊一行が高い技術に驚き称賛したとされます。城壁のラインは座喜味城に勝るとも劣らない美しさで、何度訪れても感動します。城内に高低差があるため石垣がよりダイナミックに見え、躍動感もあります。

中城城では近年、解体修理の途中に城壁内側から古い石積が出現するという衝撃的な発見がありました。14世紀半ばに積まれたとみられる石積をはじめとして、3時期の改変を確認。尚巴志により整備された琉球王朝時代のハンタ道も見つかっています。

どちらのグスクも、もはや縄張《なわばり》の妙云々《うんぬん》は気にしなくてかまいません。私もこの城では、ひらすら石垣の美を堪能することに集中し、無心になります。なん

6 7 勝連城の中心部は、北西から一の曲輪、二の曲輪、三の曲輪、四の曲輪が階段状に置かれる。
8 勝連城一の曲輪からの眺望。総面積は1万1897m²。

だか気品に溢《あふ》れる、だけれども安心する空間に感じるのは私だけでしょうか。風に吹かれたカーテンがふわっとたなびくような優しい曲線は、琉球石灰岩の魔術。心にもそよ風が通り抜けます。

世界遺産で最古の勝連城

勝連城は、13世紀頃に築かれたとされる最古級のグスクです。標高約98mの丘陵に築かれ、構造と曲輪の役割が比較的明らかになっていて、御嶽と呼ばれる祈りの場も数か所あります。

360度の絶景大パノラマビューが楽しめるのが、最高所の一の曲輪《くるわ》。北には金武湾《きんわん》を囲む北部の山々や、うるま市の離島、南には知念《ちねん》半島や久高島《くだかじま》、中城城まで望めます。勝連城の牽制を目的に築かれた中城城は、勝連城からもよく見えていたのですね……。もちろん一の曲輪にも、自然の地形としなやかにコラボレートした琉球石灰岩の石垣がめぐります。北西から一の曲輪、二の曲輪、三の曲輪、四の曲輪と各平場が階段状に置かれ、再び東の曲輪は高まります。南風原御門《はえばるうじょう》が正門で、西原御門《にしはらうじょう》が裏門。東の曲輪一帯の崖下からは貝塚が発見され、人々が息づいていたようすがうかがえます。

「船のようなフォルムだなあ」と思っていたら、なんと「進貢船《しんこうせん》のグスク」というニックネームがあるそう。進貢船とは、中国との交易や使節派遣に用いられた琉球王国の官船のこと。貿易を推し進めて財政を潤した、やり手の阿麻和利にぴったりのニックネームではありませんか。

沖縄では首里城と浦添《うらそえ》城（浦添市）と勝連城からしか見つかっていない大和《やまと》系・高《こう》麗《らい》系の瓦《かわら》が出土していて、王城に匹敵する経済力や軍事力が連想されます。

碧い海をバックにした日中の景色はもちろん見事ですが、一の曲輪や二の曲輪から見る日の出もとてもきれいです。さらに夜景も美しいのが勝連城の隠れた魅力。時間が許せば、とっておきの絶景に会いに出かけてみてください。

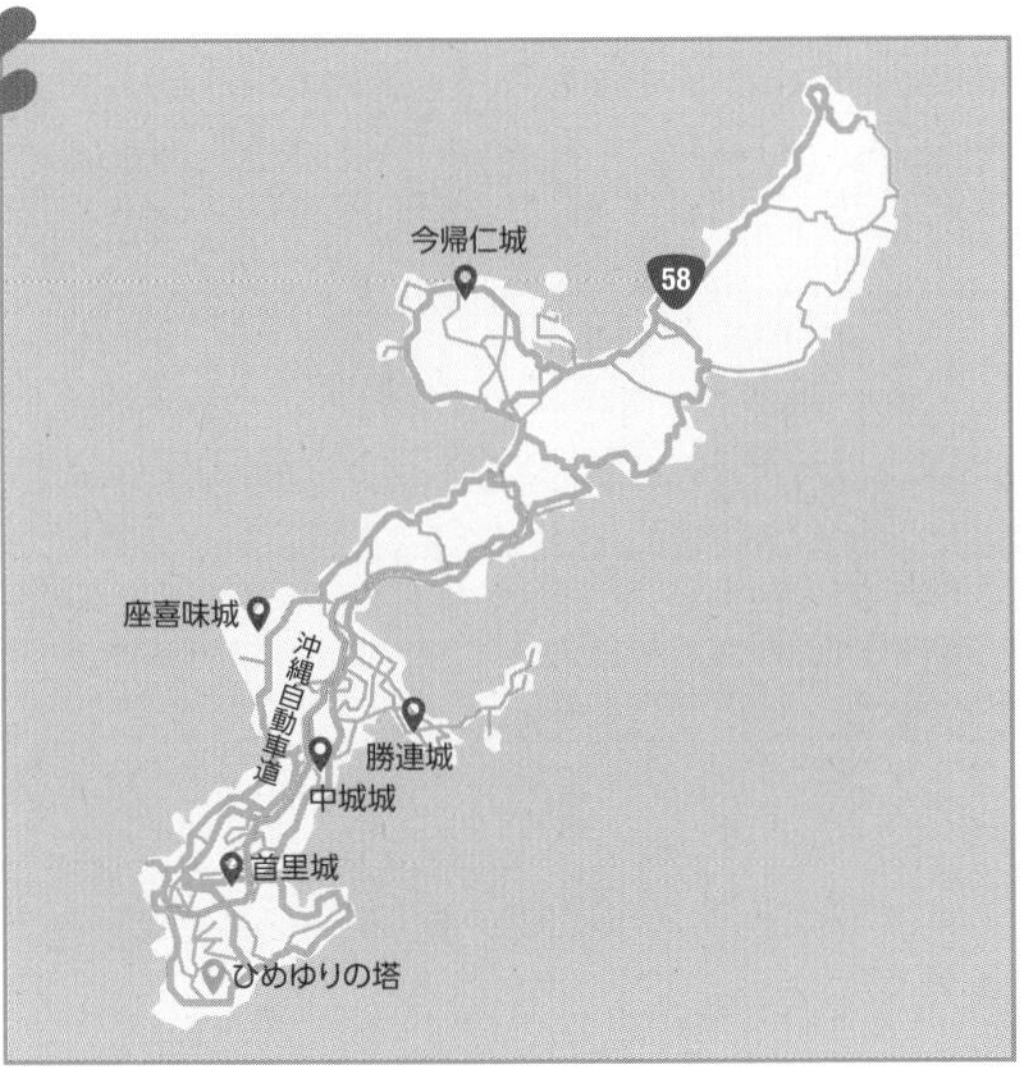

98今帰仁城

➡国頭郡今帰仁村今泊5101

99中城城

➡那覇市中頭郡中城村字泊1258

100首里城

➡那覇市首里当蔵町3

199座喜味城

➡→中頭郡読谷村座喜味708-6

200勝連城

➡うるま市勝連南風原3908

◆国王のグスク、首里城

100名城 100

焼失前の正殿。

瑞泉門。両脇の石垣にグスク特有の隅頭石が見られる。

東のアザナから見下ろす御内原。

2019年(令和元) 10月、首里城の正殿をはじめとした主要な建物が火災により焼失したのは記憶に新しいところです。

琉球国王が居所とした首里城は、海外諸国との交易を行う流通・政治・経済の中心地。琉球王国の誕生後、1609年に本土の幕藩体制に組み込まれてからも、1879年(明治12)に沖縄県になるまで存続しました。各地に配置された神女たちを通じて王国祭祀を行う宗教上のネットワークの拠点でもありました。

首里城内の建物は太平洋戦争の沖縄戦で焼失し、正殿も平成4年(1992)に復元されたものです。世界遺産たる理由は、内郭や外郭の石積の一部や正殿1階の床下部分に地下遺構が奇跡的に残っているから。地下遺構は数段階の拡張の跡が見られ、首里城および琉球の歴史を物語るものとして価値が認められています。

首里城は、京の内などの「祭祀空間」、正殿や御庭などを中心とした「行政空間」、国王とその家族、女官たちが生活した御内原という「生活・儀礼空間」の3区域に分けられます。最高所にあるのが、内郭東端の東のアザナ。本土の城はもっとも標高が高いところに本丸を置いて天守を建てますが、首里城は城域の中央に正殿を置きます。そのため、東のアザナからは御内原や首里城の中心部を見下ろせました。

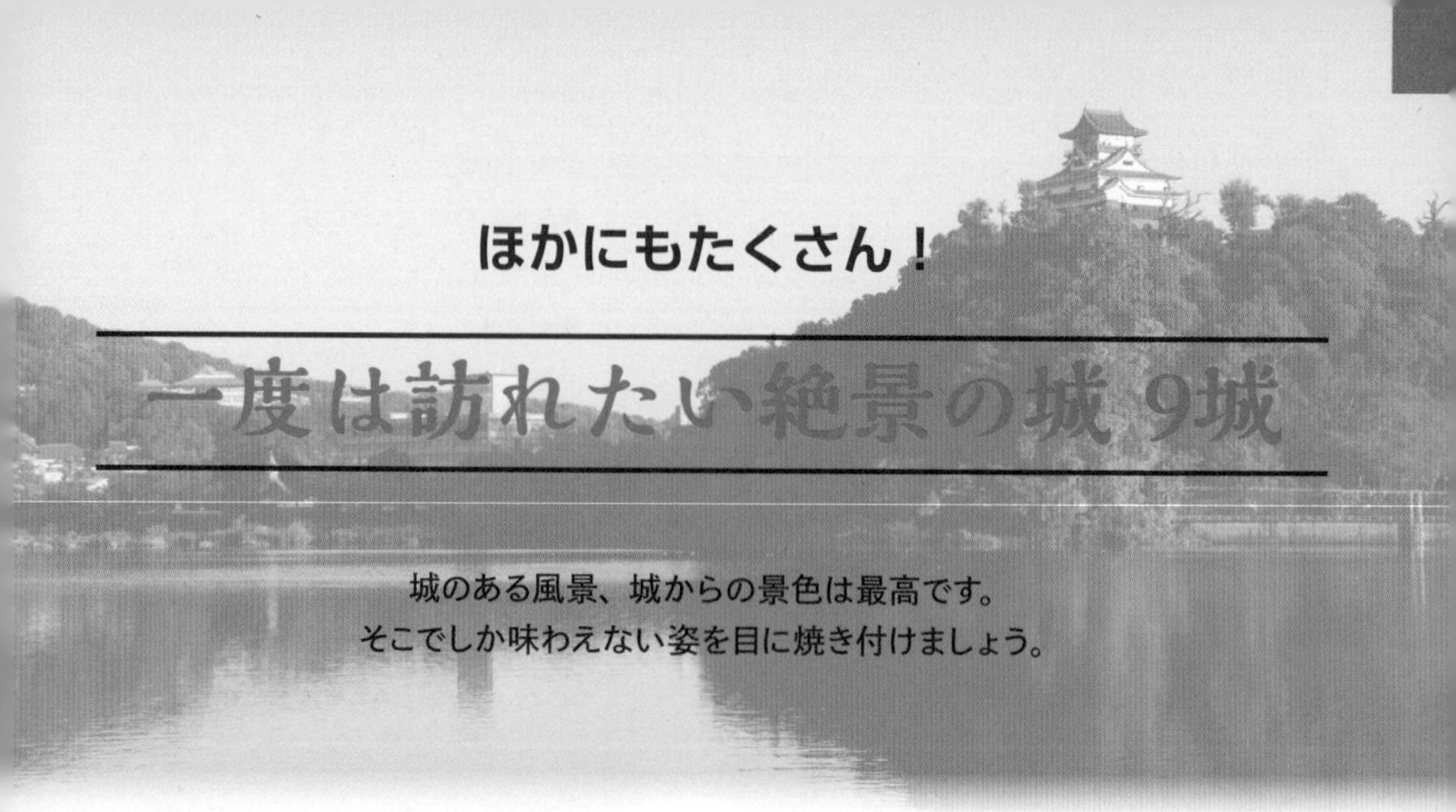

ほかにもたくさん！

一度は訪れたい絶景の城 9城

城のある風景、城からの景色は最高です。

そこでしか味わえない姿を目に焼き付けましょう。

90 平戸城

平戸は、ポルトガル船の来航を機にいち早く開港し、1641年（寛永18）にオランダ商館が閉鎖し長崎出島に移転するまで交易の窓口だった。平戸城は港湾を見下ろせ、貿易船を監視するのにふさわしい立地。平戸瀬戸に突き出す標高約53mの丘陵上にあり、平戸大橋をはじめ平戸瀬戸を一望できる。

初代平戸藩主の松浦鎮信が前身の日の岳城を築城したが、1613年（慶長18）の完成直後に自焼。5代藩主の松浦棟（たかし）が再建し、平戸城は1718年（享保3）に完成した。

185 唐津城

唐津湾に面する満島山に位置。標高41m地点に本丸、その南側一段下に二の曲輪を置き、それらを通路状の腰曲輪がぐるりと囲む。北・東・南側は唐津湾や松浦川に面した海に臨む城だ。陸続きとなる西側に二の丸と三の丸が置かれ、その外側に城下町（外曲輪）が広がっていた。

初代唐津藩主となった寺沢広高が1602～08年（慶長7～13）に改修したとするのが定説だが、近年の発掘調査から、広高の改修以前に少なくとも2段階の築造が考えられている。

43 犬山城

木曽川南岸にある標高88mの断崖上に立つ現存天守は、天守台を含めても約24m。さほど高くはないが、凛としたかっこよさがある。天守最上階からの眺望も抜群。実際に回縁を1周できる貴重な天守のひとつ。

この地は美濃と尾張の国境にあたり、木曽川の対岸は美濃。木曽川を見下ろせ、濃尾平野の見事な展望、遠くに岐阜城や名古屋市街地までも一望できる。濃尾国境を制した気分にもなれる。

157 八幡山城

城と城下町を隔てる人工の水路・八幡堀の風情ある情景が人気。標高約283mの八幡山(鶴翼山)山頂にある城の麓を蛇行しながらめぐる。琵琶湖に通じる運河であると同時に城の防衛線でもあった。

79 今治城

堀幅は50 ～ 70mもあり、まるで巨大なプールのよう。瀬戸内海の海水を引き込んだ海城(水城)で、瀬戸内海から迷い込んだクロダイやヒラメなどが水堀のなかを悠々と泳いでいる。

106 脇本城

東北最大級の規模を誇る、安東氏の山城。男鹿半島の南側付け根部分にあり、眼下には日本海をのぞむ好立地で景色がいい。内館地区からは八郎潟、晴れた日には山形県境の鳥海山まで一望できる。

66 津和野城

標高367mの霊亀山山上に築かれ、晩秋には津和野城の石垣だけが頭を出す「天空の城」になる。1601年(慶長6) 10月に初代津和野藩主となった坂崎直盛が中世の山城を大改修した。

132 高田城

石垣も天守もない平城。シンボルだった三重櫓は1993年(平成5)に建てられた。桜の名所として知られる。

130 高島城

諏訪湖畔に島状に存在していたとみられる、湖水と湿地に囲まれた場所にあったことから「諏訪の浮城」と呼ばれる。

COLUMN 7

謎のループがたまらない！ 発掘調査にも注目を

続日本100名城 143

美濃金山城

【みのかねやまじょう／岐阜県可児市兼山】

■美濃金山城は、斎藤氏の城、その後は信長家臣の城から秀吉政権下の城、秀吉政権崩落後の森氏の城へ。情勢の変化とともに変貌を遂げたと思われ、さまざまな時代の姿が混在していることが魅力。信長の城や信長家臣の城づくりを探る上でも興味深い注目の城。（上から）二の丸西面石垣、枡形虎口と本丸西面の石垣、本丸東西の石垣、伝米蔵跡の石垣。

2017年（平成29）の夏、143美濃《みの》金山《かねやま》城の主郭部の発掘調査に参加させていただきました。頭に思い浮かんだのは、「城は語るんだなあ……」ということ。表面的なものではない城の本質が見えてきて、城との距離がぐっと縮まる気が。地下に眠る遺構に嘘はないのだと思うと感慨深くなりました。

私たち城ファンはどうも遺構の“有無”にとらわれがちで、「掘れば実態が明らかになる」「なにかを確認するために掘る」といったイメージが強いように思いますが、発掘調査はもっと未知なもので、掘ってみないとわからない、掘ってもわからないこともある、そして「掘れば掘るほど謎が増えるもの」でした。目の前に現れた事実にそのままライトを当てて、小さな可能性を見出していくものなのだなあと感じました。

掘るほどに疑問が増える……このモヤモヤが、とてもおもしろくてクセになるんですね。しかも、この楽しみが私でも味わえるものであったことがうれしい。同時期に築かれた城や歴史的共通点がある城、自分が訪れたことのある城の印象や記憶を材料に想像を膨らませるだけでも、私なりにどんどん疑問がわいてきました。それは、全国の城ファンの方にもぜひ知っていただき、共有したい楽しみでもあります。

城の楽しみ方⑧

武将・戦いの舞台を楽しむ

城のルーツ！ 革新的な覇王・信長の城

日本100名城 51

安土城

【あづちじょう／滋賀県近江八幡市安土町下豊浦】

POINT

❶ 天守、高石垣が誕生した城

❷ まっすぐな大手道

❸ 信長が築いた野面積の石垣

城めぐりのコツ

安土駅前のレンタサイクルがおすすめ。滋賀県立安土城考古博物館、JR安土駅前の安土城郭資料館、安土城天主信長の館はもちろん、セミナリヨ跡などもひと通りまわれます。電動自転車レンタルが◎。大手道から黒鉄門を通って天主台へ向かい、帰りはぜひ百々橋口へ。所要時間は60～90分。大手道の石段がなかなかハードなので気合いを入れて。難易度★★☆☆☆

1 大手道。
2 大手道の両脇には幅約1mの石敷き側溝がある。
3 伝二の丸の石垣。

城の原点、信長にあり

信長《のぶなが》なくして日本の歴史を語れないように、信長なくして日本の城は語れません。私たちが〝一般的にイメージする城〟を生み出したのは信長だからです。

天下統一を目前にした織田《おだ》信長が1576年（天正《てんしょう》4）から築いた安土《あづち》城は、絢爛豪華な天主《てんしゅ》（安土城では天主と表記）が建ち、高い石垣で囲んだ総石垣の城。それまでの常識を覆す革命的な城でした。

近年は定説が覆《くつがえ》り、1567年（永禄《えいろく》10）から居城とした39岐阜《ぎふ》城（岐阜県岐阜市）、さらにそれ以前、1563〜67（永禄6〜10）年に居城とした149小牧山《こまきやま》城（愛知県小牧市）で新しい城づくりに着手していた可能性が濃厚になりました。いずれにしても、信長が新しい城を開発したのは間違いないでしょう。

ギラつきMAXの天主

既成概念にとらわれない独自の思想と抜群の行動力で世を切り開いた信長らしく、開発した城も空前絶後でした。もっとも革新的なのが、天守の発明。この世で最初に天守を建てたのは信長です。

安土城の天主は、奇想天外な五重六階地下一階。不等辺七角形の天守台の上に建ち、1〜4階までは吹き抜けだったと推定されます。五重目に八角形の望楼《ぼうろう》が乗り、さらにその上に四角の段という四角形の望楼が乗るという、近未来的なビジュアルだったよう。壁や柱には金や群《ぐん》青《じょう》や朱《しゅ》などの極彩色が塗られ、仕上げは黒漆《くろうるし》。日本初の城専用瓦《かわら》と金箔《きんぱく》瓦が葺《ふ》かれた屋根には金の鯱《しゃち》が鎮座するという、ギラつきMAXの高層建造物でした。

熱田御大工《あつたおんだいく》の岡部又右衛門《おかべまたえもん》、石工《いしく》の穴《あの》太衆《うしゅう》、金工《きんこう》の後藤《ごとう》氏といった職人を起用し、寺社造営の技術を駆使していることもポイントです。瓦は、唐人一観《いっかん》の指導で南都《なんと》の諸大寺の瓦生産を担っていた奈良衆に焼かせた、初の城専用。天主の内部は、天才絵師といわれた狩野永徳《かのうえいとく》が描いた金碧障壁画《きんぺきしょうへきが》（金箔地に極彩色で描いた襖絵《ふすまえ》や壁の画）で飾られた、夢のような空間だったようです。

これは、信長が新しいもの好きだったからではなく、命令ひとつで全国トップレベルの職人を招集し、最高峰の芸術作品をつくれるという権力誇示でしょう。実は、宗教的な要素の取り入れ方も絶妙。武力や経済力だけではなく、精神面での支配こそ真の統率者の条件という考えでしょうか。自らをカリスマに仕立て上げる、恐るべき自己演出力が光ります。

信長の城革命とは

信長の城革命の真髄は、外観を一新したことではなく、存在意義を刷新したことにあります。信長は城に、政治・経済の中心地としての役割、権力を誇示する象徴的な側面を加えたのです。実用性だけが求められた城は、実戦性と象徴性を兼ね備えた存在へとコンセプトを変えました。この城づくりの基本概念が、豊臣《とよとみ》秀吉《ひでよし》や徳川家康《とくがわいえやす》に受け継がれていきます。

山腹まで高さのある石垣で固めて家臣の屋敷を並べ建て、城内に住まわせる。安土城はまさに、信長がつくり上げた中央集権体制を体現した信長王国だったのでしょう。かつての安土城は琵琶湖に突き出しており、その姿は城下町からもよく見えたはずです。人々の目には神が降り立った空中都市のように映り、その姿を目にしたすべての人間が信長の前にひれ伏したに違いありません。

信長は究極の合理主義者で、緻密で倫理的な思考の持ち主だったようです。兵《へい》農分離《のうぶんり》を推し進め軍事力と機動力を飛躍的に上げただけでなく、鉄砲を導入して合戦の仕方を変え、城の概念や商業のシステムまで刷新しました。経済の活性化と同時に中央集権体制も確立。城を通して信長をみていくと、城を上手に利用しながら新しい日本の常識をつくっていったことがわかります。

誰も考えつかないことを思いつくだけ

4 天主台の石垣。　5 黒金門跡。城内外を区画する重要な門。鏡石が据えられた二重枡形虎口。
6 天主の礎石。

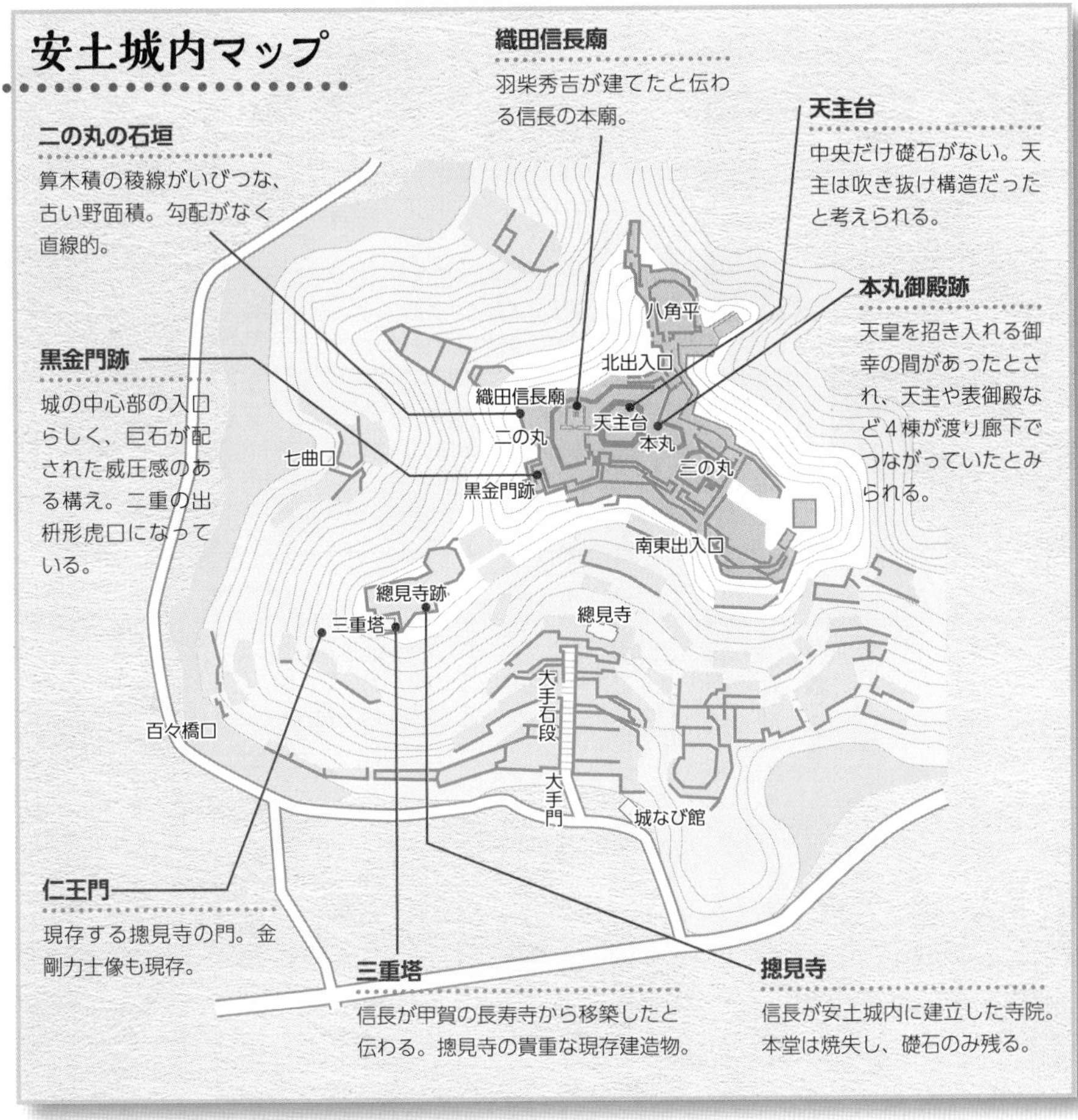
安土城内マップ
織田信長廟
羽柴秀吉が建てたと伝わる信長の本廟。
天主台
中央だけ礎石がない。天主は吹き抜け構造だったと考えられる。
二の丸の石垣
算木積の稜線がいびつな、古い野面積。勾配がなく直線的。
本丸御殿跡
天皇を招き入れる御幸の間があったとされ、天主や表御殿など4棟が渡り廊下でつながっていたとみられる。
黒金門跡
城の中心部の入口らしく、巨石が配された威圧感のある構え。二重の出枡形虎口になっている。
八角平
北出入口
織田信長廟
天主台
二の丸
本丸
七曲口
三の丸
黒金門跡
南東出入口
總見寺跡
三重塔
總見寺
大手石段
百々橋口
大手門
城なび館
仁王門
現存する摠見寺の門。金剛力士像も現存。
三重塔
信長が甲賀の長寿寺から移築したと伝わる。摠見寺の貴重な現存建造物。
摠見寺
信長が安土城内に建立した寺院。本堂は焼失し、礎石のみ残る。

ではなく、具体的に筋道を立てて構想でき、しかもそれを実現する能力があったようです。秀吉をベンチャー企業の社長、家康を有能な経営者や政治家とするならば、信長は天才肌の創業家タイプといえるのではないでしょうか。

安土の地を選んだのは、琵琶湖経由で京まで半日で渡れること、琵琶湖を物資運搬の運河にできること、東海・北陸・京を結び、琵琶湖西側にも主要幹線が通る陸上交通の要衝で全国2位の石高を誇る近江《おうみ》の中心であること、宗教的聖地であること、などの条件を踏まえてのことと考えられます。琵琶湖を囲むように明《あけ》智《ち》光秀《みつひで》に坂本《さかもと》城(滋賀県大津市)、羽柴秀《ひで》長《なが》に長浜《ながはま》城(長浜市)、織田信澄《のぶずみ》に大溝《おおみぞ》城(高島市)を築かせてネットワーク化し、軍事的・経済的に交通の要衝である琵琶湖の支配体制を整えたと思われます。やがて天下統一を果たした暁《あかつき》には、大坂に城を築く構想があったようです。

そうそう、宣教師のルイス・フロイス

や大友宗麟《おおともそうりん》などの大名を安土城に招いて自ら城内をガイドしたとき、廊下でつながる御殿《ごてん》内を先まわりして驚かすサプライズをしたこともあったとか。御殿は一般公開も行い、拝観料まで徴収したというエピソードもあります。城をアトラクション化してお金を稼ぐとは、ユーモラスな上にビジネスセンスがありますね。

◆岐阜城でも続く新発見

100名城 39

岐阜城でも近年、新発見が続いています。西麓の千畳敷遺跡(信長公居館)で見つかった壮大な庭園にはじまり、山上では信長が築いたと思われる天守台の石垣も確認。天守の起源を考える上で重要な発見となっています。天守北東側の裏門周辺からも、信長時代の巨石列や石垣が確認されました。信長の城づくりが解明されつつあり、目が離せません。

信長が岐阜城にいたのはわずか8年ほどですが、この期間は、天下統一に向けて奮闘した時期。信長が印章に「天下布武」の文言を用いたのも、岐阜城にいた頃からです。岐阜城は、数々の戦いに明け暮れながら理想の世を求めて奔走した、信長の飛躍を支えた城といえるでしょう。

まっすぐな大手道と信長の石垣

発掘調査で検出された大手道《おおてみち》は、道幅約7mの石段が約180mにわたって一直線に続きます。

大手道は突き当たりで左に折れ、30mほど進み、今度は北側の斜面をつづら折れに登っていくと、二手に分かれます。西へ進むと摠見寺《そうけんじ》跡を経て百々橋口《どどばしぐち》ですが、本丸方面は東へ。本来は主郭の南側から伝本丸の南虎口《こぐち》へ至るルートでしたが、現在は埋められ、伝織田信忠《のぶただ》邸跡の内部を通って黒金門《くろがねもん》跡へ到達します。

黒金門は中心部の入口。正面玄関たる威容を誰しも感じ取れるでしょう。ほかの場所にはない巨石がふんだんに用いられた、立派な構え。二重の枡形虎口《ますがたこぐち》を抜けると伝二の丸に上がります。

7 信長が築いたとされる1段目の石垣。
8 主郭西斜面で見つかった石垣。

伝二の丸の石垣は、積み直しされていない、信長時代の石垣。隅角部《ぐうかく》の算木積《さんぎづみ》がまだ未発達で、いかにも古く趣《おおむき》が抜群。私はどの城の算木積よりもこの算木積に萌《も》えます。城内はとにかく穴太衆による石垣の美しさが別格。言葉は要りません。

小牧山城までさかのぼる城革命

近年の調査で、信長の城革命は小牧山城で幕を開けていたことが濃厚になりました。小牧山城は1584年(天正12)の小牧《こまき》・長久手《ながくて》の戦いで家康が本陣を置い

安土城天主 信長の館

天主の5階と6階を原寸大で忠実に復元。内部の障壁画も再現される。

➡近江八幡市安土町桑実寺800

安土城郭資料館

1/20スケールで再現された、安土城天主の模型は登城前に必見。精巧につくられた断面も見られる。

➡近江八幡市安土町小中700

セミナリヨ跡

宣教師オルガンチノが建てた、日本初のキリスト教学校。

➡近江八幡市安土町下豊浦

浄厳院

佐々木六角氏の菩提寺の慈恩寺の旧地に、織田信長が安土城築城とともに創建した。

➡近江八幡市安土町慈恩寺744

◆安土城まで来たら、観音寺城にも

100名城 52

信長以前にこの地を治めていた近江守護、佐々木六角氏の居城。安土城と尾根続きだった標高433mの繖山に築かれた戦国屈指の巨大山城で、安土城以前に例外的に本格的な高石垣が築かれた価値ある城でもあります。平井丸虎口の石積や裏虎口の喰違い虎口をはじめ、見どころ多数。御屋形跡には約6mにも及ぶ高石垣もあります。

繖山は、築城以前から山頂に観音正寺があった信仰の山。佐々木六角氏が臨戦的に使用した後に居城としたようで、戦国時代に寺院と城の関係が逆転したとみられます。本丸や平井丸、池田丸で礎石建物跡が確認され、山上にも生活空間があったことが判明しています。桑実寺または石寺登山口から登ります。

た際に改修され、信長時代の遺構は残っていないとされてきましたが、信長の小牧山城が眠りから目を覚ましたのです。

まだ石垣を高く積む技術がないためか、低い石垣を2段、場所によっては3段に構築。雛壇《ひなだん》状に積むことで、城下から見たときに高く見えるように工夫したようです。大手道が主郭に接する部分の通路では、岩盤を高さ3mまで削り込んで石垣と組み合わせるという構造が判明。屈曲する通路に石垣が連なる、圧倒的なプランが浮かび上がりました。

以前から安土城大手道との類似性が指摘されていた大手道は、小牧山城南麓からまっすぐにのび、築城時には5・4m幅であったことが判明。小牧・長久手の戦いの際には、この大手道を家康が埋め立て、土塁《どるい》を互い違いにして屈曲した大手道へと改修していたようです。

まだ30歳の信長は、誰も考えたことのない奇想天外な城を思い描き、それを小牧山城で具現化していたようです。

衝撃の出現！ ヴェールを脱いだ家康の城

日本100名城 41

駿府城

【すんぷじょう／静岡県静岡市葵区駿府城公園1-1】

POINT

❶ 出現！ 日本最大の天守台ともうひとつの天守台

❷ ドーナッツのような設計

❸ 復元された櫓

城めぐりのコツ

駿府城公園の出入口は４つ。東御門橋から入り東御門と巽櫓を見学後、本丸堀→二ノ丸水路→家康公像→発掘情報館きゃっしる→坤櫓→二ノ丸橋の順が効率○。積み方の違う石垣や刻印石の多さも特徴なので、中堀沿いや外堀沿いも歩いてみてください。静岡県庁別館21階の展望ロビーは、駿府城を見下ろせるベストスポット。2023年1月オープンの静岡市歴史博物館もぜひ。難易度★☆☆☆☆

1 発掘された天守台。手前が慶長期天守台、奥が天正期天守台。 2 旧三ノ丸に建つ、静岡県庁別館21階富士山展望ロビーからの眺望。駿府城を一望できる。　3 復元された東御門。左手に巽櫓がある。

日本最大の天守台を発掘

近年、駿府《すんぷ》城に衝撃が走りました。2016年（平成28）度からの発掘調査で、とてつもなく巨大な天守台《てんしゅだい》が地下から掘り起こされたのです。将軍職を2代・秀忠《ひでただ》に譲り駿府城で大御所《おおごしょ》政治を行った、徳川家康《とくがわいえやす》が築いた天守台です。

家康は、1607年（慶長《けいちょう》12）2月から天下普請《てんかぶしん》で駿府城を大改修。7月には天守台が完成し、駿府城に移り住みました。天守は同年12月に火災で焼失し、1610年（慶長15）に再建。この天守も1635年（寛永《かんえい》12）に火災で焼失しています。

天守台は、1896年（明治29）年に陸軍歩兵連隊設置に伴って取り壊され、その土砂で本丸の堀が埋め立てられました。その後、本丸と二ノ丸の堀が埋め立てられて、城の中心部は駿府城公園に。天守台は埋まっている場所もわかっていないながら、長らく地下で眠っていたのです。

家康が築いたこの慶長期天守台は、これまで日本最大とされていた21江戸城の天守台を凌駕《りょうが》する、北辺約68m×西辺約61mと判明しました。天守台の大きさや構造が細やかに記された古絵図『駿府城御本丸御天主台跡之図』の数値とほぼ一致し、その記載から、高さは堀の水際から約19mと推定されます。明治時代に上約12mが破壊され、7m分が地下に埋没。この上に、日本最大の天守が建っていた可能性もありそうです。

これで驚いてはいけません。お城界を揺るがすさらに大きな発見がありました。家康が築いた慶長期天守台とは別の、さらに古い時期の天守台（天正期天守台）が掘り起こされたのです。これは、本当にすごいこと！　時代のうねりの中で天下人たちが駿府城を進化させ続けていたこと、時代ごとの姿や家康の城づくりの実態が解き明かされつつあります。

五か国領有時代の家康の建造？

駿府城の改修時期は大きく次の①②③

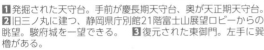

の3つに分けられます。①豊臣秀吉時代の家康／1586～90年（天正《てんしょう》14～18）、②秀吉の重臣・中村一氏《なかむらかずうじ》／1590～1600年（天正18～慶長5）、③大御所政治時代の家康／1607～16年（慶長12～元和《げんな》2）です。では、新たに見つかった古い天守台（天正期天守台）は、いつ、誰が積んだのでしょうか。

当初は、②中村一氏によるものと推察されました。1590年に家康が関東へ移ると、旧領地には秀吉の重臣たちが配置され、中村一氏が駿府城、山内一豊《やまうちかつとよ》が42掛川《かけがわ》城（静岡県掛川市）、堀尾吉晴《ほりおよしはる》が148浜松《はままつ》城（静岡県浜松市）、池田輝政《いけだてるまさ》が151吉《よし》田《だ》城（愛知県豊橋市）と、東海道沿いに城を築いています。いずれも、秀吉の城に準じた総石垣の城。駿府城もその一貫と考えられ、天守台の横からは、秀吉が家臣の城で使用を許可したとみられる金箔《きんぱく》瓦《がわら》も大量に出土しています。

ところが、天守台の東側から小天守台とそれらをつなぐ渡櫓《わたりやぐら》台が新たに検出。家康の城づくりにおける土木工事担当の松平家忠《まつだいらいえただ》が書いた『家忠日記』にも、新たに見つかった天守台と小天守台の建造と思われる記述が確認されました。こうした発掘調査成果や文献の裏付けから、築造時期がさらに遡《さかのぼ》り、①秀吉家臣時代の家康が1587年（天正15）に築いた可能性が高まっています。

家康と一氏、どちらだとしても

家康と一氏のどちらが天守台をつくったかを判断するのは今のところ難しそうですが、いずれにしても、駿府城が秀吉の政治戦略を反映した重要な城であったことは間違いなさそうです。

家康が築いたのであれば、これまで事例のない〝秀吉の家臣としての家康の城づくり〟を紐解《ひもと》く大きなカギとなり、とても興味深いところです。金箔瓦は織田・豊臣政権の城における〝特許品《とっきょひん》〟で、総石垣の城は〝必需品〟。技術力や財力、施工体制がない当時の家康がこれほど立派な

4 復元された坤櫓。 5 二ノ丸水路。本丸と二ノ丸をつなぐ水路。二ノ丸堀に水を逃すことで本丸堀の水位を調整している。 6 二ノ丸の石垣。さまざまな積み方が混在し、複数回の改修がわかる。

駿府城内マップ

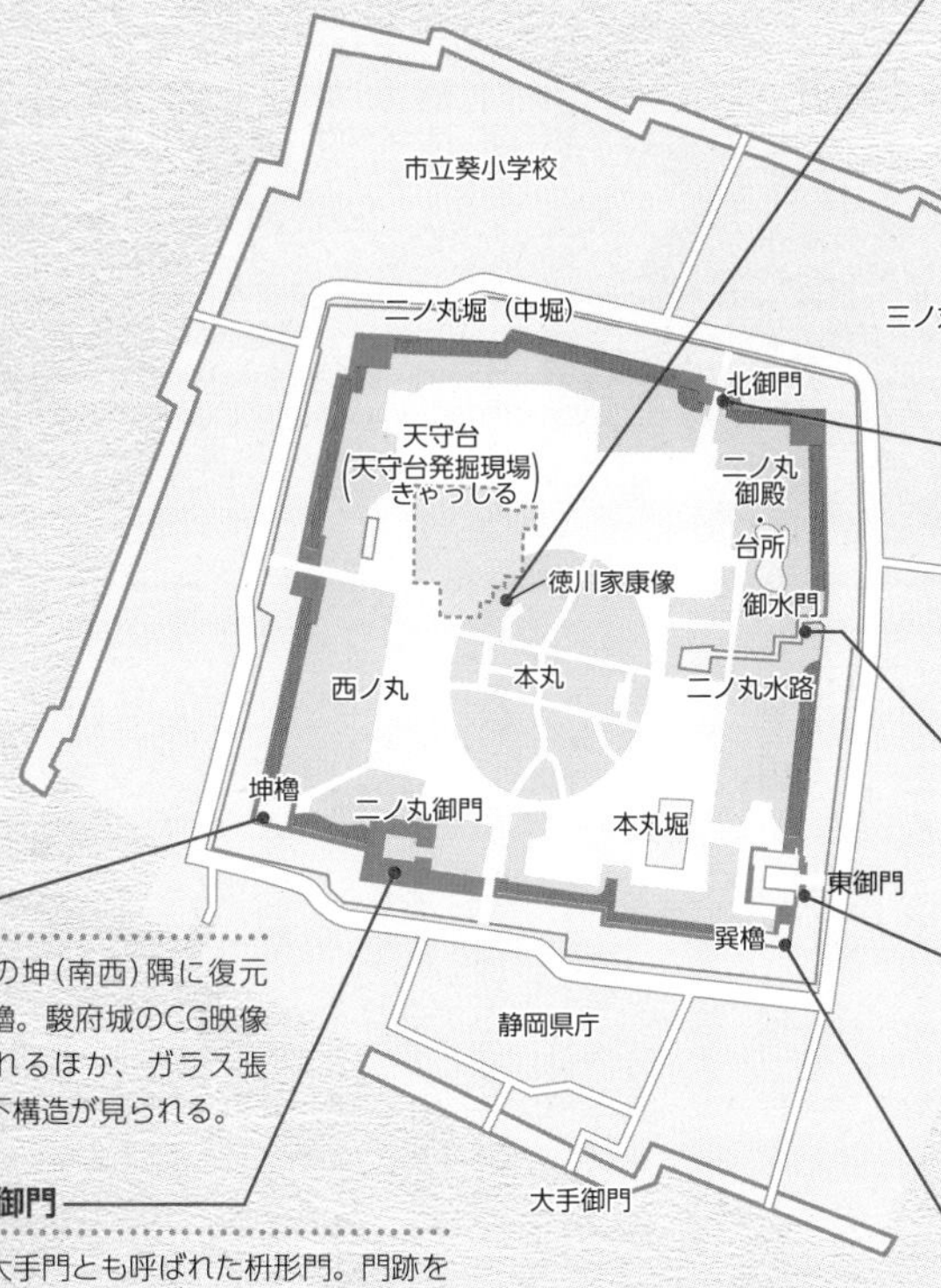
市立葵小学校
三ノ丸
二ノ丸堀（中堀）
北御門
天守台
（天守台発掘現場
きゃっしる）
二ノ丸
御殿
・
台所
徳川家康像
御水門
本丸
西ノ丸
二ノ丸水路
坤櫓
二ノ丸御門
本丸堀
東御門
巽櫓
静岡県庁
大手御門

徳川家康像

大御所政治を行った、晩年の家康の姿を表した銅像。静岡駅前には、幼少期や壮年期の銅像も。

北御門

二ノ丸から三ノ丸へは、5つの門（北御門、東御門、御水門、清水御門、二ノ丸御門）が設けられていた。

二ノ丸水路

本丸と二ノ丸をつなぐ水路。底にも石が敷いてある。

東御門

1996年（平成8）に復元。高麗門と櫓門、南・西ノ多聞櫓で構成される枡形門。

巽櫓

1989年（平成元）に復元。全国でも珍しいL字型の櫓。

坤櫓

二ノ丸の坤（南西）隅に復元された櫓。駿府城のCG映像が見られるほか、ガラス張りで床下構造が見られる。

二ノ丸御門

二ノ丸大手門とも呼ばれた枡形門。門跡をふさいだ跡があり、公園入口の約70m西側にあった。

天守台を築くには、秀吉のバックアップが必然です。家康が単独で築いたのではなく、秀吉の意図のもとに築かれた豊臣政権の城だったといえるでしょう。

1584年（天正12）の小牧《こまき》・長久手《ながくて》の戦いの後、家康は秀吉と和議を結んだものの浜松城に在城し続け、相模《さがみ》（神奈川県）の北条《ほうじょう》氏と関係を深めています。ようやく上洛《じょうらく》と臣従を決めたのは、1586年（天正14）10月下旬でした。

注目点は、家康が大坂から戻ったわずか2週間後に駿府へ拠点を移し、2か月後に駿府城の築城に着手していること。駿府城の築城は、家康が豊臣大名の一員になった証だったのかもしれません。

天下統一を目指す秀吉にとって、次なる標的となる北条氏と同盟関係にあった家康の臣従は、大きな転機だったはず。駿府は相模と駿河の国境《くにざかい》に近く、関東の入口にあります。関東や東北方面の平定を目指す上で、重要な最前線の地だったのは間違いありません。

◆若き日の家康の居城、浜松城

続100名城 148

1560年（永禄3）の桶狭間の戦いで今川義元が戦死したことをきっかけに独立した家康は、織田信長と同盟を結ぶと三河を制圧し、遠江、駿河へと版図を拡大。遠江を平定した家康が、駿河・遠江をめぐる武田信玄との戦いに備えて拠点としたのが浜松城でした。45岡崎城から浜松城へと居城を移した家康は、1586年（天正14）までの約17年間を浜松城で過ごしています。

家康は、引馬城を取り込む形で西対岸の丘陵地に中心域を移し、さらに南へと拡張。現在見られる石垣は、家康の後に城主となった堀尾吉晴が築いたものです。

波紋のような美しい広がり

駿府城は、曲輪《くるわ》が同心円状に配置された、ドーナッツのような輪郭式《りんかくしき》。本丸を中心にして、波紋のように広がるおもしろい形をしています。本丸を本丸堀（内堀）が囲み、その外側に二ノ丸、二ノ丸堀（中堀）、三ノ丸、三ノ丸堀（外堀）が順番にめぐります。二ノ丸堀はほぼ完全に残り、三ノ丸堀も約半分が残存。市街地にされつつも意外と残っていて、波紋の形状をたどり歩けます。

二ノ丸堀を取り囲む、静岡県庁や市立城内中学校、市立葵小学校、静岡市立静岡病院がある場所が、三ノ丸跡です。駿府城の大手《おおて》（正面）は、静岡県庁が建つ城の南側。県庁の南側にも三ノ丸堀が残り、県庁の東側を通り抜けるようにクランクした道路の途中に大手門がありました。車が運転しにくそうな折れ曲がった道路は、駿府城の大手門の名残です。

駿府城のある地は、交通の便もよく古代から居住に最適。家康の築城前には今《いま》川《がわ》氏館《しやかた》があったと推定され、弥生《やよい》時代から古墳時代の集落跡も見つかっています。静岡平野の中でも比較的標高が高く安定し、安倍《あべ》川の氾濫《はんらん》も避けられました。

ジオラマや展示を活用しよう

残念ながら城内に建物は残っていませんが、巽櫓《たつみやぐら》、東御門、坤櫓《ひつじさる》が復元されています。

まずは東御門・巽櫓の内部の展示室を見学すると、駿府城の歴史や構造がよくわかります。必見は、駿府城復元模型やジオラマ。広さや構造、堀の幅や石垣の高さ、建物の姿や配置などをチェックしておけば、歩くときにかつての姿を格段にイメージしやすくなります。

たとえば、巽櫓の前にある本丸堀。一部だけしか整備されていないため、パッと見は池にしか見えないでしょう。しかし模型と照らし合わせると、延長線上に長大な堀が続いていたこと、本丸がかな

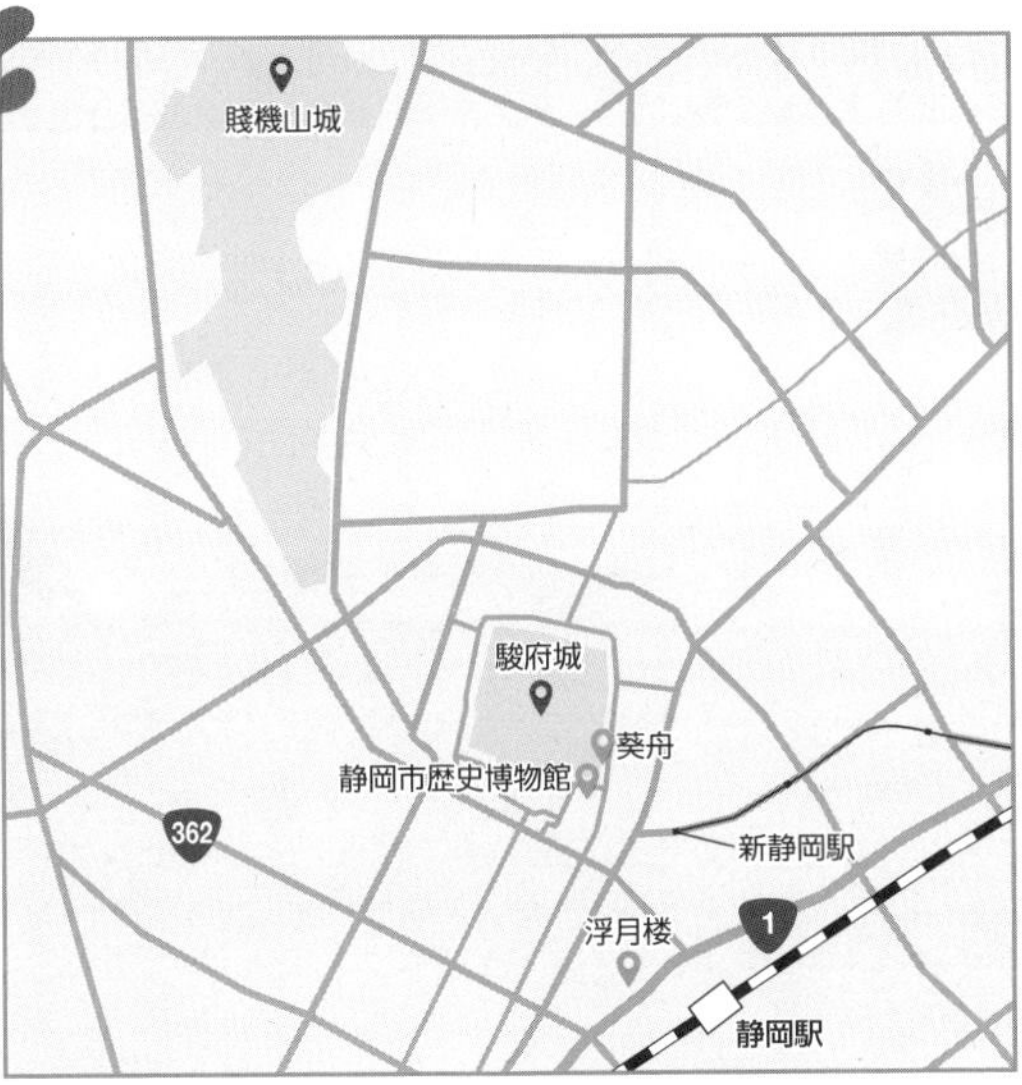

賤機山城

駿河守護・今川氏の詰城。武田氏が改修した可能性も。

➡静岡市葵区

浮月楼

15代将軍・徳川慶喜が大政奉還の後に20年余を過ごした屋敷跡にある、創業129年の料亭。京都の庭師・小川治兵衛が作庭した日本庭園が見事。

➡静岡市葵区紺屋町11-1

静岡市歴史博物館

2023年1月に開館。1階には、全長30mの駿府城下の道と石垣を取り込んで展示。

➡静岡市葵区追手町4-16

葵舟

2021年に運行開始した、駿府城の堀をめぐる遊覧船。

◆家康生誕の城、岡崎城

100名城 ㊺

　家康が生まれた城として知られます。家康時代の岡崎城は天守も石垣もなく、現在と比べてかなり小規模でした。

　現在の岡崎城の原型をつくったのは、家康の関東移封後に入った豊臣秀吉の家臣、田中吉政です。城を拡張して東・北・西に田中堀と呼ばれる総構の堀を構築。城下町を整備して、東海道を城下に引き入れました。

　吉政に変わって城主になった本多康重が、東海道に対する城の防衛のために、城の東に馬出や白山曲輪などを増築したとされています。

り広がったことが連想できます。断片的な遺構から、全容をイメージすることができるのです。本丸堀と二ノ丸堀をつなぐ二ノ丸水路が、実によくできた水路であることにも気づくはずです。

刻印石探し、城下町歩きも楽しい

　堀沿いに残る石垣も見どころです。場所により積み方が異なり、江戸時代を通じた修復の歴史が読み解けます。築城に携わった大名の家紋や符丁《ふちょう》が彫り込まれた膨大な数の「刻印石《こくいんせき》」も、天下普請《てんかぶしん》で築かれた駿府城の大きな特徴です。

　城下町歩きも楽しい。市街地が碁盤《ごばん》の目《め》状に整備されているのは、城下町が基礎になっているから。江戸時代の駿府城下町は、城の近くに武家屋敷が並び、城の東から南へと折れながら通る東海道に沿って町家《ちょうか》と寺町が並んでいました。「両替《りょうがえ》町」「呉服《ごふく》町」「鍛冶《かじ》町」など、商人や職人、寺社や街道に由来する町名碑とともに、城下町の配置をたどれます。

戦国大名・朝倉氏の栄華と没落の地

日本100名城 37

一乗谷城

【いちじょうだにじょう／福井県福井市城戸ノ内町】

POINT

❶ 2つの城戸に挟まれた都市

❷ 繁栄を示す庭園や館跡

❸ 城下町を再現した復元町並

城めぐりのコツ

60～70分でざっと見学するなら、復原町並→唐門・朝倉館跡、庭園→湯殿跡庭園→中の御殿跡の順に。それなりに階段や坂道を登るので、スニーカーがベターです。一乗谷城へは、4つのルートのいずれも上級者向けです。2022年10月オープンの一乗谷朝倉氏遺跡博物館は、福井県年縞博物館と同じ建築家・内藤廣の設計。巨大なジオラマ、原寸で再現された朝倉館は必見。難易度★☆☆☆☆

1 唐門。朝倉館の出入口は、唐門が建つ西側の正門のほか、北門と中門があった。　2 下城戸。東西の山の間隔が約80mに狭まったところに置かれた。　3 朝倉館。

朝倉氏5代の城

織田信長《おだのぶなが》と敵対の末に滅亡した、朝倉《あさくら》義景《よしかげ》を5代目とする朝倉氏。朝倉孝景《たかかげ》が応仁《おうにん》の乱《らん》で活躍し、越前《えちぜん》一国を統治する戦国大名へと飛躍。以後、孝景を初代として5代・義景まで、室町幕府で重要な地位を占める大名として君臨しました。

一乗谷《いちじょうだに》は、朝倉氏の103年間にわたる越前支配の本拠地です。最盛期には都から将軍や公卿《くぎょう》が招かれて都の文化が流入し〝第2の京都〟と呼ばれていたとか。しかし1573年(元亀《げんき》4)に信長に攻め滅ぼされると三日三晩焼き尽くされ、歴史の表舞台から姿を消しました。現在は、城と城下町一帯が一乗谷朝倉氏遺跡として国の特別史跡に指定されています。

想像力をふくらませて

一乗谷は、福井市中心部から南東へ10㎞ほど離れた、足羽《あすわ》川の支流・一乗谷川に沿った三方を山に囲まれた谷合いです。実際に訪れると僻地という印象も受けますが、実はかなり興味深い地勢にありドキドキします。福井平野から山地に入ってすぐの好立地で、美濃《みの》街道が通り、南には府中守護所《ふちゅうしゅごしょ》のある武生《たけふ》に通じる朝倉街道も整備。朝倉氏の拠点としてふさわしい立地といえるでしょう。

一乗谷朝倉氏遺跡の学術的な価値は、「灰燼《かいじん》に帰《き》した戦国大名の居館と城下町が発掘調査によって良好な状態で掘り起こされ、戦国大名の城下町が日本で初めて具体的に明らかになったこと」です。谷全体に形成されていた一大都市を想像し、それをつくり上げていた朝倉氏の栄華に思いを馳せられるかどうかがポイントといえるでしょう。

城戸や庭園が見どころ

一乗谷は南北に細長く、北端の下城戸《しもきど》と南端の上城戸《かみきど》に挟まれた約1.7㎞の城戸ノ内《きどのうち》に、朝倉氏や家臣の居館《きょかん》や城下町が形成されていました。そして、東側

4 いくつも発掘されている庭園も見どころ。4つの庭園が特別名勝に指定されている。 5 復原町並。
6 武家屋敷の四脚門。

の山に一乗谷城がありました。

下城戸と上城戸は、いわば城下町への出入口です。下城戸は、東西の山の間隔が狭まった谷の入口に巨石を積み、枡形《ますがた》虎口《こぐち》で直進を阻止。城戸の外側には堀がめぐり、防御の工夫が感じられます。南端の上城戸は、下城戸とセットで機能。長さ105mにも及ぶ長大な土塁《どるい》と堀でできた、仕切りのような施設でした。

代表的な撮影スポットとなっている唐《から》門《もん》を抜けたところが、義景が暮らした居館跡、朝倉館です。山に面する西側以外の三方向に、高さ1～4・5m、幅5～13mの土塁、その外側に堀がめぐり、十数棟の建物が建ち並んでいました。京都の将軍邸とよく似た建物群の配置が最大の特徴。1568年(永禄11)には、義景が将軍・義昭《よしあき》を招き盛大にもてなしたことが『朝倉亭御成記《あさくらていおなりのき》』などに記されています。ちなみに唐門は朝倉氏時代のものではなく、義景の菩提《ぼだい》を弔うために江戸時代に建てられたと推定されています。

CMにも登場した城下町

観光のメインスポットは、町並立体復原地区として再現されている城下町です。武家屋敷、寺院、商人や職人の住む町屋などが混在するのが、江戸時代の城下町と異なる点。一乗谷川は、流路や川幅は少し異なるものの、現在と同じように居館と城下町の間に流れていました。

復原町並は、武家屋敷群と町屋群に分かれます。その違いに注目すると、職業や身分の異なる人々の営みを肌で感じることができるでしょう。

武家屋敷群は、西側(山側)と東側(川側)では敷地の広さや門の形状が異なり、その違いを見比べるだけで楽しめます。たとえば、西側の武家屋敷の門が4本の柱で支えられた四脚門《しきゃくもん》なのに対し、東側の武家屋敷の門は2本の掘立柱《ほったてばしら》で支えられています。西側の武家屋敷跡の面積がかなり広いのは、朝倉氏の重臣の住まいであった可能性が高いため。屋敷内に工

一乗谷城内マップ

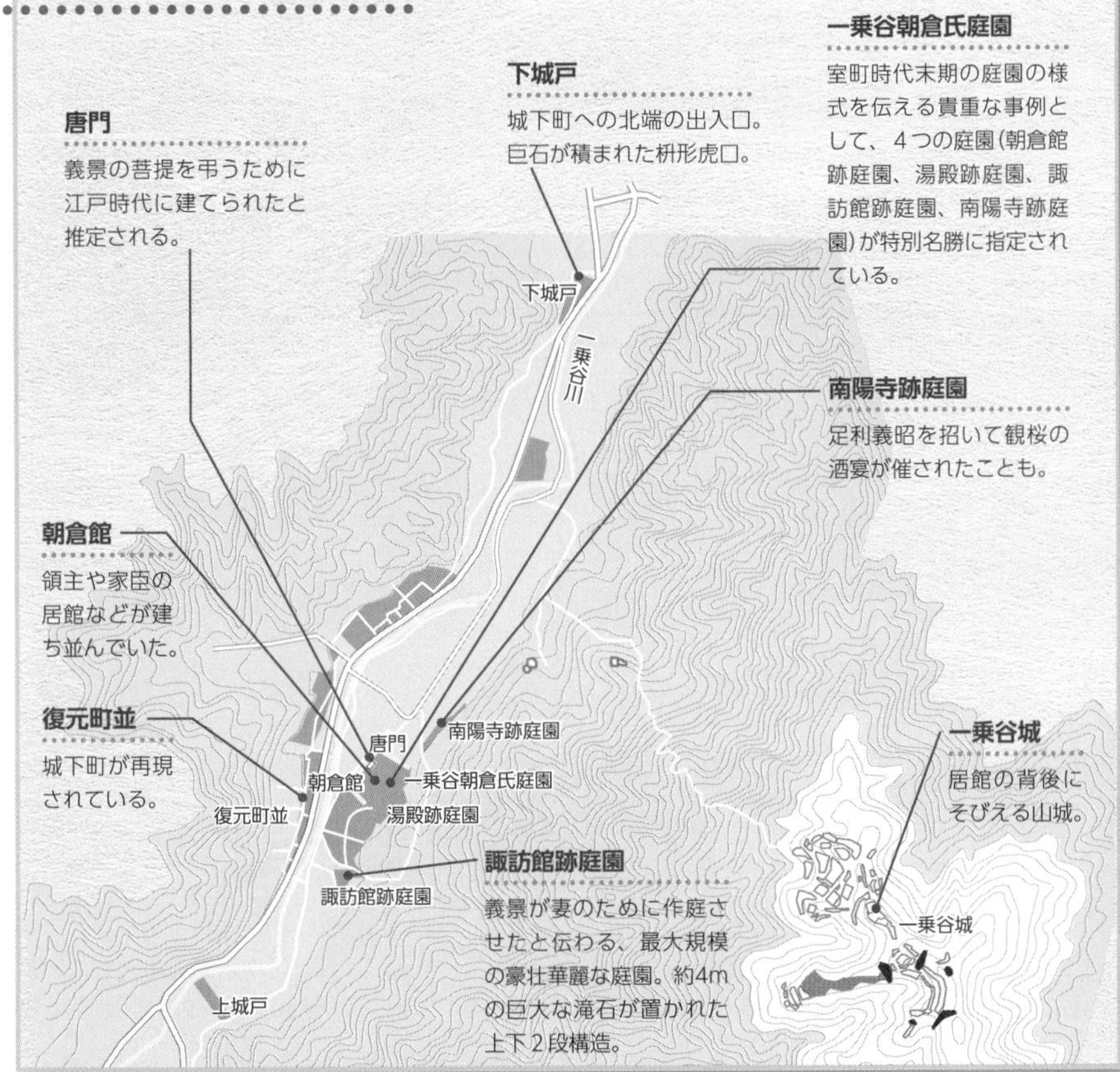
一乗谷朝倉氏庭園
室町時代末期の庭園の様式を伝える貴重な事例として、４つの庭園（朝倉館跡庭園、湯殿跡庭園、諏訪館跡庭園、南陽寺跡庭園）が特別名勝に指定されている。
下城戸
城下町への北端の出入口。巨石が積まれた枡形虎口。
唐門
義景の菩提を弔うために江戸時代に建てられたと推定される。
南陽寺跡庭園
足利義昭を招いて観桜の酒宴が催されたことも。
朝倉館
領主や家臣の居館などが建ち並んでいた。
復元町並
城下町が再現されている。
一乗谷城
居館の背後にそびえる山城。
諏訪館跡庭園
義景が妻のために作庭させたと伝わる、最大規模の豪壮華麗な庭園。約4mの巨大な滝石が置かれた上下２段構造。
下城戸
一乗谷川
唐門
南陽寺跡庭園
朝倉館
一乗谷朝倉氏庭園
湯殿跡庭園
復元町並
諏訪館跡庭園
上城戸
一乗谷城

房を備えて職人を抱え、敷地内に庭園もあったようです。

朝倉館からは日本最古の花壇、台所、厩《うまや》、蔵などが確認され、出土遺物も先進的。庭園の造営技術も高く、朝倉氏と京との文化交流を物語っています。京にも劣らない、極めて華やかな一大都市だったことがひしひしと伝わります。それにもかかわらず、跡形もなく消える運命……。戦乱の世のはかなさが感じられる、ロマンあふれる遺跡です。

◆すごいぞ！ 一乗谷城

居館の背後にそびえる標高約473mの一乗城山に築かれた一乗谷城。大きくは北側にある方形の曲輪群と南側の連続した曲輪群に分かれ、北側の曲輪群は、中心的な屋敷である千畳敷を中心に曲輪が並びます。畝状竪堀など見応え抜群です。上級者向け。

15万の大軍勢！　天下統一の決定戦

日本100名城 23

小田原城

【おだわらじょう／神奈川県小田原市城内6-1】

POINT

❶ 復元された天守

❷ 秀吉に備えた大防衛ライン「総構」

❸ 支城も含めた小田原攻めの経緯

城めぐりのコツ

馬出門から入城し、馬屋曲輪→住吉橋→銅門→常盤木門→本丸が正規の登城ルート。小田原城天守閣は充実の展示が魅力です。5階の展望デッキからは相模湾や三浦半島も見渡せ、小田原攻めの際に秀吉が本陣を置いた石垣山城も見られます。小田原駅からの道すがらには、北条氏政・氏照の墓所や幸田口門跡も。総構は、小田原市のサイトでルートをチェックしてから歩くのが○。難易度★☆☆☆☆

1 小田原城天守閣。三重四階で付櫓と渡櫓が付く。内部は資料館になっている。　2 本丸に残る石垣の一部。
3 小峯御鐘ノ台大堀切東堀。

関東を制した北条5代

小田原《おだわら》城は、伊勢宗瑞《いせそうずい》(北条早雲《ほうじょうそううん》)から5代・氏直《うじなお》まで、約100年間続いた北条氏の城です。鎌倉幕府の執権《しっけん》・北条氏とは別の一族で、区別するために後《ご》北条氏または小田原北条氏とも呼ばれます。

小田原城を居城《きょじょう》としたのは、北条姓を名乗った2代・氏綱《うじつな》から。北条氏はその後も版図《はんと》を広げ、5代・氏直の頃には関東一円を支配するほどの強大な勢力を誇りました。しかし、1590年(天正《てんしょう》19)の豊臣秀吉《とよとみひでよし》による小田原攻めで降伏し滅亡。北条氏を倒した秀吉は、実質的な天下統一を果たすことになります。

戦国と江戸、2つの時代が共存

小田原城の魅力は、戦国時代と江戸時代、2つの異なる時代の城が共存していることです。

本丸の立派な天守を見ると「さすが北条氏の城だなあ!」と圧倒されますが、現在の小田原城は北条時代の城ではなく、北条氏の滅亡後に大改修されて生まれ変わった姿です。

北条氏の滅亡後、関東は徳川家康《とくがわいえやす》の領地となり、小田原城は家臣の大久保《おおくぼ》氏によって天守や石垣のある近世の城へと変貌しました。1634年(寛永《かんえい》11)からは、稲葉正則《いなばまさのり》により大改修され一新。その後、元禄《げんろく》大地震で天守や本丸御殿など建物がほぼ倒壊・焼失し、石垣や土塁《どるい》も崩落したため再整備されました。

明治に入ると天守ほかほとんどの建物が解体され、関東大震災で石垣もほぼ全壊しました。現在本丸に建つ小田原城天守閣は、雛型《ひながた》や宝永《ほうえい》年間の再建時につくられた模型や設計図をもとに、1960年(昭和35)に外観復元されています。

秀吉を迎え撃つ秘策「総構」

北条時代の小田原城の破片が、「総構《そうがまえ》」と呼ばれる堀と土塁による外郭《がいかく》の防衛ラインです。秀吉の小田原攻めに備えてつくられたと考えられます。土塁と堀で城と城下町を丸ごと囲い込んだ長大な防衛線で、総延長はなんと約９㎞。断片的ながらよく残っていて、点在する総構の片鱗をたどれば、ほぼ1周歩けます。

もっとも見学しやすいのが、小峯御鐘《こみねおかね》ノ台大堀切《のだいおおほりきり》です。御鐘ノ台は小田原城の西側、本丸へと続く八幡山《はちまんやま》丘陵の尾根が3条に派生する扇《おうぎ》の要《かなめ》にある、情報伝達の鐘《かね》が置かれていたとされる場所。３本の堀切(東堀・中堀・西堀)があり、とりわけ東堀は圧巻です。幅は約20〜30ｍ、堀底から天端《てんば》までは約12ｍ、長さは２５０ｍに及びます。堀の斜面は、とてもよじ登れない約50度の急勾配《こうばい》。側面から攻撃できるように折り曲げてあったり、堀底には堀内障壁や土橋《どばし》のような掘り残しがあったりと、大規模なだけでなく緻密な技巧性も光ります。

小峯御鐘ノ台の東にある、稲荷森《いなりもり》総横堀も絶品です。谷津《やつ》丘陵に沿って地面を這《は》うようにめぐり、尾根の頂部から堀底までの高低差は約10ｍ以上。堡塁《ほるい》のような空間が設けられるなど、戦闘性が感じられます。

その東に展開する台地には、いくつも総構の遺構が続きます。茶畑になっている山ノ神台東《やまのかみだいひがし》と呼ばれる場所と対峙する久野《くの》丘陵は、秀吉方の蒲生氏郷《がもううじさと》が陣を構えた地。ここに立てば、お互いがよく見える距離で睨み合っていたことも実感できるはず。その東には、北端の最前線と思われる城下張出《しろしたはりだし》と呼ばれる場所もあります。その東側にある、城源寺《じょうげんじ》竪堀《たてぼり》も見ごたえがあります。

城攻めメソッドの集大成

小田原城攻めは、数々の攻城戦をこなしてきた秀吉が城攻めメソッドをすべて投じた集大成といえます。

秀吉本陣および先発隊は、東海道を通り、40山中城を撃破して小田原へ侵攻。秀吉は126石垣山城を築いて本陣《ほんじん》とし、徳川家康、織田信雄《のぶかつ》、蒲生氏郷、宇喜多秀《うきたひで》

4小峯御鐘ノ台大堀切東堀。
5稲荷森総横堀。ダイナミックなだけでなく、折れと高低差を活かした緻密な設計に悶絶。

小田原城内マップ

小峯御鐘ノ台大堀切《こみねおかねのだいおおほりきり》

本丸へと続く八幡山丘陵の尾根を分断して構築。東堀、中堀、西堀の三本の空堀で構成される。

御用米曲輪《ごようまいくるわ》

小田原北条氏の居館や庭園らしき遺構が見つかり話題に。

常盤木門《ときわぎもん》

本丸の正門にあたり、城内でも大きく堅固。1703年（元禄16）の大地震で崩壊後、1706年（宝永3）に再建。1870年（明治3）の廃城まで残っていた。

八幡山古郭東曲輪《はちまんやまこかくひがしくるわ》

小田原北条氏時代の古郭の曲輪のひとつ。

↖小峯御鐘ノ台
大堀切
八幡山古郭
東曲輪
御用米曲輪
天守
本丸
常磐木門
二の丸
小田原城
歴史見聞館
隅櫓
小峯曲輪
南曲輪
銅門
馬出門
馬屋曲輪

小田原城天守閣

1960年（昭和35）に外観復元された。最上階からは相模湾が一望できる。

銅門《あかがねもん》

二の丸の表門にあたる枡形の門。明治まで現存。

馬出門

二の丸正面に位置する門。江戸末期まで現存していた。2009年（平成21）に復元

家《いえ》、細川忠興《ほそかわただおき》、堀秀政《ほりひでまさ》らも次々に布陣しました。相模湾には加藤嘉明《よしあき》、長曽我部《ちょうそかべ》元親《もとちか》、脇坂安治《わきざかやすはる》、九鬼嘉隆《くきよしたか》らの水軍が迫り、あっという間に小田原城を完全包囲しています。

一方、前田利家《まえだとしいえ》率いる別働隊は東山道《とうさんどう》から進軍。上野《こうずけ》（群馬県）から武蔵《むさし》（東京・埼玉・神奈川の一部）へと侵攻して、次々に18鉢形《はちがた》城や118忍《おし》城などの北条氏の城を攻略していきました。最終的には、前田利家や上杉景勝《うえすぎかげかつ》らの大軍による北条氏照《うじてる》の22八王子城の陥落が、北条氏の降伏を決定づける大きな一手に。八王子城落城の報《しら》せが小田原城へ届くとのほぼ同時に石垣山城が完成し、ダブルパンチを受けた小田原城は数日後に開城しました。

「本城」「支城」とは何か

山中城や鉢形城、忍城などは、領主の本拠となる「本城《ほんじょう》（居城）」をサポートする「支城《しじょう》」です。会社組織に例えるならば、本城は本社、支城は支社や営業所。本城を中

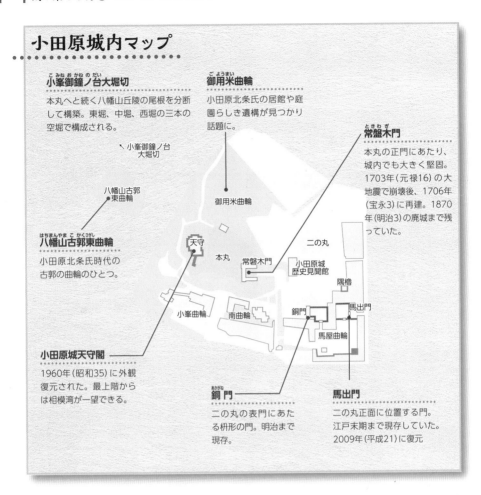

心に、領国内には枝分かれした膨大な支城が置かれ、ピラミッド構造で領国経営・防衛のネットワークを構築していました。

たとえば鉢形城は、北関東支社といった位置付けの支城です。北武蔵地域の支城を取りまとめる重要な支城であるため、一族の北条氏邦《うじくに》が城主を務めました。

映画化もされた和田竜さんの小説『のぼうの城』は、支城の忍城攻めを描いた物語。秀吉配下の石田《いしだ》三成《みつなり》は、秀吉の命令で水田や池で囲まれた忍城を水攻めにしようとするも失敗。秀吉の関東攻めで唯一落とせずに終わった戦いでした。

秀吉が率いた戦国大名オールスターズの動きに注目して北条氏の支城をめぐると、いかにして秀吉軍が関東一円に広がる支城網を攻略し、小田原開城まで持ち込んだのかが立体的に見えてきます。

小田原攻めの引き金は、北条家臣の116沼田《ぬまた》城城代・猪俣邦憲《いのまたくにのり》による115名胡桃《なぐるみ》城の乗っ取りとされます。これも、沼田城の所有をめぐる突発的な衝突ではなく、長年にわたる因縁がありました。

沼田領は勢力の境にあり、戦国時代には武田・上杉・北条氏が三《み》つ巴《どもえ》の争奪戦を繰り広げた地域でした。武田家臣の真《さな》田《だ》昌幸《まさゆき》が制したものの、武田氏が滅亡したことで、真田氏と北条氏による支配権争いが勃発。真田昌幸が徳川家康と決裂し、27上田城を舞台とした第1次上田合戦の引き金にもなりました。

その後、どうにも折り合いがつかなくなった沼田領問題は、1589年(天正17)に秀吉の裁定により一件落着します。沼田城を含む沼田・岩櫃《いわびつ》領3分の2は北条氏、名胡桃城を含む3分の1は真田氏の知行《ちぎょう》とされたのです。その裁定を無視して名胡桃城へ攻め込んだのですから、大問題。北条氏は上洛《じょうらく》誓約違反に加えて私戦禁止令(惣無事令《そうぶじれい》)違反という口実を秀吉に与えてしまったのでした。

こうした経緯や地理的背景も含めて、小田原攻めをテーマに関連する城をめぐってみるのもいいですね。

◆真田の城、上田城・沼田城・名胡桃城・岩櫃城

100名城 27　続100名城 115 116 117

27上田城(写真上)は、真田昌幸が徳川の大軍を2度も撃退した上田合戦の舞台として知られます。現在の上田城は、1622年(寛永3)以降に仙石忠政が再建した姿。南側は千曲川の分流である尼ヶ淵に面し築かれ、北・西側に矢出沢川を引き込んで総構を構築していました。

昌幸が沼田地域の支配拠点とした116沼田城は、江戸時代に真田信之が改修。利根川水系の片品川付近に形成された河岸段丘上にあるのが特徴です。115名胡桃城は、沼田城の攻略拠点として真田昌幸が築城。歩きやすく整備され、利根川や沼田方面への見晴らしが抜群です。

117岩櫃城(写真下)は、真田昌幸の父・幸綱(幸隆)が武田信玄の命令で攻略し、信繁(幸村)が幼少期を過ごしたとも。標高802.6mの岩櫃山の中腹に築かれ、長大な横堀や竪堀など見応え抜群の巨大山城です。

◆小田原攻めを歩く！ 北条氏の城めぐり

は日本100名城、 は続日本100名城

名胡桃城
沼田城
栃木県
岩櫃城
上田城
箕輪城
唐沢山城
群馬県
鉢形城
忍城
茨城県
長野県
埼玉県
滝山城
八王子城
江戸城
東京都
佐倉城
山梨県
神奈川県
小机城
石垣山城
小田原城
千葉県
山中城
静岡県

箕輪城　100名城 16

北条氏の滅亡後、徳川家康家臣の井伊直政が石垣づくりの城に大改修。鍛治曲輪南側の巨大な堀切、三の丸の石垣が見事。

➡群馬県高崎市箕郷町西明屋ほか

鉢形城　100名城 18

荒川と深沢川に挟まれた河岸段丘を利用した、まさに天然の要害。小田原攻めでは前田・上杉・真田ら秀吉軍を迎え討った。

➡埼玉県大里郡寄居町鉢形2496-2

忍城　続100名城 118

石田三成は忍城を一望できる丸墓山古墳に本陣を置き、城代・成田長親らが立て籠もる忍城を包囲。利根川から総延長約28㎞の堤防を構築して、忍城の水没を狙った。丸墓山古墳に石田堤が残る。

➡埼玉県行田市本丸

佐倉城　100名城 20

16世紀半ばに築かれた城を、江戸時代初期に土井利勝が改修。江戸の東の要として譜代大名が歴城主を務めた。

➡千葉県佐倉市城内町官有無番地

小机城　続100名城 125

山内上杉家の城から廃城を経て北条氏の支城に。二重の土塁と空堀が圧巻。

➡神奈川県横浜市港北区小机町

唐沢山城　続100名城 114

戦国時代には上杉謙信や北条氏の攻撃を受けた、広大な堅城。秀吉の関東制圧後、中心部が石垣づくりの城へ改修された。

➡栃木県佐野市富士町1409

豪華な歴代城主！　最後は戊辰戦争の激戦地に　日本100名城 12

会津若松城

【あいづわかまつじょう／福島県会津若松市追手町1-1】

POINT

❶ 表情の違う、2時期の石垣

❷ 幕末の姿が復活！
独自の赤い屋根瓦

❸ 新政府軍も手こずった秀逸な設計

城めぐりのコツ

西出丸に車を停めたなら、北出丸を通って秀逸な縄張を脳内で攻略しながら大手門を突破。天守周辺の建物を見学した後は、廊下橋を渡って二の丸方面へもどうぞ。蒲生氏郷と加藤明成の石垣を見比べてみてください。国指定名勝・御薬園、飯盛山、日新館、七日町など、見どころが多いのも会津の魅力。会津藩松平氏の湯治湯、東山温泉に泊まってゆっくりするのもいいですね。難易度★☆☆☆☆

1 天守台。蒲生氏郷時代の野面積の石垣が見事。
2 鉄門。戊辰戦争時、松平容保はここで指揮を執ったとも。
3 太鼓門枡形。城兵が昇降するための石段「合坂」がよく残る。

ドラマチックすぎる経歴

会津若松城《あいづわかまつ》のあゆみは波瀾万丈。伊達《だて》政宗《まさむね》、蒲生氏郷《がもううじさと》、上杉景勝《うえすぎかげかつ》、保科正之《ほしなまさゆき》、松平容保《まつだいらかたもり》と錚々《そうそう》たるメンバーが城主を務め、数々の歴史的転換点に遭遇。最後は壮絶な籠城《ろうじょう》戦の末に開城、というドラマチックすぎる城です。

戊辰《ぼしん》戦争では、激しい籠城戦の舞台になりました。大河ドラマ『八重の桜』で描かれたのは、主人公の山本(新島)八重がスペンサー銃を片手に男装で籠城する姿。武士顔負けの戦いぶりはまさに幕末のジャンヌ・ダルクでした。

秀吉政権の東北支社

現在の会津若松城の原型を築いたのは、豊臣秀吉《とよとみひでよし》の家臣・蒲生氏郷です。

1590年(天正《てんしょう》18)、実質的な天下統一を果たした秀吉は、「奥州仕置《おうしゅうしおき》」という東北地方の領土裁定を行います。もともとこの場所には南東北の最大勢力だった蘆名《あしな》氏が拠点とした黒川《くろかわ》城があり、秀吉に従わず戦い続けた伊達政宗が攻略したばかりでした。東北地方の要となる拠点を政宗に預けるはずはなく、秀吉は信頼の置ける家臣の氏郷に一任。新領主となった氏郷が、威信をかけて大改修したのが会津若松城というわけです。

氏郷は、城を大改造して城下町を整備。地名を黒川から若松と改称し、3年ほどで会津の基盤をつくりました。現在残る町割も、氏郷によるものです。

会津若松城からは、秀吉が有力家臣だけに使用を許可したとされる金箔瓦《きんぱくがわら》や、秀吉ゆかりの桐紋《きりもん》瓦が見つかっています。

会津若松城は、秀吉政権における東北の支配拠点。会社に例えるなら、54大阪城を本社とする秀吉政権の東北支社といったところでしょう。政宗や最上義光《もがみよしあき》、徳《とく》川家康《がわいえやす》などを牽制しつつ、天下人としての力を見せつける、いわば秀吉の分身のような存在だったと思われます。

こうして、東北一の規模を誇り、東北

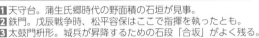

初の天守がそびえる東北初の総石垣の城が誕生しました。秀吉流の最新鋭の城はとにかく壮大で、当時の天守は七重だったという説もあります。敵対勢力だけでなく、東北の領民にも秀吉時代の到来を知らしめたことでしょう。

石垣鑑賞のポイント

1639年（寛永《かんえい》16）、会津若松城は加藤明成《あきなり》によって現在の姿に大改修されました。現在、城内で見られる石垣は、明成により積まれたものがほとんどです。

　ですから、会津若松城に残る石垣を見るときは、氏郷時代と明成時代のどちらのものかがポイントになります。天守台は、1590年（天正《てんしょう》18）の築城時に蒲生氏郷が築いたもの。勾配《こうばい》が緩《ゆる》い野面積《のづらづみ》で、1611年（慶長《けいちょう》16）の大地震でも崩壊しなかった堅牢な石垣です。

　一方、城内一の高さを誇る本丸東面の約19mに及ぶ石垣は、明成が改修したもの。よく見ると、氏郷が積んだ石垣とは石材の加工や積み方に違いがあります。明成が積んだ本丸東面の石垣は、傾斜が急で、成形した石材を隙間なく整然と積んだ打込接《うちこみはぎ》です。

どうして？　屋根が赤い理由

　戊辰戦争で時に1日2500発ともいわれる砲弾を浴びながら約1か月も持ち堪えた天守は、1874年（明治7）に破却。明治初年の写真に写された満身創《まんしんそう》痍《い》の姿が激戦を物語っています。取り壊し直前に撮影された古写真などのおかげで、1965年（昭和40）に忠実な外観の復元が叶いました。2011年（平成23）には、天守をはじめ、天守から連なる続《つづき》櫓《やぐら》、表門（鉄門《くろがねもん》）、南走長屋《みなみはしりながや》、干飯櫓などの屋根瓦《がわら》が黒い瓦から赤い瓦に葺《ふ》き替えられています。

　瓦が赤いのは、表面に塗られた釉薬《ゆうやく》のせい。鉄分が含まれているため、焼くと赤くなります。一般的な土瓦では凍《し》み割れ割れてしまうため、特別な釉薬が用い

4 天守台の算木積。推定マグニチュード6.9の大地震でも倒壊しなかった、氏郷が積んだ石垣。　5 加藤明成が積んだ、本丸東側の高石垣。　6 鉄分入りで寒さに強い赤瓦。1653年（承応2）から採用され、幕末には城内のほとんどの建物の屋根を彩っていたとみられる。

会津若松城内マップ

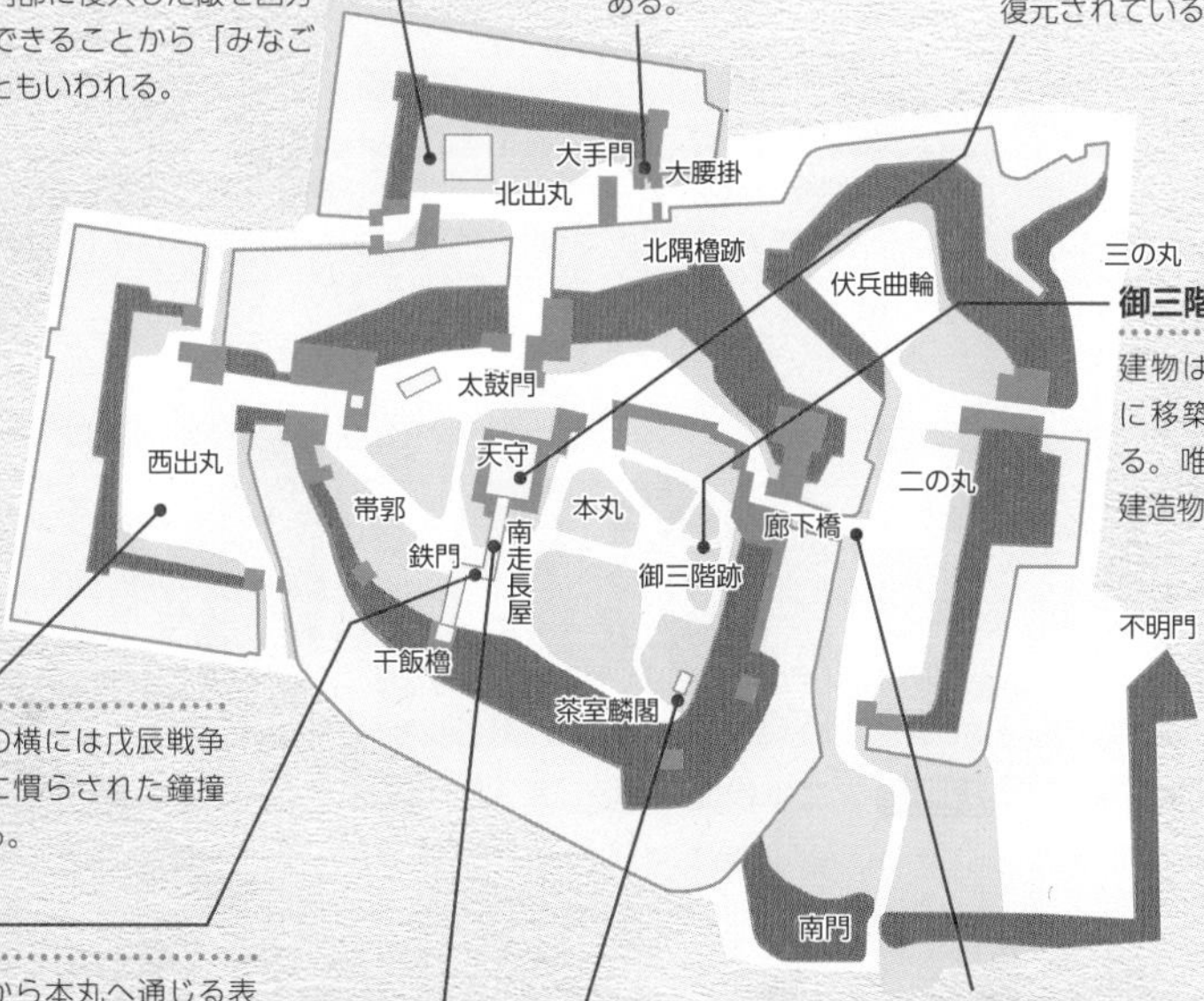

北出丸
氏郷が設けた馬出を、明成が出丸に拡張。内部に侵入した敵を四方から射撃できることから「みなごろし丸」ともいわれる。

大腰掛
北出丸の東側、大手門の正面両脇に設けられた城兵の射撃場。西出丸にもある。

天守
古写真などをもとに外観復元されている。

御三階跡
建物は阿弥陀寺に移築されている。唯一の現存建造物。

西出丸
西中門の横には戊辰戦争のときに慣らされた鐘撞堂がある。

鉄門
帯郭から本丸へ通じる表門。

南走長屋
鉄門から続く櫓。

茶室麟閣《りんかく》
蒲生氏郷が匿った、千利休の子、少庵が建てた。

廊下橋
本丸と二の丸をつなぐ巨大な橋。氏郷時代は屋根付きの端だったことが名の由来。明成がかけ変えた。

られているのです。赤瓦が、会津の厳しい寒さから天守や櫓を守ってくれます。釉薬は江戸時代を通じて改良が繰り返され、赤色も少しずつ変化。オレンジ色に近い、かわいらしい印象の天守だった時期もあるようです。現在は、幕末時の落ち着いた小豆《あずき》色が再現されています。

新政府軍を翻弄した設計

城内は、大手付近の縄張《なわばり》(設計)や防御設備が見どころです。

本丸はいびつな五角形。氏郷は本丸を分割して帯郭《おびくるわ》を設け、北側と西側に馬出《うまだし》を配置。東側の二の丸とは、屋根付きの廊下橋でつながれていました。

城を大改修した明成は、北側と西側の馬出を拡張して石垣で囲まれた出丸《でまる》を構築。本丸や帯郭も石垣で固め、二の丸にかかる廊下橋をつけかえました。本丸の東側に並んでいた二の丸や三の丸を切り捨てる形で、街道に通じる北側へと大手を東側から変更したと思われます。

◆戊辰戦争、東北の城は激戦の舞台に

戊辰戦争とは、明治維新期、1868年（慶応4＝戊辰の年）から続いた、新政府軍と旧幕府軍との一連の戦いのことです。旧幕府が江戸城を無血開城し新政府に降伏しても従わない旧幕臣が多く、関東各地で戦いが勃発。やがて戦線は東北や北陸地方へ移りました。

東北地方では多くの城が戦いの舞台となり、数々の悲劇が生まれました。旧幕府軍が7回も奪還を試みる壮絶な「白河口の戦い」が繰り広げられたのが、⑬白河小峰城。『白河城御城櫓絵図』をもとに復元された三重櫓の用材は、白河口の戦いで激戦地となった稲荷山の杉の大木。鉄砲の鉛玉や弾傷の残る木材がそのまま加工され、柱や床板、腰板などにその痕跡が残ります。

二本松城の戦いは、二本松少年隊の悲劇が語られます。白河を突破した新政府軍が⑪二本松城へ迫ったとき、二本松藩が白河や領境の各地に兵力を集中させており、城内にはわずかな兵しかいませんでした。兵力不足のため出陣許可が13歳まで引き下げられており、数え年13～17歳の少年隊士を含む337名が戦死する悲劇となりました。

白河小峰城 100名城 ⑬

奥州と関東を結ぶ重要な地にあるため、戊辰戦争の激戦地に。幕命を受けた丹羽長重が、1629年（寛永6）から約4年がかりで総石垣に大改修。会津若松城、二本松城、盛岡城と並ぶ東北屈指の石垣の名城。丹羽長重は、安土城の普請奉行を務めた丹羽長秀の子にあたる。

➡福島県白河市郭内

二本松城 100名城 ⑪

畠山氏時代の中世の山城を、加藤氏が近世の城に改修。1643年（寛永20）に入った丹羽光重が山麓に御殿や城門を建てた。戊辰戦争での落城後に城内の建物は焼き払われ、現在は本丸の石垣、箕輪門や多聞櫓が復元されている。登城口の千人溜に二本松少年隊の顕彰群像が建つ。

➡福島県二本松市郭内3丁目・4丁目

白石城 続100名城 105

一国一城制の対象外とされ、伊達政宗の重臣・片倉小十郎景綱が城主となり明治維新まで存続。戊辰戦争では奥羽25藩の重臣が集結し、奥羽越列藩同盟の結成につながる白石会議が開かれた。

➡宮城県白石市益岡町1-16

現地で秀逸な縄張を実感できるのは、正面にあたる北出丸と大手門付近です。北出丸は、大手門の前線基地。敵が大手門を突破するには北出丸を攻略せねばなりませんが、城兵は大手門前にかかる土橋《どばし》の上の敵に対して、北出丸前面の大腰掛、本丸の北隅櫓跡、伏兵曲輪の三方向から狙い撃ちできる設計です。仮に敵が大手門を突破しても、北出丸の内部で完全包囲し殲滅が可能。実際に、戊辰戦争では官軍は北出丸からの射撃で大手門に近づけなかったと伝わります。

おもしろいのは、西出丸が駐車場として有効活用されているところです。とても入出庫しにくく、虎口《こぐち》突破と城内侵入の難しさを体感できます。

城は東西1・8㎞、南北1・2㎞の長大な総構《そうがまえ》で囲まれ、16の郭門《くるわもん》が置かれていました。郭門でもっともよく残るのは、会津若松市役所前の甲賀町口郭門跡の石垣。かなり大きな門跡で驚くはずです。この場所は、城の大手門から白河街道へ

會津藩校 日新館

人材の育成を目的に建てられた全国屈指の名門藩校が、忠実に復元されている。

➡会津若松市河東町南高野字高塚山10

宮泉酒造

全国的に有名な「寫楽」「会津宮泉」を醸す酒蔵。期間限定の酒も多い。

➡会津若松市東栄町8-7

白虎隊十九士の墓

戊辰戦争で自刃した、16～17歳の少年で編成された白虎士中二番隊が眠る。

➡会津若松市一箕町八幡弁天下

甲賀町口郭門跡

16あった郭門のうち唯一残る遺構。戊辰戦争の激戦地としても知られる。

➡会津若松市栄町4-49

SPOT

郷土料理や銘酒、歴史を知るともっとおいしい！

会津は、白虎隊が自刃した飯盛山、藩校・日新館をはじめ、必見のスポットがひしめく観光地。郷土料理が味わえ、伝統文化が息づく城下町探訪も大きな楽しみです。

代表的な郷土料理「こづゆ」が盛られる朱塗りの会津漆器は、5代藩主・松平容頌のときに藩政改革を成功させた家老の田中玄宰《はるなか》が、殖産興業のため改良。海外へ輸出されるほどの特産品となりました。

会津が全国有数の酒処であるのも、実は玄宰の功績。米を売るより加工して販売するのが得策と考えた玄宰が、酒造業を推進。摂津から杜氏、灘から麹師を招き入れて技術を伝授させました。歴史を知ると、お土産探しや食事もぐっと楽しくなりますね。

と通じる重要な出入口。戊辰戦争では最激戦地となり、この門を新政府軍に突破されたことで籠城戦へ追い込まれました。

城内唯一の現存建造物は、阿弥陀寺《あみだじ》に移築されている御三階《ごさんかい》です。密議《みつぎ》や物見《ものみ》に使用された建物のようです。阿弥陀寺には戊辰戦争の戦死者が埋葬され、新撰《しんせん》組《ぐみ》の斉藤一《さいとうはじめ》の墓もあります。

7 阿弥陀寺に移築されている御三階。
8 天守から見下ろす、続櫓、鉄門、南走長屋、干飯櫓。

武田vs.徳川、争奪バトルの現場　続日本100名城 147

高天神城

【たかてんじんじょう／静岡県掛川市上土方嶺向】

POINT

❶ “一城別郭”と呼ばれる特殊構造

❷ 東峰と西峰の様相の違い

❸ 西峰北側のディフェンスライン

城めぐりのコツ

駐車場は、追手門側の南口は約10台、搦手門側の北口は約100台。JR掛川駅からは土方バス停で下車し、徒歩約15分で追手門側の登城口です。傾斜はそれほどありませんが、スニーカーまたはトレッキングシューズで。追手門から三の丸→御前曲輪→本丸と東峰を歩いたら、井戸曲輪を通って西峰へ。西の丸から北尾根筋の堂の尾曲輪→井楼曲輪を堪能し、西の丸を経て馬場平へと向かいましょう。難易度★★★☆☆

1 本丸周囲に残る、幅1mほどの城内道。岩盤が削られている。
2 家康の家臣・大河内政局が7年間幽閉されていた、本丸北下の石窟。本丸北下という位置からも人質の待遇がわかる。
3 本丸北側の虎口。

武田信玄・勝頼 vs.徳川家康の死闘

「高天神《たかてんじん》を制するものは遠江《とおとうみ》を制す」といわれるのは、高天神城が東海道上の㊷掛川城《かけがわ》(静岡県掛川市)と遠州灘《えんしゅうなだ》の港を結ぶ要衝《ようしょう》にあるため。その立地から、武田《たけだ》信玄《しんげん》・勝頼《かつより》父子と徳川家康《とくがわいえやす》による遠江(静岡県西部)をめぐる戦いにおいて、激しい争奪戦が繰り広げられました。

1560年(永禄《えいろく》3)、駿河《するが》(静岡県中・北東部)・遠江に加えて三河《みかわ》(愛知県中・東部)や尾張《おわり》(愛知県西部)の一部にまで領土を拡大していた今川義元《いまがわよしもと》が桶狭間《おけはざま》の戦いで敗死。旧今川領は大井川を境に、三河の徳川氏と甲斐《かい》(山梨県)の武田氏に分割されました。やがて信玄が遠江に侵攻したことで、両者がその領有権をめぐり火花を散らすこととなったのです。

武田氏滅亡へのクリティカルヒットに

高天神城の戦いは、今川氏の城を手に入れた徳川氏が、武田氏に攻略されながらも最後は奪還する戦いです。1571年(元亀《げんき》2)に信玄が2万5000の大軍でも攻略できなかったとも伝わる難攻不落の城を、勝頼が1574年(天正《てんしょう》2)に攻略(第一次高天神城の戦い)。これを1581年(天正9)に家康が奪い返しました(第二次高天神城の戦い)。

家康の起死回生の高天神城奪還劇は武田氏を遠江から駆逐《くちく》する決定打になると同時に、武田家分裂の致命傷となる一撃となりました。この戦いを機に、武田氏滅亡の本格的なカウントダウンがはじまります。

2つの顔を持つ〝一城別郭〟の城

高天神城は、小笠山山稜《おがさやまさんりょう》から東に張り出した標高約130mの丘陵に築かれた山城です。東峰と西峰に分かれ、その2つが井戸曲輪《いどぐるわ》で繋がれた、ちょうどアルファベットの「H」のような形をしています。いわゆる〝一城別郭《いちじょうべっかく》〟の城です。

この城の大きな特徴は、東峰と西峰に

4 二の丸と堂の尾曲輪を分断する堀切。木橋がかけられていた。 5 小笠山へ続く唯一の脱出口といわれ、難所であることから「犬戻り猿戻り」と呼ばれる甚五郎抜け道。1581年の落城時、武田勝頼に報せるため尾根続きに馬を走らせたという。

まったく別の城のような様相の違いがあることです。簡潔にいうと、東峰よりも西峰のほうが城の輪郭が鋭く、ダイナミックで技巧的なつくりになっています。東峰が居住エリアであれば、西峰は戦闘エリアといったイメージ。この違いを比較しながら歩くのが高天神城を楽しむポイントです。

とくに、西峰の西の丸から北尾根筋《おねすじ》に続く堂《どう》の尾《お》曲輪や井楼《せいろう》曲輪は、東峰と同じ城にいるとは思えないほど、がらりと雰囲気が変わります。土木量が増し、高低差がはっきりします。

井戸曲輪から二の丸に向かったら、振り返ってみてください。立ちはだかる西の丸の切岸《きりぎし》は、まるで山のような高さと鋭さ。この上から強襲されると想像するだけで、背筋がぞっとします。

勝頼がつくり出した戦闘空間

見どころは、ここから連なる二の丸、袖《そで》曲輪、馬出《うまだし》曲輪、堂の尾曲輪、井楼曲輪です。袖曲輪から井楼曲輪の西側に延々《えんえん》と100mも続く幅・深さ約5mの長大な横堀《よこぼり》と、それに伴う高さ約5mの土塁《どるい》、高さ約15mの切岸、そして曲輪を遮断する巨大な堀切《ほりきり》に圧倒されない人はいないでしょう。「土塁＋横堀＋切岸」の三重構造で、敵を完全にシャットアウト。さらに曲輪の上を歩いてみると、西面だけに土塁が続き、徹底的に西側からの敵に備えているのがわかります。

これは、西側の赤根《あかね》ヶ谷《がたに》方面の傾斜が緩やかであるために、勝頼が改造したものと考えられます。城を取り巻く地形を見比べてみると、城全体が基本的に急峻《きゅうしゅん》な崖に守られているのに対し、西側だけは緩斜面になっているのです。

勝頼はこの城を攻略しているのだから、もちろんこの緩斜面がこの城の最大の弱点で、家康にとっての奪還の糸口になることを熟知していたのでしょう。両氏が火花を散らした攻防戦の緊張感が伝わってきます。

高天神城内マップ

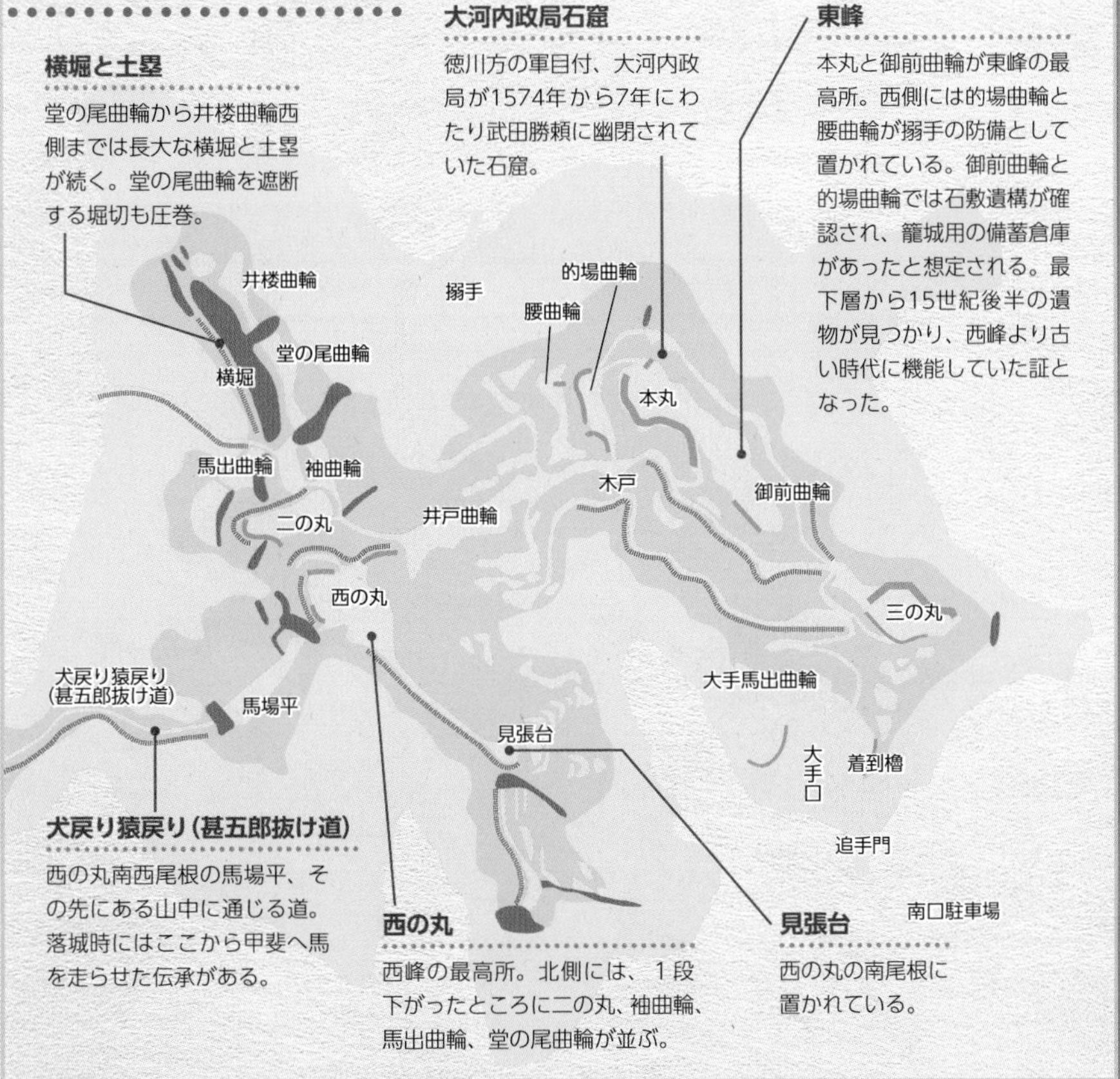
井楼曲輪
堂の尾曲輪
横堀
馬出曲輪
袖曲輪
二の丸
西の丸
犬戻り猿戻り
(甚五郎抜け道)
馬場平
搦手
的場曲輪
腰曲輪
本丸
木戸
井戸曲輪
御前曲輪
三の丸
大手馬出曲輪
見張台
大手口
着到櫓
追手門
南口駐車場

横堀と土塁

堂の尾曲輪から井楼曲輪西側までは長大な横堀と土塁が続く。堂の尾曲輪を遮断する堀切も圧巻。

大河内政局石窟

徳川方の軍目付、大河内政局が1574年から7年にわたり武田勝頼に幽閉されていた石窟。

東峰

本丸と御前曲輪が東峰の最高所。西側には的場曲輪と腰曲輪が搦手の防備として置かれている。御前曲輪と的場曲輪では石敷遺構が確認され、籠城用の備蓄倉庫があったと想定される。最下層から15世紀後半の遺物が見つかり、西峰より古い時代に機能していた証となった。

犬戻り猿戻り(甚五郎抜け道)

西の丸南西尾根の馬場平、その先にある山中に通じる道。落城時にはここから甲斐へ馬を走らせた伝承がある。

西の丸

西峰の最高所。北側には、１段下がったところに二の丸、袖曲輪、馬出曲輪、堂の尾曲輪が並ぶ。

見張台

西の丸の南尾根に置かれている。

◆徳川勢が布陣した小笠山砦

小笠山砦から望む高天神城(上)と堀切(下)。

家康は、高天神城六砦《とりで》(小笠山砦・獅子《しし》ヶ《が》鼻《はな》砦・中村《なかむら》砦・能《の》ヶ《が》坂《さか》砦・火《ひ》ヶ《が》峰《みね》砦・三井山《みついさん》砦)を構築して高天神城を包囲。なかでも最大規模の小笠山砦は、今川氏真が籠《こも》った掛川城との連携を断つべく1568年(永禄11)に築かれ、1579年(天正７)に高天神城攻略のために再び徳川勢が布陣した陣城《じんじろ》です。山頂からは南方に高天神城を見下ろせる、最高の立地。侵食された小笠山礫層《れきそう》により形成された断崖も圧巻です。堀切も横堀もスゴイ。

加賀一向一揆が戦い抜いた最期の城

続日本100名城 136

鳥越城

【とりごえじょう／石川県白山市三坂町】

POINT

❶ 戦いの前線らしい緊迫した構造

❷ 改変された石垣づくりの虎口

❸ 時間があれば二曲城へも

城めぐりのコツ

金沢方面から車で約2時間、小松空港からは約30分、北陸自動車道小松ICから約20kmのところにあります。最寄りの上野バス停から登城口までは徒歩で20分ほど。車で山頂付近まで登れるため、足腰に自信がない人も見学可能です。手取川の対岸にある白山市立鳥越一向一揆歴史館は、鳥越城跡附二曲城跡の拠点ガイダンス施設。加賀一向一揆の歴史を学べる映像もあり、予備知識が得られてオススメです。難易度★★☆☆☆

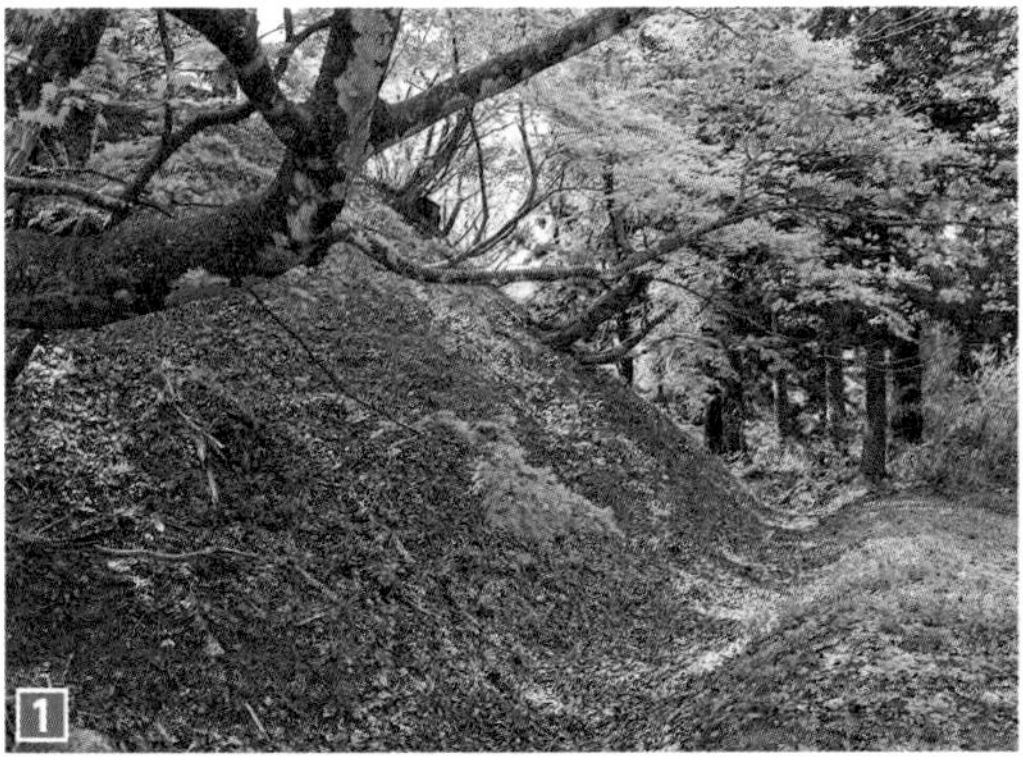

1 後三の丸を取り巻く大規模な空堀。
2 本丸の枡形虎口。

信長と激突した加賀一向一揆

織田信長《おだのぶなが》に最後まで抵抗した、加賀《かが》一《いっ》向一揆《こういっき》。その最後の砦《とりで》が鳥越城《とりごえ》です。室町時代後期から戦国時代後期までの約100年間、「百姓の持ちたる国」といわれる自治体制を打ち立てた一向一揆は、ここで終わりを迎えることとなります。今は静かな山あいの城で、戦国時代には壮絶な戦いが繰り広げられました。

一向一揆とは、応仁《おうにん》の乱《らん》後の15世紀末から16世紀末に、近畿、東海、北陸で浄《じょう》土真宗本願寺派《どしんしゅうほんがんじは》の武士や百姓が蜂起《ほうき》した戦いのこと。加賀(石川県南部)では15世紀末に本願寺門徒が急速に増え、政治の表舞台に立って領主と対立するまでになりました。1546年(天文《てんぶん》15)に金沢御《かなざわみ》堂《どう》が建てられると、織田、上杉《うえすぎ》、朝倉《あさくら》氏などの戦国大名と肩を並べるほどまでに成長。信長と激突し、1570年(元亀《げんき》元)から石山合戦《いしやまかっせん》を戦うことになります。

「百姓の持ちたる国」が出現したのは、1474年(文明《ぶんめい》6)の文明一揆、それを発端とする1488年(長享《ちょうきょう》2)の長享一揆がきっかけです。文明一揆の際、本願寺中興の祖である蓮如《れんにょ》は、武力の介入を制し続けています。しかし、結束せねば生き延びられない事情がこの地にはありました。信仰心が生き抜くための糧《かて》となり、やがて社会勢力と映るほどのものへと変わっていったのです。

長享一揆の後、本願寺門徒衆は組織体制を確立。本願寺の護持《ごじ》を目的として主導権を握り、加賀での支配力を強めていきました。やがて戦国大名と覇権争いをするほど体制を盤石《ばんじゃく》にしましたが、上杉謙信《けんしん》や武田信玄《たけだしんげん》の死によって孤立無援となると、信長の優勢へと転じたのでした。

戦闘空間で妄想する楽しさ

鳥越城が築かれた標高312mの鳥越山は、越前《えちぜん》(福井県嶺北地方)・美濃《みの》(岐阜県南部)から加賀への交通の要衝です。山頂の駐車場まで、一気に車で登れま

3 本丸では発掘調査の成果をもとに建物の平面表示がされている。礎石建物は織田方、掘立柱建物は一揆勢が建造した可能性が高い。　4 復元された本丸門。
5 本丸からの眺め。眺望が開けた場所とわかる。

す。駐車場で目の前に立ちはだかる切岸《きりぎし》を見上げれば、この城へ攻め入ることの難しさがわかるでしょう。向かって右手にある後三の丸の土塁《どるい》もかなり高く、空堀《からぼり》が取り巻いて守りを固めています。

ただの山にしか見えないことも多い中世の山城《やまじろ》ですが、エッジが効いたこの城は、ひと味もふた味も違います。信長に抵抗すべく決死の覚悟、敵を迎え撃とうという臨場感があり、戦闘空間で妄想することの楽しさを存分に味わえます。

本丸と後二の丸との配置も、ニクい。後二の丸の切岸を登り切ったとしても、本丸とは空堀で遮断され、先へは進めない設計です。しかも、本丸のほうが一段高く、頭上からの射撃は必至。堀底は幅が狭く、攻略は至難の業でしょう。北側には後三の丸、背後には中の丸、前二の丸、前三の丸が配置されています。前二の丸と前三の丸を分断する堀切《ほりきり》と削り込まれた切岸も、かなりのものです。

織田方が争奪した痕跡も

発掘調査をもとに城門や柵《さく》列が復元され、中世の城の姿がわかるのも魅力です。最大の見どころは、本丸の虎口《こぐち》に復元された本丸門。三方が石垣で囲まれた強固なつくりで、枡形《ますがた》という四角いスペースを置き、本丸門と枡形門の2つの門を配置した枡形虎口になっています。

注目は、本丸門の左右が土塁であるのに対し、枡形門の左右は布目積《ぬのめづみ》の石垣であること。鳥越城を攻略した織田方が、本丸門に代わる門として増築したからです。堅牢《けんろう》な枡形虎口へと改変し、その周囲を石垣で固め防御力を高めたのでしょう。争奪戦の痕跡《こんせき》が残ります。

土塁で囲まれた本丸は、眺望《ちょうぼう》がかなり開けています。鳥越山は手取《てどり》川と大日《だいにち》川に挟まれ、城はその合流点に向けて突出する丘陵《きゅうりょう》先端部にあるため、見晴らしがよいのです。一向一揆の拠点としての立地のよさも実感できます。

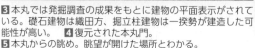

鳥越城内マップ

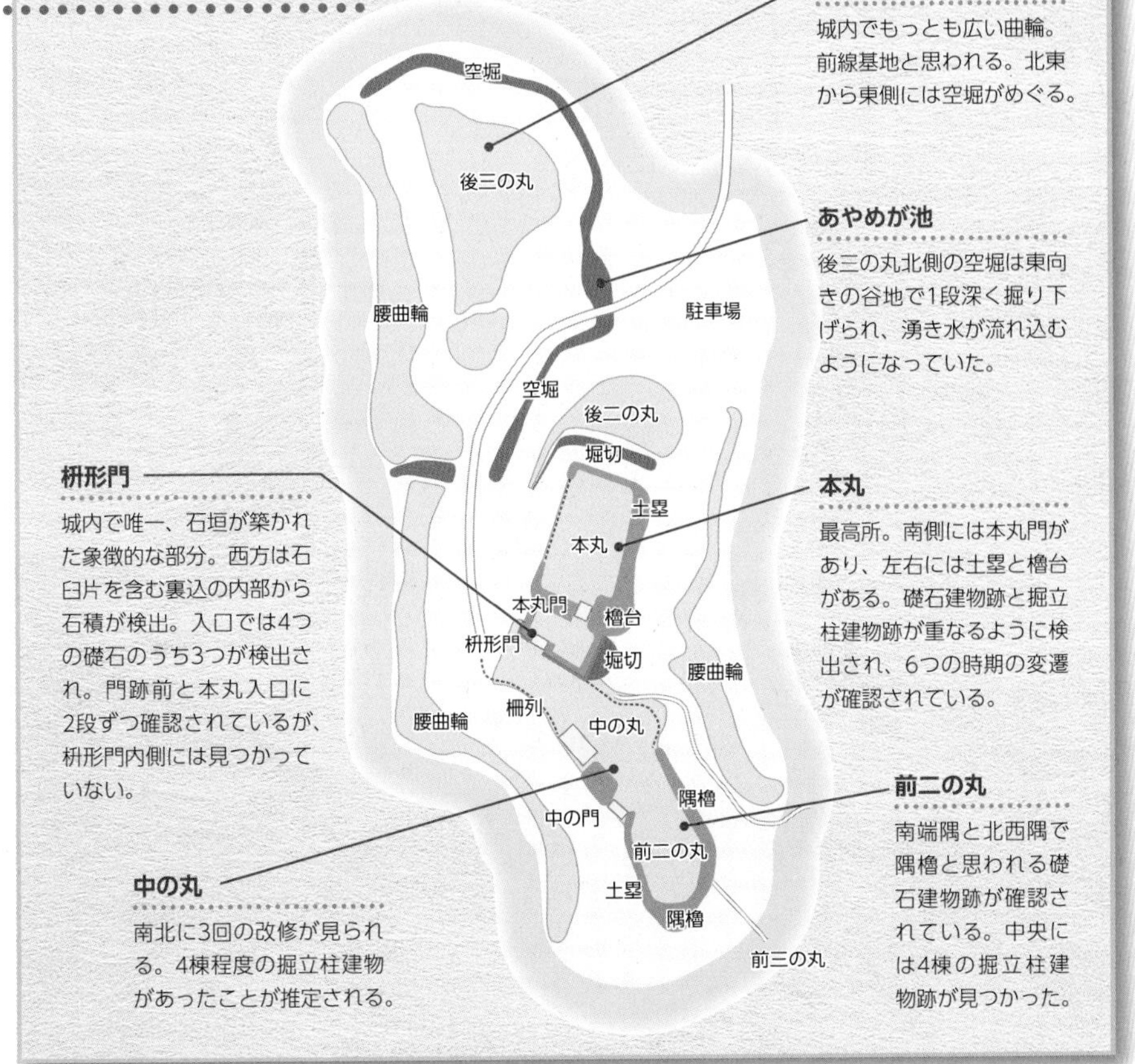
後三の丸
城内でもっとも広い曲輪。前線基地と思われる。北東から東側には空堀がめぐる。
あやめが池
後三の丸北側の空堀は東向きの谷地で1段深く掘り下げられ、湧き水が流れ込むようになっていた。
枡形門
城内で唯一、石垣が築かれた象徴的な部分。西方は石臼片を含む裏込の内部から石積が検出。入口では4つの礎石のうち3つが検出され。門跡前と本丸入口に2段ずつ確認されているが、枡形門内側には見つかっていない。
本丸
最高所。南側には本丸門があり、左右には土塁と櫓台がある。礎石建物跡と掘立柱建物跡が重なるように検出され、6つの時期の変遷が確認されている。
中の丸
南北に3回の改修が見られる。4棟程度の掘立柱建物があったことが推定される。
前二の丸
南端隅と北西隅で隅櫓と思われる礎石建物跡が確認されている。中央には4棟の掘立柱建物跡が見つかった。
空堀
後三の丸
腰曲輪
駐車場
空堀
後二の丸
堀切
土塁
本丸
本丸門
櫓台
枡形門
堀切
腰曲輪
柵列
腰曲輪
中の丸
隅櫓
中の門
前二の丸
土塁
隅櫓
前三の丸

本丸からは礎石《そせき》建物跡と掘立柱《ほったてばしら》建物跡が重なり合いながら検出され、6期の変《へん》遷《せん》が確認されています。小刀や鉄砲玉などの武具のほか、生活用具なども出土。前二の丸の発掘調査では南西隅に掘立柱建物跡が見つかりましたが、それ以前つくられた穴蔵状土杭《どこう》跡が意図的に埋め戻されていることも判明しています。

中の丸門の入口下方に通じる腰曲輪《こしくるわ》は馬駆場ともいわれ、馬の訓練に使われたと考えられています。兵の駐屯《ちゅうとん》できる広大な敷地と空堀によって仕切られた曲輪群、馬の調練場と、効率よく戦えるよう考えられた、戦闘の気配が感じられます。

時間があれば、大日川の対岸の二曲《ふとげ》城もおすすめです。鳥越城とともに白山《はくさん》麓《ろく》の一向一揆が拠点とした城で、門徒の指導者だった鈴木《すずき》氏(二曲《ふとげ》氏)の本拠とされます。鳥越城とセットで訪れると、両城を連携させた、加賀一向一揆の戦いぶりが見えてきます。

壮絶！　島原・天草一揆の終焉の地　続日本100名城 188

原城

【はらじょう／長崎県南島原市南有馬町】

POINT

❶ 幕藩体制を揺るがす籠城戦の舞台

❷ 秀吉の城づくりが導入された設計

❸ 本丸から望む有明海や天草諸島

城めぐりのコツ

まず、原城や日野江城の概要、有馬の歴史やキリシタンについての資料が展示してある南島原市有馬キリシタン遺産記念館を訪れるのがオススメ。シアターコーナーもあります。本丸内は、ホネカミ地蔵のある本丸大手門から入り、武者溜を通って本丸門方面へ。途中、櫓台隅角部に破城の痕跡が見られます。本丸櫓台付近からは、天草諸島も見えます。池尻口門を下りて道なりに進めば本丸大手門に戻れます。スニーカーでOK。難易度★★☆☆☆

1 本丸。原城は島原湾に突き出す標高約31mの山に築かれている。　2 本丸正門跡の枡形虎口。瓦が敷き詰められた水路も見つかっている。　3 本丸大手前の空堀。籠城時には非戦闘員が隠れていたという。

世界文化遺産となった歴史的舞台

2018年、原城《はら》は「長崎と天草《あまくさ》地方の潜伏キリシタン関連遺産」のひとつとして世界文化遺産に登録されました。キリスト教が禁じられた江戸《えど》時代、信仰を続けた人々の250年間の歴史遺産です。

1638年（寛永《かんえい》15）、原城の落城をもって島原・天草一揆は終息します。3万7000人の一揆軍が籠《こも》る原城は、12万余の幕府軍に総攻撃され陥落。一揆軍のほぼ全員が殺されるという壮絶な最期でした。幕藩体制を揺るがすこの大事件を機に、幕府は海防体制を確立し、日本は鎖国へ突入します。

秀吉の城との共通点

まず驚くのは、原城の広さです。見学スポットになっている本丸のほかに、二ノ丸、三ノ丸、二ノ丸出丸、鳩山《はとやま》出丸、天草《あまくさ》丸などの曲輪《くるわ》が連なり、城の周囲は約4km、総面積は41ha《ヘクタール》に及びます。

原城を築いた有馬晴信《ありまはるのぶ》は、南蛮《なんばん》貿易で成功したキリシタン大名でした。1599年（慶長《けいちょう》4）、原城を改修して日野江《ひのえ》城（南島原市）から移転。大量の出土遺物が、海外交流と貿易による成功を物語ります。日野江城は豊臣秀吉《とよとみひでよし》の城との共通項が多く、良好な関係がうかがえます。

原城にも、秀吉流の城づくりの理念と技術が引き継がれています。石垣を用いた枡形虎口《ますがたこぐち》もそのひとつ。本丸大手門《おおてもん》が京間《きょうま》の寸法なのは、当時最先端だった近畿地方の技術に基づいた可能性があるとか。原城への移転も、領国の防衛強化が目的ではなく、城下町を一体化した近世的な城への転換と思われます。本丸正門で見つかった水路に当時は貴重だった瓦が敷き詰められていたのは、有馬氏の財力の裏付けでしょう。

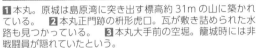

原城籠城戦への道のり

そもそもキリスト教の受容《じゅよう》は、南蛮貿易の利益が目的でした。1580年（天《てん》正《しょう》8)に晴信が受洗《じゅせん》したのも、佐賀の龍《りゅう》造寺隆信《ぞうじたかのぶ》に対抗するための経済的・軍事的支援を得るためだったようです。

キリスト教を保護していた織田信長《おだのぶなが》が没すると、1587年(天正《てんしょう》15)には秀吉がバテレン追放令を発布。しかし信仰を完全に否定したわけではなく、キリスト教徒による神社仏閣の破壊や、日本人の奴隷売買を受けての国防政策でした。1612年(慶長17)には江戸幕府が禁教令を発令しますが、これも布教を通じた植民地政策やキリシタンの蜂起《ほうき》に危機感を覚えたためと考えられます。

有馬領における転機は、岡本大八《おかもとだいはち》事件による晴信の失脚でした。子の有馬直純《なおずみ》は徳川家康《とくがわいえやす》の養女と再婚し所領を相続すると、すぐさま棄教《ききょう》。幕府の方針に従いキリシタンを厳しく弾圧しました。

さらに領民を苦しめたのが、直純の転《てん》封《ぽう》後、1616年(元和《げんな》2)に入部した松《まつ》倉重政《くらしげまさ》の悪政でした。重政は石高を過大申告し、91島原《しまばら》城(長崎県島原市)の築城を開始。大幅な増税と過酷な労働を強いられた領民の生活は困窮を極めました。さらに3代将軍・徳川家光《いえみつ》に取り締まりの手ぬるさを指摘された重政が残虐な拷問を行うと、領民は心のより所も奪われたのでした。

そして、後を継いだ松倉勝家《かついえ》が非人道的な弾圧を断行。凶作が続き飢饉《ききん》が発生すると領民の不満と怒りはピークに到達し、表向きには消滅していたキリシタンが棄教を悔い改め立ち返ったのです。一揆に加勢したキリシタンの多くは、一度は棄教した人々だったといわれます。島原・天草一揆は決して突発的なキリシタンの反乱ではなく、長きにわたる迫害と窮乏《きゅうぼう》の結果でした。

城とともに葬られた真実

原城の最大の特徴は、徹底的な破城の痕跡が残ることです。一揆の鎮圧後、幕府は反乱の拠点として再利用されるのを防ぐため、原城を徹底的に壊して一揆軍

4 破城の痕跡が顕著に残る、本丸の櫓台跡。宣教師が残した報告書には三重の櫓が建っていたと記される。口之津や天草を見渡せる。 5 有明海を臨む3体の像。目線の先には蜂起を誓った湯島（談合島）。 6 本丸門跡。本丸へ繋がる最後の門。

原城内マップ

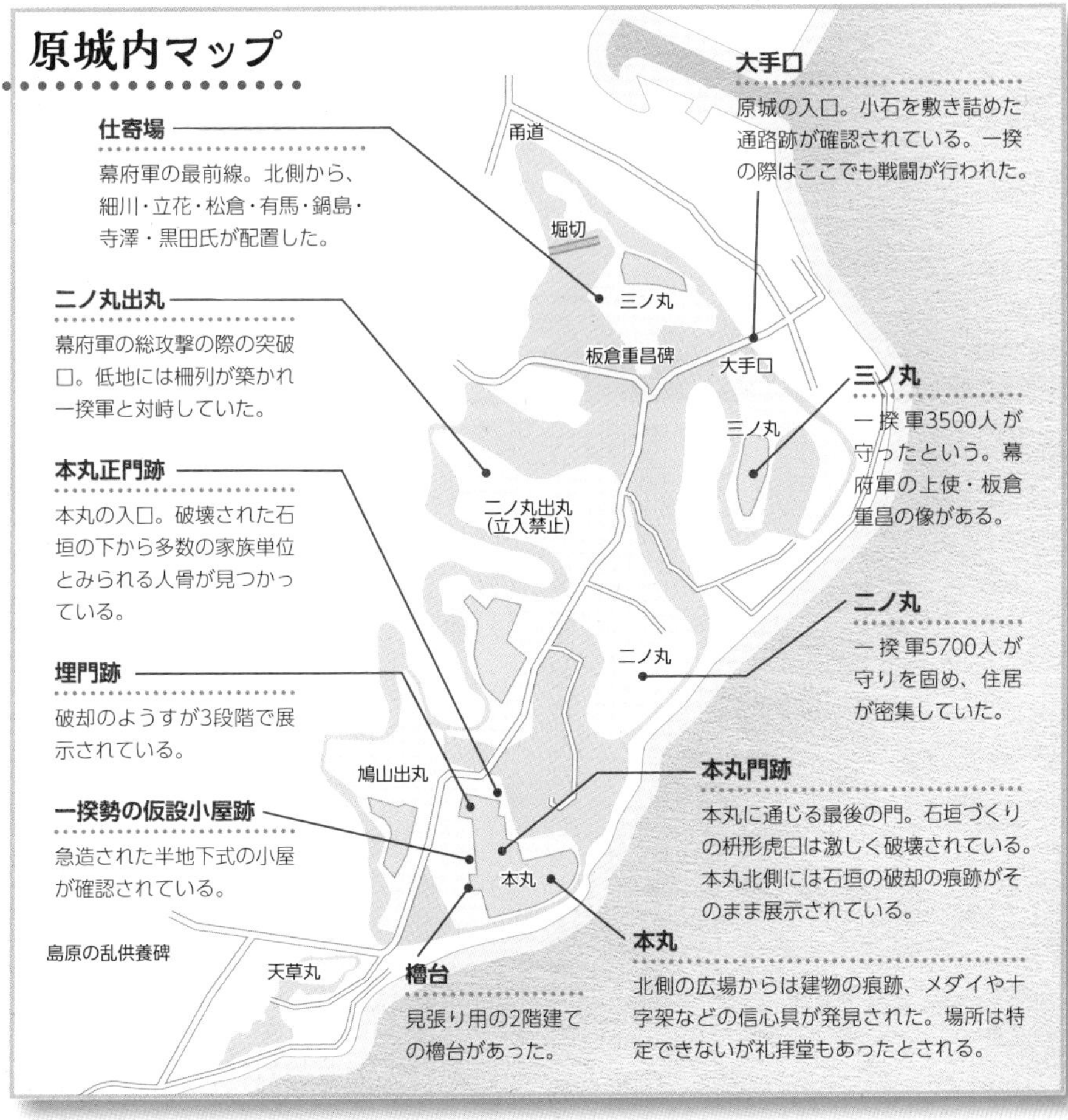
大手口
原城の入口。小石を敷き詰めた通路跡が確認されている。一揆の際はここでも戦闘が行われた。
仕寄場
幕府軍の最前線。北側から、細川・立花・松倉・有馬・鍋島・寺澤・黒田氏が配置した。
二ノ丸出丸
幕府軍の総攻撃の際の突破口。低地には柵列が築かれ一揆軍と対峙していた。
本丸正門跡
本丸の入口。破壊された石垣の下から多数の家族単位とみられる人骨が見つかっている。
埋門跡
破却のようすが3段階で展示されている。
一揆勢の仮設小屋跡
急造された半地下式の小屋が確認されている。
三ノ丸
一揆軍3500人が守ったという。幕府軍の上使・板倉重昌の像がある。
二ノ丸
一揆軍5700人が守りを固め、住居が密集していた。
本丸門跡
本丸に通じる最後の門。石垣づくりの枡形虎口は激しく破壊されている。本丸北側には石垣の破却の痕跡がそのまま展示されている。
櫓台
見張り用の2階建ての櫓台があった。
本丸
北側の広場からは建物の痕跡、メダイや十字架などの信心具が発見された。場所は特定できないが礼拝堂もあったとされる。
角道
堀切
三ノ丸
板倉重昌碑
大手口
三ノ丸
二ノ丸出丸
(立入禁止)
二ノ丸
鳩山出丸
本丸
島原の乱供養碑
天草丸

の遺体とともに埋め尽くしました。この「破城《はじょう》」と呼ばれる城の破壊は、各地の城でも徹底して行われます。反対に、反乱に備えて幕府の命令によって強化された城もありました。

　こうして地下深くに眠っていた原城でしたが、近年の発掘調査で姿を現し、構造や籠城の実態が判明しつつあります。

　城内の石垣がかなり崩れているのは、破却の痕跡。石垣の隅角部《ぐうかくぶ》が崩れているのは、自然崩落ではなく人為的に壊された証拠です。石垣は隅角部を潰せば再起不能になるため、手間を省くためこうするのです。本丸の櫓台《やぐらだい》は隅角部がほぼ残っておらず、執拗《しつよう》なまでに破却されたようすがうかがえます。

　すさまじく破壊された本丸正門付近には、焼けた門の瓦や石垣の石材のほか、刀傷が入った大量の人骨がともに埋められていました。人骨には女性や子供も含まれ、手足が多く、胴体や頭部が揃っているものは少数。約３万人の首は長崎の

7 本丸から望む有明海。東・南・北面は有明海に面している。 8 本丸埋門跡。築石が落とされた状態、石垣の裏込石が詰まった状態、完全に埋め尽くされた状態の３段階展示。 9 城の西側に幕府軍がつくったトンネル、甬道（ようどう）。

出島《でじま》や原城に晒《さら》されたと伝わります。

等間隔で区画化された、半地下式の住居も発見されています。どうやら一揆軍は、極めて組織的で統制のとれた籠城生活を送っていたよう。暖房やかまどの痕跡はなく、火災に注意しながら、辛抱強く寒さに耐えていたと考えられます。

ガラス製のロザリオや祈りの象徴であるメダイ(彫刻の入ったメダル)のほか、鉛弾を溶かしてつくった十字架も多く出土しています。遺物が発見されたのは、遺体の顔付近。命を落とす直前に握りしめたり、口に含んだようです。

戦いの舞台になった城は全国に多くありますが、戦場では後片付けが行われるため、武具や戦死者の遺骨などが見つかることはほとんどありません。原城は、戦いの痕跡が生々しく残る希少な城。目を覆いたくなるような事実ばかりですが、生命の尊厳をかけて戦った人々の声なき声に耳を傾けることもまた、大切なことなのだと感じずにいられません。

原城の特徴とは

原城の特徴は、本丸が石垣づくりで、二ノ丸や三ノ丸が土づくりであること。本丸は瓦葺《かわらぶき》の櫓や城門や塀が建ち、塁線《るいせん》も直線的で近世的。これに対して二ノ丸や三ノ丸は、大手門など以外は自然地形がそのまま生かされ、どこか中世的です。谷も取り込んで地形を生かす構造は、この地域の城の傾向。原城は、南九州の中世的な城に織豊《しょくほう》系城郭がミックスされた城といえるでしょう。

いまいち堅固とはいえず、どうやら未完成だったようです。しかし二ノ丸や三ノ丸と連携していたことが、幕府の大軍を苦しめる戦いに繋がったようです。

島原湾に突き出す標高約31mの場所に位置し、東・南・北面は有明海《ありあけかい》を望み、西側は低湿地に守られた理想的な立地です。本丸からはどこまでも穏やかに広がる有明海が望め、壮絶な戦いがあったとは思えない平和な景観が広がります。

南島原市有馬キリシタン遺産記念館

原城や日野江城の出土遺物や構造、南島原市のキリシタンの歴史と文化をわかりやすく展示した施設。

➡南島原市南有馬町乙1395

口之津歴史民俗資料館・海の資料館

南島原市に現存する唯一の明治洋風建築を資料館に。口之津の歴史もよくわかる。

➡南島原市口之津町甲16-7

有馬セミナリヨ跡

日本で最初の西洋式の学校。ローマ教皇に謁見した日本初のヨーロッパ使節団「天正遣欧使節」は、有馬セミナリヨの第1期生だった。

➡南島原市北有馬町

原城温泉 真砂

有明海に面した温泉施設。レストランでは地産地消の料理がいただける。特産品が並ぶ売店も。

➡南島原市南有馬町丁133

+1城

セットで訪れたい日野江城

有馬氏の城づくりを知る上で欠かせない、有馬氏代々の居城です。有馬直純が1614年(慶長19)に日向へ転封となると一時天領となりましたが、松倉重政が入城して島原城の築城に着手すると、原城とともに廃城となりました。

曲輪群が分立しているのが大きな特徴で、中央の本丸、大手とみられる東側の二ノ丸、西寄りの三ノ丸、および城域の北側に広がります。東西側には長大な竪堀があります。

二ノ丸は枡形虎口が導入されるなど織豊系城郭の特徴が見られ、曲輪も大規模化。様相が異なり、改修されているのは明らかです。上段の曲輪へ繋がる階段遺構からは、海外の技術の影響と思われる、石材をパズル状に組み合わせた珍しい細工も見つかっています。

◆もうひとつの舞台、島原城

100名城 91

松倉重政が、原城を廃城として1618年(元和4)から7年がかりで築城。一国一城令後に幕府に新築を許された城は珍しく、島原半島における新たな拠点と見込んでの大事業だったようです。

4万石の大名の城とは思えない壮大さ。本丸を囲む屏風折れの石垣だけで、かつての威容が連想できます。豪華な築城が、一揆の一因になったともいわれます。かつての天守台は現在よりひと回り大きなものでした。

城の外郭は約4kmに及び、かつては7棟の櫓門、三重櫓や平櫓など33棟の櫓がありました。本丸と二の丸を隔てる堀も巨大で、古絵図には双方を結ぶ立派な廊下橋が描かれています。本丸の虎口に据えられた大きな鏡石もかなりの威圧感。現在の市立第一小学校や県立島原高校一帯が御殿にあたります。

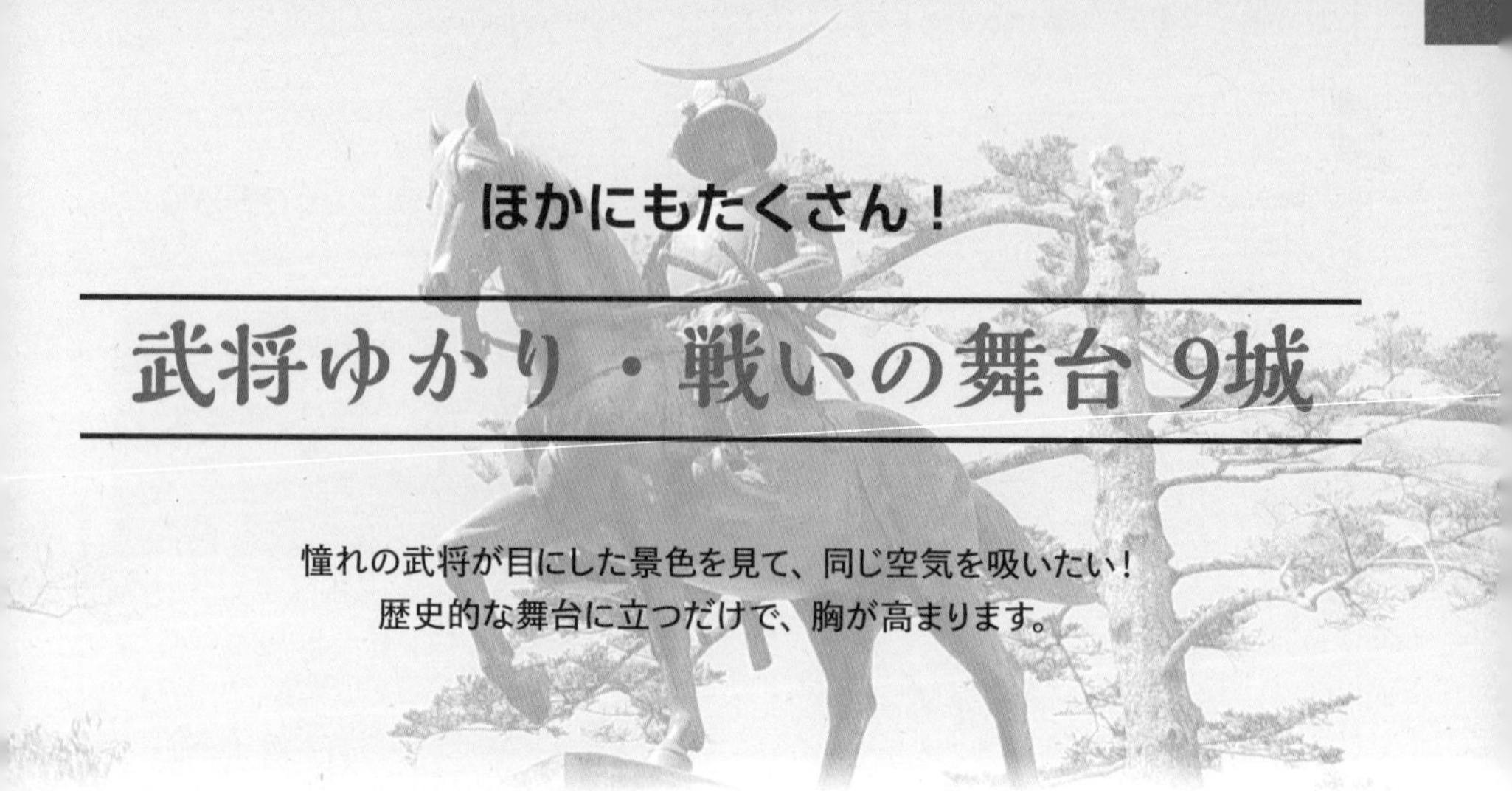

ほかにもたくさん！

武将ゆかり・戦いの舞台 9城

憧れの武将が目にした景色を見て、同じ空気を吸いたい！
歴史的な舞台に立つだけで、胸が高まります。

180 岡豊城

1575年（天正3）に土佐統一を果たし、四国平定を目指した長宗我部元親の城。標高97mの岡豊山に築かれ、山頂に詰、二ノ段、三ノ段、四ノ段などが階段状に並ぶ主郭部を置く。詰下段や三ノ段からは礎石建物が発掘され、三ノ段の土塁の内側に高さ1mほどの石垣を確認。詰からは和泉の瓦工が動員されたことを示す瓦が見つかっている。織田信長と結びつき、城づくりの要素を取り入れた可能性を示唆する物的証拠といえる。

10 山形城

羽州探題として山形に入部した斯波兼頼が築城し、最上家の最盛期を築いた第11代・最上義光が現在の山形城の原型をつくったといわれる。現在の堀や土塁は、最上家が改易された後、1622年（元和8）に入った鳥居忠政によるもの。1600年（慶長5）の長谷堂の戦いでは、城が霞に隠されたことから霞ヶ城とも呼ばれる。

74 岩国城

関ヶ原の戦い後に岩国3万石を拝領した吉川広家が築城。不安定な情勢下にあり、軍事性を考慮して標高約200mの横山に城を構え、山麓に御土居と呼ばれる居館を置いて藩政の中心地としていた。城と居館を三方から囲み、天然の堀となっていたのが錦川。錦川にかかる錦帯橋は、城と城下町を隔てる境界線だった。山麓から見上げたときに錦帯橋とセットで美観が完成するよう、天守は本来の場所から50mほど移動して建てられている。

33 高岡城

134富山城に隠居していた初代加賀藩主・前田利長が、1609年(慶長14)に築城。高山右近の縄張と伝わるが、利長が自ら縄張した可能性がある。

26 松代城

古くは海津城といわれ、武田信玄が上杉謙信との戦いに備えた最前線のひとつ。山本勘助が縄張を担当したともいわれる。

97 鹿児島城

関ヶ原の戦い後に島津家久が築城した、島津家代々の城。城山の上山城と山麓の居館から構成されたが、一国一城令の公布後は居館のみ残された。

30 高遠城

武田信玄の五男・仁科盛信が織田信忠と戦い、壮絶な死を遂げた城として知られる。河岸段丘を活かした縄張も見どころ。

109 米沢城

伊達政宗が生まれ育ち、政宗の後には蒲生氏郷を経て、1597年(慶長2)に景勝が会津120万石で入封。本丸とそれを囲む土塁と堀が残る。

133 鮫ヶ尾城

上杉謙信の急死後に勃発した御館の乱で、上杉景勝に追い詰められた上杉景虎が自刃した城。武田信玄の北信濃侵攻で強化され、御館の乱の戦火で廃城になった。

COLUMN 8

信長に先行！ 恐るべし三好長慶

■**飯盛城**／御体塚東側曲輪群の石垣。

続日本100名城 160

飯盛城

【いいもりじょう／大阪府大東市大字北条】

続日本100名城 159

芥川山城

【あくたがわさんじょう／大阪府高槻市大字原】

■**飯盛城**／二の曲輪の堀切。

■**飯盛城**／高櫓曲輪南側の堀切と土橋。

■**芥川山城**／大手石垣。

160飯盛《いいもり》城は、近畿地方最大級の山城。三好長慶《みよしながよし》が1560年（永禄3）に大改修して居城にしたとされています。

近年の調査で、総石垣の城であることが判明し大きな話題となっています。信長に先駆けた総石垣の城として大注目です。本郭と高櫓郭の東斜面下の石垣は、長さ24mで高さは最大で約2.6m、さらに前面の斜面下には長さ約44mの石垣が確認されています。石垣は、南エリアの虎口のほか、登城道があった可能性のある北エリア東側に集中。信長の城と同じように、威容を示すべく登城道からの視角効果を狙ったと考えられます。

長慶は13代将軍・足利義輝《よしてる》を近江《おうみ》に追放し、将軍家の権威に頼らずに実験を握り勢力を拡大した人物。兵農分離や鉄砲も、実は信長より早く導入していたことがわかってきています。

長慶が飯盛城に入る前の約７年間、居城としていたのが159芥川山城《あくたがわさん》です。1516年（永正13）までに細川高国《ほそかわたかくに》が築城し、摂津《せっつ》守護の細川京兆家《ちょうきょう》の拠点に。戦国時代には守護所に相当する場所として機能し、1553年（天文22）に細川晴元《はるもと》を倒して長慶が入りました。

土塁や堀切を駆使した山城で、東側には竪土塁も。そして飯盛城と同じく、信長の城に先行した石垣があるのが見逃せません。高さ２m以上もある石垣が、登城者に見せつけるかのごとく大手道に積まれています。

城の楽しみ方⑨

城下町を楽しむ

達人がつくった、湧水めぐる城下町

続日本100名城 138

越前大野城

【えちぜんおおのじょう／福井県大野市城町3-109】

POINT

❶ 町中に湧くおいしい地下水

❷ よくわかる！ 城下町の構造

❸ 金森長近が築いた天正期の石垣

城めぐりのコツ

JR越美北線の越前大野駅から登城口までは、徒歩約30分。駅と城の間に城下町がありますから、城下町歩きと清水めぐりをしながら向かうのもいいですね。城下町の構造は、大手門跡付近の「越前おおの結ステーション」を起点にすると理解しやすいです。登城口から山頂までは徒歩約15分、所要時間は約1時間。遊歩道があるのでスニーカーでOKです。難易度★★☆☆☆

1 芹川清水。ここを境に武家屋敷と町人屋敷に分かれる。
2 武家屋敷旧内山家。幕末の大野藩家老・内山家の屋敷。
3 大野城の外堀となった新堀川沿いに湧く、新堀清水。

達人がつくった「清水」の町

越前大野《えちぜんおおの》は、名水の町。大野では湧水《ゆうすい》のことを「清水《しょうず》」と呼び、いたるところに湧水地が点在しています。城下町づくりの達人・金森長近《かなもりながちか》がつくった城下町を、清水をめぐりながら歩きましょう。

江戸《えど》時代の城と城下町は、同心円状または階段状に配置されるのが基本構造。そう、城の外側に侍町《さむらいまち》（武家屋敷《ぶけやしき》）、町人町（町家／町人屋敷）、寺町《てらまち》が置かれ、城を囲み守るイメージです。大野城下町はその先駆けともいえ、城の東側に武家屋敷、町人屋敷、寺町が並びます。

古絵図で歩ける城下町

城下町は碁盤の目のように整然と区割され、町人町は東西・南北それぞれ6筋の通りによって区切られています。百間《ひゃっけん》堀《ぼり》が外堀の一部で、城と侍町との境目。芹川清水《せりかわしょうず》は侍町と町人町との境で、ここから西側に武家屋敷、東側に町人屋敷が置かれます。町の東端に南北に並ぶ約20の寺社が、城と城下町を守る最終防衛ラインです。

大野城下町のすごいところは、江戸時代の『諸国当城之図《しょこくとうじょうのず》』に描かれた区割がそのまま残っているところ。明治《めいじ》時代に防火対策として拡張された六間《ろっけん》通りと石《いし》灯籠《どうろう》通り以外は、道幅も現在とほぼ変わりません。古絵図を片手に歩ける、全国でも数少ない城下町です。

和菓子屋さんや醤油屋さん、民家などが並ぶのが、七間《しちけん》通り。古い町家の特徴ともいえる下屋庇《げやひさし》が連なる光景は、なんとも情緒がありほっとします。隣への類《るい》焼《しょう》を防ぐために、袖壁《そでかべ》という小さな仕切り塀のようなものが取り付けられているのも大野の特徴です。

湧水そのものが絶品グルメ

数ある清水のなかでも訪れておきたいのが、本願清水《ほんがんしょうず》と御清水《おしょうず》です。本願清水は、大野城の築城時にここから城下町に湧水を導いて生活用水や防火用水としたという、大野の原点ともいえる清水。御清水は、城主のご用水として使われたことから殿様清水とも呼ばれます。

御清水では、柄杓《ひしゃく》を手に取り実際に味わうこともできます。清水は大野の生活に欠かせず、なんと地下水で生活している家庭は現在でも8割に及ぶとか。水温は年間を通じて10~15℃に保たれ、冷蔵した水とは異なる心地よい冷たさ。口当たりはすっきりとしながら、コクとまろやかさがあり、最後にほのかな甘みがふんわり広がります。

大野は、標高1523・5mの荒島岳《あらしまだけ》をはじめとした1000m超の高い山々に囲まれ、いくつもの河川が集まる扇状《せんじょう》盆地。寒暖差が激しく、冬には雪がたくさん降り、土壌にも恵まれています。山々から流れ込んだ豊富な雨水や雪水が地下に浸透し、上質なミネラルを理想的なバランスで吸収しながら大野に運んでくれるのだそうです。

水に恵まれた土地らしく、小さな城下町ながら、江戸時代から続く酒蔵が4軒もあるのもたまりません。南部酒造場の「花垣《はながき》」、宇野酒造場の「一乃谷《いちのたに》」など、全国的に知られる銘酒もたくさん。酒造めぐりも楽しめます。

越前そばも、大野の風土が生み出す名物。古来より受け継がれた大野在来種は希少性が高く、小粒で味が濃く、香り高くて食感が抜群です。大野の地下水を使って打ったそばを、地下水の味が生きるつゆでいただくという贅沢。大根おろしとの相性が見事な越前おろしそばをすする瞬間は、この上なく幸せです。

天正期の石垣が待つ天空の城へ

城へは、山麓《さんろく》の登城口から山上《さんじょう》の天守を目指し登っていきます。遊歩道を約20分登ると、いかにも風情ある石垣が現れます。本丸周辺に累々《るいるい》と残るこの石垣が、最大の見どころです。

大野城と城下町は、1576年(天正《てんしょう》

4 名水百選の御清水。早朝から水を汲みにくる地元の人の姿も。ひんやりとしていておいしい。 5 4軒ある酒造のひとつ、源平酒造。店構えもステキ。 6 福そば本店のおろしそば。大野へ来たら必食。

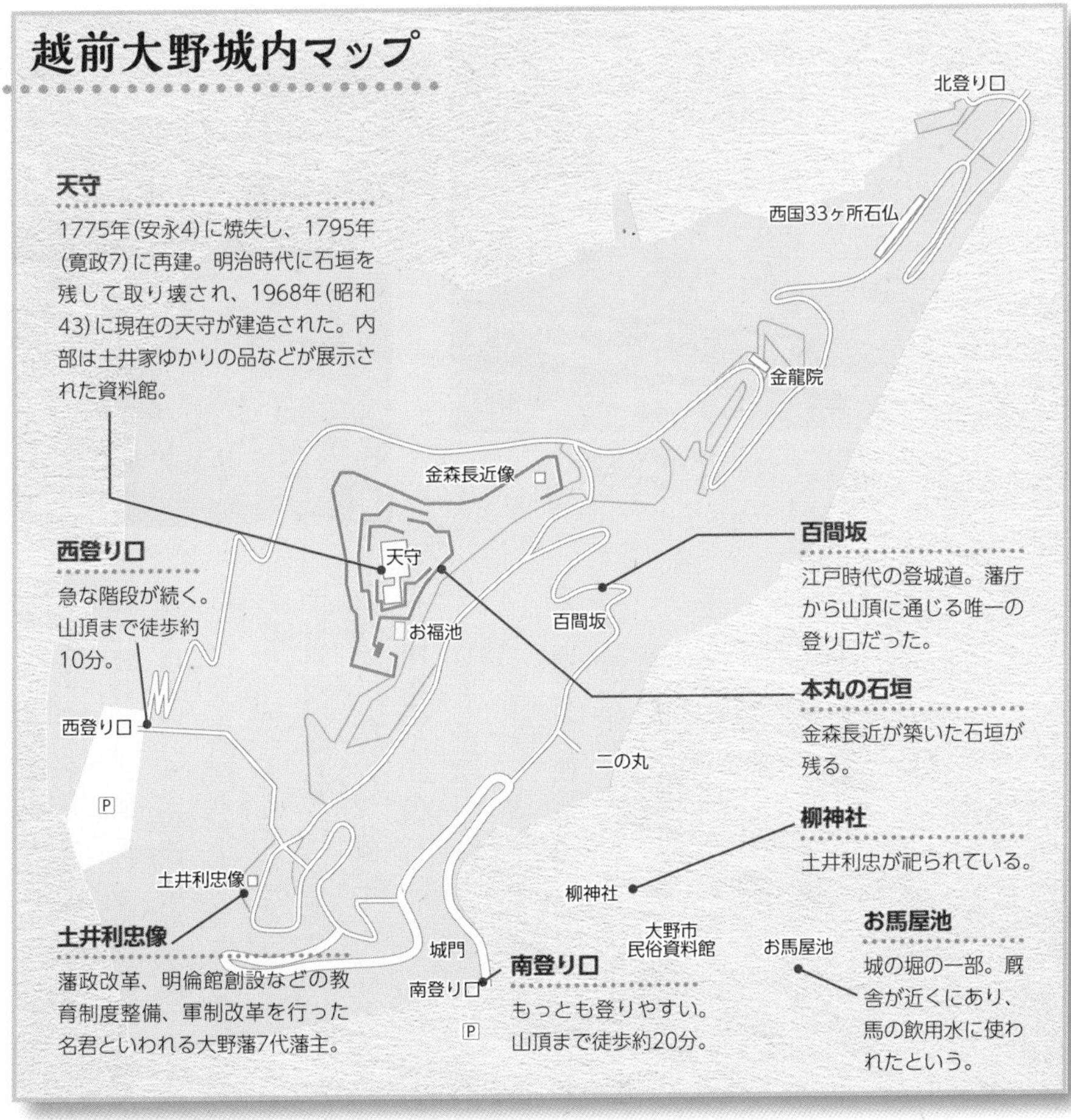
越前大野城内マップ
天守
1775年(安永4)に焼失し、1795年(寛政7)に再建。明治時代に石垣を残して取り壊され、1968年(昭和43)に現在の天守が建造された。内部は土井家ゆかりの品などが展示された資料館。
西登り口
急な階段が続く。山頂まで徒歩約10分。
百間坂
江戸時代の登城道。藩庁から山頂に通じる唯一の登り口だった。
本丸の石垣
金森長近が築いた石垣が残る。
柳神社
土井利忠が祀られている。
土井利忠像
藩政改革、明倫館創設などの教育制度整備、軍制改革を行った名君といわれる大野藩7代藩主。
南登り口
もっとも登りやすい。山頂まで徒歩約20分。
お馬屋池
城の堀の一部。厩舎が近くにあり、馬の飲用水に使われたという。
北登り口
西国33ヶ所石仏
金龍院
金森長近像
天守
お福池
百間坂
西登り口
P
二の丸
柳神社
土井利忠像
大野市
民俗資料館
お馬屋池
城門
南登り口
P

4)から、金森長近により4年がかりで築かれました。1576年は、織田信長《おだのぶなが》が51安土《あづち》城(滋賀県近江八幡市)を築きはじめた年。本格的な城の高石垣《たかいしがき》は安土城がはじまりですから、同時期に立派な石垣が積まれているのは、長近が信長に近しい存在であり、大野城が最新の技術を投じた先駆《せんく》的な城だった証といえるでしょう。竪堀《たてぼり》らしきものがいくつか発見でき、中世の城の名残りも感じられます。1600年(慶長《けいちょう》5)の関ヶ原《せきがはら》の戦いより前に積まれた石垣は、全国でも希少です。大野城はかなり改変され近代の石垣が混在しますが、本丸周辺の石垣は築城時のものと思われます。自然石を加工せずに積んだ野面積《のづらづみ》の石垣と、隅角部《ぐうかくぶ》の未発達な算木積《さんぎづみ》が歴史を物語ります。

支配拠点としての立地

金森長近は、信長の初期親衛隊〝小姓衆・赤母衣衆《あかほろしゅう》〟として知られ、〝長〟の一字を賜《たまわ》り改名したほど信長から厚い信頼

7 本丸東面の石垣。わずかに残る、築城時の石垣。
8 城下町も一望できる、天守最上階からの眺望。
9 妄想が膨らむ、天守南西側の石段。

を得た人物でした。

越前一向一揆《いっこういっき》の収束後、長近は信長から大野を拝領します。大野は、越前（福井県嶺北地方）と美濃《みの》（岐阜県南部）を結びつける美濃街道が通る要衝《ようしょう》。本願寺勢力がもっとも発展した北陸諸国と、同じく本願寺が勢力を持った美濃・三河《みかわ》（愛知県西部）・尾張《おわり》（愛知県中・東部）など東海諸国を結ぶ要地でした。

そもそも美濃街道は古代から白山修験《はくさんしゅげん》の道。戦国大名や一向一揆軍も北陸道の裏街道として使っていたようで、遡《さかのぼ》れば縄文時代から、東海・北陸・飛騨を結ぶ文化交流があったとみられています。

つまり大野城は、越前一向一揆を平定した信長にとって、戦略上の要衝でした。組織化された一向一揆に対する一揆の再発防止、安定支配拠点としての役割を、大野は担《にな》っていたのです。城下町に目隠しになるよう鉤《かぎ》の手に設計された場所があるのも、なるほど納得です。

長近は戌山《いぬやま》から亀山《かめやま》に城地を移し、新たに大野城を築いたよう。亀山は戌山よりも眺望《ちょうぼう》がよく、越美国境を繋《つな》ぐ美濃街道から九頭竜《くずりゅう》川沿いに北陸道へと繋がる現勝山《かつやま》街道への道筋を押さえられます。城下町の形成を考えての移転でしょうが、戦略的な意図もあるのでしょう。

天守に続く謎の石段

1968年（昭和《しょうわ》43）に再建された天守よりも、天守台南西側の通路のような石段が気になります。石垣上に建つ櫓《やぐら》に通じる地下通路でしょうか、それとも穴蔵（地階）のようなものが存在したのでしょうか。天守の姿は明らかになっていませんが、天守の前面に櫓が突き出す豪壮な姿も浮かんできます。

現存例がないため解明されていない、信長の家臣が築いた天守の構造を知る上でも興味深いところです。『大野城図』に描かれた、1775年（安永《あんえい》4）に焼失する以前の一風変わった天守と照らし合わせていると、想像が尽きません。

+1城

天空の城に出会える戌山城

大野城から西へ約1kmのところにある戌山城の南出丸下は、大野城が遠望できる絶景スポット。明け方には、雲海に浮かぶ大野城が見られる展望・撮影スポットに。鍬掛《くわかけ》登り口（天空への小径）から、登山の装備、防寒具や懐中電灯など準備万端で。

武家屋敷旧田村家

大野藩家老・田村家の屋敷跡。主家は1827年（文政10）建造。庭園には金森長近が外堀沿いにつくった土塁の一部が残る。

➡大野市城町7-12

光明寺

二の丸正門の鳩門が山門として移築されている。真乗寺山門として移築されたと伝わる本丸の不明門とともに、貴重な現存建造物。

➡大野市犬山19-17-2

朝倉義景墓所

織田信長に追われ大野・賢松寺で自刃した朝倉義景の墓所。隣接する義景公園も湧水地（義景清水）で、水琴窟もある。

➡大野市泉町

大野市歴史博物館

縄文時代から近代までの、大野の歴史資料が展示された博物館。土井家7代藩主・利忠以降の資料も多い。

➡大野市天神町2-4

福そば本店

おすすめはおろしそば。五番通りにある。

➡大野市元町11-4

源平酒造

1673年（延宝元）創業。大野の名水を仕込み水に使用している。

➡大野市要町1-33

越前おおの結ステーション

越前大野城の麓にある観光拠点。無料休憩所も。

➡大野市明倫町3-37

◆町中に残るパズルのピース

武家屋敷旧田村家（上）と、その庭園に残る土居（下）。

城下町にめぐらされた背割《せわり》水路と呼ばれる下水道は、440年の時を経てなお現役。江戸時代から変わらぬ人々の営みが、今もそこに感じられます。

気になったのは、武家屋敷旧田村《たむら》家の庭園に築山《つきやま》として残る土居《どい》（土手《どて》・土塁《どるい》）。この屋敷があるのは、百間堀の延長線より城内側。外堀の境目のすぐ内側に位置し、つまり大野城の三の丸にあります。なるほど、土居は外堀の境界線を示す貴重な遺構というわけです。

なんてことのない土の高まりも、こんなふうに城下町の片鱗だと気づけると、がぜん楽しくなります。こうした町中に残るパズルのピースを組み合わせながら、かつての姿を連想していくのが城下町歩きのポイントです。

おいしい城下町で名物の皿そばを

続日本100名城 162

出石城・有子山城

【いずしじょう／兵庫県豊岡市出石町内町】　【ありこやまじょう／兵庫県豊岡市出石町内町ほか】

POINT

1. 城下町を散策して、出石皿そばに舌鼓
2. 江戸時代に築かれた稲荷曲輪の石垣
3. 有子山城は石垣や虎口のほか、堀切や竪堀も圧巻！

城めぐりのコツ

有子山城の山頂までは、登城口から40～60分の道のり。整備されていますが前半は斜度がキツく、かなりハードです。登山道につきトレッキングシューズがベスト。雨の日やその翌日は滑って危険なので諦めましょう。出石城下町は60分、出石城は30分、有子山城は60～90分が所要時間の目安。出石城／難易度★☆☆☆☆、有子山城／難易度★★★★★

1 2 出石城下町。背後の山が有子山城。城下町のシンボル・辰鼓楼は、旧三の丸大手門脇の櫓台跡に建造されている。
3 出石皿そば。50枚食べる人も！

出石そばと出石城のおいしい関係

出石《いずし》といえば、出石そば。出石城下町には現在40ものそば屋が軒《のき》を連ね、観光客で賑わっています。

うどん文化圏の関西において、ここだけにそば文化が存在するのは、出石城の歴史が深く関係します。1706年(宝《ほう》永《えい》3)、但馬《たじま》出石藩主の松平忠周《まつだいらただちか》と信州上《しんしゅううえ》田《だ》藩主の仙石政明《せんごくまさあきら》が国替《くにが》えとなり、その際に仙石氏が信州からそば職人を連れてきたのです。在来の技法に信州の技法が加わり、出石独自のそばが誕生しました。出雲《いずも》そばも、信州松本《まつもと》藩主の松平直政《なおまさ》が出雲松江《まつえ》藩主となった際にそば職人を連れてきたことがルーツとされます。食文化や風習は、城下町で形成されるもの。口にするものや耳に入る音から歴史に触れられるのも、城めぐりの楽しみです。

出石そばのルールは、10㎝ほどの出石焼の小皿に盛ること、5枚1組を1人前とすること、薬味とともに卵と山芋を添えることです。まずそばとつゆだけで味わい、次に葱《ねぎ》やわさびなどの薬味とともにいただき、その後に山芋と卵を入れて味の変化を楽しむのが正しい食べ方。最後はそば湯で〆ましょう。

実は出石そばに製造方法のルールはなく、店舗によって白いそばもあれば黒いそばもあります。出汁《だし》の風味もバラバラ。40~50枚食べる人もザラですが、少しずついろいろなお店で食べ比べてみるのがオススメです。

全国トップクラスの城と城下町

城下町だけでなく、城も見ごたえバツグンです。城と城下町がセットで充実しているケースとしては、全国的にもトップクラス。しかも、出石城と有子山《ありこやま》城の2城が存在するのですから、なんともオトクです。出石城+城下町を堪能するもよし、出石城+有子山城に絞《しぼ》るもよし、もちろん、出石城+有子山城+城下町のフルコースも可能です。

4 出石城の西の曲輪から望む、二の丸の石垣と本丸西隅櫓。
5 出石城の稲荷曲輪の高石垣。高さはなんと13.5mもある。
6 稲荷曲輪から見渡す、本丸と出石城下町。

城下町に面した、東隅櫓《すみやぐら》や西隅櫓が再建されている一帯が出石城で、その背後にそびえる山全体が有子山城です。出石そばを味わう時間を考えると、なかなかスケジューリングが難しい。有子山城は本格的な山城《やまじろ》ですから、陽が傾く頃には必ず下山するように計画しましょう。

4段階の歴史がよくわかる

続日本100名城の認定が単独ではなく2城セットになっているのは、戦国～江戸《えど》時代にかけての社会情勢を反映した数段階の改変のようすが、2城を通じてよくわかるからです。有子山城から出石城への移行には複雑な変遷《へんせん》があり、いずれの段階の遺構もよく残っています。こうした例は全国的にも希少です。

変遷は、大別《たいべつ》すると4段階に分けられます。第1段階は、1574年（天正《てんしょう》2）頃に但馬守護の山名祐豊《やまなすけとよ》が築いた①山名氏時代の有子山城です。但馬各地にもみられる、尾根筋《おねすじ》に曲輪《くるわ》を連ねて並べ、堀切《ほりきり》や竪堀《たてぼり》で防御する縄張《なわばり》が確認できます。

第2段階は、1580年（天正8）の羽《は》柴《しば》（豊臣《とよとみ》）秀長《ひでなが》の但馬侵攻によって落城し、石垣を伴う城へと大改修された②羽柴時代の有子山城です。石垣築造の技術力や算木積《さんぎづみ》の精度、出土物の年代からも、1583年（天正11）頃に秀長により但馬支配と山陰方面の前線基地として大改修されたと思われます。

注目すべきは、山上《さんじょう》の詰城《つめのしろ》（有子山城）と山麓《さんろく》の居館《きょかん》が一体化した二元構造だったこと。居館部と思われる場所からも、同時期の石垣や遺物が見つかっています。

第3段階が、1604年（慶長《けいちょう》9）に出石藩主となった③小出吉英《こいでよしひで》による出石城です。有子山城の居館部を改修して、稲荷《いなり》曲輪、本丸、二の丸、下の曲輪を階段状に並べ、さらに西側に西の曲輪、東側に山里丸《やまざとまる》を配置した構造です。

ここでも注目は、詰城と居館の二元構造だったこと。どうやら出石城の築城後も引き続き有子山城は使われていたよう

出石城・有子山城内マップ

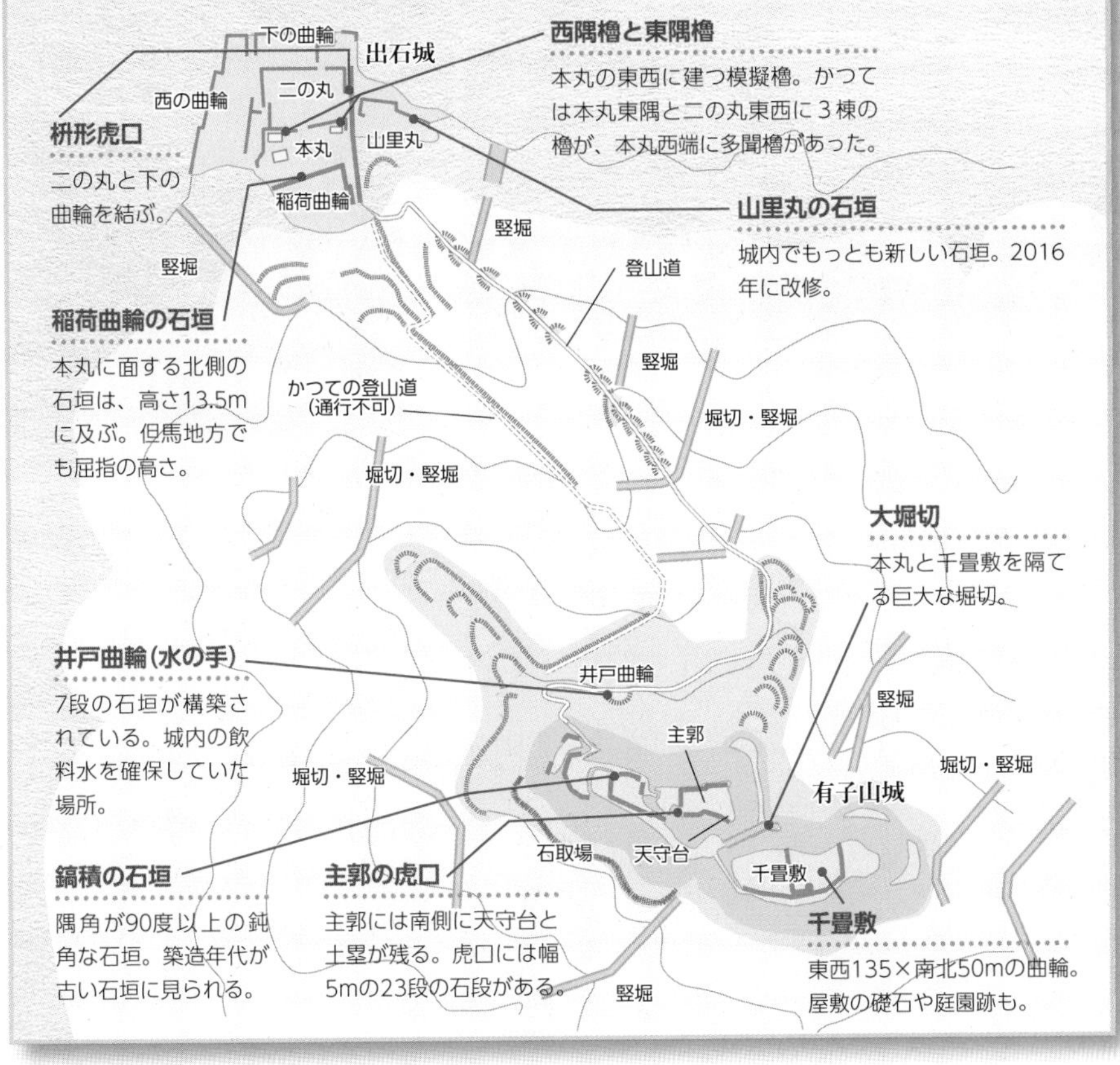
出石城
下の曲輪
西の曲輪
二の丸
本丸
山里丸
稲荷曲輪
枡形虎口
二の丸と下の曲輪を結ぶ。
西隅櫓と東隅櫓
本丸の東西に建つ模擬櫓。かつては本丸東隅と二の丸東西に３棟の櫓が、本丸西端に多聞櫓があった。
山里丸の石垣
城内でもっとも新しい石垣。2016年に改修。
稲荷曲輪の石垣
本丸に面する北側の石垣は、高さ13.5mに及ぶ。但馬地方でも屈指の高さ。
竪堀
登山道
かつての登山道（通行不可）
堀切・竪堀
大堀切
本丸と千畳敷を隔てる巨大な堀切。
井戸曲輪（水の手）
7段の石垣が構築されている。城内の飲料水を確保していた場所。
井戸曲輪
主郭
有子山城
天守台
石取場
千畳敷
鎬積の石垣
隅角が90度以上の鈍角な石垣。築造年代が古い石垣に見られる。
主郭の虎口
主郭には南側に天守台と土塁が残る。虎口には幅5mの23段の石段がある。
千畳敷
東西135×南北50mの曲輪。屋敷の礎石や庭園跡も。

で、竪堀を増設した可能性もあります。

そして、④改変された出石城が第４段階です。小出吉英が築いた出石城を囲い込むように、三の丸を構築。１７０２年(元禄《げんろく》15)には松平忠周が藩主の居館を三の丸に移し、対面所としました。

特徴は、それまでの出石城とは軸線《じくせん》が異なる上に、大拡張されていることです。東西にあった竪堀と堀を連結させて堀に沿って土塁《どるい》を築き、石垣づくりの枡形《ますがた》虎《こ》口《ぐち》を構築して防衛力を上げています。城下町も、縦長から横長へと変化します。

いつ、どうして大改修が行われたのかは定かではありませんが、１６１５年(慶長20)の一国一城令《いっこくいちじょうれい》を受け、有子山城を廃する代わりに出石城を強化した可能性も考えられそうです。

このように、有子山城と出石城は時代とともに改変されました。江戸時代に山城から平山城《ひらやまじろ》へ移行するのは全国的に共通する傾向ですが、それだけでなく、織《しょく》豊《ほう》系城郭の導入、詰城と居館の二元構造

7 有子山城の主郭南東隅の石垣。主郭は東西42m、南北20m。 8 有子山城から見る城下町。寺町まで一望できる。 9 有子山城の土橋と竪堀。登城道の途中にもある。

のあり方とその変化も、2つの城から読み解くことができるすばらしい城です。

これらの変遷の一端は、石垣から感じ取ることができます。有子山城の石垣は、算木積が未発達で、鈍角《どんかく》。高さは4・5～5m程度です。これに対して、出石城の稲荷曲輪の石垣は、約13・5mの高さを誇り、成形された石材が積まれた見栄えのよい石垣になっています。

名城！ 有子山城

さて、私はこの有子山城が好き。累々《るいるい》と残る天正期の石垣は、標高321・5mの有子山を汗だくで登る価値があります。疲れて諦めかけた頃に現れる、えらく男前な竪堀。もう引き返そうと思いつつも少しだけ頑張ると、ご褒美のように出迎えてくれる堀切。そして、一瞬にして人を黙らせるビジュアル最高の石垣と絶景。ツンデレ感がたまりません。

石垣づくりの枡形虎口は、織豊系城郭の特徴。主郭《しゅかく》西側に6段に配された曲輪の石垣や主郭の石垣が、城下に面した北面と西面だけ高くなっているのは、石垣を見せつけるという織豊系城郭のセオリーに基づくものでしょう。

うっとりするのは、主郭と千畳敷《せんじょうじき》を分断する、幅28m×深さ12mの大堀切。思わず立ち止まって見上げてしまうほど圧巻の大堀切を筆頭に、骨組みが限りなく中世の山城なのもこの城の魅力です。

展開する3方の尾根が、いずれも二重の大規模な堀切でがっちりと隔絶《かくぜつ》されているのもお約束。堀切の両端はそのまま竪堀としてズドンと落とす共通項があり、

10 主郭と千畳敷の間の大堀切。

11 主郭の1段下の曲輪に通じる、石垣づくりの枡形虎口。

出石史料館

明治時代に生糸を商った豪商・福富家の本邸を改装した資料館。

➡豊岡市出石町宵田78

出石酒造

赤い土壁の酒蔵。地酒「楽々鶴」を製造。

➡豊岡市出石町魚屋114-1

出石家老屋敷

江戸後期の仙石騒動の中心人物・仙石左京の屋敷跡。出石藩に関する展示も。

➡豊岡市出石町内町98-9

宗鏡寺

山名氏の菩提寺として創建。江戸時代に沢庵和尚が再興。

➡豊岡市出石町東條33

辰鼓楼

1871年に旧三の丸大手門脇の櫓台に建設された時計台。

➡豊岡市出石町内町

感応殿（そば神社）

出石城本丸にある神社。藩主・天仙石秀久が祀られている。

➡豊岡市出石町（出石城内）

SPOT

人力車も走る出石城下町

出石史料館（上）と出石酒造（下）。

城下町の見どころは、出石家老屋敷や出石永楽館のほか、今も製造を続ける酒蔵（出石酒造）や、木造擬洋風建築の出石明治館など。幕末に新撰組に追われた桂小五郎が匿われていた跡地もあります。

見性寺や福成寺、経王寺など、街道口に並ぶ寺院がまるで城のような外観なのもおもしろいところ。城と城下町を守る最後の砦と思われます。

北端にある出石史料館は、明治時代の豪商の旧邸。現在は出石藩ゆかりの史料が展示されています。

潔《いさぎよ》いほどに巨大で長大な竪堀も期待を裏切りません。もともとは戦国時代に築かれた城ですから、縄張も秀逸です。

様相が異なる千畳敷の一角は庭園だったとの見方もでき、となれば守護の山城のあり方が明らかになる可能性も。登城のルートは戦国期と織豊期では変化したようで、井戸《いど》曲輪の7段石垣も登城路のように思えます。未発見の石取場《いしとりば》もあるのでは、と興味津々。まだまだ謎が多い有子山城、わくわくが止まりません。

◆楽しい！ 永楽通宝で出石皿そば巡り

但馬國出石観光協会が実施している「出石皿そば巡り」。永楽通宝が3枚入った出石皿そば巡り巾着セット（2,000円）を購入すると、永楽通宝1枚につき出石皿そば1人前（3皿）が食べられます。3枚を1人前とするため、複数の店舗で食べ比べがしやすいのがうれしいところです。いずし観光センターで購入可。

〈中世の城・近世の城・城下町〉の豪華3点セット　続日本100名城 131

村上城

【むらかみじょう／新潟県村上市二之町】

POINT

1. 風情ある城下町と城からの眺望
2. 100種類以上もある伝統の鮭料理
3. 石垣はもちろん竪堀も必見！

城めぐりのコツ

登城口から近世の大手道・七曲り道を登ると、約20分で二の丸と三の丸の間にある四ツ御門跡に到達します。左が三の丸、右が二の丸・本丸、正面が中世遺構散策コースです。中世遺構散策コースは本丸東側の埋門跡に通じます。中世の竪堀と虎口は、埋門跡から5〜10分ほど。中世遺構散策コースは足元が悪いためスニーカーorトレッキングシューズで。難易度★★★☆☆

1 本丸から望む城下町。三面川や日本海まで見渡せる。　2 黒壁小路。全国でも珍しい住民の手による「むらかみ町屋再生プロジェクト」により城下町の風情が再生されている。　3 十輪寺茶や越後岩船家は、町屋を改装した餅菓子屋さん。城下町らしい店構えや暖簾（のれん）に旅の気分が上がる！

海と山と夕陽に包まれた町

村上《むらかみ》の町は、静かでとてもいいところです。市街地から2・5㎞ほど離れた瀬《せ》波《なみ》海岸沿いには瀬波温泉の旅館が建ち並び、日本海にはオレンジ色の夕陽がゆっくりと沈みます。毎日この色を見て1日を終えられたら、どんなにいいことでしょう。市街地には城下町の風情がよく残り、背後にお城山《しろやま》がそびえています。

村上城は、JR村上駅から2㎞ほど東の標高135mの臥牛山《がぎゅうさん》にあります。独立した丘陵《きゅうりょう》のため、城下のどこにいてもすぐにその姿がパッと目につきます。

城下から見上げる村上城は、身を挺《てい》して城下を守ってくれているようでいて頼もしい。臥牛山は独立した丘陵ながら、南側は瀬波の丘陵、北側は三面川《みおもて》が日本海方面に向かって東西に続いています。城が両手を広げるように、城下町を囲い込んでいるのです。先の安心感はまんざら的外れではなかったと納得です。

村上城は1568年（永禄《えいろく》11）に上杉謙《うえすぎけん》信《しん》に包囲された歴史があります。1年の籠城を持ち堪えられたのも、日本海、瀬波の丘陵、三面川、そして湿地帯に守られたこの立地あってのことでしょう。

山頂の城からは、城主の気分で城下を一望できます。晴れた日には日本海や朝《あさ》日連峰《ひれんぽう》の山々が望める絶景も、村上城の魅力のひとつです。

居心地のよい城下町

村上城は、城下町が大きな魅力です。コンパクトではあるけれど、それがまたステキ。静かで心が落ち着きます。

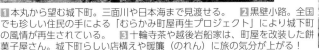

江戸《えど》時代から時間が止まったかのような空間があるわけではなく、そこは明らかに現代の町。だけれど、江戸時代から続く時間を今も大切して過ごしているような粛々とした人々の営みが感じられて、私はとてもこの町が好きなのです。

雰囲気がよいだけでなく、城下町の基本構造もしっかり残っています。村上市役所と村上小学校の間の路地が、追手門《おうてもん》跡。この西側の道路がかつての外堀で、西側には町人地が広がります。追手門の東側に侍町があり、その外側に寺社が並びます。旧三の丸の侍町に残るのが、国指定重要文化財の若林家住宅です。

よく見ると、路地の喰違《くいちが》いがそのまま残っていたりして、楽しくなります。「黒塀プロジェクト」により、地元の方々の手で町全体の景観が美しいものになっているのもうれしいところです。

恐るべし鮭のポテンシャル

城歩きにありったけの時間と労力を捧《ささ》げがちな私ですが、村上には時間を投じたいものがたくさんあります。

そのひとつが、村上伝統の鮭《さけ》料理です。平安時代から鮭との関わりが深い村上は、江戸末期に世界ではじめて鮭の自然ふ化事業に成功した町。村上藩の財政を救ったことから鮭が尊ばれ、頭や皮、内臓、中骨や白子《しらこ》などもすべて食べ尽す食文化があります。

鮭料理の種類は、なんと１００種類以上に及びます。粕《かす》漬けや味噌漬け、発酵させた飯寿司《いずし》のほか、皮はさっと炙《あぶ》ってせんべいのように。白子は寒風干《かんぷうぼ》しや白子煮に、めふん（鮭の背わた）は塩辛に、どんびこ（心臓）は塩焼きにします。知られざる鮭のポテンシャルに、きっと誰もが驚愕《きょうがく》することでしょう。

色とりどりで目にも楽しいけれど、鮭づくしだと飽きそう……などと思ったら大間違い。違う食材ではと疑うほど、料理ごとに味わいが異なります。鮭の味を知っていた気で生きてきた自分を恥じたい……村上の鮭よ、ごめん。そしてありがとう。村上の銘酒、「大洋盛《たいようざかり》」や「〆張鶴《しめはりつる》」があれば、一晩でもお付き合いできそうです。

冬の間、塩をすり込み寝かせた鮭を軒先に吊るして寒風干しした「塩引鮭」が、村上の風土が生み出す伝統鮭料理の横綱です。村上の寒風と湿度と気温、そして北西からの潮風で発酵熟成されているせ

4

5

6

45千年鮭 きっかわ 井筒屋でいただける、伝統の鮭料理。塩引鮭のお茶漬もついた鮭料理（8品・11品・14品・19品・22品）などが味わえる。 6店舗は、松尾芭蕉が2泊した旅籠（はたご）を改装した国の登録有形文化財。

村上城内マップ

竪堀
籾櫓跡
竪堀
天神平
七曲り道
城主居館跡
三の丸
玉櫓跡
一文字門跡
四ツ御門跡
御鐘門跡
外堀
二の丸
鉄砲倉台跡
出櫓跡
田口中門跡
本丸
天守櫓跡
埋門跡
帯曲輪
竪堀
虎口

外堀
700mにわたる惣構の土塁と堀がめぐっていたと考えられ、一部が明瞭に残る。総堀は無数の竪堀で結ばれていたとみられ、多くの竪堀が確認できる。竪土塁を伴うものも。

城主居館跡
一文字門跡の公園が居館跡。三重櫓や二重櫓3棟があったという。

御鐘門跡
二の丸に通じる、厳重な枡形虎口。

一文字門跡
登城口。ここから七曲り道を登る。

出櫓と黒門跡
出櫓から黒門、本丸天守台にかけての高石垣は迫力満点。

四ツ御門跡
山麓の居館、三の丸、二の丸、井戸へ４つの門を持つ特異な建物だったと思われる。

本丸
石垣は、高いところで約7m。本丸西側の帯曲輪から見上げる天守台も見事。

竪堀
50mはあろうかという、最大の竪堀。長大な竪堀は4本あったとみられる。

天守櫓
落雷により焼失。江戸時代の絵図には三重櫓が描かれ、多聞櫓と接続している。高さは石垣も含めて約20mと推定される。

虎口（東虎口）
東南側山麓の曲輪群にある枡形虎口。枡形は土塁に囲まれ、土橋がかかる。横堀は北東側で大きな竪堀になる。堀と土塁で凝った戦闘的な空間がつくり出されている。

本丸虎口（冠木門跡）
本丸に至る、外枡形と内枡形を組み合わせた、コの字型の虎口。石垣で固められ、鏡石もある。

帯曲輪
戦国時代の村上城は東側斜面に展開していた。階段状に帯曲輪が置かれている。

いか、塩を振っただけの鮭とはまるで別物。口あたりがやさしく、ギュッと凝縮されていて、うまみが違います。

中世の城から近世の城へ

村上城の特徴は、中世の城と近世の城が共存していることです。中世には国人《こくじん》領主・本庄《ほんじょう》氏の山城《やまじろ》として機能し、近世には山頂付近を中心に大改造され、8mもの石垣が積まれ天守が建つ城へとリフォームされた歴史があります。

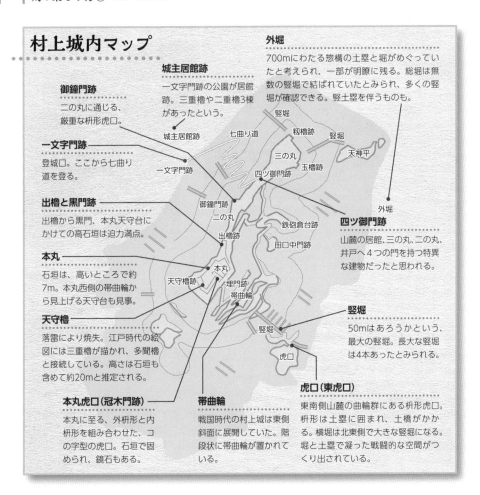

戦国時代の越後《えちご》北部は、揚北衆《あがきたしゅう》と呼ばれる国人領主が割拠《かっきょ》し、村上城の本庄氏、大葉沢《おおばさわ》城の鮎川《あゆかわ》氏、平林《ひらばやし》城の色部《いろべ》氏などが越後守護の上杉氏にも反抗しながら勢力を争っていました。

本庄氏の最盛期を築いたのは、謙信に従い川中島《かわなかじま》へも出陣した本庄繁長《しげなが》です。繁長が1590年（天正《てんしょう》18）に改易《かいえき》されると、村上城は上杉景勝の支配下に置かれ、直江《なおえ》兼続《かねつぐ》の実弟・大国実頼《おおくにさねより》の預かりとなり城代《じょうだい》が置かれます。1598年（慶長《けいちょう》

7 本丸虎口。外枡形と内枡形を組み合わせた、コの字型。
8 竪堀。50mはありそうだ。　9 本丸南東隅の石垣。本丸を囲む石垣は高いところで7mに及ぶ。

3)に景勝が会津《あいづ》へ転封《てんぽう》になると村上頼《より》勝《かつ》が9万石で入り、その後は堀《ほり》氏、松平《まつだいら》氏、本多《ほんだ》氏などが入って、1720年(享保《きょうほう》5)以降は内藤《ないとう》氏が明治維新《めいじいしん》まで治めました。城を近世城郭へと大改修し城下町を整備したのは、1618年(元和《げんな》4)に入った堀氏のようです。

中世の村上城がたまらない!

登城口から切り開かれた七曲《ななまが》り道《みち》を20分ほど登ると、山頂の四ツ御門跡に到着し、壮大な石垣に圧倒されます。三の丸から二の丸、そして本丸へ。天守台から心地よい風に吹かれて絶景を望めば、登城の疲れなど吹っ飛びます。

これが一般的なコースですが、私はやはり、東斜面に展開する中世の村上城に興奮せずにいられません。改変により西側の構造は定かではありませんが、東山麓は700mにわたり総構《そうがまえ》の土塁《どるい》が裾《すそ》をめぐっていたと思われ、山頂と総構はいくつもの竪堀《たてぼり》で結ばれていたようです。自然地形に合わせて大きく4つの曲輪《くるわ》が置かれ、雛壇状《ひなだんじょう》に小さな曲輪がいくつも並んでいました。

とくに衝撃的なのが、東虎口《こぐち》まで一直線に落ちる巨大な竪堀。立派な石垣づくりの城と見せかけて、背後にこれほどまでの竪堀を隠し持っていたとは……!　鼓動の高まりが止まりません。

謙信に備えてか、意識されているのは東南側。東虎口付近の構造もすばらしく、美しき喰違いラインと竪堀のコンビネーション、横堀との融合が楽しめます。「中世遺構散策コース」として整備されていますが、足元は悪いため少なくともスニーカーで訪れてください。

2本の竪堀に挟《はさ》まれたスペースに屋敷群を置く構造は、敵対する鮎川氏の大葉沢城にも共通します。この地域の城の特徴なのかと思いきや、大葉沢城は本庄繁長が攻略し改修した可能性があるのだとか。そうなると、本庄氏の城づくりの特徴なのかもしれませんね。

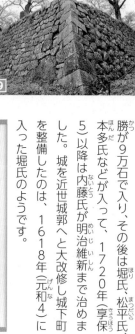

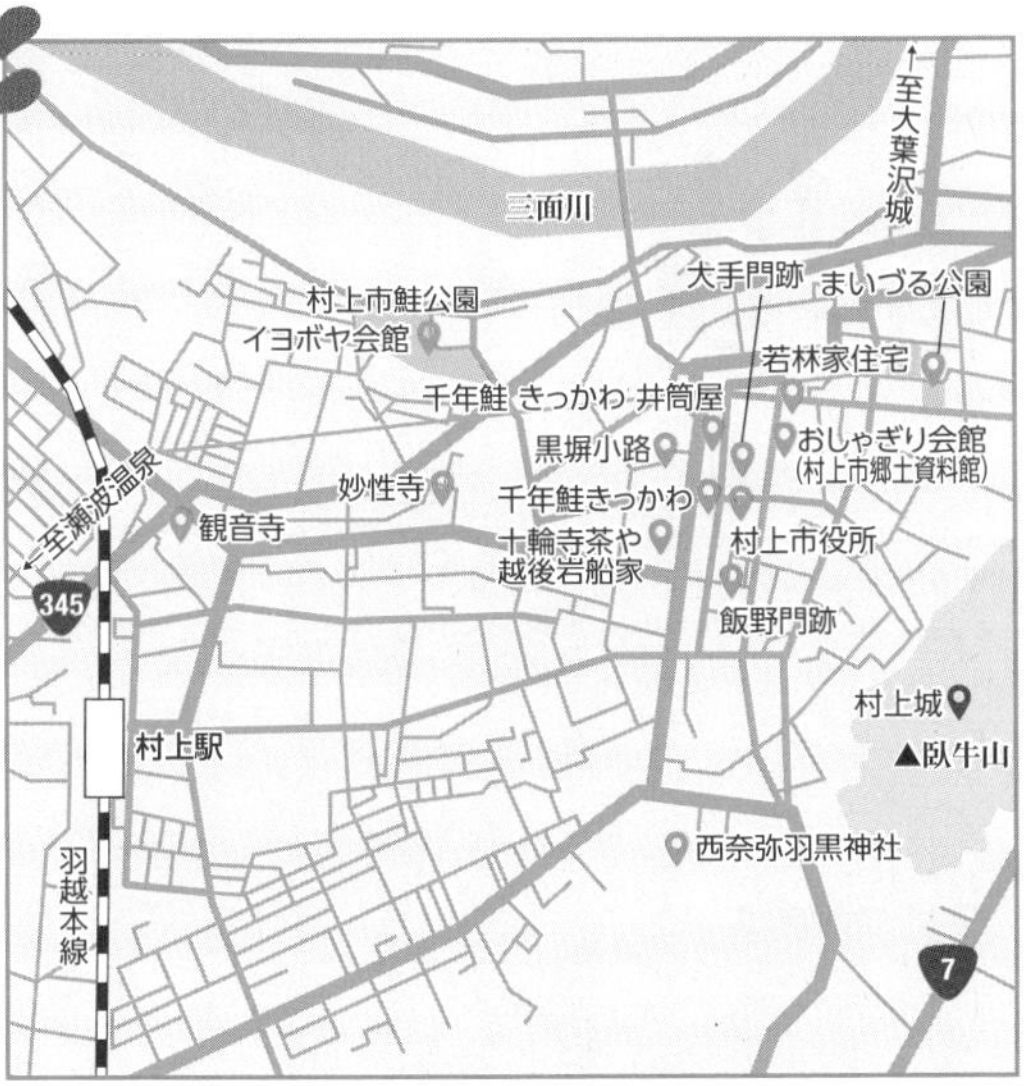

＋1城 新潟を代表する名城･大葉沢城

鮎川氏によって築かれたとされる、村上市内の中世の城。最大のみどころは、西曲輪群南側の緩斜面に、東西約250mにわたってびっしりと掘り込まれた畝状《うねじょう》竪堀(畝形阻塞《そそく》)です。最大で長さ約15m、幅約5m、高さ約3m、数はなんと50本と、その規模は全国トップクラス。畝状竪堀に萌える人は必見の城です。

おしゃぎり会館(村上市郷土資料館)

国指定重要無形民俗文化財に指定された村上大祭に曳き回される屋台山車「おしゃぎり」をはじめ、村上縁の刀剣や鎧兜、歴代城主の関連資料などを展示。

➡村上市三之町7-9

若林家住宅

曲屋造りの茅葺き平屋建ての中級武家屋敷。国指定重要文化財。おしゃぎり会館に隣接。

➡村上市三之町7-9

まいづる公園

園内には武家屋敷3棟(旧岩間家住宅・旧嵩岡家住宅・旧藤井家住宅)が移築復原されている。

➡村上市庄内町・堀片

十輪寺茶や 越後岩船家

十輪寺串だんごは、新潟県産コシヒカリを用いたお団子に、地元の醤油や味噌、村上茶などの食材を使ったあんがたっぷり。

➡村上市大町3-24

千年鮭 きっかわ

風情ある町屋造りの店舗に、おみやげにうれしい村上伝統の鮭料理がずらりと並ぶ。

➡村上市大町1-20

千年鮭 きっかわ 井筒屋

村上伝統の鮭料理が食べられる、村上初の鮭料理専門店。

➡村上市小町1-12

◆鮭にも武士道!「止め腹」に注目

鮭料理が豊富に揃う、千年鮭 きっかわ。吊るされた塩引鮭は圧巻！町屋造りの店舗や蔵は、国の登録有形文化財に指定されている。

塩引鮭は、軒先に約1か月間鮭を吊るして発酵熟成させる伝統食。吊るされている鮭をよく見ると、割《ひら》かれたお腹の部分が完全に切られずに一部だけ残されています。これは「止め腹」と呼ばれる、切腹を忌《い》んだことから生まれた独特の風習。吊るすときに頭を下にするのも、首吊りの連想を避けるためだそうです。

日本初の鮭の博物館「イヨボヤ会館」には、三面川の鮭に関する歴史や文化を展示。季節によっては、サケの産卵やふ化を実際に観察できます。

旅情あふれる清流の城下町

郡上八幡城

【ぐじょうはちまんじょう／岐阜県郡上市八幡町柳町一の平659】

POINT

❶ 美しいエメラルドグリーンの清流

❷ そぞろ歩きたい、
風情ある町並み保存地区

❸ 石垣と堀切、天守からの眺望

城めぐりのコツ

麓の城下町プラザからは徒歩約15～20分、車なら約5分で天守のすぐ下まで上がれます。山頂の駐車場までは道幅が狭いので運転には注意を。天守内部は資料館で、20分が目安。城下町は、点在する湧水スポットやポケットパーク、食事処やお土産屋さんで休憩しながら、町並み保存地区をゆっくりと歩きたいところです。町歩きの装いでOK。難易度★☆☆☆☆

1 やなか水のこみち。長良川と吉田川の小石が敷き詰められている。　2 吉田川。川沿いには宮が瀬こみちという親水遊歩道も。　3 職人町・鍛冶屋町・柳町などが町並みの保存地区。郡上八幡旧庁舎記念館など古い建物も。

郡上の夏の風物詩

日本三大盆踊りのひとつ、郡上《ぐじょう》おどり。江戸《えど》時代、郡上八幡《ぐじょうはちまん》城主の遠藤慶隆《えんどうよしたか》が領民の親睦を深め、人心の懐柔《かいじゅう》をはかるために奨励《しょうれい》したのが発祥ともいわれます。

5月中旬から10月中旬に食べることができる天然の郡上鮎《あゆ》も、郡上の夏の風物詩。郡上八幡は、木曽三川《きそさんせん》のひとつである長良《ながら》川をはじめ多数の一級河川が流れる、日本屈指の清流の里なのです。

郡上八幡城は長良川上流に位置し、奥美濃の山々から流れ出た吉田《よしだ》川、小駄良《こだら》川など3つの川が出会う場所にあります。エメラルドグリーンやコバルトブルーの川底を覗けば、小石まで見えるほどの透明感。清流が雑念を洗い流し、水が流れる清らかな音が心に落ち着きを与え、時間を忘れさせてくれます。

吉田川では、秋口でも鮎釣りをする人の姿を見かけます。腰まで川に浸かり、淡々と仕留めていく釣り人の、手さばきの美しいこと！　ふと見上げれば、背後の山上《さんじょう》には郡上八幡城の天守がそのようすを見守るかのように建ち、いにしえの城下町の情景に出会った気分に浸れます。

水路が走る名水の城下町

郡上八幡の城下町は、人々の暮らしが自然と一体化していてほっとします。決して華やかな観光地ではないけれど、とにかく水が豊か。町中に水路が走る、名水の町です。

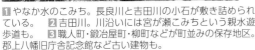

この水路は、1667年(寛文《かんぶん》7)頃に城下町を整備した郡上八幡城主の遠藤常《つね》友《とも》が、防火対策として4年がかりで築造したものです。城下の下御殿や家老屋敷にも水を供給したことから、御用《ごよう》用水と呼ばれます。

柳《やなぎ》町をはじめ、大手《おおて》町、職人《しょくにん》町、鍛冶《かじ》屋《や》町などが並び、軒先《のきさき》の下を洗うかのように清冽《せいれつ》な水が町割《まちわり》に沿って流れています。現在でも用水として利用する姿が見られる、国の伝統的建造物群保存地区に

4 天守は、1933年（昭和８）に焼失前の大垣城天守をモデルに再建。春夏秋冬、四季折々に美しい表情を見せてくれるのも魅力。　5 天守最上階からの眺望。

選定された情緒あるスポットです。

本丸が山麓にある理由

城のはじまりは、戦国時代の1559年(永禄《えいろく》2)に遡《さかのぼ》ります。約340年続いた東《とう》氏を滅亡させた遠藤盛数《もりかず》が、新たな拠点として築いた砦《とりで》が八幡城でした。

城を大改修したのは、1588年(天《てん》正《しょう》16)に入った稲葉貞通《いなばさだみち》と考えられます。関ヶ原《せきがはら》の戦い後は遠藤慶隆が城主の座に返り咲き、その後は遠藤氏により城や城下町が整備されました。

本丸跡が山頂よりかなり低いところにあるのは、1759年(宝暦《ほうれき》9)に入った青山幸道《あおやまよしみち》が旧二の丸を本丸、旧本丸を桜の丸・松の丸と改めたから。居館《きょかん》が城下の殿《との》町に築かれていることからも、この頃には山上の城は不便になり、政庁を山《さん》麓《ろく》に移したのでしょう。

駐車場で竪堀、天守から眺望を

登城口は、本丸跡にあります。山内一《やまうちかつ》豊《とよ》と妻・千代の像があるのは、千代が遠藤盛数の娘という説があるからです。

車で一気に登ることもできます。山上の城は小規模で設計もどちらかというと単純ですから、技巧的な城が発達する以前の稲葉氏または遠藤氏時代に築かれた可能性が高いと思われます。駐車場は巨大な堀切《ほりきり》の跡で、北側からの侵入の遮断線。幅は約20m、深さは8mにも及びます。

天守最上階からは、眺望《ちょうぼう》を楽しみましょう。南側正面に見える標高約540mの山は、1542年(天文《てんぶん》11)頃に東常慶《つねよし》が築いた東殿山《とうどやま》城。〝東氏の殿様の山城〟という意味だそうです。

1540年(天文9)に越前《えちぜん》の朝倉《あさくら》氏から攻撃された常慶は、篠脇《しのわき》城(郡上市)よりも比高のあるこの城に本拠を移したようです。東氏が滅亡した1559年の戦いでは遠藤盛数の大軍を迎え討ち、10日間の激戦を展開しました。落城時に追い詰められた城兵が転げ落ちた城の東側にある断崖は、地獄谷《じごくだに》と呼ばれています。

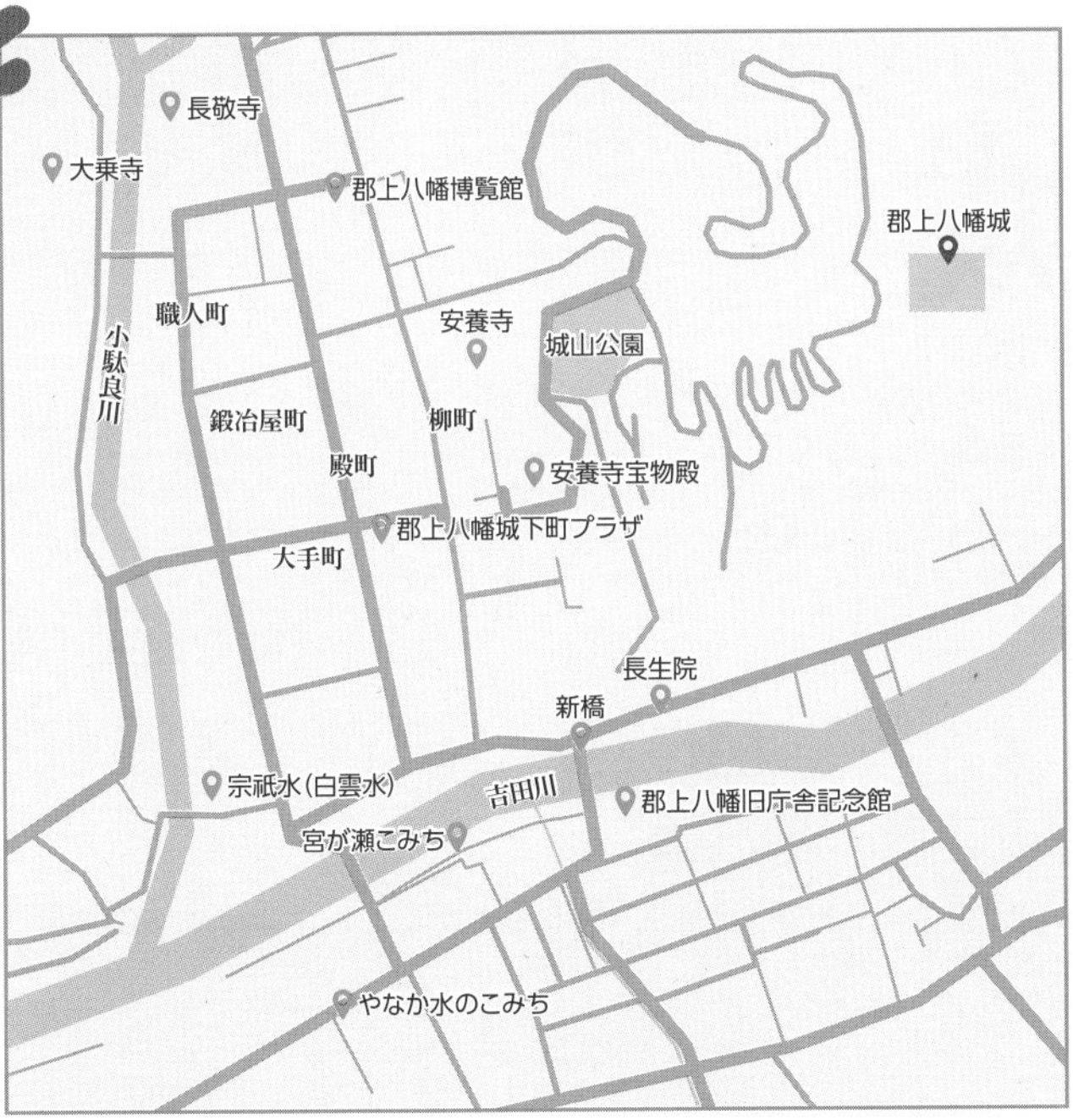

郡上八幡城下町プラザ

観光の拠点になるバスターミナル。一般車も駐車できる。観光案内所、おみやげ売場のほか、朝採り野菜などの朝市も開催。無料休憩所やコインロッカー、お手洗いもある。

➡郡上市八幡町殿町69

郡上八幡旧庁舎記念館

旧八幡町役場の建物を使用した総合観光案内所。国指定登録文化財。

➡郡上市八幡町島谷520-1

吉田川

新橋は、夏に子供たちが橋の上から飛び込むことで知られる。川岸伝いの遊歩道が、宮が瀬こみち。

宗祇水(白雲水)

環境省が選定した日本名水百選の第1号として知られる湧水。文明年間に連歌師の飯尾宗祇が、この泉のほとりに草庵を結んで清水を愛用したのが名の由来。現在も住民が生活用水としている。

➡郡上市八幡町本町

城下町の家並み

柳町、大手町、職人町、鍛冶屋町の城下町は国の伝統的建造物群保存地区に選定されている。中級藩士から下級武士の居住区域で、柳町には下級武士が住んだ足軽長屋も残る。町割に沿って、通りの両側には水路が流れる。

郡上八幡博覧館

大正時代の旧税務署。内部には、地元の歴史や伝統、郡上おどりについての展示がある。

➡郡上市八幡町殿町50

◆昭和レトロな郡上八幡駅

長良川鉄道の郡上八幡駅の駅舎は、昭和初期の建造。2015年(平成27)には国登録有形文化財に登録されています。2017年(平成29)、長良川沿いを走る観光列車「ながら」の運行開始を機に駅舎はリニューアルしました。レトロな雰囲気が旅の気分を盛り上げてくれます。

「ながら」は、路線全長72kmのうち約50km続く長良川の雄大な景色を楽しめる列車。通常よりもスピードが遅く、景勝地ではしばらく停車してくれます。とくに郡上八幡駅～湯《ゆ》の洞《ほら》温泉口駅は、エメラルドブルーの長良川が車窓から広がり絶景です。

水がきれいなところには、おいしいものあり。天然の鮎のほか、湧水を使ったそばも郡上八幡の名物。郡上の名水で仕立てられた鰻も、臭みが一切なくオススメです。

瀬戸内海に面した駅近の浮城

続日本100名城 172

三原城

【みはらじょう／広島県三原市城町】

POINT

❶ 三原駅と共存する壮大な天守台

❷ 小早川・福島・浅野氏時代の石垣

❸ 城下町に残る、船入櫓跡や刎跡

城めぐりのコツ

天守台は、三原駅から直結。天守台のまわりは、30分もあれば1周できます。船入櫓跡までは徒歩で約5分、水刎までは約7分、桜山城の登城口までは徒歩約10分。桜山城は天守台北側の標高175mの桜山に築かれた城で、小早川隆景が三原城の築城時に詰丸として築いたと思われます。新高山城は山城につきトレッキングシューズで。三原城／難易度★☆☆☆☆、新高山城／難易度★★★★★

1 天守台。三原駅と線路が乗っかっている。　2 桜山城から望む、三原城と瀬戸内海。　3 高架下にも石垣が。隆景広場の北側を東西に通るのが、西国街道（江戸時代の山陽道）。

日本でいちばんの〝駅近の城〟

三原《みはら》城は、日本一の〝駅近の城〟。JR三原駅は三原城の本丸につくられ、線路が本丸を貫通しているからです。三原城の天守台は、まるで駅の屋上広場のような存在。〝駅近〟というより〝駅ナカ〟が正しい表現といえるでしょう。駅構内に天守台入口を示す案内板があるのは、なんともおもしろい光景です。

「なんだ、破壊されてしまった残念な城か」と思った人は、天守台の周りをぐるりと1周してみてください。思いのほか立派な石垣がたくさん残っていて驚くはずです。まさに、駅との共存。開発の波にのまれず、よくぞここまで残ってくれたものだと感激します。

瀬戸内海に浮かぶ海城

三原城はかつて、浮城《うきしろ》と呼ばれていました。天守台の上に立ってもピンときませんが、地図を広げてみるとその理由がわかります。周辺を少し歩けば、さらに納得。徒歩5分ほどのところに三原港があり、瀬戸内海に面しているのです。三原城は、沼田川《ぬたがわ》河口の大島《おおしま》と小島《こじま》をつないで築かれた城。軍港を備えた海城《うみじろ》で、満潮時には海に浮かんで見えたようです。

三原は古くから、瀬戸内海と山陽道の両方を押さえる地。小早川隆景《こばやかわたかかげ》は、水軍の基地、そして瀬戸内防衛の拠点として、多くの船が往来する瀬戸内海を押さえるためにこの城を築いたとみられます。

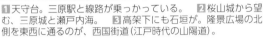

意外にも浮城の痕跡が残り、城下町歩きが楽しめます。面影を残すのが、水刎《みずはね》や船入櫓《ふないりやぐら》跡、中門《なかもん》跡。とりわけ船入櫓跡は、今にも船が入ってきそうな情緒があります。船入櫓の南東隅には、岩礁《がんしょう》も残っています。櫓台の石垣も圧巻です。

城の東西に形成された城下町は、隆景によって1582年（天正《てんしょう》10）頃から東側が整備され、1601年（慶長《けいちょう》6）に入った福島正之《ふくしままさゆき》によって、西町の町割《まちわり》が行われたようです。どちらも山陽道が通り、

4 必見の船入櫓跡。　5 和久原川の右岸に、8か所残る水刎。三原城を守るために三角形に石垣を築いて川の流れを緩和するしくみ。　6 天守台北西側の石垣。

現在でも小路《しょうじ》が残ります。

小早川・福島・浅野氏の石垣

天守台の石垣をよく見ると、西面と東面とで積み方が違うことに気づきます。これは、積まれた時期が異なるから。西面は小早川時代、東面は福島時代に積まれたものと考えられます。

隆景は1567年（永禄《えいろく》10）に三原城の築城を開始し、1582年には173新高山《にいたかやま》城（三原市）から本拠を移したとみられます。その後筑前《ちくぜん》（福岡県西部）・筑後《ちくご》（福岡県南部）に移りましたが、1595年（文禄4）に家督を養子の秀秋に譲ると三原に戻り、隠居《いんきょ》城として三原城と城下町づくりを再開。現在見られる石垣は、1595年から隆景が亡くなる1597年（慶長2）頃のものと思われます。

隆景が没すると、城は毛利《もうり》氏の直轄領を経て、関ヶ原《せきがはら》の戦い後には73広島《ひろしま》城（広島県広島市）を本拠とした福島正則《まさのり》の領地となり、子の正之が入りました。

三原城は広島城の支城《しじょう》でありながら1615年（慶長20）の一国一城令《いっこくいちじょうれい》後も存続が認められ、福島氏が1619年（元和《げんな》5）に改易《かいえき》された後も浅野《あさの》氏が入り明治《めいじ》維新《いしん》まで存続しています。

ですから、天守台の石垣には、小早川時代の古い石垣と福島時代の新しい石垣の両方が見られるのです。さらに城内には、江戸時代に手を入れた浅野氏の石垣も。3氏の技術が見られる貴重な城です。

天守台の石垣は高さ約15mに及び、積み方の技術も高度。西面の石垣が小早川時代の石垣であるとすれば、水堀《みずぼり》から直接積み上がる石垣としては最古級の技術といえます。

さて、三原といえば濃厚でプリプリのタコ。三原の海は、タコにとって最適の環境で、海流が速く流されないようにと足を踏ん張るため、足が短く太く肉厚で引き締まったタコが育つそうです。お刺身はもちろん、タコ天やタコ飯もおいしい。三原の銘酒「酔心《すいしん》」とともにどうぞ。

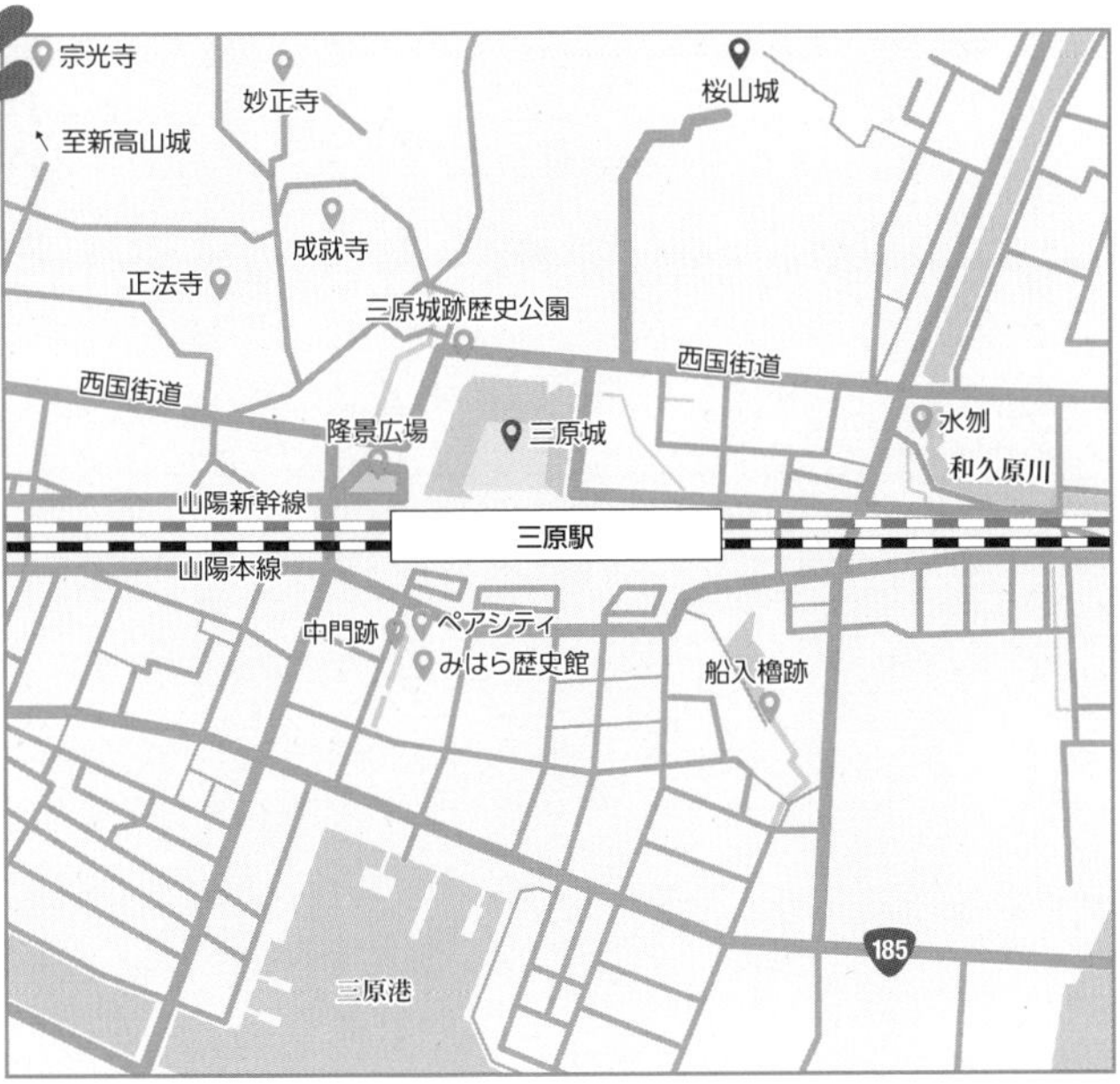

水刎

和久原川の川岸に残る、江戸時代の石組み。川の流れを弱め、三原城の東築出の用地を確保するために築かれた。

➡三原市館町

新高山城

小早川隆景が改修し、沼田川を挟んだ高山城から移転した居城。当時は海が山麓まで迫り、船の発着場もあったという。三原城から車で約30分。

➡三原市本郷町下北方

宗光寺

小早川隆景が毛利元就夫婦のために高山城内に創建し、三原城築城の際に城西側の防衛も兼ねて移築。山門は新高山城の城門の移築と伝わり、国の重要文化財に指定。福島正之、浅野忠長の墓もある。

➡三原市本町3-11-1

桜山城

三原城の背後を守る詰城として築かれたとも。神明大橋西側の三原城東大手門跡の石碑から細い路地を経て登城口。

➡三原市桜山町

隆景広場

三原駅北口のロータリーにある広場。小早川隆景像がある。

➡三原市本町1-1

中門跡

本丸と二の丸とを繋ぐ門。石垣と堀跡が残る。

➡三原市城町1-2

船入櫓跡

城町公園となっている。櫓台の石垣が姿をとどめ、船入櫓跡と船入櫓岩礁も残る。

➡三原市城町1-25-6

三原城跡歴史公園

天守台の周囲に整備された公園。三原城や城下町に関する解説パネルも設置。

➡三原市館町1-1

◆もうひとつの居城、新高山城

続100名城 173

釣井の段から本丸への枡形虎口。釣井の段には石垣がよく残る。

沼田小早川家の養子となった小早川隆景が1552年(天文21)に築き、沼田川対岸の高山城から移した居城です。隆景は毛利元就の三男で、次兄の吉川元春とともに毛利両川体制を敷いて、長兄の子・輝元をバックアップして毛利氏の全盛期を支えました。

山頂の内郭部と中腹の外郭部で構成される、巨大な山城です。内郭部は中の丸を中心に、東側に本丸、中の丸、詰の丸、釣井の段、ライゲンガ丸、東の丸、西側に石弓の段、西の丸、北の丸などが連なります。

三原城の築城後は、廃城になったようです。本丸にあった大手門は、宗光寺の山門として移築されています。

おわりに

日本100名城と続日本100名城めぐりの旅、いかがでしたか?
まだまだ、語り尽くせないことばかり。書きながら改めて城のすばらしさを再認識し、何度も胸が熱くなりました。訪れるたびに、知るたびに、城は新たな魅力を教えてくれます。この奥深さこそ、虜になる理由です。

人に出会ったとき、相手の好みや人柄を知ると、ぐっと距離が縮まりませんか。共感したり感銘を受けたりすれば、親近感が湧いて会話も弾むでしょう。同じように、城の辿ってきた道のりや隠された知恵や工夫、知られざる一面を知ることで、本質や横顔に気づけ、いいところがたくさん見えてきます。

この本には、そんなふうに城の魅力に出会ってほしいという願いを込めました。わくわくしながら城を歩き、身近に感じてもらえれば、とてもうれしく思います。そして、各地域で生き続けてくれている城を大切に思える世の中になることを願っています。

日々こうして城めぐりを楽しみ、その魅力をお伝えできるのも、支えてくださる方々のおかげです。本書の執筆にあたっても、本当にたくさんの方にお世話になりました。この場を借りて、御礼申し上げます。

萩原さちこ

【主要参考文献】

「日本100名城公式ガイドブック」公益財団法人日本城郭協会監修(ワン・パブリッシング)
「続日本100名城公式ガイドブック」公益財団法人日本城郭協会監修(ワン・パブリッシング)
「よくわかる日本の城 日本城郭検定公式参考書」加藤理文著/小和田哲男監修(ワン・パブリッシング)
「国宝松本城 解体・調査編」松本市教育委員会
「彦根城」彦根市教育委員会文化財部
「松江城天守学術調査報告書」松江市観光振興部 観光施設課松江城国宝化推進室
「丸岡城天守学術調査報告書」坂井市教育委員会丸岡城国宝化推進室
「史跡若桜鬼ヶ城跡保存管理計画書」若桜町教育委員会
「史跡赤木城跡 保存整備事業報告」紀和町教育委員会
「消された豹をめぐって：二条城二の丸御殿遠侍障壁画《竹林群虎図》の図像学的考察」松本直子(同志社大学文化学会)
「姫路城漆喰の魅力」姫路市立城郭研究室
「国宝姫路城大天守保存修理工事報告書」文化財建造物保存技術協会編著、姫路市
「東京都の中世城館」東京都教育委員会編(戎光祥出版)
「賤ヶ岳合戦城郭報告書」滋賀県長浜市教育委員会
「鳥取県史ブックレット第1巻　織田vs毛利 —鳥取をめぐる攻防—」(鳥取県)
「特別史跡金田城跡 古代山城4 (対馬市埋蔵文化財調査報告書第6集)」対馬市教育委員会
「史跡高嶺城跡周辺測量調査報告書」山口市教育委員会
「史跡苗木城 石垣修理工事報告書」中津川市文化スポーツ部文化振興部
「国指定史跡米子城跡調査報告書」米子市教育委員会
「史跡能島城跡 平成25年度城内通路調査報告書」今治市教育委員会
「原城発掘—西海の王土から殉教の舞台へ」長崎県南有馬町監修(新人物往来社)
「原城と島原の乱—有馬の城・外交・祈り」長崎県南島原市監修(新人物往来社)
「但馬国 出石の城を解剖する」山名氏城跡保存会
「戦国武将と城 小和田哲男先生古稀記念論集」小和田哲男先生古稀記念論集刊行会編(サンライズ出版)
「織豊系城郭とは何か その成果と課題」村田修三監修/城郭談話会編(サンライズ出版)
「織豊城郭 第16号 構築技術からみた織豊系城郭の石垣の成立」織豊期城郭研究会
「織豊城郭 第17号 織豊系城郭の石垣上礎石建物」織豊期城郭研究会
「織豊権力と城郭 瓦と石垣の考古学」加藤理文著(高志書院)
「近江の山城ベスト50を歩く」中井均編(サンライズ出版)
「三重の山城ベスト50を歩く」福井健二・竹田憲治・中井均編(サンライズ出版)
「静岡の山城ベスト50を歩く」加藤理文・中井均編(サンライズ出版)
「愛知の山城ベスト50を歩く」愛知中世城郭研究会・中井均編(サンライズ出版)
「関東の名城を歩く 南関東編」峰岸純夫・齋藤慎一編(吉川弘文館)
「甲信越の名城を歩く 新潟編」福原圭一・水澤幸一編(吉川弘文館)　ほか

【取材協力】

松本市教育委員会、松江市役所歴史まちづくり部、坂井市教育委員会、福山市経済環境局、丸亀市教育委員会、大和郡山市教育委員会、熊本城総合事務所、姫路市観光交流局、函館市教育委員会、三島市教育委員会、高梁市教育委員会、鳥取市教育委員会、島田市教育委員会、朝来市教育委員会、今治市村上海賊ミュージアム、静岡市観光交流文化局、南島原市教育委員会、中津川市教育委員会、米子市経済部、可児市教育委員会、高知県文化財団埋蔵文化財センター ほか

【公益財団法人 日本城郭協会】

1955年2月に任意団体として設立され、1967年6月に文部省(現文部科学省)の認可を受けて財団法人になる。2013年4月に内閣府の認可を受けて、城に関する唯一の公益財団法人として活動。「日本および世界各国の城郭に関する研究、調査、啓蒙を通じて、民族、歴史、風土に関する知識の普及を図り、もって教育、文化の発展に寄与すること」(定款より)を目的としている。城郭に興味のある方なら、どなたでも入会可能。

《事務局》　〒141-0031　東京都品川区西五反田8-2-10五反田グリーンハイツ302
電話・FAX 03-6417-9703　HP http://jokaku.jp/

萩原 さちこ（はぎわら・さちこ）

城郭ライター・編集者。公益財団法人日本城郭協会理事・学術委員会学術委員。一般社団法人城組代表理事。

東京都生まれ。小学２年生で城に魅せられ、城めぐりがライフワークに。執筆業を中心に、講演、講座、イベント・メディア出演などを行う。

著書に『わくわく城めぐり』（山と渓谷社）、『お城へ行こう!』（岩波ジュニア新書）、『城の科学 ~ 個性豊かな天守の「超」技術 ~』（講談社ブルーバックス）、『地形と立地から読み解く「戦国の城」』（マイナビ出版）、『日本100名城のひみつ』（小学館）、『日本の城語辞典』（誠文堂新光社）など。ほか新聞や雑誌などの連載多数。

公式サイト「城メグリスト」https://46meg.com/

装丁・デザイン・DTP・図版作成……有限会社ゼスト
編集協力……吉本由香
写真提供……著者
写真・資料提供……名古屋城管理事務所、島田市役所博物館課

日本100名城と続日本100名城めぐりの旅

2022年11月7日　第1刷発行

著　者	萩原さちこ
発行人	松井謙介
編集人	長崎　有
編集担当	早川聡子
発行所	株式会社ワン・パブリッシング 〒110-0005　東京都台東区上野 3-24-6
印刷所	凸版印刷株式会社

この本に関する各種お問い合わせ先
内容等については、下記サイトのお問い合わせフォームよりお願いします。
https://one-publishing.co.jp/contact/
不良品（落丁、乱丁）については　Tel 0570-092555
業務センター　〒354-0045 埼玉県入間郡三芳町上富279-1
在庫・注文については書店専用受注センター　Tel0570-000346

ワン・パブリッシングの書籍・雑誌についての新刊情報・詳細情報および歴史群像については、下記をご覧ください
https://one-publishing.co.jp/
https://rekigun.net/

※本書は『日本100名城めぐりの旅』と『続日本100名城めぐりの旅』（ともに学研プラス刊）に大幅に加筆・情報更新して1冊にまとめたものです。